Eckart Kröplin
Operntheater in der DDR

Eckart Kröplin

Operntheater in der DDR

Zwischen neuer Ästhetik und politischen Dogmen

Henschel

Inhalt

8 Vorwort
10 Grußwort

13 Die DDR als Opernland. Problemaufriss
Vom Graben zwischen Politik und Kunst

14 Aufbruchstimmung nach 1945
26 Oper mit doppeltem Boden

35 I Die 1950er Jahre
Der Gedanke einer »Nationaloper« und Kunst zwischen Formalismus und Innovation

36 **Oper als Staatstheater. Die Deutsche Staatsoper in Berlin**
36 Der Neuanfang
41 Streit um ein historisches Symbol
47 »Für eine deutsche Nationaloper«
51 Die Wiedereröffnung
55 **Realistisches Musiktheater. Die Komische Oper in Berlin**
55 Die Ära Felsenstein
60 Felsensteins Schüler. Friedrich und Herz
66 **»Provinz«. Operntheater landauf und landab**
66 Die Demokratisierung des Genres und der Ensemblegedanke
71 Dresden. Interim im Kurhaus Bühlau und im Schauspielhaus
76 Leipzig. Oper im Varieté »Dreilinden«
80 **Die Chimäre einer »Nationaloper«. Verdikte gegen Dessau und Eisler**
80 »Nationaloper« als Politikum und das Gespenst des Formalismus
84 Streit um Dessaus »Lukullus«. Der Staatspräsident greift ein
89 »Das Verhör in der Oper«
94 Noch ein Opernstreit. Eislers »Johann Faustus«
96 Dialektik der Widersprüche
101 Die Verurteilung des »Johann Faustus«
106 Eisler wieder im Exil?
109 Ernüchternde Bilanz

113 II Die 1960er Jahre
Neue Orientierungen und Rückschläge

114 Regularien in der Kultur- und Theaterpolitik
114 Der 13. August 1961 und die Folgen
117 Das ZK-Plenum 1965 und der »Verband der Theaterschaffenden«
121 Opernalltag zwischen Tradition und Avantgarde. Berlin
121 Berliner Staatsoper. Hans Pischners Intendanz
125 Entdeckungen im sowjetischen Musiktheater
130 »Fragen des sozialistischen Opernschaffens«
133 Komische Oper. Neue Akzente
136 »Zeitgenössische Operninterpretation«
142 Opernarbeit im Lande. Leipzig, Dresden und anderswo
142 Leipzigs neues Opernhaus
147 Dresden. Neues und Altes
151 Von Schwerin bis Plauen, von Eisenach bis Cottbus
156 Episches Musiktheater. Brecht, Eisler, Dessau
156 Eine ästhetische Alternative
161 »Verfremdung« versus »Kulinarismus«
167 Gegen den spätromantischen Opernrausch
169 Dessaus Opern und noch einmal »Lukullus«
173 »Puntila«. Ein nicht eingelöstes Versprechen
180 »Lanzelot«. Eine politische Märchenkomödie
185 »Einstein« und »Leonce und Lena«

191 III Die 1970er Jahre
Liberalisierung der Kulturpolitik?

192 Wichtige Opernereignisse in Berlin
192 Keine Tabus mehr in der Kunst?
194 Versuche zur »Gegenwartsoper«
199 »Hot«. Eine ästhetische Provokation
203 Das Ende der Ära Felsenstein. Herz kommt
207 Die »Provinz« schreibt Operngeschichte
207 Leipziger Unternehmungen
211 Kupfer kommt nach Dresden. »Moses und Aron«
214 Uraufführungen von Zimmermann und Kunad
220 Aufregendes auch im übrigen Lande
226 Regietheater. Originalität und Weltläufigkeit
226 Die berühmten Fünf
227 Walter Felsenstein (1901–1975)
232 Götz Friedrich (1930–2000)

237		Joachim Herz (1924–2010)
243		Harry Kupfer (1935–2019)
247		Ruth Berghaus (1927–1996)
255		**Neue Trends. Neue Ästhetiken**
255		Vom »musizierenden Theater«. Realität und Kunstrealität
257		»Das Historische und das Konkrete«
260		Die Verschränkung von realistischem und epischem Musiktheater
263		Politische Brisanz in der Mozart-Rezeption
267		Mozart und das »Volkstheater«
271		Peter Hacks und Heiner Müller über die Oper

277 IV Die 1980er Jahre
Ästhetisierung in einer Endzeit

278		**Die Berliner Opernszene**
278		Das System erodiert
281		Die Staatsoper. »Graf Mirabeau« und die Revolution als Irrläufer
287		Die Komische Oper. »Judith« und der Untergang
291		**Opernereignisse im Land**
291		Dresden. »Nachtstücke« am Ende
298		Leipzig. »Der Idiot« und die »Überfahrt ins unbekannte Land«
301		Die »Provinz«. Neues landauf und landab
305		**Richard Wagner in der DDR. Ungeliebte Aneignung**
305		Ein Beginn mit Vorbehalten
309		Revolutionär. Reaktionär?
311		»Wahllose Wagnerei«?
313		»Realistisch-komödiantisches Musiktheater«
316		Wagner wandert aus der DDR aus
320		**Endspiele. Der Vorhang fällt**
320		Kulturpolitik in finaler Agonie. Parteitag und Theaterkongress
323		Die Kulissen stürzen ein. Die Oper in der Wende

327 Anhang

328	Wichtige Operninszenierungen in Berlin, Dresden und Leipzig
345	Literaturverzeichnis
353	Personenregister
358	Bildnachweis

Vorwort

Erinnern heißt Vergangenheit aufsuchen. Die Wiedervereinigung Deutschlands vor dreißig Jahren war für mich Anlass, Rückschau zu halten auf ein besonderes Kapitel deutscher Vergangenheit, das ich als Beobachter und Beteiligter intensiv miterlebt habe. Rückschau nämlich auf das Operntheater in der DDR, das meines Erachtens allzu schnell in Vergessenheit geraten ist – zur »Fußnote« geworden ist, um mit Stefan Heym zu sprechen. Wer in der nur vierzig Jahre alt gewordenen DDR sozialisiert wurde und einen großen Teil seines Lebens und seiner Arbeit dort verbracht hat, versteht diese Besorgnis – und will sich gegen das Vergessen stemmen. Denn: Überschaut man das kulturelle Leben dieses Landes, stehen doch – trotz aller politischen Einmischung und Determination – unikale Erscheinungen in Literatur, Musik und Malerei vor Augen, Erscheinungen, wie sie so eben nur in der DDR entstehen konnten und wie sie oft nicht gleich als einzigartig wahrgenommen wurden. Die historische Distanz rückt oftmals Geschehnisse in ein neues geistiges Koordinatensystem.

Das ist auch für das Operntheater in der DDR zu konstatieren. Einige wenige weltberühmte Namen wie die der Komponisten Paul Dessau, Hanns Eisler, Siegfried Matthus oder Udo Zimmermann, der Regisseure Walter Felsenstein, Götz Friedrich, Joachim Herz, Ruth Berghaus oder Harry Kupfer, der Sänger Peter Schreier, Theo Adam, Hanne-Lore Kuhse oder Annelies Burmeister, der Dirigenten Franz Konwitschny, Kurt Masur, Otmar Suitner oder Rolf Reuter stehen einem vor Augen, doch viele weitere – und sie haben in ihrer Vielzahl eben das ungemein lebendige Bild des Opernlandes DDR geprägt – sind längst verblasst.

Fast fünfzig Theater zeigten Opernaufführungen. Das ist angesichts heutiger Theaterstrukturen eine eigentlich unvorstellbare Zahl. Natürlich ragten dabei die großen Häuser in Berlin, Dresden und Leipzig besonders hervor, aber wie viel Qualität bot doch auch die »Provinz« von Schwerin über Magdeburg und Halle bis Weimar und Meiningen, von Rostock über Potsdam und Gera bis Chemnitz (damals Karl-Marx-Stadt) und Zwickau. Was da alles geschah, ist mehr als erwähnenswert. Es ist Theatergeschichte, die einen unverzichtbaren Teil der Kulturgeschichte Deutschlands ausmacht.

Daran hatte ich Anteil. Zunächst als staunender Theaterbesucher vor allem an den Häusern in Schwerin und Rostock, also in meiner engeren Heimat Mecklenburg. Später als Student der Musikwissenschaft in Leipzig, der sowohl dort als auch in Dresden und Berlin ein eifriger Opernbesucher war. Und schließlich in meinem Beruf: als Hochschuldozent, Buchautor, Kritiker und Dramaturg, zuletzt als Chefdramaturg und stellvertretender Intendant in den ersten Jahren der 1985 wiedereröffneten Semperoper in Dresden. Vieles habe ich gesehen und erlebt, so manches mitgestaltet und verantwortet. Mit vielen wichtigen Opernleuten stand ich in beruflichem und persönlichem Kontakt und habe aus solchen Begegnungen und Gesprächen viel gelernt, dabei aber vor allem eines: Respekt vor dem humanistischen Ethos und dem künstlerischen Verantwortungsbewusstsein, wie ich ihn bei den meisten meiner Kollegen beobachten konnte. Und mit dieser Haltung widerstanden sie auch dem bisweilen enormen politischen Druck, wie er vonseiten des Staates und der Partei, der SED, in unangemessenem kulturpolitischen Führungsanspruch ausgeübt wurde. Klug und gewitzt verstanden sie es zumeist, Vorgaben zu unterlaufen und für das Operntheater in zunehmendem Maße ästhetische Freiräume zu erobern. Das war ein Umstand, der sich künstlerisch in einzigartiger Weise darstellte, ein Umstand, der dem Operntheater in der DDR seine unverwechselbare Originalität und Besonderheit verlieh.

In diesem Sinne möchte ich dieses Buch den Opernleuten der DDR widmen.

Eckart Kröplin

Grußwort

Das Opernschaffen in der DDR ist, wie es in der vorliegenden Arbeit von Eckart Kröplin sehr detailgenau aufgeführt ist, eine künstlerische und organisatorische Leistung, die weit über die Grenzen des inzwischen untergegangenen Staates hinausreicht und einen wichtigen Platz in der Operngeschichte einnimmt.

Der Urgrund dieser Entwicklung ist die phantastische, kaum erklärbare Bewegung, die unmittelbar nach Ende des Zweiten Weltkrieges als gewaltige Theater- und Operneuphorie ausbrach. Die Menschen sehnten sich nach kulturellen Erlebnissen. Zentraler Mittelpunkt war der Ostteil Berlins, in den viele Emigranten, die vor der Nazi-Diktatur ins Ausland geflüchtet waren, nun wieder zurückkehrten. In der zerstörten Stadt bildeten sich in notdürftig restaurierten Theatern, von sowjetischen Kulturoffizieren berufen und stark befördert, das Berliner Ensemble mit Bertolt Brecht und die Komische Oper unter Walter Felsenstein. In beiden Häusern arbeitete man intensiv nach bestimmten Konzepten. Hier wurde Welttheater gemacht, das die Aufmerksamkeit vieler Theater- und Opernkünstler erregte, die eifrig eine Assistentenstelle an einem der Häuser suchten. Gastspiele beider Ensembles brachten hohe internationale Anerkennung und viele Preise.

Bei der Gründung der DDR wurde dieser Ostteil Berlins als zufälliges Geschenk dem neuen Staat zugeteilt. Die DDR-Administration hielt sich anfangs, abgesehen von der »Lukullus«-Diskussion und anders als in späteren Jahren, weitgehend mit der Einmischung in künstlerische Konzeptionen zurück. In späteren Jahren wurde ich immer wieder von westdeutschen Kollegen gefragt, wie es möglich ist, dass in der nach sozialistischen Prinzipien regierten DDR die Opern von Händel und die Oratorien von Bach wortgetreu immer wieder aufgeführt wurden. Darin steckte doch eine der sozialistischen Ideologie völlig widersprechende Weltanschauung. Diese Frage ist wirklich schwer zu beantworten. Von den DDR-Ideologen wurde sie mit dem Bekenntnis zu Traditionen zu erklären versucht. Sie zeigt aber eine geheimnisvolle, nie ausgesprochene und nie beachtete Verbindung zwischen den beiden deutschen Staaten.

In den fünfziger Jahren konnte man in Berlin großartige Theater- und Opernaufführungen sehen. Ich hatte das große Glück, diese Zeit als Student zu erleben – unter Vorlage des Studentenausweises erhielten wir Studenten für wenige Pfennige Eintrittskarten. In fast militanten Diskussionen wurde von uns über die Verfremdung des Berliner Ensembles oder über die Einfühlung, das Konzept der Komischen Oper, gestritten. Erstaunt waren wir, wenn sich in öffentlichen Diskussionen in der Akademie der Künste die beiden Protagonisten Brecht und Felsenstein sehr respektvoll über die Arbeit des Partners äußerten. Also waren Verfremdung und Einfühlung keine unlösbaren Widersprüche.

Eckart Kröplin hat in seinem Buch über das Opertheater in der DDR nicht nur diese lösbaren und unlösbaren Widersprüche aufgezeigt, sondern mit erstaunlicher Genauigkeit die vielfältigen schöpferischen Impulse und die weitreichenden Erkenntnisse und Erkundigungen des Opernschaffens in diesen Jahrzehnten aufgezeichnet und festgehalten. Dank seiner Arbeit sind diese Leistungen der Vergessenheit entrissen.

Siegfried Matthus

Paul Dessau übergibt Kulturminister Klaus Gysi die Partitur zu seiner Oper »Lanzelot«, Heiner Müller (im Hintergrund) schrieb das Libretto, 1969

13

Die DDR als Opernland. Problemaufriss

Vom Graben zwischen Politik und Kunst

Aufbruchstimmung nach 1945

In historischer Dimension gesehen währte die Deutsche Demokratische Republik – gegründet am 7. Oktober 1949, aufgegeben am 3. Oktober 1990 – nur eine kurze Weile. Dennoch war die DDR ein bemerkenswerter Fall in der deutschen Geschichte. Ihre politische, genauer gesagt, ihre staatliche Existenz war lange Zeit umstritten; sie galt als von der sowjetischen Siegermacht nach dem Zweiten Weltkrieg im Zuge des gerade entbrannten Kalten Krieges inauguriert und daher als nicht eigentlich souverän. Trotzdem gelang es ihr nach zwanzig Jahren, internationale Anerkennung und gemeinsam mit der BRD auch Aufnahme in die UNO zu finden.

Große Hoffnungen wurden anfangs bei der Bevölkerung der DDR geweckt, der junge Staat gab sich betont antifaschistisch und demokratisch. Das war die ideologische Charta seiner Gründung. Dennoch wurde sogleich deutlich, dass die SED, die Sozialistische Einheitspartei Deutschlands, die grundsätzliche politische Leitlinie des jungen Staates dominierte – eine Partei, die durch eine Zwangsvereinigung von KPD und SPD am 21./22. April 1946 in der Sowjetischen Besatzungszone entstanden war und alle Arbeiter vereinen sollte. Es gab auch weitere demokratische Parteien – die CDU, die LDPD, die NDPD, die DBD, die sogenannten »Blockparteien«. Mit anderen Massenorganisationen (Gewerkschaften, Kulturbund u. a.) zu einem mehr oder minder homogenen Block zusammengefasst, hatten sie in der »Nationalen Front des demokratischen Deutschland« ein, wenngleich sehr beschränktes, Mitspracherecht im Land, auch und gerade im Rahmen des seit 1952 konkret von der SED formulierten Ziels, den Sozialismus in der DDR beispielgebend für ein künftiges gemeinsames, wiedervereinigtes Deutschland aufzubauen und ihn zur tragenden Staatsdoktrin zu erklären. Vielen Bürgern des Landes galt das anfangs durchaus als ein hoffnungsvoller Aufbruch in eine neue Gesellschaft.

Für das Opernleben in der DDR bedeutete das letztlich nichts anderes als es die Geschichte schon vielfach vorgegeben hatte. Ob Monarchie, Demokratie oder Diktatur – wie allgemein von der Kunst wurde auch vom Opertheater Affirmation erwartet. Dafür und für nichts anderes gab es staatliche Unterstützung, also das nötige Geld zum Existieren. Insofern war auch das Musiktheater in seiner Historie, ob nun als Hof-, Staats- oder Stadttheater, stets abhängig und nie ganz frei in seiner künstlerischen Haltung. Dennoch fanden sich Schlupflöcher, Nischen und unerwartete freie Plätze für subversives Selbstverständnis, für gesellschaftskritische Spiegelung. Dramaturgie, Komposition, Produktion und Rezeption von Oper waren immer schon auch politische Vorgänge. Sie standen unter politischen Prämissen, teils ganz offen, teils versteckt, teils in Übereinstimmung mit herrschenden politischen bzw. staatlichen Systemen, teils kritisch in Widerständigkeit zu ihnen begriffen. Man denke an die politisch hellen Köpfe der »Florentiner Camerata«, die in einer krisenhaften gesellschaftlichen Phase im Übergang von der Renaissance zur Neuzeit das antike Drama in einem synästhetischen Gesamtverständnis neu beleben wollten und dabei das entdeckten, was man später als Oper bezeichnete – etwa so, wie hundert Jahre zuvor Kolumbus ausgezogen war, um auf unbekanntem Seeweg Indien zu erreichen und dabei Amerika entdeckte. Der Politologe Udo Bermbach hat dazu eine griffige Formulierung gefunden: Es war die »Geburt der Oper aus der Krise der Gesellschaft«.[1]

Man denke an die frühe venezianische Oper (etwa Claudio Monteverdis »Die Krönung der Poppea«, 1642), an die französische, englische und deutsche Barockoper (u.a. Reinhard Keisers »Masagniello furioso«, 1706), an den Pariser Opernstreit um Gluck in der zweiten Hälfte des 18. Jahrhunderts, der sehr wohl eine politische Dimension aufwies, oder an Mozarts aufwühlendes Musiktheater (namentlich »Figaros Hochzeit« und »Die Zauberflöte«), an die französische Revolutionsoper, an die deutsche romantische Oper bis hin zu Wagner, man denke an die frühe moderne Oper im 20. Jahrhundert (Alban Bergs »Wozzeck«, Arnold Schönbergs »Moses und Aron«), man denke an das Musiktheater im Nationalsozialismus (etwa faschistoid verfremdete »Meistersinger«-Aufführungen in Berlin, Nürnberg oder Dessau im Outfit der NSDAP-Parteitage) und an das Musiktheater in der Sowjetunion (das Formalismus-Verdikt und die Verurteilung von Schostakowitschs »Lady Macbeth von Mzensk« 1936). Man denke aber auch an den Hitler-Stalin-Pakt von 1939, in dessen Folge an der Berliner Staatsoper Michail Glinkas »Ein Leben für den Zaren« und am Moskauer Bolschoi-Theater Wagners »Walküre« (pikanterweise in der Inszenierung des jüdischstämmigen Sergei Eisenstein) aufgeführt wurden – zwei bedeutende Kunstwerke wurden hier instrumentalisiert zur Rechtfertigung dieses Pakts zwischen Hitler und Stalin; deren Aufführungen erwiesen sich als unheilvolle Staatsakte, die in unmittelbarem Zusammenhang mit dem Ausbruch des Zweiten Weltkriegs standen.

1 Udo Bermbach. Wo Macht ganz auf Verbrechen ruht. Politik und Gesellschaft in der Oper, S. 13.

Mangels weltpolitischer Anerkennung war es von Beginn an ein besonders akzentuiertes Unterfangen der DDR, sich in Deutschland (man betonte noch bis zum Ende der 1950er Jahre den Willen zur Wiedervereinigung des Landes) sowie international als ein Land von hoher Kultur und besonders geförderter Kunst darzustellen. Die DDR suchte ihre ansonsten noch recht vage, von anderen Staaten gar geleugnete Identität gerade auch auf diesem Felde zu finden und zu rechtfertigen. Das war ein ursprünglicher und dann nie aufgegebener Anspruch, dessen Auswirkungen evident waren. Und darin begründete sich auch die außerordentliche Entwicklung und Ausstrahlungskraft von Kunst und Kultur auf ostdeutschem Boden. Es ist – aus historischem Abstand – doch erstaunlich, was da alles zustande kam, welche beispielhaften Erscheinungen sich daraus ergaben. Das waren Realien, die ungeachtet der kurzen Existenz des Staates DDR über diese Zeitspanne hinaus dauerhafte Wertigkeit behaupten können. Sie sind bis heute spürbar. Es waren prägende Ereignisse, die das kulturelle Leben der DDR bestimmten und dem Land hohe Anerkennung einbrachten, ja, die teilweise gar beispielhaft über die Grenzen hinauswirkten. Zu nennen sind Literatur, Theater und Film, Musik und Oper, bildende Kunst und Museen. Pfade wurden geebnet, um der gesamten Bevölkerung ungehinderten und leicht zu bezahlenden Zugang zur Kultur zu ermöglichen.

All das aber geschah unübersehbar eben auch unter den Bedingungen des Kalten Krieges zwischen Ost und West, des Wettbewerbs zweier politischer Weltsysteme. Dabei nun allein der Kunstentwicklung in der DDR herablassend den politästhetischen »schwarzen Peter« zuzuschieben, ist zu kurz gegriffen. Der Musikwissenschaftler Frank Schneider hat das, fast drei Jahrzehnte nach dem Untergang der DDR, weitsichtig und um Objektivierung bemüht einmal folgendermaßen beschrieben:

»*Der Osten hatte sich als eine seiner Maßnahmen in Bezug auf die Künste von der Idee verabschiedet, dass es eine generell apolitische Innovationsgeschichte der Musik gibt. Man hatte sich wieder darauf besonnen, dass die Musik für die Gesellschaft eine Funktion haben soll, dass sie dementsprechend in ihren Autonomieansprüchen reduziert werden und sich radikal vereinfachen müsse, damit tendenziell alle Menschen diese Musik verstehen können. Und natürlich sollte sie gleichsam nebenbei auch sozialistische Ideologie transportieren – am besten, indem man hörbar an die Klangsprache der Klassiker und Romantiker anknüpft. Der Westen hingegen verfolgte eine ganz andere Tendenz, er kultivierte das Autonome musikalischer Entwicklungen, bei denen im Grunde jeder Komponist seine eigenen Innovationen* entwickeln kann [...], wenn er nur eine materialfixierte, gesellschaftlich funktionslose Fortschrittsidee akzeptiert und in Kauf nimmt, dass künstlerische Resultate nur sehr schwer oder gar nicht mehr zu verstehen sind – geschweige denn, als ›schöne‹ Gebilde wahrgenommen zu werden.

Diese Innovationen, bis zum Exzess getrieben, galten als der einzig relevante musikgeschichtliche Prozess, und bis heute herrscht unter führenden westlichen Musikologen die Überzeugung, dass die Kamele der Neuen Musik unbedingt durch das Darmstädter Nadelöhr [gemeint ist der Kult um die berühmten Darmstädter Kurse avantgardistischer Musik in den 1950er Jahren] gehen mussten, um das Gütesiegel wahrer innovativer Musik zu erhalten oder im anderen Fall, ohne diese Kriechspur, der Verdammung hoffnungsloser Rückwärtsgewandtheit anheimzufallen. Es standen sich also im europäischen Raum zwei Fortschrittskonzepte diametral gegenüber – zwei Dogmen, die sich nun aber im Laufe der Entwicklung mehrerer Jahrzehnte gemildert, an ihren jeweiligen Widersprüchen und an mannigfaltigen Konfrontations-Programmen verwandelt, sich miteinander verflochten und letztendlich aufgelöst haben [...].

Aber wir haben ein Ungleichgewicht an Wahrnehmungen, das letztlich auch mit dem Ungleichgewicht der ökonomischen Verhältnisse in beiden Weltteilen zusammenhängt, und die Bundesrepublik war nun einmal der Sieger über die DDR in dieser Geschichte und nimmt sich, wie in allen vergleichbaren historischen Fällen, das Recht auf Deutungshoheiten natürlich auch gegenüber den Künsten heraus. Deshalb hat Musik aus dem Osten große Mühe, dem Westen zu erklären, dass auch dort, spätestens seit dem Beginn der siebziger Jahre des vorigen Jahrhunderts, Neue Musik voller gesellschaftskritischer Impulse und von offenkundig bleibendem Wert komponiert worden ist – Neue Musik sozusagen mit dem Impuls einer alternativen Avantgarde, die sich aus politischer Bevormundung emanzipierte, die ein relativ großes Publikum hatte, auch verstörend wirkte, die, kurz gesagt, eigentlich alle Insignien einer Kunst aufweist, die nicht angepasst, aber artifiziell höchstrangig war und dennoch bis heute noch – noch nicht, wie ich zu hoffen wage – genügend gehört, kritisch gesichtet und historisch gewürdigt wird.«[2]

Die Förderung von Kultur, Kunst und Musik in der DDR – ganz bewusst in den Dienst einer neuen, einer sozialistischen Ideologie gestellt – war konzipiert als eine Investition in die Zukunft, in den realen Traum einer gebildeten Nation, auch und gerade indem sie allen diesbezüglichen Entwicklungen eine gesellschaftspolitische, ideologische Determinierung auferlegte.

2 Frank Schneider im Gespräch mit Gisela Nauck. In: Kultur und Musik nach 1945, S. 366ff.; vgl. im Weiteren zu dieser Problematik auch die Beiträge in: Zwischen Macht und Freiheit. Neue Musik in der DDR.

Zu nennen sind hier der »Kulturbund zur demokratischen Erneuerung Deutschlands« mit seinem ersten Präsidenten, dem Dichter und späteren Kulturminister Johannes R. Becher, die flächendeckende Publikumsorganisation »Volksbühne«, das umfangreiche Anrechtssystem, großenteils getragen durch die Volkseigenen Betriebe (VEB), das ganze Land umfassende Konzertnetz der »Stunde der Musik«, die großen vom Staat organisierten Bach-, Beethoven-, Schubert-, Schumann-, Mozart- und Händel-Ehrungen 1950, 1952, 1953 und 1956 sowie die Goethe- und Schiller-Ehrungen 1949 und 1955 (u. a. mit Beteiligung von Thomas Mann) mit umfangreichen Staatsakten und Erklärungen der SED-Parteiführung, nicht zuletzt die groß inszenierten insgesamt zehn (bis 1987) »Kunstausstellungen der DDR« in Dresden. Zu erwähnen sind auch Brechts legendäres Berliner Ensemble, die Volksbühne, das Deutsche Theater und das Maxim-Gorki-Theater, die Staatsoper und die Komische Oper in Berlin, die Dresdner Staatstheater und die Leipziger Theater, weiterhin die Wagner-Festwochen in Dessau (1953–1963), die Händel-Festspiele in Halle (seit 1952), die Berliner Festtage (seit 1957), die Berliner Musik-Biennale (seit 1967), die Dresdner Musikfestspiele (seit 1978), die DEFA-Filmstudios und die Filmhochschule in Potsdam-Babelsberg, die Leipziger Theaterhochschule, die in ihrer Zusammenführung von künstlerischer und theaterwissenschaftlicher Ausbildung, auch unter Einbeziehung des Musiktheaters, eine einzigartige Erscheinung war und in dieser Form nach der Wende abgewickelt wurde.[3]

Auch die Akademie der Künste der DDR (deren erster Präsident Heinrich Mann werden sollte), die vom Staat materiell gestützten Künstlerverbände der DDR, namentlich der »Verband der Theaterschaffenden der DDR« und der »Verband der Komponisten und Musikwissenschaftler der DDR«, waren zwar einerseits zur politischen Selbstzensur angehalten waren, boten andererseits aber tatsächlich vielfältige Möglichkeiten und Foren zur künstlerischen Selbstverständigung, zu produktiver, manchmal provokanter ästhetischer und kunstpolitischer Diskussion.

[3] Die Theaterhochschule »Hans Otto« wurde 1992 aufgelöst, das Schauspiel als Fachbereich an die Hochschule für Musik und Theater »Felix Mendelssohn Bartholdy« angegliedert. Die Theaterwissenschaften wurden nur noch an der Universität Leipzig unterrichtet.

Das Opertheater in der DDR brachte bei genauerem Hinsehen im Laufe der vierzig Jahre Erstaunliches, auch Einzigartiges hervor. Und das war nicht voraussetzungslos. Hatte doch der Ostteil Deutschlands bereits seit Jahrhunderten aufgrund der historisch bedingten deutschen Kleinstaaterei ein im europäischen Vergleich ungemein dichtes Netz von Theatern mit Opernbetrieb, zunächst vor allem natürlich als ehemalige Hoftheater in den früheren fürstlichen Residenzen, ob groß oder klein: Berlin, Dresden, Schwerin,

Mit den genannten Institutionen verbinden sich auch die Namen vieler unvergessener Künstler, die dem Kulturleben in der DDR ein unverwechselbares individuelles Gepräge verliehen. Einige davon seien hier genannt. Sie alle haben dem DDR-Publikum einprägsame Kunsterlebnisse geboten, und sie haben gleichermaßen über die Grenzen des kleinen Landes hinaus international gewirkt:

Schriftsteller, Dichter und Theaterautoren
Bertolt Brecht
Johannes R. Becher
Friedrich Wolf
Arnold Zweig
Anna Seghers
Stephan Hermlin
Stefan Heym
Christa Wolf
Brigitte Reimann
Erwin Strittmatter
Johannes Bobrowski
Franz Fühmann
Peter Hacks
Heiner Müller
Volker Braun
Christoph Hein

Komponisten
Hanns Eisler
Paul Dessau
Rudolf Wagner-Régeny
Ernst Hermann Meyer
Günter Kochan
Siegfried Matthus
Fritz Geißler
Udo Zimmermann
Rainer Kunad
Georg Katzer
Gerhard Rosenfeld
Reiner Bredemeyer
Karl Ottomar Treibmann
Friedrich Goldmann
Paul-Heinz Dittrich
Friedrich Schenker

Bildende Künstler
Fritz Cremer
Wolfgang Mattheuer
Bernhard Heisig
Willi Sitte
Wieland Förster

Schauspielregisseure
Erich Engel
Wolfgang Langhoff
Manfred Wekwerth
Fritz Bennewitz
Horst Schönemann
Wolfgang Engel
Frank Castorf

Filmregisseure
Wolfgang Staudte
Kurt Maetzig
Frank Beyer
Konrad Wolf

Opernregisseure
Walter Felsenstein
Heinz Arnold
Götz Friedrich
Joachim Herz
Erhard Fischer
Harry Kupfer
Ruth Berghaus
Peter Konwitschny

Dirigenten
Franz Konwitschny
Joseph Keilberth
Rudolf Kempe
Kurt Sanderling
Otmar Suitner
Kurt Masur
Heinz Fricke
Herbert Kegel
Rolf Reuter
Klaus Tennstedt
Hartmut Haenchen
Siegfried Kurz

Schauspieler
Helene Weigel
Inge Keller
Gisela May
Ursula Karusseit
Jutta Hoffmann
Angelika Domröse
Eduard von Winterstein
Wolfgang Heinz
Ernst Busch
Erwin Geschonneck
Wolf Kaiser
Horst Drinda
Fred Düren
Otto Mellies
Ekkehard Schall
Hilmar Thate
Armin Müller-Stahl
Rolf Hoppe
Horst Schulze
Manfred Krug
Eberhard Esche
Manfred Karge
Winfried Glatzeder

Sänger
Christel Goltz
Elfride Trötschel
Jutta Vulpius
Ingrid Czerny
Hanne-Lore Kuhse
Ludmila Dvořáková
Celestina Casapietra
Anna Tomowa-Sintow
Ingeborg Wenglor
Irmgard Arnold
Sylvia Geszty
Sigrid Kehl
Gisela Schröter
Margarete Klose
Annelies Burmeister
Bernd Aldenhoff
Gerhard Stolze
Peter Schreier
Ernst Gruber
Wilfried Krug
Hanns Nocker
Martin Ritzmann
Spas Wenkoff
Reiner Goldberg
Klaus König
Jochen Kowalski
Josef Hermann
Kurt Böhme
Theo Adam
Fritz Hübner
Rudolf Asmus
Siegfried Vogel
Ekkehard Wlaschiha

Neustrelitz, Putbus, Weimar, Gotha, Altenburg, Gera, Greiz, Köthen, Bernburg, Meiningen, Rudolstadt, dann aber auch als Stadttheater, gegründet seit dem 18. Jahrhundert vom selbstbewussten Bürgertum: Leipzig, Chemnitz, Erfurt, Plauen, Zwickau, Radebeul bei Dresden, Meißen, Döbeln, Freiberg, Annaberg-Buchholz, Eisenach, Jena, Görlitz, Zittau, Halle, Magdeburg, Halberstadt, Nordhausen, Eisleben, Zeitz, Stendal, Potsdam, Brandenburg, Wittenberg, Cottbus, Senftenberg, Frankfurt/Oder, Rostock, Stralsund, Greifswald, Wismar, Güstrow, Anklam. Zeitweilig boten bis zu fünfzig Häuser in der DDR Opernaufführungen an.⁴ Und hinzurechnen muss man noch die rege sommerliche Bespielung von Naturtheatern, die sich großer Beliebtheit erfreuen, so vom Harzer Bergtheater Thale, von der Felsenbühne Rathen im Elbsandsteingebirge, der Waldbühne im thüringischen Steinbach-Hallenberg, der Naturbühne Greifenstein im Erzgebirge sowie der Seebühne Ralswiek auf der Insel Rügen (mit den »Störtebeker-Festspielen«).

Angeregt durch die staatlich subventionierten, also äußerst preiswerten Kartenkontingente für Theater- und Konzertbesuche, die sogenannten »Anrechte«, wie sie anfänglich von der Besucherorganisation »Volksbühne« und später von den Kulturabteilungen der Volkseigenen Betriebe vertrieben wurden, gab es in der DDR von Beginn an für alle Menschen die Möglichkeit, Aufführungen zu sehen. Man hatte eben ein »Anrecht« darauf. Das war ein Grundverständnis von Partei und Staat. Man wollte, auch durch die Hebung des kulturellen Bildungsniveaus, eine neue Gesellschaft schaffen. So hatte schon der KPD-Vorsitzende Wilhelm Pieck auf der Ersten Zentralen Kulturtagung der KPD, die vom 3. bis 5. Februar 1946 in Berlin stattfand, folgende prinzipielle Feststellung getroffen:

*»Alle diejenigen aber, die uns im Kampf um die Erneuerung der deutschen Kultur zur Seite stehen, werden unsere tatkräftige und uneingeschränkte Unterstützung finden. Wir sind zwar ein bettelarmes Volk geworden, aber wir werden es trotz unserer Armut durchsetzen, daß unseren Kulturschaffenden die materiellen Sorgen abgenommen werden, damit sie ungestört und ungehemmt ihre schöpferischen Energien frei und voll entfalten können und ihr Wirken letzte Ausdruckstiefe und höchste Fruchtbarkeit gewinnt.«*⁵

Das klang so verheißungsvoll wie die Beteuerung, dass man entschieden »der noch immer verbreiteten irrigen Auffassung« entgegengetreten werde, »daß die Kommunistische Partei die Schätze des deutschen Kulturerbes mißachtet oder daß sie dem deutschen Kulturschaffen und der Intelligenz sogar feindlich gegenüberstehe«⁶. Dies wurde als Propagandalüge bezeichnet, als Behauptung, die schon im 19. Jahrhundert immer wieder der Sozialdemokratie unterstellt worden und insbesondere vom nationalsozialistischen Regime gegen die KPD gerichtet und verbreitet worden sei. Vielmehr ginge es jetzt um die Aufhebung der Kluft zwischen Kunst und Volk. Dieses Grundverständnis wurde dann auch in den Dokumenten zum Vereinigungsparteitag von KPD und SPD in der Sowjetischen Besatzungszone (21./22. April 1946) festgeschrieben.⁷

Die »Versorgung« der Bevölkerung mit Kunst und Kultur erhielt ihre Grundierung in der Politik von Partei und Staat. Eine Statistik

4 Vgl. Komponisten und Musikwissenschaftler der Deutschen Demokratischen Republik, S. 7ff.

5 Zit. nach: Fred K. Prieberg. Musik im anderen Deutschland, S. 21.

6 Ebd.

7 Vgl. Musikgeschichte der Deutschen Demokratischen Republik (Sammelbände zur Musikgeschichte der Deutschen Demokratischen Republik, Bd. V), S. 6.

Jacques Offenbach: »Hoffmanns Erzählungen«, Komische Oper Berlin, 1958

der 1950er Jahre weist z. B. aus, dass pro Spielzeit in der DDR etwa 3,5 bis 4 Millionen Besucher circa 5 500 bis 6 000 Opernvorstellungen gesehen haben, noch mehr waren es im Bereich des heiteren Musiktheaters, der Operette.[8] Das sind tatsächlich beeindruckende Zahlen. Die Bevölkerung in Stadt und Land, quer durch alle sozialen Schichten, nahm die kulturellen Angebote mit großer Zustimmung an. In den Schulen waren Theaterbesuche und Stückeinführungen obligatorisch, Schulklassen oder sogar ganze Schulen besuchten gemeinsam Aufführungen. Vor allem Opern aus dem klassischen und romantischen Repertoire und dem heiteren Genre wurden gezeigt: Mozart, Beethoven, Weber, auch d'Albert und Wolf-Ferrari, immer wieder Lortzing, Flotow, Nicolai, weiterhin natürlich die bekannten Werke der italienischen Oper, allen voran Verdi und Puccini, oder aus Frankreich Bizets »Carmen« und Offenbachs »Hoffmanns Erzählungen«. Natürlich gehörte aber auch ›schwere Kost‹ dazu: die großen Opern des deutschen und internationalen Repertoires, insbesondere aus dem slawischen Bereich, sowie Werke der jüngeren Vergangenheit, das heißt auch neue, gerade erst aufgeführte Opern des modernen Musiktheaters.

8 Ebd., S. 81.

Eine solche sozial begründete Pluralisierung und Quantifizierung des Theaterangebots hatte allerdings – und darauf muss auch hingewiesen werden – seine Schattenseiten: Sie führte zu einem grundsätzlichen Qualitätsverlust. Es war Walter Felsenstein, der legendäre Intendant der Berliner Komischen Oper, der dezidiert darauf aufmerksam machte. Er hatte 1951 in einer Diskussionsgrundlage auf einer Veranstaltung der »Volksbühne« engagiert dafür plädiert, dass »Musiktheater eine Angelegenheit des Volkes«[9] werden müsse, aber ausschließlich mit künstlerisch hochwertigen Angeboten. Zehn Jahre später beklagte er nun die Realität massenhafter, künstlerisch unwerter Theaterarbeit, wie sie unverkennbar auch in der DDR verbreitet zu beobachten war:

»Die sozial großartige Idee des ›gemeinnützigen Theaters‹, die sich im zwanzigsten Jahrhundert immer mehr ausgebreitet hat und noch weiter ausbreiten wird, hat nämlich eine Schattenseite. Aus dem ehrgeizigen Streben nach kulturellen Repräsentationen heraus sind so viele Bühnen entstanden, daß nur noch einige wenige mit einem Ensemble erstrangiger Künstler ausgestattet werden können. Natürlich hatte das den Vorteil, daß das Theater als solches sehr breiten Bevölkerungsschichten zugänglich gemacht werden konnte. Aber statt sich mit einem Spielplan zu genügen, dem die vorhandenen Kräfte gewachsen gewesen wären, forderten die zuständigen Behörden von den Intendanten und Direktoren – die ihnen nur allzu bereitwillig nachgaben –, daß in ihren Häusern die anspruchsvollsten Werke der Bühnenliteratur aufgeführt werden müßten, auch dann, wenn der künstlerische Gehalt und Ausdruck dieser Werke nicht annähernd verwirklicht werden konnte. Um das zu rechtfertigen, behauptete man, eine ›Stätte der kulturellen Repräsentation‹, eine ›Bildungsanstalt‹ sei zu einer solchen Produktion verpflichtet.«[10]

Das war eine harsche Kritik an der Kultur- und Theaterpolitik in der DDR, die eigentlich hochambitioniert war. Die Kritik führte 1963 tatsächlich zu einer kleinen, jedoch nur halbherzigen Theaterreform, nämlich zur Schließung etlicher kleiner Theater im Lande.

Dennoch herrschte nach 1945 im ganzen Land unübersehbar der Aufbruchswille zu einem Neuanfang im Theater, so schwer er auch fiel. Nach dem Ende der nationalsozialistischen Diktatur war doch viel verlorene Substanz zu beklagen, sei es durch im Krieg zerstörten Theatergebäude, sei es durch versprengte Ensembles. Die großen Häuser wie die Berliner und die Dresdner Staatsoper oder die Leipziger Oper waren zerstört, viele weitere ebenfalls, nur wenige konnten zunächst ihren Spielbetrieb wieder aufnehmen. Zumeist musste man sich mit Ausweichspielstätten behelfen. So spielte die

9 Walter Felsenstein. Ist das Musiktheater eine Angelegenheit des Volkes?, S. 41ff.; auch in: Walter Felsenstein/Götz Friedrich/Joachim Herz. Musiktheater. Beiträge zur Methodik und zu Inszenierungskonzeptionen, S. 23ff.

10 Walter Felsenstein/Siegfried Melchinger. Musiktheater, S. 83.

Berliner Staatsoper bis zu ihrer Wiedereröffnung 1955 im Admiralspalast am Bahnhof Friedrichstraße, die Dresdner Staatsoper in der alten Tonhalle und im Kurhaus Bühlau, ab 1948 dann im wiederaufgebauten Schauspielhaus (die Wiedererrichtung der Semperoper musste noch bis 1985 warten), die Leipziger Oper suchte im Haus Dreilinden im Stadtteil Lindenau Zuflucht, bis 1960 ein Opernneubau am alten Standort im Zentrum der Stadt eingeweiht werden konnte. Das schöne Stadttheater von Rostock war unwiederbringlich zerstört, und man zog in ein altes Vergnügungsetablissement ein, das durch Um- und Ausbau bis heute die Rostocker Hauptspielstätte ist, ein lange geplanter Neubau kam nie zustande. Das große, erst 1938 errichtete Theater in Dessau, seinerzeit der größte Theaterneubau im nördlichen Europa, konnte, da nur teilzerstört, schon 1949 wiedereröffnet werden.

Und allmählich fanden sich auch Orchester und Opernensembles – viele Künstler waren im Krieg gefallen oder noch in Gefangenschaft – wieder zusammen. Neue, junge Kräfte stießen dazu. Mit ungeheurem künstlerischem Elan und ungeachtet vieler noch vorhandener Mängel und materieller Unzulänglichkeiten wurde in der Sowjetischen Besatzungszone der Spielbetrieb wieder aufgenommen. Entscheidenden Anstoß dazu hatten die Kulturbehörden der sowjetischen Besatzungsmacht gegeben. Sie waren daran interessiert, im zerstörten Land schnellstmöglich wieder kulturelles Leben zu ermöglichen, galt es doch, der vom Krieg deprimierten Bevölkerung Lebensmut zu vermitteln und letztlich auch dem (von den Nazis verbreiteten) Vorurteil entgegenzutreten, die Sowjetunion sei ein barbarisches Land, in dem ein wüster Kulturbolschewismus herrsche. Aus den ersten Jahren nach 1945 bis zur Gründung der DDR gibt es viele Beispiele, wie sehr sich sowjetische Kulturoffiziere, unter ihnen namentlich der Literaturwissenschaftler Alexander Dymschitz und der Gesellschaftswissenschaftler Sergei Tjulpanow, für einen schnellen Wiederaufbau auch der Theaterlandschaft einsetzten, oft mit unkonventionellen und unbürokratischen Mitteln. Tjulpanow erinnerte sich Jahrzehnte später:

»Wir gingen davon aus, alle Schätze der deutschen Kultur zu bewahren, und nicht davon, was die Faschisten ausgenutzt und besudelt hatten. Man konnte nicht alles verloren geben, was die Faschisten für sich in Anspruch genommen hatten. Man mußte es reinigen.«[11]

Mit Erlaubnis bzw. auf Betreiben der Sowjetischen Militäradministration wurde also sehr schnell nach Kriegsende der Theater- und Opernbetrieb neu belebt. In Berlin fand die erste Opernaufführung nach dem Krieg am 8. September 1945 mit Glucks »Orpheus und Eurydike« im Admiralspalast statt. In Leipzig gab es am 29. Juli mit

11 Sergei Tjulpanow. Vom schweren Anfang. In: »Weimarer Beiträge«. Zeitschrift für Literaturwissenschaft, Ästhetik und Kulturtheorie, 5/1967, S. 726; zit. nach: Werner P. Seifert. Richard Wagner in der DDR – Versuch einer Bilanz, S. 23f.

Beethovens »Fidelio« die erste Nachkriegs-Opernaufführung. Und in Dresden hatte am 10. August 1945 in der Tonhalle Mozarts »Die Hochzeit des Figaro« Premiere. Auch die Gründung der Komischen Oper in Berlin (Eröffnung am 23. Dezember 1947) und der DEFA-Filmstudios in Potsdam-Babelsberg (17. Mai 1946) gingen auf Initiativen der Sowjetischen Militäradministration zurück.

Progressive und humanistische Traditionen bürgerlicher Kunst – von der Aufklärung des 18. Jahrhunderts und der Weimarer Klassik bis zum Realismus Ende des 19. Jahrhunderts – galten vornehmlich als ästhetische Grundlage neuer Kunstentwicklungen in der DDR. Damit wurde allerdings auch ein folgenschwerer geistiger Eliminierungsprozess in Gang gesetzt. Desavouiert wurden damit wichtige Kunstströmungen der Vergangenheit wie Romantik, Spätromantik, Dekadenz und die noch junge provokante Moderne des Jahrhundertbeginns. Genau diese Differenzierung sorgte dann in den Folgejahrzehnten – unübersehbar von den ideologischen Grabenkämpfen des Kalten Krieges stigmatisiert – für zunehmende ästhetische (und grundsätzlich politische) Auseinandersetzungen, für heftige Kontroversen in der DDR-Kulturszene. Die Kunstentwicklung war so bereits zu einem frühen Zeitpunkt auf ein eindimensionales stalinistisches Gleis geschoben worden, und damit dominierten auf längere Zeit künstlerische Einschränkungen, auch wenn es, oft bedingt durch aktuelle politische Anlässe, immer wieder Wellenbewegungen zwischen scharfer ideologischer Maßregelung und teilweiser Liberalisierung gab. Eine ganze Reihe von wissenschaftlichen Studien der vergangenen Jahrzehnte legen davon beredtes Zeugnis ab.[12]

Erinnert sei an die beiden SED-Kulturkonferenzen von 1957 und 1960, an den Beschluss des V. Parteitags der SED vom Juli 1958 über den »Aufbau des Sozialismus und einer sozialistischen Nationalkultur« oder an den »Bitterfelder Weg« (»Bitterfelder Konferenzen« vom 24. April 1959 und 24./25. April 1964), mittels dessen die SED sowie ihr verbundene Schriftsteller und Kulturschaffende eine der Arbeiterklasse verpflichtete realistische Schaffensweise aufzwingen wollten. Erinnert sei in diesem Zusammenhang an die erbitterten öffentlichen Polemiken um und gegen Paul Dessaus avantgardistische Oper »Das Verhör des Lukullus« 1951 oder Hanns Eislers ambitioniertes Opernprojekt von 1952, »Johann Faustus«, erinnert sei an die von Prag ausgehende hochgeschraubte und heftige Diskussion um Franz Kafka Anfang und Mitte der 60er Jahre (literaturästhetische Debatte um »Entfremdung« als Vorbote des Prager Frühlings), die auch in der DDR hohe Wellen schlug und hier aus Angst

12 Vgl. dazu u. a. : Elimar Schubbe (Hrsg.). Dokumente zur Kunst-, Literatur- und Kulturpolitik der SED 1946–1970; Gisela Rüss (Hrsg.). Dokumente zur Kunst-, Literatur- und Kulturpolitik der SED 1971–1974; Peter Lübbe (Hrsg.). Dokumente zur Kunst-, Literatur- und Kulturpolitik der SED 1975–1980; Fred K. Prieberg. Musik im anderen Deutschland; Wolfram Schlenker. Das »Kulturelle Erbe« in der DDR; Volker Gransow. Kulturpolitik in der DDR; Hanns-Werner Heister und Dietrich Stern (Hrsg.). Musik der 50er Jahre; SED und Intellektuelle in der DDR der fünfziger Jahre. Kulturbund-Protokolle; Hans-Klaus Jungheinrich. Politische und gesellschaftliche Aspekte der Oper seit 1945, S. 243–262; Günther Erbe. Die verfemte Moderne; Manfred Jäger. Kultur und Politik in der DDR 1945–1990; Kunstdokumentation SBZ/DDR 1945–1990. Aufsätze, Berichte, Materialien; Lars Klingberg. »Politisch fest in unseren Händen«. Musikalische

vor kulturpolitischem »Revisionismus«[13] unterdrückt wurde, oder an das für die neue Filmkunst der DDR (gemeint waren letztlich alle Kunstbereiche) so niederschmetternde 11. Plenum des ZK der SED im Dezember 1965. Auf all das wird noch zurückzukommen sein.

So schmerzhaft diese Auseinandersetzungen einerseits auch waren, so sorgten sie andererseits für Schärfungen kultureller Sensibilität, für produktive geistige Widerständigkeit in den Künsten im Dialog mit dem großen Gesellschaftsmodell eines Sozialismus auf deutschem Boden. Dieses Modell wurde nicht an sich infrage gestellt, auch nicht durch die Künste, diskutiert wurde jedoch mit zunehmender Vehemenz über eine notwendige schöpferische Vielfalt und Souveränität im Kulturleben der DDR.

Eine solche Frontenbildung war – aus historischem Abstand betrachtet – geradezu das Lebenselixier, eben das Besondere von Kultur und Kunst in der DDR. Denn stellvertretend fand auf diesem Felde auch eine grundsätzliche kritische Diskussion über Wege und Irrwege nicht nur zu einer Kunst im Sozialismus, sondern zum Sozialismus selbst statt. Und das war allen Beobachtern und Beteiligten der Kunstszene klar. Kaum anderswo gestaltete sich die Beziehung von Politik und Kunst so spannungsvoll wie in der DDR. Radikaler politischer Realität stand zunehmend eine souveräne, liberale, weltoffene Kunstrealität gegenüber. Es war eine von großen Teilen der Bevölkerung dankbar angenommene und auch ausgelebte Gegenwelt, die sich schon früh bestätigt fühlte durch äußere, sehr markante politische Ereignisse: Stalins Tod 1953, dem Volksaufstand in der DDR vom 17. Juni 1953, dem ungarischen Aufstand von 1956 und der im selben Jahr mit dem XX. Parteitag der KPdSU eingeleiteten »Entstalinisierung« mit entsprechenden Kurskorrekturen auch im kulturpolitischen Bereich.[14]

und musikwissenschaftliche Gesellschaften in der DDR; Sabine Vogt-Schneider. »Staatsoper Unter den Linden« oder »Deutsche Staatsoper«. Auseinandersetzungen um Kulturpolitik und Spielbetrieb in den Jahren zwischen 1945 und 1955; Daniel Zur Weihen. Komponieren in der DDR; Petra Stuber. Spielräume und Grenzen. Studien zum DDR-Theater; Matthias Tischer (Hrsg. und Autor). Musik in der DDR. Beiträge zu den Musikverhältnissen eines verschwundenen Staates; Hanns-Werner Heister (Hrsg.). Geschichte der Musik im 20. Jahrhundert: 1945–1975; Michael Lemke (Hrsg.). Konfrontation und Wettbewerb. Wissenschaft, Technik und Kultur im geteilten Berliner Alltag (1948–1973); Michael Lemke. Vor der Mauer. Berlin in der Ost-West-Konkurrenz 1948–1961; Kultur und Musik. Ästhetik im Zeichen des Kalten Krieges nach 1945. Kongressbericht Hambacher Schloss 11.–12. März 2013.

13 Horst Sindermann. Rede auf dem 5. Plenum des ZK der SED, In: »Neues Deutschland«. Zentralorgan des ZK der SED, Berlin, 13.2.1964.

14 Vgl.: Daniel Zur Weihen. Komponieren in der DDR. Institutionen, Organisationen und die erste Komponistengeneration. Analysen, S. 68ff.; Ulrich Dibelius/Frank Schneider. Neue Musik im geteilten Deutschland Bd. 1, S. 266.

Oper mit doppeltem Boden

Die Bühnen des Musiktheaters in der DDR waren gewissermaßen mit einem doppelten Boden erlebbar, zumindest in recht zahlreichen herausragenden Aufführungen, nicht nur in der Hauptstadt, sondern mehr und mehr auch in der »Provinz«. Das Theaterpublikum der DDR lernte sehr schnell, zwischen den Zeilen zu lesen, Zwischentöne zu hören, gemäß jenem feinen Wort des Dramatikers Heiner Müller, der 1970 über seine Arbeit am Libretto zur Oper »Lanzelot« (1969) von Paul Dessau schrieb: »Was man noch nicht sagen kann, kann man vielleicht schon singen.«[15]

Das Operntheater der DDR war gezwungen, wegen der internationalen Isoliertheit des Staates eine Individualität zu entwickeln, sich aus eigener Kraft selbst zu definieren und ganz Originäres zutage zu fördern. Es führte quasi ein Inselleben, das jedoch ungemein stark nach Außenwirkung strebte, streben musste. Und da tat sich eben ein interessanter, befördernder Widerspruch auf. So sehr es auch dem Staat DDR an internationaler Anerkennung mangelte, so sehr war die Welt doch von den dort stattfindenden Kunstereignissen fasziniert, insbesondere vom Operntheater. Der zunehmende Weltruf des kleinen Landes basierte wesentlich auch auf seinen als originell und einzigartig empfundenen Opernereignissen.

Da wäre zunächst ganz akzentuiert auf das Phänomen des realistischen Musiktheaters an der Komischen Oper in Berlin unter der Leitung von Walter Felsenstein zu verweisen.* Hier wurden neue künstlerische bzw. szenische Maßstäbe gesetzt, die sich konträr einer jahrzehnte- oder sogar jahrhundertealten Tradition entgegenstellten – in dem Sinne, wie es Gustav Mahler einmal mit den lapidaren Worten »Tradition ist Schlamperei« auf den Punkt brachte – und zu einem ganz einmaligen Aufführungsstil auf der Musikbühne führten. Gemeint war eine realistische Darstellungsweise, die den sängerischen Ausdruck als unbedingte Wahrhaftigkeit in stringent ausgeloteter szenischer Konzeption begriff.

Wie schon erwähnt, war bereits der Anfang des DDR-Operntheaters geprägt von aufregenden Innovationen und zugleich polit-ästhetischen Irritationen. Zunächst aber gab es noch eine fraglose Übereinstimmung zwischen künstlerischer Arbeit und staatstragendem Selbstverständnis. Die antifaschistisch-demokratische Leitlinie war das Verbindende, und sie ließ auch noch eine erstaunliche

*Vgl. auch S. 55ff.

15 Heiner Müller. Sechs Punkte zur Oper, S. 18.

Vielfalt und ideologische Weitherzigkeit zu. Das Operntheater in der DDR verstand sich anfänglich als konform mit der zum Sozialismus tendierenden Staatsdoktrin, konnte man doch auf ein breites Repertoire bürgerlicher Kunsttradition bis hin zum vom Faschismus so missbrauchten Wagner zurückgreifen. (Die Diskussionen über dieses Thema begannen erst, dann aber umso heftiger, Jahre später.)*

Das Beispiel der Deutschen Staatsoper Berlin belegt das anschaulich. Die junge DDR, international nicht anerkannt, brauchte dieses Haus als Ort staatlicher Repräsentation und Souveränitätsbehauptung. Staatspräsident Wilhelm Pieck, Regierungsmitglieder und Teile der Parteiführung waren häufig Gäste von Opernpremieren, die eben auch als Staatsakt begriffen wurden. Ebenso sollte die Staatsoper als Symbol eines Strebens nach kultureller Hegemonie und deutscher Einheit dienen. Künstler aus Ost und West traten hier auf (auch an Westberliner Bühnen engagierte Künstler, denen später auf Betreiben des Westberliner Senats gar die Kündigung ihrer Verträge angedroht wurde, wenn sie weiterhin in Ostberlin auftreten wollten – ein markantes Beispiel des längst ausgebrochenen Kalten Krieges).

Einen jähen Einbruch bedeutete dann der 13. August 1961, der Bau der Berliner Mauer. Von der DDR als »antifaschistischer Schutzwall« bezeichnet, wurde sie vor allem aus wirtschaftlichem Selbstschutz errichtet. Zu viele Menschen hatten bis dahin bereits die DDR verlassen, aus politischen oder aus materiellen Gründen, zu viele wissenschaftliche und technische Fachkräfte waren dabei, das Land drohte wirtschaftlich auszubluten. Eine Folge war, dass viele Künstler an den Berliner Musikbühnen, vor allem Orchestermusiker und Sänger, die in Westberlin wohnten und täglich nach Ostberlin herüberpendelten, nun nicht mehr die Grenze passieren konnten, schon gar nicht mehr die DDR-Künstler, die bislang, wenn auch nicht gern gesehen, die offene Grenze an der Friedrichstraße und anderen Zonenübergängen genutzt hatten. Das Grenzregime der DDR war rigoros, es gab keine Ausnahmen. Es entstand eine ähnliche Situation wie nach 1945, es fehlten künstlerische Kräfte. Ausgleichen mussten das zu großen Teilen die Bühnen der DDR außerhalb Berlins. Sänger, Musiker, Dirigenten wurden nach Berlin geholt, um die entstandenen Lücken zu füllen. Das führte zu einem schmerzlichen künstlerischen Aderlass im Land.

Der 13. August war daher nicht nur ein politischer Schock, sondern auch eine künstlerische Katastrophe, die das Land erschütterte. Kurzfristige Künstlertransfers von den großen Theatern des Landes an die Berliner Bühnen bedingten auch einen Künstlertransfer von den kleinen Häusern an die größeren. Kurt Masur etwa war bereits

*Vgl. auch S. 305ff.

aus Schwerin an die Komische Oper gewechselt, Heinz Fricke aus Schwerin kam jetzt an die Deutsche Staatsoper. Die Dresdner Sänger Theo Adam und später Peter Schreier wechselten endgültig ins Ensemble der Deutschen Staatsoper, ebenso aus Leipzig Hanne-Lore Kuhse und Ernst Gruber. Dafür wurde etwa der junge Dirigent Rolf Reuter aus Meiningen an die Leipziger Oper geholt. Im Übrigen behalf man sich in hohem Maße mit dem Engagement von Sängern und Musikern aus den östlichen Ländern, aus Polen, der Tschechoslowakei, Ungarn, Rumänien und Bulgarien. Es galt zunächst, die künstlerische Grundversorgung für das Musiktheater der DDR zu sichern. Und das gelang auch recht bald. So bereicherten etwa die Sopranistin Ludmila Dvořáková (die alsbald in aller Welt als Wagner-Heroine Furore machte) und die Baritonisten Rudolf Jedlička, Vladimír Bauer und Antonín Švorc in den 1960er Jahren das Ensemble der Deutschen Staatsoper. Die junge Anna Tomowa-Sintow kam aus Bulgarien zunächst an die Leipziger, dann an die Berliner Staatsoper und machte schnell internationale Karriere.

Eine andere, wohl notwendige Folge des 13. August 1961 und des dadurch bedingten zeitweiligen Personalmangels war die bereits erwähnte sogenannte Theaterreform im Jahre 1963. Obwohl die DDR bemüht war, das Netz kultureller und künstlerischer Institutionen nicht nur zu erhalten, sondern womöglich noch auszubauen, war der Fortbestand einiger kleinerer Theater nicht mehr sinnvoll. So mussten zum Spielzeitbeginn 1963/1964 mehrere kleine Bühnen schließen, u. a. in Meißen, Güstrow, Wismar und Putbus. Die Häuser wurden größeren Nachbarbühnen angeschlossen bzw. mit ihnen fusioniert und von den dortigen Ensembles bespielt. Trotz Verringerung der Anzahl selbstständiger Theater sollte das breite Angebot für das Theaterpublikum nicht eingeschränkt werden. Das gelang jedoch nur teilweise.

Nun auf sich allein gestellt, entfaltete das Opertheater der DDR in der Folgezeit eine bemerkenswerte Eigendynamik. Dabei galt es einerseits, das traditionelle Repertoire einer produktiv-kritischen Sichtung zu unterziehen: die großen Meister und Werke der Vergangenheit, wie sie bislang meistens wenig hinterfragt, wenn auch mit großer künstlerischer Überzeugungskraft gespielt worden waren. Da ist zu berichten von intensiven Wagner- und Mozart-Diskussionen, die oftmals auch von der »Provinz« in die Hauptstadt Berlin hinüberschwappten.*

Verschiedene Wagner-Inszenierungen der späten 1950er Jahre in Berlin oder dann in den 1960er und 1970er Jahren von Joachim Herz in Leipzig wurden begleitet von einer in der Fachwelt und in der

*Vgl. auch S. 263ff. und S. 305ff.

Oper mit doppeltem Boden

Musiktheaterwissenschaft erregt geführten Diskussion: Was hatte Wagner mit dem Faschismus zu tun? Inwieweit ist er davon korrumpiert? Was hat es mit seiner Kapitalismuskritik auf sich? Gibt es die Teilung zwischen revolutionärem und reaktionärem Wagner, zwischen Frühwerk und Spätwerk? Die Wagner-Jubiläumsjahre 1963 und 1983 boten dazu auch mit groß aufgezogenen wissenschaftlichen Konferenzen einen willkommenen Anlass und ein breites Podium. Die marxistische Musikwissenschaft, namentlich Georg Knepler und neben ihm jüngere Fachkollegen, bequemte sich endlich dazu, ein differenzierteres Bild des Komponisten Wagner zu zeichnen. Und weitere Wagner-Aufführungen von Harry Kupfer in Dresden und Berlin oder von Ruth Berghaus, gleichfalls in Berlin, waren überzeugende Beispiele dafür. Hinzu gesellten sich die westdeutschen und ausländischen Gastspiele von DDR-Regisseuren: von Joachim Herz in Moskau, Frankfurt am Main, Wien und London, von Götz Friedrich bei den Bayreuther Festspielen, von Harry Kupfer ebenfalls in Bayreuth und vielen anderen westlichen Opernmetropolen, von Ruth Berghaus in Frankfurt am Main, München, Hamburg und Wien. DDR-Regisseure hatten quasi eine kritisch-produktive Schule der Wagner-Aneignung im In- und Ausland mitbegründet.

Felsensteins realistisches Musiktheater ging in Gestalt seiner Schüler und Nachfolger allmählich, aber offensichtlich erweiterte Wege. Sie fanden zu neuen Horizonten, indem sie den zunächst vom Meister vorgegebenen Repertoire-Kanon aufbrachen und künstlerisch entscheidend verbreiterten. Hingewiesen sei in diesem Zusammenhang auf neue Inszenierungen von Götz Friedrich und Joachim Herz in den 1960er und 1970er Jahren. Und beide Regisseure wie gleichermaßen der damalige Chefdramaturg der Komischen Oper, Horst Seeger, untermauerten die Ausweitung des opernästhetischen Blickwinkels auch durch entsprechende publizistische und theoretisierende Beiträge, beispielsweise in den »Jahrbüchern der Komischen Oper« ab 1970.

Gleichzeitig richtete sich die Aufmerksamkeit ab den 1960er Jahren immer mehr auf die musikalische Avantgarde, die – offiziell ungeliebt vonseiten des Staates, heimlich und auch offen bewundert von der jungen Komponistengeneration der DDR – nach und nach die Bühnen der DDR eroberte. Es gab ab den 1950er Jahren etliche neue Opern zu sehen, wenn auch nicht viele und nicht von den bedeutendsten Komponisten.[16] Die junge Komponistengeneration schaute interessiert über die Grenzen des Landes hinaus gen Westen. Was sich da tat, bei den Darmstädter Ferienkursen etwa oder im Studio für elektronische Musik beim WDR in Köln, wer da kompositorisch

16 Vgl.: Musikbühnen-Uraufführungen in der DDR seit 1945, und: Walter Rösler. Neues Opernschaffen in der DDR. Bemerkungen zu einer Statistik, In: Musikbühne 77, S. 157–166 und S. 191–201.

mit ungemein avancierter Musik hervortrat – es seien nur Bernd Alois Zimmermann oder der junge Karlheinz Stockhausen genannt –, faszinierte sie. Man begann auch über Arnold Schönberg und die Wiener Schule zu diskutieren, studierte Zwölftonmusik und neue Strukturweisen der seriellen Musik und versuchte sich in dieser Richtung auszuprobieren. Ab den 1950er Jahren und verstärkt zu Beginn der 1960er Jahre gab es dann in der DDR stürmische Diskussionen um die Zwölftonmusik und andere neuere Kompositionstechniken, angeheizt natürlich auch durch den Umstand, dass ältere Komponisten wie Eisler und Dessau, aber auch viele junge Musiker aus deren ansehnlicher Schülerschar sich dezidiert der Zwölftönigkeit zugewandt und sie in einigen Kompositionen, auch in Opern, verwendet hatten. In Berlin und Leipzig vor allem wurden über die Schönberg'sche Kompositionsmethode heiße Debatten geführt. Eine detaillierte Darstellung dieser Vorgänge mit zum Teil sehr brisanten Informationen und bislang unbekannten Dokumenten legte der Musikwissenschaftler Lars Klingberg im Jahre 2004 vor.[17]

All das galt in den 1950er Jahren in der DDR als verwerflicher bourgeoiser und sinnentleerter »Formalismus« in der Kunst, diametral dem eigenen Verständnis von volksnaher »realistischer« Kunst entgegengesetzt. Die geradezu in diabolisches Licht gesetzte Bezeichnung »Formalismus«, ein politästhetisches Verdikt, war übrigens aus der Sowjetunion (auch als unmittelbare Folge der Formalismus-Beschlüsse des ZK der KPdSU vom Februar 1948) importiert worden, und mit ihr ging man dann auch in der DDR wie mit einer Schlagkeule um. Da wurde ein ideologisches Schreckgespenst installiert, um den Einfluss spätbürgerlicher, westlicher Kunst auf die sozialistische DDR zu verhindern bzw. wenigstens einzudämmen. So verabschiedete das 5. Plenum des ZK der SED am 17. März 1951 etwa einen Beschluss unter der bezeichnenden Überschrift: »Der Kampf gegen den Formalismus in Kunst und Literatur. Für eine fortschrittliche deutsche Kultur«. Das war eine deutliche Ansage – wohl nicht zufällig genau am Tage der Uraufführung der Erstfassung von Brechts und Dessaus »Das Verhör des Lukullus«, die dann auch sogleich, da als »formalistisch« identifiziert, wieder abgesetzt wurde. Und Ministerpräsident Otto Grotewohl stellte auf dem Plenum ein klares Apodiktum auf:

»Literatur und bildende Kunst sind der Politik untergeordnet, aber es ist klar, daß sie einen starken Einfluß auf die Politik ausüben. Die Idee der Kunst muß der Marschrichtung des politischen Kampfes folgen.«[18]

Und ganz drastisch hieß es da denn auch:

»Kampf gegen den Formalismus in Kunst und Literatur, für eine fortschrittliche deutsche Kultur [...]. Es ist eine Aufgabe der Genossen

---

17 Lars Klingberg. Die Debatte um Eisler und die Zwölftontechnik in der DDR in den 1960er Jahren, S. 39ff.

18 Zit. aus: ZS. »Der Spiegel« 43/1951 (24. Oktober), S. 30–32.

im Verband Deutscher Komponisten und Musikwissenschaftler, eine ständige Diskussion und Kritik über die Fragen des Formalismus in der Musik zu führen, damit der Komponistenverband von Beginn an der Entwicklung des Musikschaffens, besonders auf dem Gebiet der Oper und der sinfonischen Musik, zu neuen Leistungen verhilft und die Zurückgebliebenheit verhindert.«[19]

Unmissverständlich war hier die ideologische Kontrollfunktion des Komponistenverbandes angemahnt, der prompt wenige Wochen später (zunächst im Rahmen des »Kulturbunds zur demokratischen Erneuerung Deutschlands«) gegründet wurde. Dennoch: Diskussionen über neue Gestaltungsweisen der Musik waren nicht mehr aufzuhalten, sorgten doch selbst die großen Lehrer der jungen Komponistengeneration, etwa der einstige Schönberg-Schüler Hanns Eisler oder Paul Dessau dafür, dass eine solche produktive Auseinandersetzung und Annäherung stattfinden konnte. Zahlreiche, wenn auch nicht immer öffentlich ausgetragene Diskussionen auf Foren des Komponistenverbandes oder in der Akademie der Künste der DDR legen in der Folge davon beredtes Zeugnis ab, so u. a. auch eine spezielle Operntagung des Komponistenverbandes vom 11. bis 13. Januar 1957 in Berlin.

Beispielhaft neuartig wirkten in den 1960er, 1970er und 1980er Jahren Opernkompositionen von Paul Dessau, Siegfried Matthus, Udo Zimmermann, Rainer Kunad, Gerhard Rosenfeld, Fritz Geißler, Karl Ottomar Treibmann, Friedrich Goldmann, Friedrich Schenker, Paul-Heinz Dittrich, Reiner Bredemeyer, Georg Katzer oder Thomas Heyn. Das alles waren Werke, die kompositorisch, so könnte man es pauschal ausdrücken, auf der Höhe der Zeit waren und sich mit der musikalischen Avantgarde in Westdeutschland und in Europa messen konnten. Sie markierten ästhetisch für die Oper in der DDR de facto eine entscheidende Phase, nämlich die immer kompromisslosere Behauptung künstlerischer Unabhängigkeit, ja auch die endliche Eroberung eines ideologisch nicht mehr gegängelten freien Kunstraumes. Das war jedoch nur möglich dank einer diffizilen Dialektik, der sich weitgehend die Künstler des Landes, auch die Opernleute, geschickt bedienten. Man bekannte sich – mit gutem Gewissen – zu den großen Idealen des Sozialismus, legte sich damit quasi einen Schutzmantel der geistigen Konformität um, um dann mit aller künstlerischen Energie Eigenes, Individuelles und auch Widerständiges zu gestalten.

Diesen Umstand, diese Besonderheit muss man beachten, will man die vier Jahrzehnte Operntheater in der DDR richtig einschätzen. Im historischen Rückblick hat das der Musikwissenschaftler

19 Zit. aus: Das Musikleben in der Deutschen Demokratischen Republik (1945–1959), S. 19f.

Frank Schneider einmal – auf Paul Dessau bezogen und mit diesem stellvertretend viele weitere Komponisten der DDR meinend – folgendermaßen charakterisiert, dass »kommunistische Dienstfertigkeit mit künstlerischer Intransigenz gegenüber den Dogmen seiner Partei eine kreative Bindung einging, die namentlich vielen jüngeren Komponisten, die er anzog, durchaus imponierte«.[20]

Im Rückblick, das wird bereits aus den bisherigen Betrachtungen mehr oder weniger deutlich, kristallisieren sich für die DDR-Oper vier Entwicklungsabschnitte heraus, die grundsätzlich, wenn auch nicht deckungsgleich, konform gehen mit entscheidenden politischen Einschnitten in der Geschichte des Landes. Da zeichnet sich einmal eine erste Phase ab, die mit der Gründung der DDR im Jahre 1949 ihren Anfang nimmt, gefolgt von einer zweiten, die im Jahrzehnt nach dem 13. August 1961 angesiedelt ist. Ein weiterer merklicher Einschnitt ist mit dem Jahr 1971 auszumachen, einsetzend nach dem VIII. Parteitag der SED und der Ablösung Walter Ulbrichts durch Erich Honecker. Und schließlich sind es die 1980er Jahre (eingeleitet durch die das ganze politische System des sozialistischen Lagers erschütternde Solidarność-Bewegung in Polen) – von vielen Künstlern und Intellektuellen als ›bleierne Zeit‹ empfunden – mit der immer spürbarer werdenden politischen und wirtschaftlichen Erodierung der DDR bis zu ihrem Ende 1990. Diese gravierenden äußeren politischen und gesellschaftlichen Umstände und Entwicklungen hatten erheblichen Einfluss auf die inneren Entwicklungen der Künste, speziell auch des Opernthesaters.

In der ersten Phase, in den 1950er Jahren, ging es um die neue gesellschaftliche Fixierung, um eine grundsätzliche ästhetische Neuorientierung, um die politische Affirmation des Genres, um den Gedanken einer ›Volksbühne‹ und damit auch um die Durchsetzung von Maximen eines realistischen Musiktheaters sowohl in der Repertoiregestaltung als auch in der Entstehung neuer Werke. Weiterhin wurde um Formalismus oder um den Begriff »Nationaloper« gestritten. Aber auch erste politische Erschütterungen – Stalins Tod und die folgende ›Tauwetter-Periode‹ der Entstalinisierung, der Aufstand vom 17. Juni 1953 und der ungarische Aufstand von 1956 – blieben nicht ohne Wirkung im Kunstbereich.

Die zweite Phase in den 1960er Jahren musste nach dem personellen Aderlass, wie ihn der 13. August 1961 mit sich brachte, Umschichtungen in der materiellen Struktur der Kunstszene der DDR und prinzipiell auch im nationalen Selbstverständnis des Landes dulden. Der Gedanke an einen einheitlichen deutschen Staat, wie ihn die DDR-Führung in den 1950er Jahren noch lange propagiert hatte,

20 Frank Schneider. Durchlässige Zonen. Über Verbindungen deutscher Komponisten zwischen Ost und West, S. 333.
Einen fundierten ersten historischen Überblick über in der DDR uraufgeführte Werke und ihre Komponisten geben Sigrid Neef, langjährige Dramaturgin an der Deutschen Staatsoper Berlin, und Hermann Neef. Deutsche Oper im 20. Jahrhundert. DDR 1949–1989; vgl. auch Sigrid Neef. Oper in der DDR.

war in weite Ferne gerückt bzw. wurde von der offiziellen Partei- und Staatsführung nunmehr gänzlich negiert. Es waren Jahre verschärfter ideologischer Auseinandersetzung um künstlerische Fragestellungen – politisch kulminierend im bizarren 11. Plenum des ZK der SED von 1965 –, die allerdings als Gegenreaktion im Opernbereich gleichermaßen wie in anderen Künsten auch eine intensivere und streitbare Selbstbehauptung zur Folge hatten.

In den 1970er Jahren brachte der VIII. Parteitag der SED eine merkliche, wenn auch in letzter Konsequenz nur scheinbare Liberalisierung der Kunstszene mit sich. Es wurde vieles möglich, was vorher noch nicht denkbar war. Auf der einen Seite brachen Widersprüche immer deutlicher hervor, kristallisierten sich beispielsweise in der Biermann-Affäre (die erzwungene Ausbürgerung des Liedermachers Wolf Biermann), die gerade in Künstlerkreisen breiten Widerstand hervorrief. Auf der anderen Seite ermöglichte die endlich errungene internationale Anerkennung der DDR, manifestiert etwa 1973 durch die Aufnahme in die UNO und bei der großen Helsinki-Friedenskonferenz 1975, den Künsten in der DDR auch eine größere Bandbreite ästhetischer Befindlichkeiten und eine exzellente Wirkung weit über die Grenzen des Landes hinaus.

In den 1980er Jahren schließlich tat sich ein grundlegender Konflikt zwischen Kunst und Politik auf – erstere strebte nach Weltoffenheit, nach freier ästhetischer Entfaltung, nach Lösung aus der verengten Dogmatik des sozialistischen Realismus, letztere beharrte immer kurzsichtiger auf Bestehendem und versuchte dabei auch, den vorsichtigen Reformbestrebungen, wie sie etwa durch Gorbatschows »Perestroika« und »Glasnost« aus der Sowjetunion herüberwirkten, entgegenzutreten. Das Operntheater und auch die anderen Künste in der DDR reagierten äußerst empfindsam auf diese existenziellen Geschehnisse, sie waren nunmehr imstande, Gegenwelten zu modellieren oder zumindest erahnen zu lassen. Die Kluft zwischen Kunst und Politik war offensichtlich unüberwindbar geworden.

Und so endete die Opernwelt der DDR quasi mit einer Destruktion der im Lande herrschenden Ideologie – aufregend erlebbar in der radikalen Bildsprache der »Fidelio«-Inszenierung der Dresdner Staatsoper zum vierzigsten Jahrestag der DDR in den ersten Oktobertagen 1989. Während auf der Bühne eine Mauer und ein Stacheldrahtzaun das Geschehen unerbittlich einschlossen und das Publikum drinnen erregt und aufgebracht reagierte, forderte die Bevölkerung auf den Straßen Dresdens, wie gleichzeitig auch in Leipzig und in anderen Städten, mit machtvollen Demonstrationen die Befreiung aus der Einzäunung ein. So hatte auch die Oper emotional und geistig die Wende vom Herbst 1989 begleitet.

Premiere zur Wiedereröffnung der Staatsoper Berlin mit Wagners »Die Meistersinger von Nürnberg« (v. l. Ruth Keplinger, Josef Herrmann, Erich Witte), 1955

I Die 1950er Jahre
Der Gedanke einer »Nationaloper« und Kunst zwischen Formalismus und Innovation

Oper als Staatstheater. Die Deutsche Staatsoper in Berlin

Der Neuanfang

Noch einmal zurück zu den Anfängen, zum Ende der 1940er und in die 1950er Jahre. Die Betrachtung des Opertheaters in der DDR soll zunächst auf Berlin, den Brennpunkt nicht nur politischer, sondern auch kultureller Auseinandersetzungen zwischen Ost und West, fokussiert sein. Selbstverständlich galt die dortige Deutsche Staatsoper als das erste Opernhaus des Landes, im Volksmund auch »Lindenoper« genannt (da am Prachtboulevard Unter den Linden gelegen). Ihren Betrieb hatte sie bereits im Spätsommer 1945, allerdings an anderer Stelle, wieder aufnehmen können. Das jetzt in Trümmern dastehende altehrwürdige Haus, ein im palladianischen Stil von Georg Wenzeslaus von Knobelsdorff errichteter und 1742/1743 eröffneter Bau, konnte auf eine wechselvolle und von großen Theaterereignissen charakterisierte Geschichte mit vielen Ur- und Erstaufführungen zurückblicken. Die gesamte Elite deutscher Opernkomponisten, neben vielen berühmten ausländischen Autoren, waren im Laufe von zwei Jahrhunderten im Repertoire des Hauses vertreten: u. a. Carl Heinrich Graun, Johann Adolf Hasse, Johann Friedrich Reichhardt, Johann Gottlieb Naumann, Christoph Willibald Gluck, Wolfgang Amadeus Mozart, Ludwig van Beethoven, Carl Maria von Weber, Giacomo Meyerbeer, Felix Mendelssohn Bartholdy, Heinrich Marschner, Albert Lortzing, Otto Nicolai, Richard Wagner, Wilhelm Kienzl, Eugen d'Albert, Richard Strauss, Engelbert Humperdinck, Franz Schreker, Ernst Krenek, Alban Berg, Paul Hindemith, Hans Pfitzner, Rudolf Wagner-Régeny und Werner Egk. Ihre Präsenz stellte einen imponierenden und repräsentativen Querschnitt durch die deutsche Operngeschichte dar.

Nun aber war das Theater zerstört. Bereits am 10. April 1941 war es einem ersten Bombenangriff auf die deutsche Hauptstadt zum Opfer gefallen. Hitler ließ das Haus – als Symbol großer deutscher Kultur – schnell aufbauen und am 12. Dezember 1942 mit Wagners »Meistersingern« wiedereröffnen. Doch am 3. Februar 1945 wurde es bei einem weiteren Bombenangriff auf Berlin endgültig zerstört.

Nach Kriegsende war die Sowjetische Militäradministration sehr an einem schnellen Wiederaufbau des Kulturlebens in Berlin interessiert. Die künstlerische Leitung der Staatsoper übernahm bereits am 15. Mai 1945, auf Anordnung des ersten sowjetischen Stadtkommandanten Nikolai Bersarin, etwas überraschend der durch seine Nähe zum Naziregime eigentlich belastete bisherige Generalintendant der preußischen Staatstheater in Berlin Heinz Tietjen. Nach nur vier Wochen wurde allerdings der Regisseur und Schauspieler Ernst Legal, der als nicht belastet und als aufrechter Humanist und Demokrat galt, auf den Intendantenposten berufen. Tietjen und später Legal sahen vorerst ihre Hauptaufgabe darin, ein Ensemble von Sängern und Musikern aus bisherigen Mitgliedern und neuen, jungen Kräften zu formieren und nach Auftrittsmöglichkeiten zu suchen.

Als im Grunde einzige Bühne bot sich der nicht zerstörte Admiralspalast an, ein früheres Revuetheater, neben dem Bahnhof Friedrichstraße gelegen. Zunächst musste das Haus von den Kriegsfolgen (es diente zuletzt unter anderem der SS als Pferdestall) bereinigt werden. Ab dem 1. Juli konnten hier die Vorbereitungen für eine Wiederaufnahme des Spielbetriebs beginnen.

Am 23. August gab es ein Eröffnungskonzert der neu gebildeten Staatskapelle unter Leitung von Karl Schmidt mit Beethovens 7. Sinfonie und Tschaikowskys Violinkonzert sowie Ausschnitten aus mehreren Opern, u.a. mit Erna Berger als Gesangssolistin. Und am 8. September 1945 hob sich dann der Vorhang zur ersten Opernpremiere: Glucks »Orpheus und Eurydike«, unter Karl Schmidt, inszeniert von Wolf Völker, gesungen von Anneliese Müller, Tiana Lemnitz und Ilse Mentzel. Am 20. September schon folgte eine zweite Premiere: Verdis »Rigoletto«, dirigiert von Johannes Schüler (der für die Position eines Staatskapellmeisters an das Haus verpflichtet wurde), inszeniert wieder von Wolf Völker, mit Josef Burgwinkel, Erna Berger, Peter Anders und Josef Greindl. Bis zum Jahresende hatten noch Tschaikowskys »Eugen Onegin«, d'Alberts »Tiefland« und Humperdincks »Hänsel und Gretel« Premiere.

Wilhelm Pieck beim Besuch der im Admiralspalast provisorisch untergebrachten Deutschen Staatsoper, 1949

Zum Ensemble der Deutschen Staatsoper Berlin nach dem Krieg gehörten weiterhin u.a.:

Margarete Klose	Ruth Keplinger	Karl Schmitt-Walter	**Kapellmeister**
Peter Anders	Elfride Trötschel	Heinrich Pflanzl	Artur Rother
Ludwig Suthaus	Gertrude Grob-Prandl	Hans Hopf	Hans Löwlein
Erich Witte	Clara Ebers	Alfred Hülgert	Leopold Ludwig
Willi Domgraf-Faßbaender	Diana Eustrati	Helmut Krebs	Arthur Apelt
Ludwig Hofmann	Maria Corelli	Günther Treptow	Horst Stein
Rita Streich	Jutta Vulpius	Helge Roswaenge	
Sigrid Ekkehard	Ingeborg Wenglor	Josef Herrmann	**Gastdirigenten**
Paula Buchner	Soňa Červena	Theo Adam	Joseph Keilberth
Erna Schlüter	Rudolf Schock	Kurt Rehm	Wilhelm Furtwängler
Christel Goltz	Jaro Prohaska	Gerhard Stolze	Erich Kleiber
Elisabeth Grümmer	Josef Metternich	Gerhard Unger	Hermann Scherchen
Anny Schlemm	Kurt Rehm	Gerhard Frei	Hermann Abendroth
Martha Mödl	Mathieu Ahlersmeyer	Rudolf Gonszar	Lovro von Matačić
Hedwig Müller-Bütow	Gottlob Frick		

Franz Konwitschny

Mit der Wiedereröffnung des Knobelsdorff-Baus 1955 wurde Franz Konwitschny zum Generalmusikdirektor berufen. Er prägte bis zu seinem frühen Tod 1962 in zahlreichen gewichtigen Opernproduktionen, vor allem mit Wagner- und Strauss-Werken, das musikalische Gesicht der Deutschen Staatsoper.

Das Opernrepertoire des Hauses bis zum gravierenden Einschnitt des Mauerbaus vom 13. August 1961 war durchaus traditionell und international geprägt, war gekennzeichnet von einem breitgefächerten und repräsentativen Programm, wie es eben von dem musikalischen Staatstheater des Landes erwartet wurde: Gespielt wurden die klassischen Werke der italienischen Oper etwa, Verdi und Puccini vor allem, der französischen Oper mit Offenbach, Massenet, Saint-Saëns, Debussy und Auber und verstärkt auch der – in der Zeit des Nationalsozialismus mehr oder weniger verfemten – russischen Oper mit Mussorgski, Glinka, Tschaikowsky, Rimski-Korsakow, Borodin, weiterhin Werke von Moniuszko, Janáček oder Barockopern von Monteverdi, Telemann und Händel.

Durchsetzt war der Spielplan in recht intensivem Maß mit zeitgenössischem Repertoire: mit Opern von Busoni, Hindemith, von Einem, Dessau, Wagner-Régeny, Berg, Bartók, Kodály, Sutermeister, Gerster, Suchoň, Prokofjew, Forest, Egk. Das war nicht gerade avant-

Richard Wagner: »Rheingold«, Staatsoper Berlin, 1957

gardistisch, repräsentierte aber doch umfänglich die gemäßigt moderne Zeitoper jener ersten Jahre.

Als ein ganz markanter Punkt gleich zu Beginn der Entwicklung muss hier die Uraufführung von Bertolt Brechts und Paul Dessaus Oper »Das Verhör des Lukullus« (Zweitfassung »Die Verurteilung des Lukullus«) im Jahre 1951 gelten. Es war quasi die erste DDR-Oper, die da ans Licht der Öffentlichkeit trat und wegen ihres ästhetischen Avantgardismus und offensichtlich nicht geradliniger Ideologie bei der Partei- und Staatsführung sogleich für Befremdung sorgte und bald wieder aus dem Spielplan verschwand. Sie löste den ersten existenziellen Streit um Avantgardismus bzw. Formalismus auf der Opernbühne der DDR aus. Darauf wird später noch ausführlicher zurückzukommen sein.*

Zielstrebig und rasch wurde auch das deutsche Repertoire neu aufgebaut. Es gab fast alles von Mozart, Weber, Beethoven, Wagner und weiterhin auch Gluck. Die deutsche Spieloper kam u. a. mit Lortzing, Cornelius, Goetz und Nicolai zum Zuge. Und im Eröffnungsjahr 1955 hatte auch der einst unter skandalösen Umständen am selben Haus uraufgeführte »Wozzeck« von Alban Berg Premiere.

Von Wagner kamen zunächst »Der fliegende Holländer« (1947), »Tristan und Isolde« (1947) und »Die Meistersinger« (1948) ins Repertoire, danach, wenige Monate nach Gründung der DDR, der »Parsifal« (1950). Mit der Eröffnung der wiederaufgebauten Staatsoper 1955 gab es schließlich Neuinszenierungen der »Meistersinger« und 1956 von »Tristan und Isolde«. In den Jahren 1956/1957 schloss sich

*Vgl. auch S. 84ff.

die Neueinstudierung vom »Ring des Nibelungen« mit national und international hochkarätigen Sängern an. Es folgte noch 1958 »Lohengrin«, »Tannhäuser« kam merkwürdigerweise erst 1962 zu seiner Nachkriegspremiere an der Staatsoper.

Bald schon standen auch auch etliche der großen Strauss-Werke wieder auf dem Spielplan: »Rosenkavalier« (1948), »Ariadne auf Naxos« (1949), »Arabella« (1950), »Frau ohne Schatten« (1956) und »Elektra« (1957).

Die Bezeichnung »Staatsoper«, eingeführt nach dem Ersten Weltkrieg anstelle des obsolet gewordenen Begriffs »Kaiserliche Hofoper«, hatte jetzt, wohlweislich mit der Streichung des Beiwortes »Preußische« und Ersetzung durch »Deutsche«, eine neue Bedeutung erhalten, eine auch betont politische: Mit Gründung der DDR am 7. Oktober 1949 wollte sich der junge Staat ein repräsentatives Statussymbol geben, das zugleich auch nationale Bedeutsamkeit bzw. einen gesamtdeutschen kulturellen Hegemonie-Anspruch sichtbar machen wollte. Diesen Anspruch demonstrierte die Staats- und Parteiführung von Anfang an durch eine unübersehbare Präsenz etwa bei den Premieren des Hauses. Allesamt eigentlich keine erklärten Opernliebhaber, zeigten sich die führenden Politiker wie Staatspräsident Wilhelm Pieck, Ministerpräsident Otto Grotewohl und Parteichef Walter Ulbricht bei diesen auch international beachteten Ereignissen. Sie repräsentierten den neuen Staat in ›ihrer‹ Staatsoper – einen Staat, der außer durch die Sowjetunion und die osteuropäischen, unter Stalins Einfluss stehenden »Volksdemokratien«, nicht anerkannt war. Ja, sie nahmen sogar – fördernd oder eher hindernd – persönlichen Anteil am Geschehen im Hause, ob bei der Entstehung neuer Werke (etwa Dessaus »Lukullus«) oder bei der Besetzung von Führungspositionen. Und sie nutzten die repräsentative Staatsinstitution mangels anderer Versammlungsstätten auch gern für große gesellschaftspolitische Ereignisse, z.B. am 21. und 22.4.1946 für den Vereinigungsparteitag von KPD und SPD zur SED (Sozialistische Einheitspartei Deutschlands), für Tagungen der drei »Deutschen Volkskongresse« am 6./7. Dezember 1947, 17./18. März 1948 und 29./30. Mai 1949. Diese Volkskongresse waren initiiert von der Sowjetischen Militäradministration in Deutschland (SMAD) und der SED mit dem Ziel einer einheitlichen deutschen Regierung, wurden jedoch konterkariert durch die separate Staatsgründung der BRD am 23. Mai 1949. Das Operngebäude wurde auch lange danach für Parteitage der SED und andere politische und kulturelle Staatsakte genutzt. Das Staatstheater wurde so auch zur Kulisse der Politik, wurde quasi zum »Tatort« brisanter politischer Ereignisse, wenn diese auch zum Teil nur im provisorischen Bau, also der

Staatsoper im Admiralspalast, stattfanden, so wie die DDR zunächst nur als Provisorium vor einer zumindest in den 1950er Jahren noch angestrebten einheitlichen deutschen Staatlichkeit apostrophiert war.

Streit um ein historisches Symbol

Und ein solches Haus brauchte eine international anerkannte künstlerische Führungspersönlichkeit. Vorgesehen für die lange nicht besetzte Position eines Generalmusikdirektors war zunächst nicht Franz Konwitschny, sondern Erich Kleiber, der bereits in den 1920er Jahren engagiert an der Berliner Staatsoper gearbeitet hatte. Ihm war beispielsweise wesentlich die skandalumwitterte Uraufführung von Bergs »Wozzeck« zu verdanken. Gegen viele Widerstände (bis hin zum Vorwurf des »Kulturbolschewismus«) hatte er 1925 diese Oper durchgesetzt und damit den Weg frei gemacht für eine beispiellose Erfolgsserie des Werkes auf vielen Bühnen in Deutschland und Europa, bis die nationalsozialistische Kulturpolitik den »Wozzeck« auf den Index setzte. Kleibers unbeirrter Einsatz für die musikdramatische Moderne führte schließlich zu seinem erzwungenen Rücktritt von der Chefposition im Jahre 1935 und zu seiner Emigration nach Südamerika. 1950 kehrte er nach Deutschland zurück und es ergaben sich erste Kontakte mit dem Intendanten der Staatsoper Ernst Legal, der zuvor schon vergeblich bei anderen renommierten deutschen Dirigenten vorgefühlt hatte, unter ihnen Josef Keilberth, Leo Blech, Bruno Walter, Hans Knappertsbusch oder Otto Klemperer. Bald schon dirigierte Kleiber auch wieder an der Staatsoper, so am 17. Juni 1951 den »Rosenkavalier«, wenige Tage später und in der Folgezeit auch Sinfoniekonzerte. Ende Juni wurde er gar von Staatspräsident Wilhelm Pieck zu einem Gespräch empfangen, in dem es um seine künftige Position am Hause ging. Pieck hegte offensichtlich Sympathie für den Dirigenten. So notierte er im Protokoll dieser Begegnung: »Kleiber spricht sehr frei, macht guten Eindruck.«[21] Kleiber erhielt vom Präsidenten die Zusicherung, den historischen

Deutsche Staatsoper, Festakt zur Wiedereröffnung, Ankunft der Gäste vor der Oper, 1955

21 Zit. nach: Fabian Bien. Oper im Schaufenster. Die Berliner Opernbühnen in den 1950-er Jahren als Orte nationaler kultureller Repräsentation, S. 183.

Ernst Legal

Knobelsdorff-Bau wiederaufzubauen. Ein entsprechender Regierungsbeschluss dazu wurde am 24. Juni 1951 verabschiedet. Kleiber erklärte sich bereit, die künstlerische Leitung des Hauses zu übernehmen, waren ihm doch in diesem Gespräch und durch die Intendanz weitreichende Vollmachten und Freiheiten in der Ensemblepolitik und in der Repertoiregestaltung zugestanden worden.

Der Wiederaufbau der Staatsoper wurde tatsächlich in Angriff genommen. Am 17. Juni 1952 erfolgte im Beisein von Erich Kleiber die Grundsteinlegung. Es war ein materieller Kraftakt für die noch recht schwache Wirtschaft der DDR, wie gleichzeitig etwa auch das Wiedererstehen des Dresdner Zwingers oder die – zumindest in Aussicht genommene – Wiedererrichtung der Dresdner Semperoper. In solchen originären architektonischen Projekten, zu denen auch die pompöse Stalinallee gehört, wollte sich die DDR internationale Anerkennung verschaffen. Sie galten in gewisser Weise als staatstragend.

Doch kurz vor der Wiedereröffnung des Hauses gab es einen herben Rückschlag. In einem Brief vom 16. März 1955 an den Intendanten Max Burghardt erklärte Kleiber seinen Rücktritt von der schon vertraglich fixierten Position eines Generalmusikdirektors der Deutschen Staatsoper. Anlass war die Entfernung der nach dem Krieg bereits wieder in goldenen Lettern angebrachten Widmung des Hauses an der Giebelwand »Fridericus Rex Apollini et Musis« und deren Ersetzung durch die aktuelle Titulierung »Deutsche Staatsoper«. Es war eine offensichtlich politische Entscheidung der verantwortlichen Machthaber, die eine deutliche Distanzierung von der mit König Friedrich II. von Preußen verbundenen Tradition markierte. (Es dauerte schließlich noch drei Jahrzehnte, bis die offizielle Geschichtsschreibung und Kulturpolitik der DDR wieder eine ehrende Rückbesinnung auf den Preußenkönig zuließ und – parallel zum Wiederaufstellen des großen Reiterstandbildes des Königs neben der Staatsoper und einer größeren historisch-wissenschaftlichen Publikation zu ihm – im Rahmen von Restaurierungsarbeiten am Haus Mitte der 1980er Jahre auch die originale Inschrift wieder anbringen ließ.)

In seinem Brief an den Intendanten Burghardt begründete Kleiber seinen Rücktritt mit eben diesem Vorgang, aber auch mit dem

Hinweis auf weitere ihn irritierende Vorkommnisse, die er allerdings nicht näher ausführte. Es hieß da unter anderem – und das sei etwas ausführlicher zitiert, weil darin tatsächlich die unvermeidliche politische Crux eines »Staatstheaters« gekennzeichnet war:

»Für mich ist dieser Vorfall -- nebst anderen Ihnen bekannten Vorkommnissen der letzten Zeit -- ein trauriges aber sicheres Symptom, dass -- wie im Jahre 1934 -- Politik und Propaganda vor der Türe dieses ›Tempels‹ nicht Halt machen werden [...]. Dieselbe oder eine andere ›Stelle‹, die den wilden Befehl gab, die Inschrift ›binnen zwei Stunden‹ zu entfernen, wird sich nicht abhalten lassen, in meinen Wirkungskreis einzudringen, und mit Anweisungen oder Richtlinien meine bisher völlig unbeeinflusste Kunstübung zu stören.«[22]

Das alles mag im Zusammenhang damit stehen, dass sich Kleiber zeitlebens als unpolitischer Künstler verstand, der sich durch keinerlei politische Partei vereinnahmen lassen wollte. So kam es dazu, dass in kürzester Frist, und Eile war ja nun tatsächlich geboten, Franz Konwitschny, zu dieser Zeit Chef des Leipziger Gewandhauses und der Dresdner Staatsoper, als neuer Generalmusikdirektor nach Berlin berufen wurde.

An dieser Stelle sei auch ein kleiner erweiternder Blick auf die Intendanten der Staatsoper in den ersten fünfzehn Jahren nach 1945 eingeschoben.

Ernst Legal leitete das Haus seit Juni 1945, verantwortete also den äußerst schwierigen Neubeginn. Er hatte seit den 1920er Jahren an verschiedenen deutschen Theatern, so in Wiesbaden, Darmstadt und Kassel und schließlich in Berlin, als Dramaturg, Schauspieler, Regisseur und Theaterleiter gearbeitet, unter anderem von 1928 bis 1932 gemeinsam mit Otto Klemperer als Intendant der Kroll-Oper, die sich in jenen Jahren der Moderne zugewandt hatte, ehe sie von den Nazis als gleichgeschaltetes Staatstheater in den Dienst ihrer Propaganda und Kulturpolitik genommen wurde. Von Legal mit- oder auch selbstverantwortete Inszenierungen an der Kroll-Oper waren beispielsweise Kreneks »Diktator« und »Leben des Orest«, Strawinskys »Oedipus Rex« und »Geschichte vom Soldaten«, Hindemiths »Cardillac« und »Neues vom Tage«, Strauss' »Salome«, Schönbergs »Erwartung« und »Glückliche Hand«, Janáčeks »Aus einem Totenhaus« und Brecht/Weills »Jasager«. Unbehelligt und ohne vordergründige politische Stellungnahme konnte er auch während der Naziherrschaft in leitenden Funktionen an Berliner Theatern wirken (Hebbel- und Schillertheater).

Nach dem Krieg war er die Person von humanistischer Grundhaltung und umfassender künstlerischer Profiliertheit, die für geeignet gehalten wurde, die Geschicke der Deutschen Staatsoper in neuem

22 Vgl.: Georg Quander (Hrsg.). Apollini et Musis. 250 Jahre Opernhaus Unter den Linden, S. 225.

Geist zu leiten. Er war anerkannt und beliebt bei seinen Mitarbeitern, hochgeschätzt von seinen Fachkollegen und brachte sich mit viel Engagement in die neuen kulturpolitischen Entwicklungen ein, unter anderem als Mitbegründer des am 8. August 1945 mit fördernder Unterstützung der SMAD in Berlin ins Leben gerufenen »Kulturbunds zur demokratischen Erneuerung Deutschlands«. Legal war zudem Abgeordneter des 1. und 2. »Deutschen Volksrates« (den Nachfolgeorganisationen der oben bereits erwähnten »Deutschen Volkskongresse« von 1947 und 1948), der einen weitreichenden gesellschaftlichen und politischen Konsens in Hinblick auf die anzustrebende deutsche Einheit verfolgte. Während seiner Zeit an der Staatsoper wirkte Ernst Legal zudem als engagierter Regisseur vieler Operninszenierungen, gleichzeitig als Schauspieler (auch im Film) und Schauspielregisseur an anderen Häusern, unter anderem im Theater am Schiffbauerdamm. Zu seinen erstaunlich zahlreichen Operninszenierungen an der Staatsoper während seiner Amtszeit gehörten Offenbachs »Hoffmanns Erzählungen«, Rimski-Korsakows »Sadko«, Mozarts »Zauberflöte« und »Don Giovanni«, Debussys »Pelléas und Mélisande«, Webers »Euryanthe«, Strauss' »Arabella«, Cornelius' »Barbier von Bagdad«, Tschaikowskys »Eugen Onegin« und Goetz' »Der Widerspenstigen Zähmung«.

Gleich im Gründungsjahr der DDR wurde er mit dem Nationalpreis des jungen Staates ausgezeichnet. Die ständig hohe Arbeitsbelastung, dann auch zermürbende Auseinandersetzungen um die Uraufführung von Dessaus »Lukullus« 1951 und unsachliche Vorwürfe von staatlichen Organen wegen einer vermeintlich zu liberalen Repertoirepolitik führten 1952 zur allseits bedauerten Demissionierung des resignierten Intendanten. In Briefen vom 31. August und 10. September 1952 an Volksbildungsminister Paul Wandel gab er bittere Begründungen seiner Entscheidung:

»Alle diese Dilettantismen wurden von mir aus Liebe zur Sache ebenso geduldig hingenommen, wie die durch die Spielplankommission geschaffenen Verklemmungen des Repertoires. Seit 1945 war es nicht möglich, ein einziges neueres Werk dem Publikum als dem entscheidenden demokratischen Gremium vorzulegen, ohne daß nicht Unannehmlichkeiten aller Art entstanden wären, was natürlich auf die Dauer unweigerlich zu geistiger Verarmung und einem einseitig orientierten zurückgewandten Spielplan, zur Konkurrenzunfähigkeit und zu leeren Kassen führen muß [...]. Dazu kommt, daß die vorgebrachten Bedenken am Publikum vollkommen vorbeischießen, während die alten gehirnerweichenden üblichen Kitschwerke das Publikum für jedes fortschrittliche Denken weiterhin unfähig machen dürfen.«

»Wie soll es z. B. auf dem Gebiete der Musik möglich sein, epochebildende und vorwärts stoßende Erscheinungen völlig zu übergehen und zu verschweigen, ohne daß sich das schädlich auswirkt? Wie können Poesie und bildende Künste parteilich abgegrenzt werden? Das sind für mich alles völlige Unmöglichkeiten und Unfassbarkeiten, und infolgedessen würde ich bei der jetzt maßgeblichen Auffassung auf Schritt und Tritt nur in die schwersten Konflikte geraten, was, da sie zur Zeit unlösbar oder nur einseitig lösbar sind, niemandem dienen und zugute kommen würde.«[23]

Der designierte Generalmusikdirektor Erich Kleiber äußerte sich in einem Brief an Ministerpräsident Otto Grotewohl ungemein betroffen über diesen Vorgang:

»Ich muss mich mit dem Inhalt des Schreibens Legals vom 31. August 1952 völlig einverstanden erklären, vor allem in der Befürchtung, dass, wenn Politik und Propaganda in ein Theater eindringen, dieses eben aufhört, ein Kunstinstitut zu sein.«[24]

Legal reflektierte in den genannten Briefen zur Begründung seines Rücktritts aus ganz persönlicher Erfahrung tatsächlich sehr widerspruchsvolle kulturpolitische Entwicklungen, wie sie auch in großem Stil das Land in steter Spannung und Ungewissheit hielten. Dafür seien nur einige Beispiele erwähnt. Zwar war schon auf der vom 3. bis 5. Februar 1946 in Berlin stattfindenden »Ersten Zentralen Kulturtagung der KPD« und wiederholt 1948 auf dem »Ersten Kulturtag der SED« (5. bis 7. Mai in der Staatsoper) in Reden von Wilhelm Pieck, Anton Ackermann und Otto Grotewohl, also führenden SED-Politikern, die »Freiheit für Wissenschaft und Kunst« beschworen und beglaubigt worden, und Ackermann hatte sogar zugestanden, »daß dem Gelehrten und Künstler kein Amt, keine Partei und keine Presse dreinzureden hat, solange es um die wissenschaftlichen und künstlerischen Belange geht«[25]. (Ackermann wurde später wegen abweichender ideologischer Positionen aus der Führung der SED verdrängt.) Doch waren das nur bedingte Zugeständnisse für eine Übergangszeit. Das endgültige Ziel war in Ackermanns Formulierung eben eine »Kunst, die ihrem Inhalt nach sozialistisch, ihrer Form nach realistisch« ist.[26] Politische und ästhetische Grenzen waren also deutlich aufgezeigt. Gleichzeitig erreichten Schreckensnachrichten aus der Sowjetunion das Land: Mit den Februarbeschlüssen von 1948 hatte die KPdSU-Führung eine vernichtende Kampagne gegen Formalismus in den Künsten, vor allem auch in der Musik und in der Oper, losgetreten, der so bedeutende Komponisten wie Schostakowitsch und Prokofjew zum Opfer fielen. Der damals verantwortliche Kulturideologe der KPdSU, Andrej Schdanow, hatte da »einen sehr scharfen [...] Kampf zweier Richtungen« beschrieben:

23 Zit. aus: Michael Kraus. Die musikalische Moderne an den Staatsopern von Berlin und Wien 1945–1989. Paradigmen nationaler Kulturidentitäten im Kalten Krieg, S. 40f.

24 Zit. nach: Fabian Bien. Oper im Schaufenster. Die Berliner Opernbühnen in den 1950-er Jahren als Orte nationaler kultureller Repräsentationen, S. 194.

25 Zit. nach: Elimar Schubbe (Hrsg.). Dokumente zur Kunst-, Literatur- und Kulturpolitik der SED 1946–1970, S. 55f.

26 Zit. nach: Manfred Jäger. Kultur und Politik in der DDR 1945–1990, S. 11.

»Die eine Richtung stellt das gesunde, fortschrittliche Prinzip in der Sowjetmusik dar, das auf der Anerkennung der gewaltigen Rolle des klassischen Erbes, insbesondere der Traditionen der russischen musikalischen Schule [...] basiert. Die andere Richtung ist der Ausdruck eines Formalismus, der der Sowjetkunst fremd ist; sie bedeutet unter dem Banner eines angeblichen Neuerertums die Abkehr vom klassischen Erbe, die Abkehr von der Volkstümlichkeit der Musik und vom Dienst am Volke zugunsten des Dienstes an den rein individualistischen Empfindungen einer kleinen Gruppe auserwählter Ästheten [...]. Und dabei ist das ›Neuerertum‹ der Formalisten überhaupt nicht einmal neu, denn dieses ›Neue‹ riecht nach der modernen dekadenten bürgerlichen Musik Europas und Amerikas.«[27]

Damit war eine eindeutige Leitlinie vorgegeben, die die Kulturpolitik auch in der Sowjetischen Besatzungszone bzw. dann in der DDR nachhaltig bestimmen sollte. Am 29. Juli 1948 verschärfte die SED mit einem Beschluss ihre ideologischen Positionen. Es ging um die »organisatorische Festigung der Partei und ihre Säuberung von entarteten und feindlichen Elementen«. Der Begriff »entartet« erinnert auf fatale Weise an die in ebenso aggressiver Weise von den Nationalsozialisten geführte Kampagne gegen »entartete Kunst« – in beiden Fällen waren teilweise gar dieselben Künstler und Kunstwerke der Avantgarde betroffen, gleichermaßen angegriffen von rechts und von links.

Der führende sowjetische Kulturoffizier Alexander Dymschitz zog am 19. und 24. November 1949 in der Zeitung »Tägliche Rundschau« (von der SMAD 1945 bis 1955 herausgegeben und Richtungsgeber für das SED-Organ »Neues Deutschland«) besonders gegen die moderne Malerei zu Felde, namentlich gegen Picasso, Chagall oder Schmidt-Rottluff. Ganz ähnlich geschah das auch am 20. und 21. Januar 1951, wieder in der »Täglichen Rundschau«, als ein »N. Orlow« (wahrscheinlich Pseudonym für den in Berlin tätigen Diplomaten und späteren Hohen Kommissar der UdSSR für Deutschland Wladimir Semjonow[28]) unter dem Titel »Wege und Irrwege der modernen Kunst« in scharfen Formulierungen gegen »die antidemokratische Richtung der Modernisten, Formalisten, Subjektivisten und so weiter« Position bezog. Dem folgte die SED-Kulturpolitik willig mit dem bereits erwähnten Beschluss des 5. Plenums des ZK vom 17. März 1951: »Kampf gegen Formalismus in Literatur und Kunst für eine fortschrittliche deutsche Kultur.« Die Weichen waren also gestellt. Und Legals oben zitierte Vorbehalte erwiesen sich als stichhaltig.

Auf Ernst Legal folgte interimsmäßig in der Position eines stellvertretenden Intendanten Heinrich Allmeroth, promovierter Volkswirt-

27 Andrej Schdanow. Über Kunst und Wissenschaft, S. 61f., 68f.

28 Vgl.: Daniel Zur Weihen. Komponieren in der DDR. Institutionen, Organisationen und die erste Komponistengeneration bis 1961. Analysen, S. 40.

schaftler und über zwei Jahrzehnte lyrischer bis jugendlich-dramatischer Tenor an verschiedenen deutschen Bühnen. (Am 29. Juli 1945 sang er übrigens in Leipzig in der ersten Nachkriegs-Opernpremiere den Florestan in Beethovens »Fidelio«.) 1949 wurde er zum Intendanten in Leipzig berufen, wechselte aber noch im selben Jahr in gleicher Funktion an das Volkstheater Rostock. Zum Abschluss seiner Tätigkeit an der Berliner Staatsoper führte er das Ensemble im Mai 1954 mit Mozarts »Don Giovanni« und »Cosí fan tutte« zu einem äußerst erfolgreichen Gastspiel nach Frankreich, an das berühmte Pariser Théâtre des Champs-Élysées. Es war das erste Auslandsgastspiel der Berliner Staatsoper nach 1945, das eine imposante Reihe von Auslandstourneen des Hauses in den kommenden Jahrzehnten eröffnete. Ab 1954 wirkte Allmeroth als Generalintendant am Dresdner Staatstheater.

»Für eine deutsche Nationaloper«

Mittlerweile hatte es von der SED massive Kritik an der Repertoirepolitik der Staatsoper gegeben. Ein Leitartikel des »Neuen Deutschland« vom 1. November 1952 stand unter dem programmatischen Titel: »Für eine deutsche Nationaloper«. Darin hieß es:

»Mit Recht verlangt [...] das deutsche Volk von seinen Komponisten nunmehr die Lösung jener großen Aufgabe, die von entscheidender Bedeutung für unseren Kampf um die nationale Einheit und Unabhängigkeit ist: die Schaffung einer deutschen Nationaloper.«

Eindeutig ist also das primär politische Verständnis einer »Nationaloper« und – daher wohl auch nicht zufällig – recht vage die ästhetische Beschreibung des Begriffs einer solchen deutschen »Nationaloper«: Man müsse darunter »eine solche Oper verstehen, die sowohl in dem Gehalt ihrer Musik wie in ihrer dramatischen Konzeption ein wahrheitsgetreuer, historisch konkreter Spiegel der großen fortschrittlichen Triebkräfte der Geschichte des deutschen Volkes ist.« Thematisch wurden große historische Themen vorgegeben: Bauernkrieg, Befreiungskrieg 1813, Revolution 1848, antifaschistischer Widerstand oder Namen wie Ulrich von Hutten, Thomas Müntzer, Friedrich Engels; verwiesen wurde auch dezidiert auf das »große« Beispiel russischer Nationalopern.

Wenige Wochen später, am 19. Dezember 1952, veröffentlichte – im Auftrag des Politbüros der SED – das »Neue Deutschland« den Artikel »Zu den Aufgaben der Deutschen Staatsoper«, in dem von den Künstlern des Hauses vor allem verlangt wurde, »die Kräfte für den

Erich Witte als Stolzing in »Die Meistersinger von Nürnberg«, Staatsoper Berlin, 1955

Besetzungszettel aus dem Programmheft der Premiere der »Meistersinger«

Aufbau des Sozialismus [zu] verstärken.« Das war ein offensichtlicher Reflex auf die Grundforderung Walter Ulbrichts, wie er sie auf der II. Parteikonferenz der SED vom 9. bis 12. Juli 1952 in Berlin gestellt hatte: Es gehe nun ganz gezielt in der DDR um den »Aufbau des Sozialismus«.[29]

1954 kam in der Nachfolge Allmeroths der Kommunist und Antifaschist sowie von den Nazis 1935 bis 1941 inhaftierte Max Burghardt als Chef an die Berliner Staatsoper. Er war 1945 in Westdeutschland Mitbegründer des »Kulturbundes zur demokratischen Erneuerung Deutschlands« gewesen, 1946/1947 Intendant des Kölner Rundfunks, dann Kulturpolitiker in Berlin (Ost) und schließlich von 1950 bis 1954 Generalintendant der Leipziger Theater. Die Staatsoper leitete er bis 1963. Auch er hatte in den 1920er und 1930er Jahren als Schauspieler und Regisseur an verschiedenen Theatern Deutschlands gearbeitet. Nun hatte er sich der komplizierten Aufgabe zu stellen, die Staatsoper – zunächst gemeinsam mit Erich Kleiber – ihrem großen Moment der Wiedereröffnung im historischen Bau entgegenzuführen. Trotz des dann abrupten Weggangs von Erich Kleiber gelang es ihm, die Wiedereröffnungspremiere mit Wagners »Meistersingern«

29 Zu diesen Vorgängen vgl. auch: Michael Kraus. Die musikalische Moderne an den Staatsopern von Berlin und Wien 1945–1989. Paradigmen nationaler Kulturidentitäten im Kalten Krieg, S. 43f.

Oper als Staatstheater. Die Deutsche Staatsoper in Berlin

Alban Berg: »Wozzeck«, Bühnenbildentwurf von Hainer Hill, Staatsoper Berlin, 1955

am 4. September 1955 zu einem großen, auch international mit höchster Aufmerksamkeit wahrgenommenen Ereignis werden zu lassen.

Dieser Tag ist dadurch für die Geschichte der »Lindenoper« zu einem historischen Markstein geworden. Und man konnte sogar noch einen zusätzlichen kulturpolitischen Erfolg erzielen, der in den Zeiten des längst ausgebrochenen Kalten Krieges positiv für die DDR in die Waagschale fiel. Den – mehr oder weniger heimlichen, aber doch für alle Beobachter unübersehbaren – Wettlauf um den Eröffnungstermin des Wiederaufbaus hatte die DDR gewonnen: Die mit ebensolchem Engagement vorangetriebene Wiedereröffnung der Wiener Staatsoper nämlich konnte erst zwei Monate später erfolgen, am 5. November 1955 mit Beethovens »Fidelio« unter der musikalischen Leitung von Karl Böhm (der übrigens, wie Wilhelm Furtwängler oder Herbert von Karajan, nach 1945 von den alliierten Besatzungsbehörden in Österreich wegen allzu großer Nähe zum Nationalsozialismus über Jahre hinweg mit einem Auftrittsverbot belegt worden war und erst zu diesem Zeitpunkt – nach der von den Alliierten gewährten Unabhängigkeit Österreichs – wieder musikalischer Chef der Wiener Staatsoper wurde).

Zu den Höhepunkten unter Burghardts Leitung zählten weiterhin eine Reihe von gewichtigen, ja herausragenden Inszenierungen. So etwa gleich in der Eröffnungsspielzeit des wiedererbauten Hauses Bergs »Wozzeck«. Burghardt hatte die Aufführung (die noch zu den von Kleiber favorisierten Projekten zählte) gegen verstärktes Misstrauen seitens der Obrigkeit verteidigt und durchgesetzt. »Wozzeck« galt als Beispiel bürgerlicher Dekadenz, als Sinnbild eines verurteilenswerten Formalismus in der Kunst. Erwähnenswert sind weiterhin die großen Wagner- und Strauss-Premieren der 1950er Jahre. Und erinnert werden muss auch an die heftige Debatte um Wagners ideologische Eignung für ein sozialistisches Volkstheater, die sich an den Wagner-Aufführungen der Staatsoper Ende der 1950er Jahre, vor allem am »Lohengrin«, entzündete.*

Außergewöhnliche Repertoire-Erweiterungen gab es zudem mit Mussorgskis »Chowanstschina« (1958) oder mit der Wiederaufnahme von Dessaus »Lukullus« (1960, inszeniert von Ruth Berghaus). Hervorzuheben ist weiterhin Burghardts Engagement für neuere Werke, etwa von Ottmar Gerster, Werner Egk, Sergei Prokofjew, Béla Bartók, Igor Strawinsky, Joseph Kosma und Kurt Weill, insbesondere auch für neueste Opern aus der Feder von DDR-Komponisten, so für Aufführungen von Jean Kurt Forests »Der arme Konrad« (1959) und »Tai Yang erwacht« (1960) oder von Kurt Schwaens »Leonce und Lena« (1961). Ganz in diesem Sinne hatte Burghardt 1958 erklärt:

»Die großen Meister und ihre Werke wachsen jedoch nicht im luftleeren Raum […]. Wir wollen neue Werke zur Diskussion stellen, die sich in Inhalt und Form den Problemen und Aufgabenstellungen unserer Zeit verbunden fühlen. Die Komponisten und Textdichter sind da, wir müssen sie nur suchen und beschäftigen […]. Nur wenn wir alle gemeinsam mit Begeisterung und Hingabe uns diesen Zielen verschreiben und nicht mutlos werden, wenn ein Experiment mißlingt, werden wir bald die Oper unserer Gegenwart haben, die sich würdig den Leistungen der Klassik zugesellt.«[30]

Ein Rückblick auf die Entwicklung des Operntheaters nach 1945 in der Sowjetischen Besatzungszone und ab 1949 bis 1961 in der DDR gibt die Sicht frei auf einen überraschenden Tatbestand. Der Begriff »Deutsche Staatsoper«, also Theater des Staates, hatte relativ früh erste Risse bekommen. Die heftigen Auseinandersetzungen um Dessaus »Lukullus« oder um die Wiederaufnahme von Bergs »Wozzeck«, auch der deutliche Missklang durch die politisch begründete Absage des neuen musikalischen Chefs Erich Kleiber, der schließlich 1958 durch die »Lohengrin«-Inszenierung initiierte ausufernde Streit um Wagner auf den Bühnen des zum Sozialismus strebenden Landes

*Vgl. auch S. 311

30 Zit. nach: Michael Kraus. Die musikalische Moderne an den Staatsopern von Berlin und Wien 1945–1989. Paradigmen nationaler Kulturidentitäten im Kalten Krieg, S. 89f.

oder die andauernden Schwierigkeiten um die vielen in Westberlin wohnenden künstlerischen und technischen Mitarbeiter der Staatsoper – all das ließ den Begriff »Staatsoper« in einem teilweise doch recht dubiosen Licht erscheinen, machte auf das noch lange nicht gefestigte kulturelle Selbstverständnis der DDR aufmerksam. Und es war wohl in erster Linie dem unbedingten Engagement der beteiligten führenden Künstler- und Leitungspersönlichkeiten des Hauses zu verdanken, dass die Staatsoper nach außen ein so vielfältiges und ästhetisch breit gefächertes Repertoire entwickeln konnte. Partei- und Staatsführung sahen das alles zwar mit Unbehagen, ließen es jedoch zu, denn man begriff, dass gerade eine solche auf produktivem Widerspruch basierende ästhetische Vielfalt auch zum förderlichen Image eines »Staatstheaters« gehörte – vor allem nach außen hin, weit über die Grenzen des Landes hinaus.

Die Wiedereröffnung

Die Berliner Staatsoper war also ein primäres kulturelles Aushängeschild der DDR und stand somit natürlich auch im Fokus der staatlichen Kulturpolitik der DDR. Und diese war dabei, sich mehr und mehr zentralistisch zu formieren, namentlich durch das am 7. Januar 1954 geschaffene Ministerium für Kultur. Erster Kulturminister wurde der ehemals expressionistische Dichter und Kommunist Johannes R. Becher, der nach dem Krieg aus dem sowjetischen Exil nach Ostdeutschland zurückgekehrt war. Das neue Ministerium, das erste dieser Art in der deutschen Geschichte, ging sogleich mit zwei Verordnungen in die Initiative: »Zur Verteidigung der Einheit der deutschen Kultur«, also noch im Streben nach gesamtnationalem Kulturverständnis, sowie »Über den Aufbau einer Volkskultur in der Deutschen Demokratischen Republik«. Aus Bechers Feder stammte übrigens auch der inspirierte Text der Nationalhymne der DDR, »Auferstanden aus Ruinen« (vertont von Hanns Eisler), der durchaus noch von »Deutschland, einig Vaterland« kündete. Becher mühte sich zwar, Prämissen eines »sozialistischen Realismus« in der Kunstentwicklung der DDR durchzusetzen, akzeptierte zugleich aber auch eine geistige Weitsicht und Toleranz (etwa in seiner teilweisen und letztlich erfolglosen Sympathiehaltung für die den ungarischen Aufstand von 1956 unterstützenden ungarischen Intellektuellen, namentlich für den Philosophen und Literaturtheoretiker Georg Lukács). Ja, trotz seines ungebrochenen öffentlichen Bekenntnisses zum Sozialismus notierte Becher insgeheim in jener Zeit auch die bestürzende Einsicht, gerade dieses Bekenntnis zum Sozialismus sei der »Grundirrtum meines Lebens«[31]. So äußerte sich tragisch der unaufhebbare geistige Zwiespalt des Künstlers und Politikers Becher. Eine solche Inkonsequenz aus Sicht der Partei- und Staatsführung hatte schließlich auch seine quasi Entmachtung zur Folge, die nur durch seinen frühen Tod kaschiert wurde. Posthum wurde er dennoch zur Leitfigur einer sozialistischen Nationalkultur der DDR stilisiert. Das war seinem berechtigten guten künstlerischen Ruf im In- und Ausland im Nachhinein nicht zuträglich, er wurde daraufhin nur noch – viel zu einseitig – jahrzehntelang als bloßer »Staatsdichter« ohne jede künstlerische Begabung, ohne persönlichen künstlerischen Ehrenkodex gesehen und abgetan.

Eine solche Ambivalenz in der Kulturpolitik war aber auch ein untrügliches Anzeichen von ideologischer Verunsicherung in der Partei- und Staatsführung, die durch die Aufstände von 1953 in der DDR und 1956 in Ungarn aufgestört und in ihren Grundfesten erschüttert wurde. Auch den – durch Chruschtschows enthüllende Rede auf dem XX. Parteitag der KPdSU ausgelösten – politischen Schock der Entstalinisierung musste sie erleben und bewältigen, in deren Folge sogar eine unwillig, aber notwendig zugelassene teilweise Liberalisierung der Kulturpolitik stattfinden konnte. Dazu sei nur ein bezeichnender Passus aus einer Rede von Ministerpräsident Otto Grotewohl auf der 15. Tagung des ZK der SED (24. bis 26. Juli 1953) zitiert – die Parteiführung war sichtlich interessiert, die Wogen zu glätten:

»*Unsere Partei tritt nach wie vor für ein realistisches Kunstschaffen ein, nach wie vor sind wir der Überzeugung, daß der sozialistische Realismus das erstrebenswerte Ziel ist.* [Die folgende Wendung ist interessant:] *Das bedeutet jedoch nicht, daß wir diesen Kampf mit den Mitteln der Administration oder des einfachen Verbotes oder der Intoleranz oder Unduldsamkeit führen können. Grundsatzfestigkeit, aber auch Feinfühligkeit, Behutsamkeit, Toleranz und Überzeugungen im Umgang mit der künstlerischen Intelligenz und fürsorgliches Bemühen um ihre Entwicklung müssen die Politik unserer Partei bestimmen.*«[32]

Bechers Nachfolger (bis 1961) war sein bisheriger Stellvertreter, eine schillernde und von vielen gefürchtete Persönlichkeit: der antifaschistische Widerstandskämpfer und linientreue Kommunist und Kulturpolitiker Alexander Abusch, der seit Anfang der 1950er Jahre auch als geheimer Mitarbeiter der Staatssicherheit tätig war. Abusch galt fortan über Jahrzehnte hinweg als graue Eminenz des Kulturlebens in der DDR.

31 Johannes R. Becher. Gedichte, Briefe, Dokumente, S. 153f.

32 Zit. aus: Das Musikleben in der Deutschen Demokratischen Republik, S. 20f.

Das kulturpolitische Profil der Deutschen Staatsoper, ihre staatstragende Aufgabenstellung, hatte anlässlich der Wiedereröffnung 1955 – in Anwesenheit von Präsident Wilhelm Pieck und weiteren wichtigen Vertretern der Partei- und Staatsführung – Kulturminister Johannes R. Becher eindringlich in seiner Festrede definiert. Ganz klar kam hier ein gesamtberliner und gesamtdeutscher kultureller Hegemonieanspruch zum Ausdruck. Berlin wurde – ungeachtet des Viermächtestatus – als Hauptstadt Deutschlands apostrophiert, und vorausgesetzt wurde auch eine künftige deutsche Einheit. Aus dieser Rede seien abschließend zu den Betrachtungen über die Geschicke des Hauses in den 1950er Jahren einige Sätze zitiert:

»*Die Deutsche Staatsoper in Berlin, Unter den Linden, ist wiedererstanden. Die Regierung der Deutschen Demokratischen Republik würdigt dieses Wiedererstehen in einem Festakt als ein Ereignis von hoher nationaler und internationaler Bedeutung [...]. Die Staatsoper, als ein Werk vom Volk errichtet, ist dazu bestimmt, dem Volke die besten schöpferischen Leistungen, wie sie die Menschheit auf dem Gebiet der Musikkultur im Verlauf der Jahrhunderte hervorgebracht hat, zugänglich zu machen und den Begriff ›Volkes eigen‹ auch auf dem Gebiet der Musikkultur und dem der Opernkunst zu bereichern und zu vertiefen und ihm eine neue Art von Klassizität zu verleihen. Berlin, die Hauptstadt unseres Vaterlandes, hat wieder seine Staatsoper. Berlin, ganz Berlin hat wieder ein Kunstinstitut, das unsere Stadt vor allen anderen deutschen Städten hervorhebt und ihm die Verpflichtung auferlegt, auf dem Gebiete des Musikschaffens beispielgebend voranzugehen [...]. Und wir sind überzeugt, daß das ganze Deutschland es ist, das das Wiedererstehen der Deutschen Staatsoper als eine nationale Tat, als eine nationale Verpflichtung betrachtet [...]. Das Wiedererstehen der Deutschen Staatsoper verlangt das Wiedererstehen einer neuen deutschen Nationaloper.*«[33]

Schon 1952 übrigens war im »Neuen Deutschland« ein harscher Hegemonieanspruch formuliert worden:

»*Die Wiedererrichtung der Staatsoper Unter den Linden schafft ›den‹ Mittelpunkt für eine neue deutsche Opernkultur in ganz Deutschland, und die Oper ist ein unerläßlicher Bestandteil der deutschen Nationalkultur.*«[34]

Solche Ausführungen – im Nachhinein weisen sie einen schalen, rein propagandistischen Unterton auf – hatten natürlich auch einen ganz aktuellen Hintergrund. In Westberlin betrachtete man die Wiedereröffnung der Staatsoper mit Unbehagen, zog es doch auch viele in Westberlin engagierte Sänger und Musiker jetzt an die in Ostberlin gelegene Staatsoper, unter anderem Künstler der Städtischen Oper, dem Westberliner Interims-Opernhaus im ehemaligen Theater

33 Johannes R. Becher. Festrede aus Anlaß der Wiedereröffnung der Deutschen Staatsoper, S. 1–3.

34 Zit. nach: Fabian Bien. Oper im Schaufenster. Die Berliner Opernbühnen in den 1950-er Jahren als Orte nationaler kultureller Repräsentation, S. 47.

des Westens in der Kantstraße nahe dem Bahnhof Zoo. Man fürchtete mit Recht, dass diese nun endgültig das überragende künstlerische Renommee erringen könnte. Wie bereits erwähnt, verfügte der Westberliner Senat daher auch, dass an Westberliner Institutionen tätige Künstler nicht gleichzeitig ein vertragliches Verhältnis im Ostteil der Stadt eingehen durften. Manche Künstler beugten sich dieser Anordnung und mieden Ostberlin, andere jedoch waren schon lange der Staatsoper verbunden und hielten ihr die Treue. Für die DDR gab es wiederum das Problem, diesen Westberliner Künstlern eine angemessene Gage mit einem Teil in Westmark zu zahlen.

Auf diese recht unschöne Weise hatte der Kalte Krieg also die Opernszene in Berlin erreicht. Zudem nutzten viele Bürger Ostberlins und auch aus der gesamten DDR die Möglichkeit, bis zum Mauerbau am 13. August 1961 (fast) ungehindert über die offene Grenze nach Westberlin zu fahren und dort zum günstigen Umtauschsatz von eins zu eins Opernkarten für die Städtische Oper zu erwerben. Das künstlerische und politische »Wettrüsten« war gewissermaßen auch ein »Opernkrieg« zwischen Berlin-West und Berlin-Ost[35] – und kulminierte schließlich im Bau eines neuen Opernhauses in Westberlin in der Charlottenburger Bismarckstraße (an der Stelle des im Krieg zerstörten Renommierobjekts der Nationalsozialisten, des Deutschen Opernhauses). Es war einer der größten Opernneubauten der Nachkriegszeit, der als Deutsche Oper Berlin am 24. September 1961, kurz nach dem Mauerbau, mit der festlichen Premiere von Mozarts »Don Giovanni« eröffnet wurde. Nunmehr hatte das endgültig geteilte Berlin seine zwei (einschließlich der Ostberliner Komischen Oper sogar drei) Opernbühnen, die weiterhin in die aktuellen politischen Konfrontationen eingebunden waren und in künstlerischem Konkurrenzkampf lagen.

35 Vgl. dazu auch ausführlicher: ebd., besonders S. 43–66, 97–135, 177–198.

Realistisches Musiktheater.
Die Komische Oper in Berlin

Die Ära Felsenstein

»Realistisches Musiktheater« ist die seit Jahrzehnten eingebürgerte ästhetische Metapher für jene Arbeitsweise, wie sie Walter Felsenstein an seiner Komischen Oper in Berlin begründete und über Jahrzehnte hinweg exzellent und mit großer internationaler Ausstrahlung in exemplarischen Inszenierungen vorführte. Walter Felsenstein – heute eine nationale und internationale Künstlerlegende – erhielt 1947 von der Sowjetischen Militäradministration, vertreten durch den Kulturoffizier Alexander Dymschitz, die Lizenz zur Eröffnung eines weiteren neuen Operntheaters in Ostberlin. Teilweise in Anlehnung an die Tradition der französischen Opéra comique und rückerinnernd auch an die Komische Oper von Hans Gregor in Berlin zu Beginn des 20. Jahrhunderts wurde das Haus Komische Oper genannt, die Spielstätte befand sich in dem nach Kriegsschäden bereits wiederhergestellten alten Metropol-Theater in der Behrenstraße, einst Schauplatz glanzvoller Operettenaufführungen und Musikrevuen. In einer kleinen Ansprache anlässlich der Lizenzüberreichung am 5. Juni 1947 sowie im Programmheft der »Fledermaus« zur Eröffnung des Hauses am 23. Dezember desselben Jahres umriss Felsenstein in knappen Worten seine Ziele. Das richtete sich programmatisch einmal an die politischen Auftraggeber, zum anderen dann an das gespannt erwartungsvolle Publikum. In diesen Ausführungen ist in nuce das ästhetische Grundkonzept der Komischen Oper enthalten, wie Felsenstein es bis zu seinem Tode 1975 verfolgte und künstlerisch immer feiner ausfeilte:

»Was in diesem Theater gespielt werden soll und wie es gespielt werden soll, ist für den Theaterkenner mit dem Sammelnamen ›Opéra comique‹ unmißverständlich bezeichnet [...]. Es wird nur das gespielt werden, was so gespielt werden kann, wie es gespielt werden muß [...]. Die Heiterkeit und der Spaß sollen nicht müdem Zeitvertreib entspringen, sondern entfesselter Lebenslust – trotz allem – einer wahren Emotion. Phantasie und musikalischer Witz sollen hier wirken, nicht verlogene Pseudoromantik und zotiger Humorersatz [...]. Wir wollen Musik aus der komödiantischen Situation, nicht als Stimulanz; Gesang als gesteigerte, unentbehrliche Aussage, nicht als Schlager und Einlage.«

»Die Komische Oper hat sich die Aufgabe gestellt, die künstlerisch erlesensten und zugleich volkstümlichsten Werke des internationalen Musiktheaters aus Vergangenheit, Gegenwart und Zukunft im wechselnden Spielplan zu pflegen. Und zwar mit durchaus gleichmäßiger Betonung beider Teile des Wortes ›Musik-Theater‹. Denn Musik, die nicht aus dem dargestellten Vorgang wächst, hat nichts mit Theater zu tun, und eine Darstellung, die sich nicht präzis und künstlerisch gültig mit der Musik identifiziert, sollte besser auf Musik verzichten. Der dramatische Einfall schafft die Situation, in der Musik unentbehrlich und der Gesang zur einzig möglichen Aussage des Darstellers wird.«[36]

Die so prononcierten Maximen bezeichneten, kurz und treffend formuliert, das ästhetische Profil des Hauses in den kommenden Jahrzehnten, auch wenn sich das Repertoire später doch ein wenig in Richtung große Oper erweiterte. Das Felsenstein'sche Theaterkonzept war erklärtermaßen nicht politisch motiviert, nein, es war sogar grundsätzlich unpolitisch. Es gründete sich auf bürgerlich humanistischen Traditionen, fügte sich aber willig, erkennbar als Volkstheater definiert, den Kulturbestrebungen einer dem Sozialismus zustrebenden Staatsdoktrin der DDR ein. Das wurde vonseiten der politischen Auftraggeber begrüßt, dem Regisseur und Theaterleiter waren damit weite Spielräume eröffnet. Felsensteins Schüler Joachim Herz hat das viele Jahre später einmal trefflich beschrieben:

»Als Diplomat, als loyaler Partner von Regierung und Politbüro, der stets genau wusste, was er erreichen wollte, war er, ›der Chef‹, mindestens so groß wie als Regisseur. Er hat noch jedem das Kind in den Bauch geredet, das der andere gar nicht wollte [...]. Dass sein Musiktheater dem entsprach, was man in den höheren Regionen so gern wollte, nämlich höchste Kunst, für jeden verständlich, so volkstümlich wie virtuos, das entdeckte man rechtzeitig – Oper bis dahin als Repräsentant von Staatsmacht und Depot fürs klassische Erbe. Jahre hat es gekostet, bis einige andere Kunstinstitute sich der Felsensteinschen Avantgarde anschlossen, bis sie eines Tages Pflichtfach wurde, was ihr nicht immer gut bekommen ist.«[37]

Felsensteins realistisches Musiktheater ist am ehesten als humanistisch zu begreifen, wurde dann aber von der staatlichen Kulturpolitik gern unter dem Primat des sozialistischen Realismus eingeordnet. Eigentlich ist das ein fundamentales Missverständnis, hätte es doch so auch in jedem anderen nicht-sozialistischem Land realisiert werden können. Aber dieser Tatbestand erklärt gerade in seiner Ambivalenz beispielhaft die Besonderheit der Theaterarbeit Felsensteins in der DDR. Das wurde auch deutlich in einer wie nebenbei dahingeworfenen Bemerkung Felsensteins aus dem Jahr 1949, als er hausintern gegenüber seinem Ensemble »über das

36 Walter Felsenstein. Schriften. Zum Musiktheater, S. 19f., 22; auch in: Walter Felsenstein/Götz Friedrich/Joachim Herz. Musiktheater. Beiträge zur Methodik und zu Inszenierungs-Konzeptionen, S. 17f., 21.

37 Joachim Herz. Suchend nach Wahrheit in der Scheinwelt des Theaters. Vor hundert Jahren wurde Walter Felsenstein geboren, Dresden: »Sächsische Zeitung«, 30.5.2001.

neue Publikum« meinte, die Arbeit hier sei frei und befinde sich in einem quasi abgehobenen gesellschaftlichen Raum, »abseits von einem politischen und kulturpolitischen Programm oder Dogma«.[38]

Die Komische Oper Berlin wurde am 23. Dezember 1947 mit Johann Strauß' »Fledermaus« festlich eröffnet, jenem Lieblingssstück der klassischen Wiener Operette aus Felsensteins Heimatland – ein bejubelter Publikumserfolg. Es folgten weitere Operetten von Strauß (»Der Zigeunerbaron« 1949 und »Eine Nacht in Venedig« 1954), von Jacques Offenbach (»Orpheus in der Unterwelt« 1948 und »Pariser Leben« 1951), von Carl Zeller (»Der Vogelhändler« 1949) sowie Opern von Carl Orff (»Die Kluge« 1948), von Georges Bizet (»Carmen« 1949), von Mozart (»Figaros Hochzeit« 1950), von Bedřich Smetana (»Verkaufte Braut« 1950), von Weber (»Freischütz« 1951), von Verdi (»Falstaff« 1952), von Lortzing (»Zar und Zimmermann« 1952) und die – heute legendäre – Inszenierung von Mozarts »Zauberflöte« 1954, mit der der internationale Durchbruch gelang.

Felsenstein machte die Komische Oper zu einer Institution, die weit über die Grenzen des Landes hinaus beispielgebend wirkte. Im Publikumszustrom lief die Komische Oper bisweilen jenem der Staatsoper oder auch der Westberliner Städtischen Oper den Rang ab. Es war geradezu »in«, dortige Aufführungen zu besuchen. Auch aus den westlichen Sektoren kam man in Scharen, darunter immer wieder Soldaten und Offiziere der amerikanischen, britischen und französischen Besatzungsmächte, was schnell an den Uniformen im Publikum auszumachen war.

Felsenstein hatte an seinem Berliner Haus alle Freiheiten für die künstlerische Arbeit, man gestand ihm und dem Theater außergewöhnliche Privilegien zu. Die Länge und Intensität seiner Probenzeiten für die jeweilige Inszenierung waren exorbitant, seine Geduld und Beharrlichkeit in der Verfolgung des einmal erkannten Ziels unerschöpflich. Lieber wurde eine Premiere hinausgeschoben, als sie unter noch unbefriedigenden Umständen zuzulassen. Das war natürlich an anderen Häusern des Landes nicht möglich, die unter bestimmten Zeit- und Repertoirezwängen standen.

Zurück noch einmal zur »Zauberflöte«. Vehement vertrat Felsenstein die These, dass das überlieferte Vorurteil, Schikaneders Text sei flach und banal, nur veredelt gewissermaßen durch Mozarts geniale Musik, falsch sei, dass Libretto und Musik künstlerisch gleichrangig nebeneinanderstünden. Und Felsenstein negierte auch die überlieferte These, dass zwischen dem 1. und dem 2. Akt, vor allem im Hinblick auf die Königin der Nacht, ein »Bruch« bestünde. Felsensteins Lesart, auch wenn es nur eine Lesart war, widersprach dem.

38 Walter Felsenstein. Schriften. Zum Musiktheater, S. 30; auch in: Walter Felsenstein/Götz Friedrich/Joachim Herz. Musiktheater. Beiträge zur Methodik und zu Inszenierungs-Konzeptionen, S. 22.

Wolfgang Amadeus Mozart: »Die Zauberflöte«, Komische Oper Berlin, 1954

In seinen Probengesprächen mit Studierenden der Bayreuther Festspiel-Meisterklassen 1960 führte er das in freundlich-polemischer Eloquenz aus und veröffentlichte dieses Protokoll später unter dem bezeichnenden Titel: »Warum flieht Pamina?« Dieses Gespräch mit den Studenten ist eine wahre Lehrstunde für eine tief auslotende dramaturgische Analyse eines Musiktheaterwerks. Sie ist noch heute lesenswert. Im selben Jahr meinte Felsenstein auch gegenüber ausländischen Besuchern einer »Zauberflöten«-Aufführung:

»*Daß die zutiefst humanistische Idee der ›Zauberflöte‹ nicht nur im deutschsprachigen Raum, wo das Werk als ein Gipfel humanistischer nationaler Kultur verehrt wird, ins Bewußtsein der Menschen dringt, ist besonders beglückend – aber doch auch natürlich –, weil ich im Bereich der musikalischen Bühnenliteratur kein anderes Werk kenne, das für eine weltweite, Länder und Menschen verbindende Humanitas so eintritt wie die ›Zauberflöte‹.*«[39]

Der seinerzeit führende DDR-Musikkritiker Karl Schönewolf – er sei stellvertretend für das allgemein begeisterte Presseecho auf die »Zauberflöte« zitiert – schrieb damals, den einen oder anderen Vorbehalt gegen die Inszenierung (vor allem ihren üppigen Barockrahmen) betonend, grundsätzlich zustimmend:

39 Walter Felsenstein. Schriften. Zum Musiktheater, S. 305ff., 311f.

»Walter Felsensteins seit Jahren vorbereitete Inszenierung der ›Zauberflöte‹ von Schikaneder und Mozart in der Komischen Oper ist das geworden, was man von ihr mit Spannung erwartete: ein außerordentliches Ereignis des musikalischen Theaters, an Wagemut, schöpferischer Phantasie und auch Problematik alles übertreffend, was dieser kühne Erneuerer der musikdramatischen Darstellung bisher geschaffen hat [...]. Ungewöhnlich und neu gesehen ist jede Szene, jede Figur, jeder Vorgang in dieser durchaus eigenschöpferischen Inszenierung der ›Zauberflöte‹. Um es paradox zu sagen: sie kommt sogar dann den Absichten Mozarts am nächsten, wenn sie sich von der Musik Mozarts zu entfernen scheint. Sie offenbart das Shakespearesche des universalen Mozartischen Volkstheaters. Es gehen überwältigende, in menschliche Tiefen dringende Eindrücke von ihr aus.«[40]

Felsensteins damaliger Assistent und wissenschaftlicher Mitarbeiter Götz Friedrich veröffentlichte 1954 eine bemerkenswerte Studie zur »Zauberflöte«[41], in der er, akribisch alte Quellen erforschend, die Geschichte und musikalisch-dramaturgische Eigenart des Werkes analysierte. Diese Arbeit war beispielhaft für die gründliche geistige Auseinandersetzung, wie sie Felsenstein und, von ihm angeregt, seine Mitarbeiter immer wieder neu an den Tag legten. Davon zeugt auch eine imposante Reihe weiterer Publikationen in den 1950er (und später in den 1960er) Jahren von Felsenstein selbst und von seinen damaligen Assistenten und bedeutendsten Schülern Götz Friedrich und Joachim Herz. Zumeist handelte es sich dabei um Reflexionen über das Herzstück der Ästhetik des Hauses, über das realistische Musiktheater, den singenden Darsteller. Es seien hier nur einige Titel genannt – sie umkreisen immer wieder die grundsätzliche Zentrierung um ein wahrhaftes, sinnerfülltes, volksnahes Theater: »Ist das Musiktheater eine Angelegenheit des Volkes?« (Felsenstein 1951), »Die Operninszenierung« (Felsenstein 1957), »Musiktheater – Versuch einer Definition« (Götz Friedrich/ Joachim Herz 1960), »Von der Realität des singenden Menschen« (Joachim Herz 1960) oder »Die Ausgangssituation im Musiktheater« (Götz Friedrich 1961).[42]

Felsenstein hatte in den oben erwähnten Ausführungen von 1951 eine sehr knappe Definition seines Musiktheaterverständnisses gegeben, die viel konkreter und bestimmter war als die des Eröffnungsjahres 1947:

»Musiktheater ist, wenn eine musikalische Handlung mit singenden Menschen zur theatralischen Realität und vorbehaltlosen Glaubhaftigkeit wird. Das heißt, das dramatische Geschehen muß sich auf einer emotionalen Ebene vollziehen, wo Musik das einzige Ausdrucksmittel ist. Der Darsteller darf nicht als Instrument, Figurine oder

40 Karl Schönewolf. »Die Zauberflöte« auf dem Barock-Theater. Eine ungewöhnliche Mozart-Inszenierung Felsensteins.

41 Götz Friedrich. Die humanistische Idee in der »Zauberflöte«. Ein Beitrag zur Dramaturgie der Oper, S. 4, 11.

42 Publiziert in: Walter Felsenstein/Götz Friedrich/Joachim Herz. Musiktheater. Beiträge zur Methodik und zu Inszenierungs-Konzeptionen, S. 23ff., , 39ff., 57ff., 61ff., 71ff.

Bestandteil einer bereits vorhandenen Musik wirken, sondern als ihr schöpferischer Gestalter [...]. Der Zuschauer darf nicht mehr merken, daß der orchestrale und Sängerapparat dem Dirigenten gehorcht, sondern muß Zeuge werden, wie der Darsteller die gesamte instrumentale und vokale Musik – völlig partiturgetreu – dramatisch neu gebiert [...]. Werden diese Forderungen erfüllt, dann ist [...] das Musiktheater eine Angelegenheit des Volkes.«

Und weiter hieß es, nunmehr einen scharfen Trennungsstrich zum bisher gängigen Verständnis vom Begriff »Oper« und »Operntheater« ziehend:

»Das Musiktheater muß also [...] dem üblichen Opernbetrieb sinnfällig gegenübergestellt werden können. Das ist nicht möglich, solange die verschiedenartigsten und gegensätzlichsten Bestrebungen immer wieder in einen Topf mit dem Firmentitel ›Oper‹ geworfen werden, wenn die mit diesem Thema befaßten Fachleute, aber auch Kulturbehörden nicht innerhalb des heute noch als Oper bezeichneten Gesamtgebildes den Trennungsstrich ziehen.«[43]

Felsensteins Schüler. Friedrich und Herz

Götz Friedrich und Joachim Herz stellten 1960 in der Berliner Zeitschrift »Theater der Zeit« (6/1960) weiterführende grundsätzliche Überlegungen unter dem Titel »Musiktheater – Versuch einer Definition« vor. Und da sind bereits merkliche Nuancierungen der in den frühen 1950er Jahren von Felsenstein noch recht radikal eingrenzenden Maximen zu lesen:

»›Musiktheater‹ läßt die höchst unterschiedliche Arbeitsweise ausgeprägter Regiepersönlichkeiten mit entsprechend unterschiedlichen Ergebnissen nicht nur zu, sondern es verlangt sie, da nur so die Voraussetzung zur lebendigen Erfüllung seiner Grundforderungen gegeben ist.«

Der Alleinvertretungsanspruch – und so konnte man Felsenstein zunächst verstehen – ist aufgegeben. Und in Punkt 3 der »Definition« heißt es dann:

»Das musizierende Handeln realer Menschen erfordert, um glaubhaft zu werden, vom Werk eine Überhöhung, die entweder aus dem emotionalen Zustand der Figur wächst oder deren typisches Verhalten absichtsvoll und verfremdend zeigt – in beiden Fällen aber die Figur zwingend veranlaßt, sich nur mehr singend und musizierend zu äußern. Von diesen beiden Wegen haben die Interpreten den zu wählen, den der Komponist beschritten hat.«[44]

[43] Ebd., S. 29f.; auch in: Walter Felsenstein. Schriften. Zum Musiktheater, S. 45f.

[44] Walter Felsenstein/Götz Friedrich/Joachim Herz. Musiktheater. Beiträge zur Methodik und zu Inszenierungs-Konzeptionen, S. 58ff.

Fast unmerklich wird hier mit dem »entweder – oder« die damals tatsächlich als unüberwindlich angesehene ästhetische Gegensätzlichkeit des realistischen Musiktheaters und des epischen Musiktheaters aufgehoben. Letzteres hatte Bertolt Brecht schon Jahrzehnte zuvor – vor allem in seinen »Anmerkungen zur Oper ›Aufstieg und Fall der Stadt Mahagonny‹« (geschrieben 1930 und 1938) – konzipiert. Friedrich und Herz machen etwas Verbindendes fest, etwas übergreifend Gemeinsames. Das ist umso bemerkenswerter, als in der Praxis der ästhetische Streit beider Richtungen weiterhin in aller Heftigkeit fortgeführt wurde.*

Die von Friedrich und Herz so formulierte Erweiterung des Begriffs des realistischen Musiktheaters deutete ja auf ein unübersehbares Defizit von Felsensteins ursprünglicher Doktrin hin: In letzter Konsequenz bedeutete sie eine ziemlich starke Eingrenzung des Repertoires, eine bewusste Selbstbeschränkung, eine Entfernung vom ästhetisch vielfältigen Gesamtspektrum des überlieferten und zeitgenössischen Musiktheaters, in dem nicht nur einerseits die emotionale Befindlichkeit der dargestellten Rolle eine gesangliche Äußerungsweise begründete, sondern in dem andererseits die abgehobene, die »verfremdende« Kundgebung eines Gesangsparts, seine Irrealität gewissermaßen, in einer musikdramatischen Handlung manifest war. Da galt, entgegen der Felsenstein'schen Intention, kunstvoller Gesang ganz bewusst als ästhetische Besonderheit. Das bedeutet, dass von der Barockoper über die klassische und romantische Oper bis hin zur modernen Oper die Abstufung zwischen rezitativischer Mitteilung, also quasi »realer« Mitteilung, und arienhaft-kunstvollem, bewusst über »reale« Äußerung erhobenem Singen für das Publikum selbstverständlich war: Es bedurfte keiner ästhetischen Begründung, sondern beruhte auf einem stillschweigenden Übereinkommen zwischen Bühne und Publikum.

Das muss aus historischem Abstand vermerkt werden, auch wenn ungeachtet der genannten Einschränkungen Felsensteins künstlerische Ergebnisse in ihrer Art als phänomenale Ereignisse auf der Opernbühne angesehen werden müssen – auch weil sie in der Annäherung an realistische Schauspielkunst der Opernbühne ungeahnte Möglichkeiten eröffneten, Möglichkeiten, die man bislang nicht für denkbar hielt und die von tradierter Operndarstellung nicht ernsthaft angestrebt waren.

Davon handeln auch Herz' Ausführungen »Von der Realität des singenden Menschen« (zuerst publiziert 1960 in der Festschrift zur Eröffnung des neuen Opernhauses in Leipzig). Sie geben, wiederum knapp und klar gehalten – in drei Sätzen sein musiktheatralisches Credo wieder:

*Vgl. auch S. 156ff.

»*Daß real handelnde Menschen singend sich äußern, ist dann kein Widerspruch und sogar eine Notwendigkeit, wenn die Vorgänge von vornherein auf die Entladung von Affekten im Gesang hin angelegt sind und der Entfaltung des inneren Erlebnisstromes Raum geben. Die Voraussetzung hierfür ist dann gegeben, wenn die menschlichen Triebkräfte, die den Vorgängen zugrundeliegen, so komprimiert sind, daß sie als Musik in Erscheinung treten müssen, um aufgenommen und verstanden zu werden. Dabei werden die Vorgänge durch ihre Zuspitzung dem Bereiche des Alltäglichen enthoben, nicht aber durch Absonderlichkeit ihm entrückt.*«[45]

Entgegen der ästhetischen Ausweitung in den acht Punkten von Friedrichs und Herz' Schrift »Musiktheater – Versuch einer Definition« scheint hier doch wieder der unbeirrte Alleinvertretungsanspruch der ursprünglichen Felsenstein'schen Maxime und ihrer Ausgrenzungsdoktrin aufzuscheinen. Aber Herz, seit 1957 Oberspielleiter und ab 1959 Operndirektor in Leipzig, sah sich in den Folgejahren an einem großen Repertoiretheater wie der Leipziger Oper gezwungen, diese Selbstbegrenzung aufzugeben, das heißt behutsam eine Entgrenzung von Felsensteins Ästhetik vorzunehmen – mit großen Erfolgen. So praktizierten es auch Friedrich in seinen Inszenierungen der 1960er Jahre an der Komischen Oper sowie weitere Schüler Felsensteins aus den 1950er Jahren, die dann später an verschiedenen größeren Bühnen der DDR-»Provinz« über viele Jahre hinweg ein neues Profil des realistischen Musiktheaters populär machten. Vor allem wären da – neben Herz und Friedrich – zu nennen: der Österreicher Carl Riha, der ab 1957 als Operndirektor für mehr als drei Jahrzehnte in Karl-Marx-Stadt (Chemnitz) das Opernleben prägte; Wolfgang Kersten, der nach und teilweise neben seiner Assistententätigkeit an der Komischen Oper gleichfalls Operndirektor am Landestheater Halle war; der auch als Schauspielregisseur tätige Horst Bonnet, der sich mit großem Erfolg an etlichen Bühnen des In- und Auslands vor allem der Operette und der Buffooper zuwandte.

Das Repertoire der Komischen Oper in den 1950er Jahren umreißt anschaulich Felsensteins Suche nach Werken, die sich seinen Vorstellungen vom realistischen Musiktheater einfügen ließen. Aber sehr bald schon überschritt er den in seiner Rede zur Lizenzüberreichung 1947 umrissenen engen Rahmen. Dort hatte er vornehmlich klassische Operettentitel Pariser und Wiener Couleur (vor allem Offenbach und Strauß) sowie einige Werke der leichten heiteren Oper (etwa Auber und Boieldieu) benannt, dann auch Werke von Mozart, Wolf-Ferrari, Rimski-Korsakow und Mussorgski ins Auge gefasst und

[45] Ebd., S. 66; vgl. auch: Joachim Herz. Theater – Kunst des erfüllten Augenblicks. Briefe, Vorträge, Notate, Gespräche, Essays, S. 87.

schließlich einen ersten Zielpunkt benannt, den es nach einiger Zeit angespannter Arbeit zu erreichen gelte, nämlich Verdis »Falstaff«.

Nach der »Zauberflöte« folgten Strauss' »Schweigsame Frau« (1954) und dann, fast Schlag auf Schlag, seine epochalen Einstudierungen von Janáčeks »Schlauem Füchslein« (1956), Offenbachs »Hoffmanns Erzählungen« (1958), Verdis »Othello« (1959) und »La Traviata« (1960), dazu Paisiellos »Barbier von Sevilla« (1960), Brittens »Sommernachtstraum« (1961) und Offenbachs »Ritter Blaubart« (1963).

Joachim Herz konnte mehrere erfolgreiche Inszenierungen beisteuern: Haas' »Hochzeit des Jobs« (1953), Puccinis »Manon Lescaut« (1955), Mohaupts »Wirtin von Pinsk« (1956), Brittens »Albert Herring« (1957), Puccinis »Turandot« (1958), Kurkas »Der brave Soldat Schwejk« (1960) und – im Grunde ganz unerwartet für das Repertoireprofil der Komischen Oper – Wagners »Fliegender Holländer« (1962).

Walter Felsenstein bei den Proben zum »Schlauen Füchslein« von Leoš Janaček, Komische Oper Berlin, 1956

Auch Götz Friedrich bereicherte das Repertoire mit seinen Einstudierungen von Puccinis »La Bohème« (1959) und »Tosca« (1961), Aubers »Fra Diavolo« (1960), Mozarts »Cosí fan tutte« (1962), Strauss' »Salome« (1963) sowie Janáčeks »Jenufa« (1964). Damit konnte die Komische Oper ein doch ziemlich breit gefächertes Repertoire aufweisen.

Die Aufführungen an der Komischen Oper erregten nicht nur im Inland großes Aufsehen, sondern fanden auch im Ausland bewundernde Anerkennung. Beachtlich ist in dieser Hinsicht die Liste der Auslandsgastspiele in jenen Jahren: Budapest 1952, Prag 1956 und 1962, Wiesbaden 1957, Paris 1957 und 1959, Moskau 1959, Schwetzingen 1960 und 1961, Venedig 1963.

Felsensteins Innovation des Musiktheaters machte europaweit Schule bzw. galt, wenn auch nicht gleich und überall befolgt, doch als belebende Anregung. In gewisser Hinsicht kann man seine spezifische Arbeitsweise auch als Begründung bzw. als beispielhafte Ausprägung dessen ansehen, was seither umgangssprachlich als »Regietheater« bezeichnet wird.

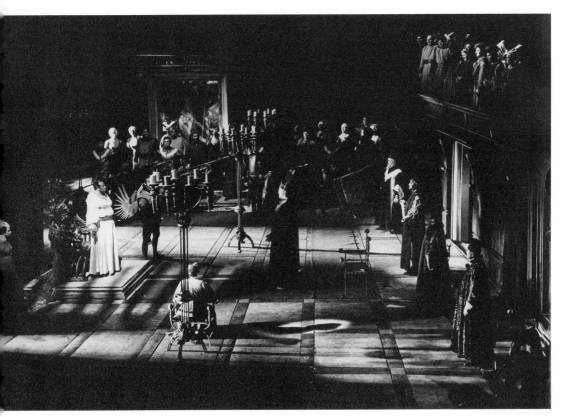

Guiseppe Verdi: »Othello«, Komische Oper Berlin, 1959

Und Felsenstein hatte es zudem verstanden, eine exzellente Sängerschar (»Sängerdarsteller« nannte er sie ganz bewusst) an das Haus zu binden: unter anderem Alfred Hülgert, Kurt Rehm, Elisabeth Grümmer, Josef Herrmann, Elfride Trötschel, Margarete Klose, Jaro Prohaska, Anny Schlemm, Mathieu Ahlersmeyer, Rudolf Schock, Irmgard Arnold, Sonja Schöner, Jutta Vulpius, Richard Holm, Benno Kusche, Melitta Muszely, Werner Enders, Josef Burgwinkel, Hanns Nocker, Uwe Kreyssig, Rudolf Asmus und Vladimír Bauer.

An der Komischen Oper arbeiteten zudem teils bereits arrivierte, teils noch unbekannte junge Künstler als Dirigenten und Bühnenbildner, so zunächst als Dirigenten einzelner Einstudierungen Paul Schmitz, Leo Spies, Otto Klemperer, Rudolf Kempe, Hans Löwlein, Meinhard von Zallinger und dann als Chefdirigenten von 1955 bis 1960 Václav Neumann sowie von 1960 bis 1964 Kurt Masur. Als Bühnenbildner wirkten am Hause zunächst Heinz Pfeiffenberger und Caspar Neher, später auch Wilfried Werz und Reinhart Zimmermann, vor allem aber von 1954 bis 1961 als Ausstattungsleiter Rudolf Heinrich, der hier seine internationale Karriere starten konnte. Er verlieh den großen Felsenstein-Inszenierungen seit der »Zauberflöte« bis hin zum »Sommernachtstraum« als Bühnenbildner ihr so unverwechselbares und fantasievolles optisches Gepräge.

Beim Blick auf Berlin mit der Staatsoper und der Komischen Oper in den 1950er Jahren gibt es übrigens noch zwei weitere interessante Beispiele des politischen Wettbewerbs zwischen Ost und West zu beobachten. Als östliches Gegenstück zu den bereits arrivierten »Berliner Festwochen« im Westteil der Stadt begründete die DDR 1957 ihre eigenen »Berliner Festtage« und gestaltete deren Programm ganz bewusst international, natürlich in erster Linie mit dem Blick nach Osten mit Gastspielen aus den sozialistischen Ländern, aber auch mit Einladungen an Künstlerensembles aus Westeuropa. Die ersten »Berliner Festtage« fanden vom 2. bis 15. Oktober 1957 statt, und die Staatsoper steuerte mit der Neueinstudierung von Strauss' »Elektra« ein Opernschwergewicht bei.

Ein ähnlicher Vorgang war bei den Orchestern zu beobachten. Hatte Westberlin doch seine weltberühmte Philharmonie mit Karajan als Chef, so wollte die DDR nun ein ähnliches Eliteinstitut etablieren. 1960 wurde das Berliner Sinfonie-Orchester gegründet, für das man als Chef den Dirigenten Kurt Sanderling aus Leningrad verpflichtete. Sanderling hatte in den 1920er Jahren seine Laufbahn in Berlin als Korrepetitor an der Städtischen Oper begonnen, emigrierte, da er Jude war, in die Sowjetunion und konnte dort eine beachtliche Karriere in Moskau und dann an der Leningrader Philharmonie (unter und neben Jewgeni Mrawinski) machen. Er sollte nun in Berlin gewissermaßen der östliche Karajan werden. Und ihm gelang, unabhängig von solcherart ideologischem Personalienspiel, eine Laufbahn, die ihn sehr bald auch an andere Stätten führte (u. a. zur Staatskapelle Dresden) und ihm stetig wachsende internationale Anerkennung einbrachte.

»Provinz«. Operntheater landauf und landab

Die Demokratisierung des Genres und der Ensemblegedanke

Wenn nun für die 1950er und ersten 1960er Jahre Rückblicke auf das Operntheater außerhalb der Hauptstadt – in der »Provinz« – zu richten sind, so ist der Begriff der »Provinz« weder verkleinernd noch abwertend gemeint. Die Opern-»Provinz« der DDR war ein weitverzweigtes und mit gewichtigen Schwerpunkten wie Dresden und Leipzig versehenes Netz von zeitweise fast fünfzig Bühnen, die allesamt nach 1945 einen erstaunlichen Aufschwung erlebten und ein ungemein vielfältiges Leben führten – immer mit dem erklärten Ziel eines volksnahen Theaters für alle Schichten der Bevölkerung. Ein weitgefächertes System von Besucherorganisationen ermöglichte, auch dank kostenloser Zubringerdienste aus entlegenen Dörfern und staatlich gestützter minimaler Eintrittspreise, eigentlich jedem DDR-Bürger, ob Student, Arbeiter, Bauer, Angestellter oder Intellektueller, den Besuch von Theater-, Konzert- und Opernaufführungen. Dazu gehörten die »Volksbühnen«-Bewegung und weitere vielfältige Anrechtsysteme (zumeist über die Volkseigenen Betriebe).

Die vom Staat angestrebte Volksnähe der Kunst erfuhr auf diesem Wege eine tatsächlich lebendige Realisierung. Als Beispiel seien nur einige Zahlen genannt: 1960 gab es in der DDR 48 Theaterorchester, 38 Staatliche Sinfonieorchester und Kreiskulturorchester, außerdem 3 Rundfunk-Sinfonieorchester und das große Orchester der DEFA. In der Spielzeit 1955/1956 fanden in der gesamten DDR 5 948 Opernaufführungen mit 4 218 600 Besuchern statt. Die DDR wies zu dieser Zeit tatsächlich das dichteste Theater- bzw. auch Operntheaternetz der Welt auf. Die Besucher waren größtenteils als Anrechtsinhaber ins Theater gekommen, und stolz vermeldeten damalige Statistiken, dass innerhalb der Anrechte 50 bis 60 Prozent Produktionsarbeiter gezählt werden konnten.[46]

Die größeren Häuser im Lande – Dresden, Leipzig, Chemnitz, Weimar, Halle, Dessau oder Rostock – waren fast alle im Krieg zerstört worden. Es dauerte Jahre, bis sie wiederaufgebaut und bespielbar waren. Der reguläre Spielbetrieb konnte allerdings bereits 1948 in Weimar, 1949

46 Das Musikleben in der Deutschen Demokratischen Republik (1945–1959), S. 117, 122.

in Dessau, 1951 in Halle und Chemnitz (von 1953 bis 1992 Karl-Marx-Stadt) wieder aufgenommen werden. Leipzig und Dresden mussten noch bis 1960 bzw. gar bis 1985 warten, ehe sie ihr neues oder aufwändig restauriertes Opernhaus zurückerhielten. Hier wurde über viele Jahre in Ausweichspielstätten große Oper möglich gemacht. 1952, als in der DDR die alte Länderstruktur aufgelöst wurde (sie wurde erst nach der Wiedervereinigung 1990 wieder eingeführt), entstanden die neuen Verwaltungseinheiten von 14 Bezirken und Berlin-Ost mit entscheidend weniger politischer Autonomie, wie sie den bisherigen Ländern pro forma noch zugestanden hatte. Partei- und Staatsführung erhofften sich von dieser Zentralisierung eine effektivere Steuerung vor allem des Wirtschaftslebens in der DDR. Viele größere Betriebe, später auch kleinere, waren in »Volkseigentum« überführt worden, wurden zu »VEB«, »Volkseigenen Betrieben«. Ähnlich erhoffte man sich mit einer solchen bezirklichen Struktur, untergliedert in Kreise, auch in der Kultur- und Theaterlandschaft leichter überschaubare und lenkbare Institutionen – so die Kulturabteilungen in den Bezirks- bzw. Kreisparteileitungen und die Bezirks- und Kreisräte, die allesamt zentral von Berlin aus gesteuert wurden.

Das neue Verwaltungssystem führte zum Glück nicht zu schwerwiegenden Folgen für die Theater, doch deren Arbeit war in mancherlei Hinsicht einer zunehmenden Bürokratisierung und einer stringenten ideologischen Überwachung und Führung unterworfen. Jetzt kam es für die Künstler an den Häusern darauf an, starke und durchsetzungsfähige Leitungspersönlichkeiten an der Spitze der Häuser zu haben, Intendanten, die in ihrem Theater manchmal auch gegen Widerstände von »oben« gewisse künstlerische und auch kulturpolitische Freiräume schaffen konnten. Und solche Persönlichkeiten gab es doch einige, gerade auch in den ersten Jahren, als es darauf ankam, den Neubeginn mit frischen Ideen zu beleben. Da wäre etwa der schon erwähnte Heinrich Allmeroth zu nennen, der in Leipzig, Rostock und Dresden die Geschicke der dortigen Bezirkstheater leitete, oder Hanns Anselm Perten, der nach Heinrich Allmeroth für viele Jahre Intendant des Rostocker Volkstheaters war und dort erstaunlich viel westliche Dramatik in den Spielplan brachte. In Weimar waren es Karl Kayser, der 1958 nach Leipzig wechselte, und Otto Lang, der zudem auch die Theaterhochschule mit Sitz zunächst in Weimar und dann in Leipzig mitbegründete, oder in Schwerin Edgar Bennert, unter den Nazis im KZ inhaftiert, der während seiner Amtszeit neue Opernwerke aufführte und überhaupt dem Musiktheater viel Aufmerksamkeit schenkte.

Man spielte in der »Provinz«, was man konnte, und manchmal auch wagemutig über gegebene Leistungsgrenzen hinaus. Das Repertoire von Putbus bis Meiningen, von Wismar bis Meißen, aber auch an den großen Bühnen etwa in Dresden, Leipzig, Chemnitz, Weimar, Erfurt, Halle, Magdeburg, Dessau, Schwerin oder Rostock, war – ähnlich wie an der Deutschen Staatsoper in Berlin vorgegeben – stark der Tradition verpflichtet, aber durchaus offen auch für neue Werke, von denen es bald auf den »Provinz«-Bühnen etliche zu sehen gab. Man spielte Mozart, Beethoven, Weber, Wagner und Strauss, immer wieder Lortzing, Flotow, Nicolai, natürlich Verdi und Puccini, Bizet und Offenbach, daneben Opern aus dem russischen und sowjetischen Repertoire sowie ältere Werke aus der Feder von DDR-Komponisten.

Wichtige Opern und Opern-Uraufführungen in der »Provinz«

Ottmar Gerster
»Enoch Arden«
»Die Hexe von Passau«

Rudolf Wagner-Régeny
»Der Günstling«
»Die Bürger von Calais«
»Johanna Balk«

Carl Orff (der seit 1950 in München lebte und arbeitete)
»Der Mond«
»Die Kluge«
»Carmina burana«

Guido Masanetz
»Der Wundervogel«
(UA: Dresden-Radebeul, 30.1.1955)

Ottmar Gerster
»Der fröhliche Sünder«
(UA: Weimar, 9.3.1963)

Heinz Röttger
»Phaeton«
(UA: Dessau, 8.3.1960)

Robert Hanell
»Die Spieldose«
(UA: Erfurt, 30.11.1957)
»Dorian Gray«
(UA: Dresden, 9.6.1962)

Karl-Rudi Griesbach
»Kolumbus« (UA: Erfurt und Neustrelitz, 23.12.1958)
»Marike Weiden« (UA: Weimar, Görlitz und Frankfurt/Oder, 7.10.1960)

Dieter Nowka
»Jan Suschka«
(UA: Cottbus, 4.10.1958)
»Die Erbschaft«
(UA: Schwerin, 27.10.1960)

Dabei war Manches, das noch unausgegoren wirkte, mehr nach Wollen als nach Können, mehr nach Anfang und weniger nach Vollendung aussah. Aber die Anregung für die Komponisten des Landes, Opern zu schreiben, war gegeben – auch dank nachhaltiger staatlicher Unterstützung. Es gab ein gesellschaftliches Auftragswesen, das neue Werke in der bildenden Kunst, der Literatur und der Musik förderte. Für die Künstler bedeutete das eine Absicherung ihrer materiellen Existenz.

Eine Besonderheit stellen zwei avancierte Opernpartituren aus der Feder von Rudolf Wagner-Régeny dar, da sie außerhalb der DDR, also exterritorial, ihre Uraufführungen erlebten. Der »Prometheus« (der Autor schrieb sein einaktiges Libretto nach der Aischylos-Vorlage selbst) hatte am 12. September 1959 zur Eröffnung des neuen Kasseler Staatstheaters Premiere. Und »Das Bergwerk zu Falun« (Libretto vom Komponisten nach dem Schauspiel Hugo von Hofmannsthals), entstanden übrigens auf Einladung Herbert von Karajans, erblickte das Licht der Bühnenwelt am 16. August 1961 (drei Tage nach Errichtung der Berliner Mauer) bei den Salzburger

Festspielen. Wagner-Régeny hatte für seine Kompositionen – ähnlich wie Paul Dessau in seinem zur selben Zeit entstandenen »Puntila« – dodekaphonische, von Schönberg herrührende Strukturweisen angewandt, die zu jener Zeit in der DDR noch durchaus als »formalistisch« und »spätbürgerlich dekadent« verteufelt waren. Die Exterritorialität und auch die Abschottung durch die Mauer hatten jedoch zur Folge, dass diese beiden Werke Wagner-Régenys in der DDR so gut wie nicht wahrgenommen wurden (einzig acht Jahre später, 1969, gab es in Stralsund eine Aufführung vom »Bergwerk zu Falun«).

Mecklenburgisches Staatstheater Schwerin

Wagner-Régeny gab übrigens damals mehrere Statements zum neuen Opernschaffen ab, die in ihrer Unaufgeregtheit und Sachlichkeit wohltuend über den aktuell ausgetragenen heftigen Auseinandersetzungen um weltanschauliche und ästhetische Maximen standen. Daraus seien einige bemerkenswerte Sentenzen zitiert:

»Kurz, keineswegs ausführlich, seien zwei Beobachtungen, die in den letzten dreißig Jahren wuchsen, mitgeteilt: Die eine bezieht sich auf die Annäherung oder auf die Tendenz zur Verschmelzung einzelner Gattungen der Musikbühne, die andere auf die Aufspaltung der Elemente, aus denen die Musikbühne besteht. Was zu Beginn des 20. Jahrhunderts als unmöglich und unschicklich galt, ist heute möglich und schicklich. Es können Eigentümlichkeiten des Oratoriums, des Films, des Kabaretts, der Pantomime, ja des Zirkus auf der Musikbühne auftreten. Es entstehen simultane Abläufe von Tanz, Film, Gesang und Sprache.«[47]

Wagner-Régeny sprach hellsichtig von »Gegenwartsoper« statt von »Nationaloper« und wies damit auf ein ideologisches Kampffeld der DDR-Oper in den 1950er Jahren hin, nämlich den Streit um eine »Nationaloper«:

»Das Gegenwärtige in der Oper ist die Gegenwart. Oder: auch in historischen Opern ist Gegenwart [...]. Das Buch einer ›Gegenwartsoper‹ müßte einfach sein. Einfach und sehr kultiviert in der Sprache. Es müßte auf Äußerlichkeiten verzichten. (Es muß nicht der Opernchor beschäftigt werden, um das ›Gemeinschaftliche‹ darzustellen; ein Kampf muß nicht mit Schießgewehren ausgetragen werden [...].) Es müßte bedeutungsvolle Schicksale gestalten. Was ist bedeutsamer im Leben eines Menschen als seine ständige Veränderung, sein Wachstum, das Größer- und Weiterwerden seiner Einsichten? [...] Die Zukunft der Oper wird davon abhängen, ob Komponisten heranwachsen, deren

47 Rudolf Wagner-Régeny. Gedanken über die Musikbühne (1957), zit. nach: Komponisten der DDR über ihre Opern. Teil I, S. 13.

I Die 1950er Jahre. Kunst zwischen Formalismus und Innovation

Persönlichkeitswert groß genug ist, um beispielhafte Höhepunkte im Opernhause zu veranlassen, an denen Bühne, Verfasser und Zuschauer gleicherweise als Träger eines gemeinschaftlichen Kulturwillens teilhaben.«[48]

Aus dem Bereich der russischen und sowjetischen Oper waren natürlich zunächst Tschaikowsky und Rimski-Korsakow auf den Bühnen des Landes anzutreffen, gelegentlich auch schon neuere Werke, hier aber vornehmlich Beispiele der von Stalin favorisierten sogenannten »Liedoper«, etwa von Iwan Dserschinski »Der stille Don« (Erstaufführung 1955 in Schwerin) oder von Tichon Chrennikow »Im Sturm« (Erstaufführung 1956 an der Dresdner Staatsoper) und »Frol Skobejew« (Erstaufführung 1956 in Radebeul). Schostakowitsch und Prokofjew als Opernkomponisten hatten noch keine Chance (außer den schon früh aufgenommenen komischen Opern »Die Verlobung im Kloster« und »Die Liebe zu den drei Orangen«), ihre Musiktheaterwerke galten als »formalistisch«.

Hingegen gab es in den 1950er Jahren auch etliche Opernversuche von DDR-Komponisten, die sich der Arbeiterbewegung oder großen Persönlichkeiten der Revolutionsgeschichte widmeten. Dazu zählen »Thomas Münzer« (UA: Magdeburg, 24. Juni 1955) und »Thyl Claas« (UA: Görlitz, 7. Dezember 1958) von Paul Kurzbach, »Till« (UA: Halle, 29. September 1956) von Gerhard Wohlgemuth, »Der arme Konrad« (UA: Staatsoper Berlin, 4. Oktober 1959) und »Tai Yang erwacht« (UA: Halberstadt, 4. September 1960) von Jean Kurt Forest.

Zu erwähnen sind zudem Uraufführungen von Opern ausländischer Komponisten mit thematischer Beziehung zur internationalen Bewegung des Proletariats, etwa »Die Weber von Lyon« des ungarisch-französischen Komponisten Joseph Kosma (Staatsoper Berlin, 19. Juni 1959) und mehrere Werke des englischen Komponisten Alan Bush, die allesamt auf Bühnen der DDR aus der Taufe gehoben wurden: »Wat Tyler« (Leipzig, 6. September 1953), »Die Männer von Blackmoor« (Weimar, 18. November 1956) und später noch »Guayana Johnny« (Leipzig, 11. Dezember 1966) sowie »Joe Hill« (Staatsoper Berlin, 29. September 1970). Sie alle fanden jedoch keine weitere Verbreitung. Es waren gut gemeinte Werke, die vornehmlich zwar von einer aufrechten politischen Gesinnung lebten, aber künstlerisch nicht von herausragender Bedeutung waren.

Als eine wichtige Grundlage für die Theaterarbeit der DDR, speziell auch im Opernbereich, muss der lange, im Grunde bis zur Wende von 1989/90 gelebte und beschworene Gedanke einer Ensemble-Kultur bezeichnet werden. Darauf basierte über Jahrzehnte die Kontinuität

48 Rudolf Wagner-Régeny. Das Gegenwärtige in der Oper (1960) und Die Oper und unsere Zeit (1961), zit. nach: Komponisten der DDR über ihre Opern. Teil I, S. 15, 17.

und Qualität der theatralischen Kunst in der DDR. An den einzelnen Theatern waren Ensembles engagiert, die jeweils über lange Zeit gemeinsam miteinander arbeiteten. Man war aufeinander eingespielt. Das konnte die künstlerischen Äußerungen auf der Bühne intensivieren und verlebendigen. Sicherlich gab es auch Personalwechsel und Engagementsverschiebungen, doch immer unter Wahrung des Ensembleprinzips. Eine solche Ensemblepolitik war notwendiger Garant künstlerischer Erfolge. Heute, in historischer Distanz und unter mittlerweile radikal veränderten Produktionsbedingungen des Musiktheaters, ist dieses Phänomen nicht mehr zu sehen. Ensembles finden sich, zumindest an den großen Häusern, nur kurzweilig zu einer bestimmten Inszenierung zusammen, um nach wenigen Wochen gemeinsamen Arbeitens sogleich wieder neue geografische Theaterstandorte aufzusuchen und an neuen Projekten zu arbeiten.

Dresden. Interim im Kurhaus Bühlau und im Schauspielhaus

Im südlichen Teil der DDR spielten natürlich die großen Häuser in Dresden und Leipzig mit ihren stattlichen Sängerensembles und hervorragenden Orchestern eine führende Rolle.

Dresden wurde am 8. Mai 1945 von den Truppen der Roten Armee eingenommen. Bereits zwei Wochen später begannen, angeregt von den sowjetischen Besatzungsinstanzen, erste Gespräche und Verhandlungen zwischen der neuen Stadtverwaltung und Vertretern der ehemaligen Staats- und Stadttheater zur Wiederbelebung des kulturellen Lebens. Und bald schon kehrten auch die Mitglieder der Staatskapelle nach Dresden zurück. Dass sie größtenteils überlebt hatten, war einem glücklichen Umstand zu verdanken: Angesichts eines drohenden Fronteinsatzes war es noch im April, wenige Wochen vor Kriegsende, gelungen, das Orchester zur kulturellen Betreuung von Kriegslazaretten nach Bad Brambach und Bad Elster zu verlegen.

Joseph Keilberth trat an die Spitze der Kapelle, er war von Prag, wo er bis zum Kriegsende die Deutsche Philharmonie geleitet hatte, nach Dresden gekommen. Am 10. August 1945 konnte unter seiner Leitung in der provisorisch zu einer neuen Spielstätte restaurierten ehemaligen Tonhalle die erste Opernvorstellung nach Kriegsende stattfinden: Mozarts »Hochzeit des Figaro«. Es war der Start einer abwechslungsreichen Opernentwicklung, die sich programmatisch auf neuen Bahnen bewegen wollte. Michael Heinemann charakterisiert das in einer neueren Studie folgendermaßen:

»Zwei zentrale Aufgaben waren mithin bereits 1945 umrissen: die Suche nach einem Musiktheater, das die Idee einer neuen Gesellschaft umsetzte, zugleich mit der deutschen Sprache nicht nur die lokalen Traditionen im Visier hatte, sondern auch die Öffnung für ein breites Publikum. Aufschlussreich ist dabei bereits in der ersten Spielzeit der Versuch, die Werkauswahl programmatisch zu überhöhen, um der Forderung nach gesellschaftspolitischer Relevanz und Akzeptanz durch ein breites Publikum zu genügen.«[49]

Wenige Wochen nach der »Figaro«-Premiere gab es am 14. September 1945 in einer weiteren Behelfsspielstätte, dem am Rande der Stadt gelegenen Kurhaus Bühlau (später im Volksmund auch ironisch-liebevoll »Kulturscheune« genannt), eine konzertante Aufführung von Beethovens »Fidelio«, und am 12. Oktober fand die Premiere von Strauss' »Ariadne auf Naxos« statt. Joseph Keilberth war Dirigent bei allen drei Aufführungen, die Inszenierungen besorgte Heinz Arnold, die Bühnenbilder gestaltete Karl von Appen. Der reguläre Spielbetrieb begann in Dresden dann auf der Interimsbühne der Tonhalle am 23. März 1946 mit einer Neueinstudierung von Offenbachs »Hoffmanns Erzählungen«.

Im Oktober 1947 wurde auch die neue künstlerische Leitung des Theaters, jetzt Staatstheater Dresden genannt, bestätigt. Es wirkten als Intendant der Schauspieler Erich Ponto (schon seit 1945), als Generalmusikdirektor Joseph Keilberth (1947 bis 1950), ihm folgten 1949 bis 1952 Rudolf Kempe, 1953 bis 1956 Franz Konwitschny und 1956 bis 1958 Lovro von Matačić, Operndirektor wurde Heinz Arnold (er ging 1950 nach München an die Bayerische Staatsoper) und Ausstattungsleiter Karl von Appen (bis 1954 stattete er in Dresden etwa vierzig Operninszenierungen aus; nach Pontos Weggang war er auch zeitweilig Intendant und wurde dann 1954 Ausstattungsleiter bei Brecht am Berliner Ensemble).

Von 1949 bis 1951 bzw. von 1954 bis 1961 leiteten Martin Hellberg bzw. Heinrich Allmeroth als Generalintendanten die Geschicke des Hauses. Sie standen einem exzellenten Opernensemble vor, das in den folgenden Jahren ein vielfältiges und repräsentatives Repertoire auf die Bühne brachte. Zu den Gesangssolisten der ersten Stunde und ersten Jahre gehörten große Namen wie Christel Goltz, Helena Rott, Ruth Lange, Elisabeth Reichelt, Bernd Aldenhoff, Johannes Kemter, Arno Schellenberg, Kurt Böhme, Gottlob Frick oder Josef Herrmann, zu denen sich bald noch Elfride Trötschel, Inger Karén, Dora Zschille, Brünnhilde Friedland, Manfred Huebner, Heinrich Pflanzl und Harald Neukirch gesellten.

49 Michael Heinemann. Musiktheater für ein sozialistisches Deutschland. Die Dresdner Oper in den Anfangsjahren der DDR, S. 504.

Am 22. September 1948 endlich wurde mit Beethovens »Fidelio« das wiederaufgebaute Schauspielhaus (neben dem auch im Wiederaufbau befindlichen »Zwinger«), nunmehr mit der offiziellen Bezeichnung »Staatstheater Dresden – Großes Haus«, eröffnet. Es war, auch für die Oper, in den folgenden Jahrzehnten eine ausgezeichnete Spielstätte, allerdings letztlich nicht zu vergleichen mit der (nur als Ruine erhaltenen) weltberühmten Semperoper. Für diese gab es zwar bereits seit den 1940er Jahren Wiederaufbaupläne, es wurden auch landesweit Spenden dafür gesammelt und man unternahm erste Maßnahmen zur baulichen Sicherung der Ruine, doch dauerte es noch Jahrzehnte bis zur Wiedereröffnung des Hauses, die dann am 13. Februar 1985, auch anlässlich des 40. Jahrestages der verheerenden Bombardierung Dresdens, stattfinden konnte.

Operninszenierungen in Dresden

1947 gab es in Dresden mit Boris Blachers Oper »Die Flut« eine erste Nachkriegs-Uraufführung. Besonders auffällig ist in den Folgejahren die dichte Zahl von Premieren slawischer Opern, zumeist auch als Dresdner Erstaufführungen:

Peter Tschaikowsky »Pique Dame« (1947) »Eugen Onegin« (1949)	**Modest Mussorgski** »Boris Godunow« (1949)	**Tadeusz Szeligowski** »Die Scholaren von Krakau« (1952)	**Sergei Prokofjew** »Liebe zu den drei Orangen« (1958)
Antonín Dvořák »Rusalka« (1948)	**Leoš Janáček** »Katja Kabanowa« (1949) »Aus einem Totenhaus« (1960)	**Bedřich Smetana** »Verkaufte Braut« (1953) »Der Kuss« (1954)	**Jan Cikker** »Fürst Bajazid« (1958)
Nikolai Rimski-Korsakow »Mozart und Salieri« (1949)	**Jaromír Weinberger** »Schwanda der Dudelsackpfeifer« (1950)	**Tichon Chrennikow** »Im Sturm« (1956) **Stanisław Moniuszko** »Halka« (1958)	**Michail Glinka** »Iwan Sussanin« (1959)

Franz Konwitschny schrieb 1953 zu seiner Dresdner Amtseinführung einige bemerkenswerte Worte, die in besonderer Weise die Exklusivität des Opernstandorts Dresden betonten:

»*In Dresden ist die Oper eine Notwendigkeit, sie ist, wie an ihrer Geburtsstätte in Italien, aus ihrer Geschichte heraus das geworden, worum sich in vielen anderen Orten abstrakte Ideologien, finanzielle Mittel und bewußte Umschichtungsversuche für das Publikum krampfhaft bemühen. Sie ist in Dresden Volksoper und Nationaltheater. Sie gehört zum Wesen der Stadt.*«[50]

Natürlich wurde auch das Strauss-Repertoire – der Komponist war seit Jahrhundertbeginn quasi der Dresdner Hauskomponist – zielstrebig wieder aufgebaut. Besonders hervorzuheben ist in dieser Hinsicht wohl die Premiere der »Salome« am 14. September 1947 in

50 Zit. nach: Winfried Höntsch. Opernmetropole Dresden. Von der Festa Teatrale zum modernen Musikdrama, S. 226.

der Bühlauer »Kulturscheune« mit Christel Goltz in der Titelpartie. Schon zuvor wurden »Ariadne auf Naxos« (1945) und »Die schweigsame Frau« (1946) aufgeführt, letzteres Werk war nach seiner Dresdner Uraufführung 1935 von den Nazis wegen der Autorschaft des jüdischen Dichters Stefan Zweig verboten worden. Es folgten »Daphne« (1950), »Die Liebe der Danae« (1952) sowie »Der Rosenkavalier« (1954).

Selbstverständlich bereicherten – sozusagen als klassische Basis – die Werke Mozarts (nach »Figaros Hochzeit« 1946 auch »Die Zauberflöte«), Beethovens (»Fidelio« 1948) und Webers (»Freischütz« 1951) den Spielplan sowie die großen Italiener Verdi und Puccini.

Wagner-Premieren konnte es nach der Eröffnung des Großen Hauses auch wieder geben (»Tannhäuser« 1949, »Die Meistersinger« 1950, »Der fliegende Holländer« 1951, »Lohengrin« 1953, »Walküre« 1954, »Tristan und Isolde« 1957, »Rheingold« 1957), gehörten doch hervorragende Wagnersänger zum Ensemble.

Die moderne Oper kam mit Karl Amadeus Hartmanns »Simplicius Simplicissimus« (1950), Brittens »Albert Herring« (1955), Egks »Revisor« (1958), Robert Kurkas »Braver Soldat Schwejk« (1959) in den Spielplan. Ein besonderes Ereignis war auch die mit viel Engagement und Aufwand realisierte Uraufführung der Oper »Der Zauberfisch« des Dresdner Komponisten Fidelio F. Finke 1960. Allerdings fand das Werk keine über Dresden hinausreichende Resonanz.

Ein anderes, viel einschneidenderes Schicksal ereilte die (nach der Salzburger Uraufführung 1949) deutsche Erstaufführung von Carl Orffs »Antigonae« am 27. Januar 1950 – eine nach zeitgenössischen Berichten ungemein eindrucksvolle Inszenierung (Keilberth/Arnold/Appen) mit Christel Goltz in der Titelpartie. Der Komponist erhielt 1949 als einer der ersten Künstler den Nationalpreis der DDR, wurde dann aber ab 1950 in München ansässig und künstlerisch tätig. Die Dresdner »Antigonae«-Inszenierung kam hinein in eine Zeit, in der sich die beginnende Formalismus-Diskussion für die Kulturszene der jungen DDR ungemein hemmend und deprimierend auszuwirken begann. Durch entsprechende Beschlüsse des ZK der KPdSU vom Februar 1948 wurden mit der willkürlichen Kategorisierung »Formalismus« ganze Kunstwerke allgemein als »volksfeindlich« oder »westlich dekadent« angeprangert; herausragende Komponisten, allen voran Dmitri Schostakowitsch und Sergei Prokofjew, fielen dieser mit Nachdruck geführten Kampagne zum Opfer. Viele ihrer Werke wurden faktisch mit einem Aufführungsverbot belegt. Gefragt war eine einfache, vermeintlich »volkstümliche« Musik, die in liedhafter Simplizität ästhetisch der Arbeiterklasse nahestehen sollte.

»Provinz«. Operntheater landauf und landab

Im Lichte dieser Auseinandersetzung wurde auch Orffs Musiksprache und Dramaturgie der »Antigonae« von der lokalen Kritik in ungemeiner Schärfe gegeißelt.[51] Und die Situation eskalierte nach einem Dresdner Gastspiel vom 14. März 1950 mit der »Antigonae« an der Berliner Staatsoper im Admiralspalast. Auch hier gab es heftige Vorbehalte, die offensichtlich die kulturpolitischen Verantwortungsträger nutzten, um das unliebsame Werk in der Versenkung verschwinden zu lassen. Formal vollzog das der damalige sächsische Volksbildungsminister Helmut Holtzhauer (später Leiter der Staatlichen Kommission für Kunstangelegenheiten), der die Absetzung der »Antigonae« vom Dresdner Spielplan verfügte. In der Dresdner »Sächsischen Zeitung« vom 25. April 1950 hatte er apodiktisch verkündet:

»Die Orffsche Vertonung der Antigonae ist [...] ›der Fall‹ für den Beginn eines zielbewußten Kampfes gegen den Formalismus in der Musik, weil er eine außergewöhnliche charakteristische Spielart der bürgerlichen, verfallenden Ideologie darstellt.«[52]

Auch auf der Politbüro-Tagung der SED vom 6. März 1951 wurde noch einmal das abschreckende Beispiel der »Antigonae« zitiert, als der Kulturfunktionär des ZK, Hans Lauter, eine Einschätzung vortrug, nach der die Musik der Oper »unmelodisch, monoton, mit vielen Schlaginstrumenten ausgestattet und arm an wirklicher musikalischer Schöpferkraft« sei, und Lauter brandmarkte im gleichen Atemzug auch »die sogenannte Zwölftönemusik, der noch zahlreiche Komponisten anhängen«, als »eine besonders extreme Form entseelter und degenerierter Musik«. In fast denselben Formulierungen war dann auch im Protokoll der 5. Tagung des ZK der SED (15. bis 17. März 1951) eine Verurteilung der »Antigonae« verankert.[53]

Der engagierte persönliche Einsatz des Intendanten Ernst Legal für das Werk und auch eine am 14. April im Berliner Künstlerhaus »Die Möwe« stattgefundene Diskussion zum Orff'schen Opus änderten nichts am Verdikt gegen die »Antigonae«.[54] Ähnlich wird es bald Paul Dessau ergehen: In Bezug auf seine Oper »Verhör des Lukullus« wurde bezeichnenderweise vonseiten der Partei immer wieder warnend auf das gefährliche Beispiel der »Antigonae« hingewiesen, während Dessau selbst die »Antigonae« als »Durchbruch für ein neues fruchtbares Musiktheater« bezeichnete.[55] Auch während Hanns Eislers »Faustus«-Projekt wurden die Diskussionen unter dem bösartigen Stichwort »Formalismus« teils noch erbitterter geführt. So gehört die »Antigonae«-Debatte in der Dresdner und Berliner Presse und Kulturöffentlichkeit zu den wunden Punkten der frühen DDR-Oper. Sie war das unheilvolle Mahnzeichen einer von vornherein eingeengten Kunstästhetik.

51 Vgl.: Helmut Holtzhauer. Gegen den Formalismus in der Kunst. Zur Diskussion um Orffs »Antigonae«, In: »Sächsische Zeitung«, Dresden, 25.4.1950; vgl. auch: Friedbert Streller. Der Fall Antigonae. Akzente einer Orffschen Erstaufführung, S. 1004–1019.

52 Zit. nach Fred K. Prieberg. Musik im anderen Deutschland, S. 59

53 Vgl.: Joachim Lucchesi (Hrsg.). Das Verhör in der Oper. Die Debatte um Brecht/Dessaus »Lukullus« 1951, S. 74, 157; vgl. auch: Fred K. Prieberg. Musik im anderen Deutschland, S. 57.

54 Vgl.: Michael Kraus. Die musikalische Moderne an den Staatsopern von Berlin und Wien 1945–1989. Paradigmen nationaler Kulturidentitäten im Kalten Krieg, S. 27.

55 Vgl.: Joachim Lucchesi (Hrsg.). Das Verhör in der Oper. Die Debatte um Brecht/Dessaus »Lukullus« 1951, S. 30, 32ff.

Leipzig. Oper im Varieté »Dreilinden«

Die andere große sächsische Theatermetropole Leipzig musste unter ähnlichen desaströsen Verhältnissen beginnen, wie sie auch in Berlin und Dresden herrschten. Das große Opernhaus am Augustusplatz war bereits 1943 bei Bombenangriffen total zerstört worden, mit ihm auch das traditionsreiche Gewandhaus, das Schauspielhaus, die Universität und das Museum der bildenden Künste. Der Ausgangspunkt für neue kulturelle und künstlerische Aktivitäten war 1945 quasi ein weißer Fleck.

Wie bereits erwähnt, wurde der Opernbetrieb schon vor Kriegsende auf einer Behelfsbühne im außerhalb des Zentrums gelegenen Stadtteil Lindenau wieder aufgenommen, im ehemaligen Varieté »Dreilinden«. Das Gewandhausorchester, das traditionell auch in der Oper spielte (und bis heute spielt), fand für seine Konzerte bis zum Neubau von 1981 zunächst eine provisorische Heimstätte im Kino Capitol und dann in der wiedererrichteten Kongresshalle am Zoo, die immerhin doch recht nahe am Stadtzentrum lag. Der bisherige Kapellmeister Hermann Abendroth wurde aus politischen Gründen 1945 abgelöst. Er blieb jedoch im Lande und arbeitete bis zu seinem Tod 1956 als Generalmusikdirektor am Weimarer Nationaltheater und als Chefdirigent der Rundfunk-Sinfonieorchester in Leipzig und Berlin (Ost). Seine Nachfolger in Leipzig waren Herbert Albert und ab 1949 Franz Konwitschny. Als Generalintendant konnte zunächst Hans Schüler sein Amt fortführen, wurde dann aber von dem Antifaschisten Max Burghardt abgelöst. Zuvor war auch Walter Felsenstein im Gespräch, der jedoch ablehnte, da ihm die Eröffnung der Komischen Oper in Berlin bevorstand. 1954 wurde der Schauspieler und Regisseur Johannes Arpe zum Generalintendanten berufen, ihm folgte 1958 der bisherige Weimarer Intendant Karl Kayser. Operndirektor war über lange Jahre Heinrich Voigt. Als musikalische Chefs der Oper wirkten Ende der 1940er Jahre Jahren Paul Schmitz und dann, aus Dessau kommend, von 1951 bis 1961 Helmut Seydelmann.

Gemessen an den recht beengten räumlichen Verhältnissen der »Dreilinden«-Oper konnte bald ein relativ umfangreiches Repertoire erarbeitet werden, das durchaus auch große Wagner- und Verdi-Werke auf die Bühne brachte. Gewichtige Grundpfeiler des Spielplans waren, der ersten Nachkriegspremiere am 29. Juli 1945 mit Beethovens »Fidelio« folgend, Mussorgskis »Boris Godunow«, Strauss' »Elektra« und »Rosenkavalier«, Wagners »Tristan und Isolde«, »Die Meistersinger«, »Walküre« und »Siegfried«. Ein großer Erfolg war 1947 die Premiere von Glucks »Orpheus und Eurydike« in der Inszenierung der Tänzerin Mary Wigman.

Uraufführungen gab es 1948 mit Boris Blachers Kammeroper »Nachtschwalbe« (Libretto von Friedrich Wolf), die einen von konservativen Publikumskreisen ausgehenden veritablen Opernskandal auslöste, dann 1953 mit Alan Bushs »Wat Tyler« und 1959 mit Max Buttings »Plautus im Nonnenkloster«. Wichtig war 1957 die Erstaufführung von Paul Dessaus »Die Verurteilung des Lukullus«; mit dieser Inszenierung absolvierte das Leipziger Ensemble auch ein Jahr später ein sehr erfolgreiches Gastspiel in Paris beim Festival »Théâtre des Nations«.

Zum Sängerensemble gehörten in den 1950er Jahren u. a. die Wagner-Heroinen Margarete Bäumer und Hanne-Lore Kuhse, die Sopranistinnen Christa-Maria Ziese und Ursula Brömme, die Mezzosopranistin Sigrid Kehl, die Wagner-Heldentenöre August Seider, Ferdinand Bürgmann und Ernst Gruber, die Baritone Kurt Seipt, Kurt Rösinger, Rainer Lüdeke und der Bassist Hans Krämer.

Ab 1957 war der Felsenstein-Schüler Joachim Herz zunächst Oberspielleiter und dann ab 1959 Operndirektor des Hauses. Und Herz konnte mit einer aufsehenerregenden Inszenierung von Wagners »Meistersingern« am 9. Oktober 1960 auch das neue Opernhaus am Karl-Marx-Platz (früher und heute wieder Augustusplatz) eröffnen – den ersten Theaterneubau der DDR.

Die Oper Leipzig kurz nach dem Wiederaufbau 1960

Besondere Akzente in der Opernlandschaft der »Provinz«, neben den großen Zentren Dresden und Leipzig, setzten in den 1950er Jahren zwei Festspielunternehmen: die Halleschen Händel-Festspiele und die Dessauer Wagner-Festwochen. In Halle, der Geburtsstadt des Komponisten, war am Landestheater ein Team am Werk, das mit großem Engagement die Werke des Komponisten im Sinne eines humanistisch geprägten Volkstheaters breiten Schichten der Bevölkerung zugänglich machen wollte. Händel gehörte bislang auf den deutschen Opernbühnen höchstens zu den Randerscheinungen des Repertoires, die in seinen Werken statuierte Dramaturgie des Barocktheaters galt als kaum publikumswirksam. Der Regisseur Heinz Rückert, der Dirigent Horst-Tanu Margraf und der junge Bühnenbildner Rudolf Heinrich begannen im Jahre 1952 mit »Agrippina«, »Alcina« und »Tamerlan« eine Aufführungsserie von Händel-Werken, die textlich und teilweise auch musikalisch neu bearbeitet wurden, um sie Aufführungstraditionen und Hörgewohnheiten anzupassen, wie sie sich seit dem 19. Jahrhundert entwickelt haben. Ziel war es aber auch, ein weiteres kulturpolitisches Aushängeschild der DDR zu schaffen – etwa neben dem Bach-Zentrum in Leipzig.[56] Ihre Arbeiten wurden unterstützt durch die Tätigkeit der nach dem Krieg gegründeten Hallischen Händel-Gesellschaft und der von ihr inaugurierten Neuen Händel-Gesamtausgabe, die von der Halleschen Universität und den Musikwissenschaftlern Max Schneider und Walther Siegmund-Schultze betreut wurde. Bis 1961 kamen so allein über fünfzehn Opern Händels auf die Bühne des Halleschen Opertheaters. Die Festspiele fanden alljährlich im Frühsommer statt. Sicher entsprachen die Bearbeitungen der Partituren nicht strengen wissenschaftlichen Kriterien, das änderte sich erst in den 1970er und 1980er Jahren, als man wieder die authentischen Vorlagen in ihrer Originalgestalt berücksichtigte und einen Aufführungsstil nach den ästhetischen Vorgaben der Barockoper ausrichtete, doch die öffentliche Wirkung der Händel-Aufführungen in den 1950er Jahren war nachhaltig. Viele andere Bühnen der DDR nahmen nun Händel-Opern in ihr Repertoire auf, selbstverständlich und in erster Linie auch die großen Häuser in Berlin, Dresden und Leipzig.

Fast zeitgleich wurden an einer anderen Bühne Sachsen-Anhalts, am Landestheater Dessau, die Werke eines anderen großen deutschen Komponisten Gegenstand von alljährlich im Frühjahr stattfindenden Festwochen: Richard Wagner. Dessaus Theater, 1938 eröffnet und 1949 nach teilweiser Zerstörung wiederaufgebaut, bot in seiner Größe die besten Voraussetzungen dafür. Der rührige Intendant Willy Bodenstein, ein ehemaliger Sänger, war der spiritus rector der Unternehmung. Dessau galt zudem seit Jahrzehnten dank einer intensiven Wagnerpflege als »Bayreuth des Nordens«. Diesen Ruf konnte es nun wieder auffrischen, da sich ja in den großen Opernzentren des Landes, in Berlin, Dresden und Leipzig, die Oper noch über Jahre hinweg mit Behelfsspielstätten begnügen musste. Das Dessauer Theater war dagegen ein wahres Festspielhaus. Bodenstein konnte sich für seine Wagner-Aufführungen und dann für die Festwochen der Mitwirkung der ersten Wagnersänger des Landes sicher sein. So gastierten u.a. Hanne-Lore Kuhse, Ferdinand Bürgmann, Ernst Gruber, Erich Witte, Robert Lauhöfer und aus Westdeutschland etwa Hildegard Jonas, Vilma Fichtmüller, Günther Treptow, Max Lorenz und Rudolf Gonszar.

Seit 1950 baute Bodenstein zielstrebig sein Wagner-Repertoire auf: »Tannhäuser«, »Der fliegende Holländer«, »Die Meistersinger« und »Lohengrin«. Mit diesen vier Werken veranstaltete er anlässlich

56 Vgl. dazu auch: Susanne Spiegler. Georg Friedrich Händel im Fadenkreuz der SED. Zur Instrumentalisierung seiner Musik in der DDR.

von Wagners 140. Geburtstag im Mai 1953 die ersten Wagner-Festwochen. Inszenatorisch waren sie durchaus traditionell gehalten, boten keine neuen interpretatorischen Ansätze. Die Wirkung war dennoch enorm. Wagnerfreunde aus dem ganzen Land und aus Westdeutschland reisten an. Das setzte sich in den Folgejahren fort. Und auch von Berlin, vom Kulturministerium aus, gab es große Unterstützung. Kulturminister Johannes R. Becher ermutigte Bodenstein in einem Brief zu den 2. Wagner-Festwochen 1954:

»Lassen Sie diese Festwochen auch mit zu einem überzeugenden Symbol werden der notwendigen Angewiesenheit aller Deutschen guten Willens aufeinander, zu einem Symbol des ganzen Deutschland [...].«[57]

Landestheater Dessau

Somit waren die Dessauer Wagner-Festwochen, wie auch die Halleschen Händel-Festspiele, zu einem vom Staat ausdrücklich unterstützten Politikum geworden. 1954 inszenierte Bodenstein den kompletten »Ring« und erneuerte ihn 1958 (jetzt mit dem Bühnenbildner Wolf Hochheim) in Anlehnung an den Neu-Bayreuther Stil Wieland Wagners. Auch die übrigen Werke Wagners folgten in den kommenden Jahren, so 1956 der »Parsifal« (wiederholt 1957), der dann – aus ideologischen Gründen – für viele Jahre aus dem Repertoire der DDR-Opernbühnen verschwand. 1957 folgte noch »Tristan und Isolde«. Musikalischer Leiter der Aufführungen war seit 1954 mit Heinz Röttger ein ausgezeichneter Dirigent und Wagnerkenner. Doch nach der Wiedereröffnung der Berliner Staatsoper und dem Neubau der Leipziger Oper schwand das offizielle Interesse an der Dessauer Wagner-Unternehmung. Letztmalig gab es hier mit dem »Ring« noch einmal zu Wagners 150. Geburtstag 1963 eine Richard-Wagner-Festwoche.

57 Zit. nach: Werner P. Seiferth. Richard Wagner in der DDR – Versuch einer Bilanz, S. 89.

Die Chimäre einer »Nationaloper«. Verdikte gegen Dessau und Eisler

»Nationaloper« als Politikum und das Gespenst des Formalismus

Ein spannungsvoller Vorgang in der Geschichte des DDR-Operntheaters während der 1950er Jahre ist die teilweise recht erbittert geführte Diskussion um eine »Nationaloper« bzw. ein »Nationaltheater« in neuem sozialistischem Verständnis.[58] Die kontroversen Debatten nahmen ihren Anfang in dem noch selbstbewusst behaupteten Nationalverständnis der jungen DDR und ihrem gesamtnationalen Impetus. Dennoch ging es sehr bald darum zu definieren, was denn »Nationaloper« unter dem Aspekt einer angestrebten sozialistischen Gesellschaftsentwicklung bedeuten könne und müsse. In einem Leitartikel des »Neuen Deutschland« hieß es am 1. November 1952 (gerade erst hatte Walter Ulbricht auf der 2. Parteikonferenz der SED das Ziel vom Aufbau der Grundlagen des Sozialismus verkündet) unter der Überschrift »Für eine deutsche Nationaloper« ganz bezeichnend:

»*Eine deutsche Nationaloper, die aus den Empfindungen des deutschen Volkes schöpft und zu ihm spricht, wird zweifellos alle patriotischen Saiten des Volkes zum Klingen bringen und in ihm jene edle leidenschaftliche Begeisterung für den Kampf um die friedliche Vereinigung des deutschen Vaterlandes wecken helfen, die zur Lösung dieser historischen Aufgabe notwendig ist. [...] Die Schaffung der deutschen Nationaloper wird der Ausdruck der großen Potenzen sein, die durch die gesellschaftliche Umwandlung auf dem Boden der Deutschen Demokratischen Republik, durch den Aufbau des Sozialismus frei werden [...]. Daher ist die Schaffung einer deutschen Nationaloper ein notwendiger Beitrag für die Wiedergeburt der Nation.*«

Eine staatliche Kommission sollte die Zusammenarbeit von Komponisten, Schriftstellern und Wissenschaftlern (gemeint waren wohl vornehmlich marxistische Gesellschaftswissenschaftler) organisieren und anleiten, um geeignete Stoffe und musikalische

[58] Eine Studie von Katrin Stöck befasst sich ausführlicher mit diesem Thema: Katrin Stöck. Die Nationaloperndebatte in der DDR der 1950er- und 1960er-Jahre als Instrument zur Ausbildung einer sozialistischen deutschen Nationalkultur, S. 521–540.

Verfahrensweisen zu diskutieren und zu finden. Und gleich wurde auch ein erster Vorschlag präsentiert: »Es wäre zweckmäßig, mit einer Oper über den deutschen Bauernkrieg zu beginnen.«[59]

Das war zwar eine konkrete staatliche Zielstellung, der sich übrigens der »Verband Deutscher Komponisten und Musikwissenschaftler« in seinem Organ »Musik und Gesellschaft« unter derselben Überschrift »Für eine deutsche Nationaloper« als Aufruf an die Komponisten der DDR anschloss.[60] Doch ließ der Verband in ideologischer Vordergründigkeit eine wichtige Voraussetzung vermissen, nämlich eine notwendige Problematisierung des Begriffs »Nationaloper«, eine tiefergehende inhaltliche Definition, die sich nicht allein in der politischen Zielstellung der wieder zu erringenden nationalen Einheit (gemeint natürlich unter den politischen Prämissen der DDR) begnügen durfte. »Deutsche Nation« bzw. »Einheit der deutschen Nation« waren zu dieser Zeit bereits, obwohl bis in die 1960er Jahre als großes Ziel noch behauptet, ins Schwimmen geratene Begriffe, denn es gab de facto schon zwei deutsche Staaten, die politisch in tiefem Widerspruch zueinander standen. Auch der Begriff »Nationaloper« selbst war bislang eine recht vage künstlerische Dimension, die vor allem an zwei Beispielen immer wieder beschworen wurde, an Webers »Freischütz« und an Wagners »Meistersingern«. Diese Retrospektive mochte zu ihrer Zeit einige Bedeutsamkeit besessen haben, war aber doch als fragwürdig anzusehen. Nur ein gemeinsamer Nenner wäre da festzumachen: Beide Werke entstanden zu einer Zeit, als von einer nationalen Einheit Deutschlands keine Rede sein konnte, als die durch einen einheitlichen Staat repräsentierte Nation ein Desiderat war. Der »Freischütz«, der bekanntlich im Böhmischen Wald spielt, war eine Geschichte vor dem erahnbaren Hintergrund der Folgen des Dreißigjährigen Krieges, einer verheerenden Zeit für Deutschland. Die Handlung, ohne erkennbaren nationalen Impetus jedoch, erschöpfte sich in gemütvoller Betulichkeit, nur aufgereizt durch die Abgründigkeit der »Wolfsschlucht«-Musik. Und Weber hatte einst als »deutsch« an seinem Werk lediglich eine musikdramaturgische bzw. musikästhetische Eigenheit beschrieben, die es anzustreben gelte. So hatte er 1815 einmal formuliert: »Der Deutsche greift alles tiefer, er will ein Kunstwerk, wo alle Teile sich zum schönen Ganzen runden«. Und später machte Weber noch an seinem Generationskollegen Giacomo Meyerbeer, der gerade auf italienischen Opernbühnen Erfolg suchte, die Sehnsucht fest, dieser möchte doch »an dem Gebäude einer deutschen Nationaloper« mitwirken.[61] Meyerbeer ging jedoch völlig andere Wege, und Weber selbst schuf weiterhin mit »Euryanthe« und »Oberon« auch keineswegs gezielte Beiträge zu einer deutschen Nationaloper.

59 Für eine deutsche Nationaloper, In: »Neues Deutschland«, Berlin, 1.11.1952, S. 1.

60 Vgl.: Katrin Stöck. Die Nationaloperndebatte in der DDR der 1950er- und 1960er-Jahre als Instrument zur Ausbildung einer sozialistischen deutschen Nationalkultur, S. 527.

61 Zit. aus: Carl Maria von Weber. Kunstansichten. Ausgewählte Schriften, S. 178, 215.

Anders wiederum stellen sich Wagners »Meistersinger« dar. Deutlich erkennbar, ja schon nationalistisch zugespitzt, sollte dieses Werk die Deutschen künstlerisch in einem eindeutig politischen Sinn einigen, wenige Jahre vor der tatsächlichen Reichseinigung durch Bismarck. Wagners geistige Weitläufigkeit verlief ins Leere, und die »Meistersinger« gerieten in der Folge, sowohl im Kaiserreich als auch im Nationalsozialismus, in einen unguten deutschen Nationaltaumel.

Beide Werke also, der »Freischütz« und die »Meistersinger«, eigneten sich nicht als Vorbild für eine deutsche Nationaloper der Gegenwart. Andere Vorbilder jedoch gab es nicht. Und das Thema »Nationaloper« erwies sich zudem als fast obsolet, da es wieder keinen Nationalstaat gab, der ein solches Projekt hätte tragen können. Im Gegenteil: In Politik und Weltanschauung drifteten die beiden eben erst gegründeten deutschen Staatsgebilde, die Bundesrepublik Deutschland und die Deutsche Demokratische Republik, doch gerade derart auseinander, dass eine zusammenführende künstlerische und ästhetische Inhaltlichkeit, gar als Utopie erscheinen musste. Die Diskussion um eine deutsche Nationaloper war eine Sackgasse; der Begriff fand in der ideologischen Einengung, wie sie von vornherein diktiert war, keinen Nährboden – auch in den Folgejahren. »Nationaloper« ließ sich nicht dekretieren und auch nicht in einem Ideologielabor züchten. So auch nicht in einer »Kommission Oper«, die 1953 innerhalb des »Verbandes deutscher Komponisten und Musikwissenschaftler« tagte, ebenso nicht in einem 1954 von ebendieser Kommission vorgeschlagenen »dramaturgischen Büro«[62] und gleichfalls nicht auf einer Fachtagung des Verbandes vom 11. bis 13. Januar 1957 zu Fragen des sozialistischen Opernschaffens. Horst Seeger, langjähriger Chefdramaturg der Komischen Oper Berlin und dann Generalintendant der Dresdner Staatstheater, bemerkte Jahre später recht ironisch zum von der »Kommission Oper« angemahnten Schreiben von Nationalopern-Libretti:

»Das ist abermals ein Gebiet, auf dem die Theorie gesündigt hat. An den Aufrufen zur Schaffung einer Nationaloper, die vor Jahren durch die Presse gingen, erstaunte neben ihrer Praxisfremdheit vor allem die irrige Ansicht, daß das in Bezug auf die Libretti eine Sache der Dichter und Schriftsteller sei.«[63]

Noch einmal, und wieder von oberster staatlicher Stelle, wurde der Gedanke einer Nationaloper beschworen, als Kulturminister Johannes R. Becher in seiner Festrede zur Wiedereröffnung der Deutschen Staatsoper in Berlin, wie oben bereits zitiert, geradezu beschwörend betonte: »Das Wiedererstehen der Deutschen Staatsoper verlangt das Wiedererstehen einer neuen deutschen Nationaloper.«[64]

62 Aus der Arbeit unserer Kommission. Erste Tagung der Kommission »Oper«, S. 149ff.; vgl. auch: Katrin Stöck. Die Nationaloperndebatte in der DDR der 1950er- und 1960er-Jahre als Instrument zur Ausbildung einer sozialistischen deutschen Nationalkultur, S. 528ff.

63 Horst Seeger. Provokationen zur Gegenwartsoper I und II, S. 27–31 bzw. S. 44–47; zit. nach: Katrin Stöck. Die Nationaloperndebatte in der DDR der 1950er- und 1960er-Jahre als Instrument zur Ausbildung einer sozialistischen deutschen Nationalkultur, S. 531f.

64 Johannes R. Becher. Festrede aus Anlaß der Wiedereröffnung der Deutschen Staatsoper, S. 3.

Doch der Begriff »Nationaloper« erwies sich zunehmend als leere Worthülse. Die politischen Realitäten wiesen auf ganz Anderes hin. Die DDR hatte 1953 mit dem Volksaufstand vom 17. Juni und seinen Folgen eine erste existenzielle Krise erfahren, die sich traumatisierend auch auf kulturellem Gebiet auswirkte, und 1956 folgte mit dem ungarischen Nationalaufstand ein zweites, das ganze sozialistische Staatensystem erschütterndes Ereignis. Einheitliche Nation und Nationaloper waren nicht mehr zeitgemäß; die Weltpolitik, der Kalte Krieg hatten längst andere Prämissen gesetzt.

Komponisten wie Jean Kurt Forest, Gerhard Wohlgemuth, Ottmar Gerster oder Paul Kurzbach, die sich in den 1950er Jahren mit theoretischen Erörterungen, praktischen Beispielen sowie mit neuen Opernpartituren dem Thema »Nationaloper« zu nähern versuchten, blieben ästhetisch und künstlerisch letztlich erfolglos. Gerster reflektierte über dieses Manko im Jahre 1956 am Beispiel des in Magdeburg erfolgreich uraufgeführten, aber sogleich nach der zweiten Vorstellung abgesetzten »Thomas Müntzer« von Kurzbach fast schon resigniert:

»*Es sind seit 1945 bedeutend mehr Opern komponiert worden [...]. Wenn man nur ein Drittel davon, und zwar die besten, aufführen und ins Anrecht bringen würde, wäre der Weg zu der neuen deutschen Nationaloper bedeutend kürzer!*«[65]

Forest vertrat noch 1961 eine verblüffend einfache Ästhetik für die neue Oper, verzichtete dabei aber auf den Begriff »Nationaloper«, als er schrieb:

»*Ich glaube an die Zukunft der Oper – gerade in unserer Zeit –, denn die Oper ist das große demokratische Volksschauspiel, der große Zusammenklang der Künste. Welche Zeit sollte besser geeignet sein als das sozialistische Jahrhundert, diese Kunstform zur vollen Entfaltung zu bringen?*«[66]

Und einen endgültigen politischen Schlussstrich unter diese Debatte setzte dann eben ein knallhartes politisches Ereignis: der Bau der Mauer am 13. August 1961. Der Begriff »Nationaloper« war angesichts der endgültig vollzogenen Teilung Deutschlands in zwei selbstständige Staaten – und dieses Faktum galt dann für fast drei Jahrzehnte als unumkehrbar – irrelevant geworden. Darauf ging auch Gerd Rienäcker ein, der 1975 in einer umfangreichen Studie zur »Entwicklung des Opernschaffens der Deutschen Demokratischen Republik« die Genese des Nationalopern-Begriffs in der frühen DDR beschrieb und diesen zugleich als historisch obsolet einschätzte.[67]

65 Ottmar Gerster. Um die deutsche Nationaloper, zit. nach: Komponisten der DDR über ihre Opern. Teil II, S. 26.

66 Jean Kurt Forest. Die Oper und unsere Zeit, zit. nach: Komponisten der DDR über ihre Opern. Teil I, S. 66.

67 Gerd Rienäcker. Zur Entwicklung des Opernschaffens der Deutschen Demokratischen Republik, S. 14ff.

Streit um Dessaus »Lukullus«. Der Staatspräsident greift ein

Am Beginn solcher Auseinandersetzungen stand die bereits erwähnte Uraufführung von Bertolt Brechts und Paul Dessaus Oper »Das Verhör des Lukullus«. Auf diese soll an dieser Stelle etwas ausführlicher eingegangen werden, kann man in ihr doch exemplarisch eine entscheidende Fehlentwicklung der DDR-Kulturpolitik, auch eine entscheidende Krise in einem zunächst noch möglichen produktiven Zugang zu einem neuen Opernverständnis sehen.

»Lukullus« basierte auf dem gleichnamigen Hörspiel Brechts aus dem Jahr 1939, das 1940 von dem Schweizer Sender Beromünster gesendet wurde. Die Uraufführung der Erstfassung der Oper fand am 17. März 1951 an der Berliner Staatsoper statt. Die Zweitfassung, nun unter dem Titel »Die Verurteilung des Lukullus«, erlebte ihre Premiere am 12. Oktober 1951. Dirigiert wurden beide Versionen von Hermann Scherchen. In der Titelpartie war beide Male Alfred Hülgert zu erleben. Die Bühnenbilder schuf der Brecht nahestehende Caspar Neher.

Die Entstehung dieser Oper und die Geschichte ihrer Erstaufführung hatte ein längeres und kompliziertes Vorspiel, das hier etwas detaillierter dargestellt werden soll. Dessau schrieb beispielsweise zu seiner Oper einige programmatische Erläuterungen und gab damit auch ein klares politisches Statement ab:

»Im Jahre 1949 in Berlin bat mich Brecht, sein Hörspiel ›Das Verhör des Lukullus‹ zu komponieren. Ich machte mich schnell an die Arbeit. Von den 14 Szenen, die das Hörspiel enthielt, komponierte ich 12 innerhalb von drei Wochen. Jedoch zögerte ich, die letzte Szene ›Das Gericht zieht sich zur Beratung zurück‹ so, wie sie vorlag, zu komponieren. Sie schien mir für unsere Bühnenfassung wenig befriedigend. Das Nürnberger Gericht über die Kriegsverbrecher des zweiten Weltkrieges tagte. Ein Vergleich mit ›Lukullus‹ und seinen Verbrechen war augenscheinlich. Ich schrieb Brecht sofort nach Zürich, wo er sich damals aufhielt, und teilte ihm meine Bedenken mit. Es dauerte nicht lange, und Brecht übergab mir die Neudichtung der groß angelegten, großartigen Schlußszene ›Ins Nichts mit ihm, mit allen wie er‹, die mir Gelegenheit gab, den ›großen Eroberer‹ mit meiner Musik zu verdammen, zu vernichten. Es ergaben sich im Verlaufe der weiteren Zusammenarbeit an der Oper, vor allem noch während der Probenarbeiten und anläßlich der ersten Aufführung, etliche wesentliche Veränderungen, die der Bühnenfassung, die nunmehr ›Die Verurteilung des Lukullus‹ heißt, sehr zugute kamen.

Keine gewöhnliche Oper konnte der ›Lukullus‹ werden. Kein schwelgerischer Klangrausch durfte eingesetzt werden, um den Zuhörer zu benebeln und zu betäuben. Die Deutlichkeit und Verständlichkeit des Textes war mir oberstes Gesetz [...]. Der Hörer soll eine distanzierte, kritische, ja politische Haltung zum Geschehen auf der Bühne einnehmen. Er nimmt das Geschehen nicht bloß hin, sondern überdenkt es selber, er wird nachdenklich, ja, er lernt und genießt somit intensiver [...]. Der Grundgestus meiner Musik ist ein politischer. Wenn meine Oper so verstanden wird, glaube ich, daß sie vielen Menschen Nutzen bringen wird.«[68]

Paul Dessau: »Lukullus«, Staatsoper Berlin, 1951

Brecht und Dessau waren seit der Zeit ihres Exils befreundet und gingen konform in ihren politischen und ästhetischen Ansichten. »Lukullus« war eine allegorisch gefasste Abrechnung mit dem Krieg und dem Nationalsozialismus. Es ging um den römischen Feldherrn Lukullus, der einen Eroberungskrieg gen Asien führt. In der Unterwelt wird dann Gericht über ihn gehalten und er als Kriegsverbrecher verurteilt. Brecht und Dessau nutzten dabei in vielfältiger Weise das ästhetische Mittel der Verfremdung bewusst als Kunstgriff zur Verdeutlichung ihres Anliegens. Und Brecht formulierte damals in seinen »Anmerkungen zur Oper ›Das Verhör des Lukullus‹« auch eine lapidare, bissige Aussage zu Dessaus Komposition – schon in Abwehrstellung gegen die aus der Sowjetunion importierte Formalismus-Diskussion und deren verstörende Wirkung auf die junge Kulturszene in der DDR:

68 Paul Dessau. Einiges über meine Zusammenarbeit mit Brecht, In: Komponisten der DDR über ihre Opern. Teil II, S. 7f.

»Die Musik hat überhaupt nichts mit Formalismus zu tun. Sie dient vorbildlich dem Inhalt, ist klar, melodienreich, frisch. Wir sehen Gespenster, wenn wir überall Formalismus sehen.«[69]

Mit dem »Lukullus« wurde erstmals für die DDR ein beispielhaftes Werk des epischen Musiktheaters auf die Bühne gebracht, das sehr wohl zum realistischen Musiktheater Felsensteins eine produktive Alternative darstellen konnte. Tatsächlich geriet die Oper aber gleich nach ihrer Uraufführung in das Kreuzfeuer der Kritik. Ihre Musiksprache wirkte zu provokant, tendierte angeblich zu einem zu verurteilenden Formalismus, ihr Inhalt schien gar zu wenig klassenbewusst und parteilich. Diese Vorwürfe, wie sie gleich nach der Aufführung der Erstfassung vorgetragen wurden, waren für beide Autoren zunächst Anlass, an Veränderungen zu arbeiten. Eine – vielleicht zu freundliche – Erinnerung Dessaus mag das in einem etwas ausführlicheren Zitat verdeutlichen:

Bertolt Brecht und Paul Dessau am Klavier

»Im Frühjahr 1951 hatte unser Staatspräsident, Genosse Wilhelm Pieck, Brecht und mich in seine Wohnung in Niederschönhausen eingeladen, um mit uns über unsere Oper ›Das Verhör des Lukullus‹ zu sprechen. Unsere sehr junge Republik hatte damals mit vielen großen und komplizierten Problemen zu ringen. Dazu gehörten auch, natürlicherweise, Probleme der Kunst [...]. Daß unser Staatspräsident und unser Ministerpräsident, der Genosse Grotewohl, und andere führende Genossen mit uns wie mit alten Freunden drei Stunden lang über die Ziele und Wege des Kunstschaffens sprachen, blieb für uns beide ein unvergeßliches Erlebnis [...]. In der Hauptsache ging es um musikalische Dinge, um einige Szenen, die ihrer Ungewohntheit und Schärfe wegen zur Diskussion Anlaß gaben. Brecht und ich, gewohnt, bei allen unseren Arbeiten viele Male Verbesserungen und Neufassungen zu machen, nahmen aus diesem Gespräch wertvolle Ratschläge mit nach Hause [...]. Die Umänderung des Titels unserer Oper in ›Die Verurteilung des Lukullus‹ war ebenfalls ein Ergebnis dieses Gesprächs [...]. Nicht nur, daß Genosse Pieck ein hervorragender, aufmerksamer und höflicher Zuhörer war, er sorgte auch dafür, daß das Gespräch so geführt wurde, daß konkrete Resultate für unsere Arbeit herauskamen. Wenn das Gespräch hin und wieder

69 Bertolt Brecht. Schriften. Über Theater, S. 394.

scharf wurde, verstand er es, mit einer freundlichen Geste die Wogen wieder zu glätten. Seine eigenen nützlichen Gedanken brachte er mit äußerster Bescheidenheit vor. Das Unerhörteste aber ereignete sich für mich einige Wochen später, als auf einem großen Empfang, auf dem ein paar hundert Menschen waren, Wilhelm Pieck plötzlich auf mich zukam und fragte: ›Sag mal, hast du ändern können?‹ Diese Frage aus dem Munde eines Staatspräsidenten, des Genossen Pieck, des Freundes der schönen Künste, ergriff mich tief und wird mir, solange ich lebe, nicht aus dem Kopf gehen.«[70]

Wilhelm Pieck hatte, nach bereits länger währenden Auseinandersetzungen um den »Lukullus« und nach der verunglückten Uraufführung (als nichtöffentliche Vorstellung) am 17. März, mit einem persönlichen Schreiben vom 20. März Dessau und Brecht in seine Wohnung zu einem ausführlichen Gespräch eingeladen. Dessaus anrührende Beschreibung dieser dann am 24. März 1951 stattgefundenen Begegnung, die aber in einigen Formulierungen auch ahnen lässt, wie heftig die Auseinandersetzung war, notierte der Komponist erst im September 1960, wenige Tage nach dem Tod von Wilhelm Pieck. Unter dem Titel »Ein Besuch bei Wilhelm Pieck« erschien sie am 19. September im »Neuen Deutschland«. Es mag sein, dass sie ein wenig verklärend war, denn die Auseinandersetzungen zehn Jahre zuvor waren alles andere als gemütlich. Aber sie belegt doch einen wahren Kern, denn Dessau war bekannt für seinen unbeirrbaren, ja sturen Wahrheitssinn. Er verbog sich nicht aus ideologischen bzw. politischen Gründen. Seine Erinnerung macht deutlich, wie ernst es Staat und Partei von Beginn an mit Fragen der Kunst meinten – Anteil nehmend und fordernd. Die Politik suchte die Kunst an sich zu binden, auch indem sie zunächst bereit war, mit den Künstlern zu sprechen. Und Dessau erinnerte sich später daran, dass Pieck in dem Gespräch, an dem führende Politiker wie Otto Grotewohl, Paul Wandel, Hans Lauter und Anton Ackermann teilnahmen, sogar die fast ketzerische und selbstkritische Frage gestellt hätte: »Genossen, was ist, wenn wir uns hier irren?« Ausführlicher hieß es dazu auch noch Jahre später bei Dessau, ganz ähnlich wie in dem Artikel zum Tod von Wilhelm Pieck:

»Es war so: Brecht und ich waren bei Wilhelm Pieck, dem ersten Präsidenten unserer Republik. Es ging um das Problem, ist die Oper spielbar oder nicht. Vorher war ja noch ein größeres Gremium beisammen, um über Änderungsmöglichkeiten zu beraten. Das waren Streitgespräche, die sehr viel Nutzen gebracht haben. Zwei Sätze von Wilhelm Pieck werde ich nicht vergessen. Als einmal ganz intensiv auf Veränderungen am Werk gedrungen wurde, stand Wilhelm Pieck auf und sagte: ›Genossen, was ist, wenn wir uns hier irren?‹ Und als ich Wilhelm

70 Paul Dessau. Notizen zu Noten, S. 68f.; vgl. auch: Paul Dessau. Aus Gesprächen, S. 78ff.; vgl. weiter: Komponisten der DDR über ihre Opern. Teil I, S. 19ff.

Paul Dessau: »Lukullus«, Alfred Hülgert in der Titelrolle, Staatsoper Berlin, 1951

71 Paul Dessau. Aus Gesprächen, S. 81; vgl. auch: Komponisten der DDR über ihre Opern. Teil I, S. 23; Sigrid und Hermann Neef. Deutsche Oper im 20. Jahrhundert. DDR 1949–1989, S. 11, 69f.; vgl. weiterhin: Fritz Hennenberg. Dessau – Brecht. Musikalische Arbeiten; Gerd Rienäcker. Zu einigen Gestaltungsproblemen im Opernschaffen von Paul Dessau, S. 100–143; Gerd Rienäcker. Brechts Einfluß auf das Opernschaffen. Gestaltungsprobleme

Pieck vier Wochen später traf, fragte er mich: ›Wie ist es, konntet ihr ändern?‹ Wir hatten.«⁷¹

Eine zweite Begegnung bei Pieck fand am 5. Mai statt, und hier wurde die Annahme des Werkes für den Spielplan der Staatsoper festgelegt. Auch Bertolt Brecht notierte schon 1951 im Uraufführungsjahr seine Erinnerungen an den Streit um den »Lukullus«. Sie klingen um einiges bitterer als Dessaus oben zitierte Äußerungen von 1960 und 1974:

»Die Oper war bereits angenommen, als die Kampagne gegen den Formalismus eröffnet wurde. Im Ministerium für Volksbildung wurden Bedenken laut. Es wurde den Autoren nahegelegt, die Oper zurückzuziehen. Diese waren jedoch nur bereit, auf den Vertrag zu verzichten, und nicht, die Oper zurückzuziehen, da sie die Oper nicht für formalistisch hielten. Die vorgebrachten Argumente überzeugten sie nicht, die von Musikern vorgebrachten schienen ihnen sogar selbst formalistisch. Sie betonten die Wichtigkeit des Inhalts, nämlich der Verdammung des Raubkriegs. Und sie schlugen vor, die Einstudierung der Oper, die schon begonnen hatte, so weit fortzusetzen, daß eine mehr oder weniger geschlossene Aufführung, man sprach auch von einer ›Probeaufführung‹, zur Selbstverständigung eines verantwortlichen Publikums und der Künstler veranstaltet werden könnte. Der Vorschlag wurde akzeptiert, und es wurden sehr große Mittel eingesetzt, diese Selbstverständigung zu ermöglichen. Bei der Aufführung wirkte der Inhalt sehr stark auf das Publikum ein, schon weil er der friedlichen, den Raubkrieg verdammenden Politik der DDR entsprach. Jedoch gab es auch starke Bedenken, und in einer dreistündigen Diskussion zwischen führenden Mitgliedern der Regierung unter dem Vorsitz des Staatspräsidenten und den Autoren ergab sich, daß das Werk in der vorliegenden Gestalt eine gewisse Verwirrung in die eben begonnene Kampagne tragen konnte, die von größter Wichtigkeit ist, da sie die unbestreitbare Kluft zwischen den Künstlern und ihrem neuen Publikum schließen soll. Der Parabelcharakter des Textes erschwerte das Verständnis, und die Musik berücksichtigte nicht genug den augenblicklichen Stand der musikalischen Bildung des großen Publikums und entfernte sich von der klassischen Linie. Außerdem überwogen musikalisch die Teile, in denen die Beschreibung des Aggressors eine düstere und heftige

Musik ergab. Brecht und Dessau erklärten sich willig, Zusätze im Geist der Diskussion zu machen und das Werk wieder vorzulegen. Als in einer zweiten Diskussion im gleichen Rahmen die neuen Texte vorgelegt wurden und auch der Komponist gewisse Änderungen in Aussicht stellte, wurde beschlossen, das Werk zur Aufführung zu bringen und der öffentlichen Kritik zu unterbreiten.«[72]

»Das Verhör in der Oper«

Eine ausführliche und faktenreiche Darstellung zu den heftigen Auseinandersetzungen um den »Lukullus« lieferte Joachim Lucchesi in seiner Publikation »Das Verhör in der Oper«[73]. Darin sind detailliert Dokumente, d. h. Briefe, Stellungnahmen und Protokolle ab 1950 aufgelistet, die auf die geplante Uraufführung des »Lukullus« Bezug nehmen. Da resümierte z. B. der Komponist und Parteigenosse Ernst Hermann Meyer nach dem Besuch einer »Lukullus«-Probe mit den ersten zweieinhalb Bildern des Werkes am 12. März 1951, »daß die Musik zumindest der genannten Bilder abzulehnen ist«, denn sie enthalte »alle Elemente des Formalismus, zeichnet sich aus durch ein Vorherrschen destruktiver, ätzender Dissonanzen und mechanischer Schlagzeuggeräusche«. Und weiter: »Dem Volke verständliche, humane Melodik [...] fehlt fast ganz [...].« Dessau habe »Ausdrucksmittel verwandt, die eine Negation des klassischen Erbes und der Volkskunst darstellen: er bleibt stehen beim Epigonentum eines überlebten bürgerlichen Avantgardismus, wie er vor 25 Jahren üblich war«. Und dann holte Meyer zum großen Schlag aus. Er verwies auf die Formalismus-Kritik, wie sie vom »großen Bruder« aus Moskau herübergeschallt war: »Diese Musik scheint uns genau von der Art zu sein wie die, gegen die sich das ZK der KPdSU(B) und Genosse Schdanow [...] vor drei Jahren so scharf wandten.«[74] Das Argument aus Moskau war politästhetisch richtungsweisend. Noch am selben Tag wurde auf der Sekretariatssitzung des ZK der SED folgende Festlegung protokolliert: »Die Oper ›Das Verhör des Lukullus‹ von Brecht/Dessau ist nicht öffentlich uraufzuführen und vom Spielplan abzusetzen.« Auch anschließende Diskussionen in der Staatsoper oder in der Akademie der Künste (dabei immer wieder mit mahnendem Verweis auf Orffs »Antigonae«) verhärteten die Fronten nur noch. Neben Staatsopernintendant Ernst Legal war der Schriftsteller Arnold Zweig einer der ganz wenigen, die sich für das Werk aussprachen. Der Musikwissenschaftler Georg Knepler hingegen betonte ganz rigoros, dass »man dieses Werk leider völlig ablehnen muß«.[75]

in Bühnenwerken Paul Dessaus; Käthe Rülicke-Weiler. Die »Lukullus«-Diskussion 1951; Fabian Bien. Oper im Schaufenster. Die Berliner Opernbühnen in den 1950-er Jahren als Orte nationaler kultureller Repräsentation, S. 223–231.

72 Bertolt Brecht. Schriften. Über Theater, S. 578.

73 Joachim Lucchesi (Hrsg.). Das Verhör in der Oper. Die Debatte um Brecht/Dessaus »Lukullus« 1951; vgl. auch: Daniel Zur Weihen. Komponieren in der DDR, Institutionen, Organisationen und die erste Komponistengeneration bis 1961. Analysen, S. 62, 121ff.

74 Joachim Lucchesi (Hrsg.). Das Verhör in der Oper. Die Debatte um Brecht/Dessaus »Lukullus«, S. 80.

75 Ebd., S. 87f., 115.

Auf der 5. Tagung des ZK der SED (15. bis 17. März 1951), also zeitgleich zu den Diskussionen um den »Lukullus« und dessen erste (nichtöffentliche) Premiere, ging es konkret um den »Kampf gegen den Formalismus in der Kunst«, der von Hans Lauter konkret wie folgt definiert wird:

»Formalismus bedeutet nicht nur Leugnung des Inhalts in der Kunst, Leugnung der grundlegenden Idee, des grundlegenden Gedankens, Formalismus bedeutet Zerstörung der gesamten Kunst«.

Wieder wurde Orffs »Antigonae« als »ein sehr formalistisches Beispiel auf dem Gebiet der Musik« zitiert, und fast im gleichen Atemzug erhielt der »Lukullus« sein parteiliches Verdikt:

»Ich muß schon sagen, [...] daß diese Musik nicht nur moralisch, sondern man hat den Eindruck, daß diese Musik direkt Ohrenschmerzen bereitet: viel Schlagzeuge, disharmonische Töne, man weiß nicht, wo man eine Melodie suchen soll [...]. Kann eine solche disharmonische Musik unsere Menschen mit dem fortschrittlichen Geist erfüllen, mit dem Willen, sich für den Aufbau, für den Kampf um den Frieden und die Einheit Deutschlands einzusetzen? [...] Die Musik der Oper ›Das Verhör des Lukullus‹ ist [...] ein Beispiel des Formalismus«.

Vergeblich erhob wieder Arnold Zweig (Präsident der Akademie der Künste und als Nichtparteimitglied Gast auf der ZK-Tagung) seine Stimme für den »Lukullus« und forderte mehrere öffentliche Aufführungen des Werkes. Doch dazu kam es nicht. Eine für den 20. März 1951 angekündigte zweite Aufführung wurde durch ein anderes Repertoirestück ersetzt.[76] Doch die Presse hatte durchaus, und zwar teilweise recht positiv, von der nichtöffentlichen Uraufführung am 17. März berichtet, zunächst in Westberlin (und hier wusste man sehr wohl um die politischen Querelen, denen das Werk ausgesetzt war). Als erste Zeitung konstatierte »Der Kurier« am 19. März »den sensationellsten Erfolg, der je einem modernen Werk auf dieser Bühne beschieden war«. Weitere Westberliner Blätter berichteten ganz ähnlich. Erst Tage später, am 22. März, brachte auch das SED-Organ »Neues Deutschland« eine Rezension, die allerdings grundsätzlich kritisch ausfiel. Es hieß da gleich eingangs:

»Ein hochbegabter Dramatiker und ein talentierter Komponist, deren fortschrittliche Absicht außer Zweifel steht, haben sich in ein Experiment verirrt, das aus ideologischen und künstlerischen Gründen mißlingen mußte und mißlungen ist. [...] Die Musik ist dünn und bruchstückhaft [...]. Eine Musik, die ihre Hörer mit Mißtönen und intellektualistischen Klügeleien überschüttet, bestärkt den rückständigen Teil des Publikums in seinen Auffassungen und stößt den fortschrittlichen Teil vor den Kopf.«[77]

76 Vgl. ebd., S. 128, 135, 157f., 171, 193.

77 Vgl. ebd., S. 321ff., 329ff.

Auf jeden Fall aber erarbeiteten Brecht und Dessau, auch als Folge der Besuche bei Wilhelm Pieck, eine zweite Fassung ihrer Oper, nunmehr unter dem schärferen Titel »Die Verurteilung des Lukullus«.[78] Und diese kam am 12. Oktober 1951 an der Berliner Staatsoper zur Premiere, aber letztlich wohl immer noch nicht zur Zufriedenheit der Partei- und Staatsführung. Nach wenigen weiteren Aufführungen verschwand das Werk vom Spielplan. Es galt als nicht mehr aufführungs- und diskussionswürdig, es galt nach wie vor als »formalistisch«. Dementsprechend zwiespältig war auch das Ostberliner Presseecho. Wieder wurde Dessaus Musik weitgehend kritisch eingeschätzt. So war im »Nacht-Express« vom 13. Oktober zu lesen, dass Dessau »sich weit von unserer Vorstellung einer neuen, volksverbundenen, auf klassisches Erbe aufbauenden Musik« entfernt habe. Und ähnlich äußerte sich auch am 19. Oktober der SED-Kulturideologe Wilhelm Girnus im »Neuen Deutschland«. Dagegen hieß es in der »Neuen Zeit« am 14. Oktober ganz zustimmend:

»Könnte Brechts Dichtung schon als reines Sprechdrama bestehen, so erhält sie ihre steigernde Ergänzung erst durch die kongeniale Vertonung Paul Dessaus. Seine Musik ist nicht bequem, scheint uns aber in ihrer künstlerischen Aussage dem ethischen und anklägerischen Wert des Librettos aufs Trefflichste angepaßt. Mag sie auch streckenweise mit unbarmherzig hämmerndem Rhythmus und schneidenden Dissonanzen auf viele zunächst eine Schockwirkung ausüben, so ist sie insgesamt doch – was erst nach mehrmaligem Hören hervortritt – von magnetischer Eindringlichkeit und in der Ökonomie der Mittel von meisterhaftem Zuschnitt. Nichts wäre verkehrter, als sie nur für eine exzentrische Klang- und Geräuschkulisse zu halten.«[79]

Eine große Chance war vertan, nämlich ein erstes Beispiel für politisch motiviertes Musiktheater, für ein episches Musiktheater, entsprechend zu würdigen und damit vielleicht auch der Diskussion um eine »Nationaloper« eine produktive Richtung zu geben. Die große Aufmerksamkeit, die die Debatten um den »Lukullus« auch im Westen gefunden hatten, führten dann erstaunlicherweise zu einer alsbaldigen westdeutschen Erstaufführung der Oper (in der Erstfassung). Sie fand am 30. Januar 1952 statt, dirigiert wie in Berlin von Hermann Scherchen. Die Titelpartie sang Helmut Melchert. Es dauerte dann jedoch Jahre, bis der »Lukullus« in der DDR wiederaufgeführt wurde. Und zwar nicht in Berlin, sondern in Leipzig – am 10. März 1957. Diese Einstudierung wurde als großer Erfolg gewertet, ja, sie bedeutete gewissermaßen die kulturpolitische Rehabilitierung des Werkes. Ihr wurde gar die Ehre zuteil, 1958 mit auf ein Gastspiel der Leipziger Oper nach Paris zum Festival »Théâtre des Nations« genommen zu werden. Auch dort hatte die Oper eine

78 Vgl. ebd., S. 192, 194f., 206, 221, 227f., 303ff.

79 Vgl. ebd., S. 340ff.

ungemein positive Resonanz, so dass der »Lukullus« in der Folge auf vielen Bühnen der DDR (Landesbühnen Sachsen in Dresden-Radebeul, Meiningen, Weimar, Halle, Karl-Marx-Stadt, Schwerin, Erfurt, Dresden, Dessau, Bautzen, und wiederum Leipzig) und auch der Bundesrepublik (zwischen 1968 und 1982 in Nürnberg, Oldenburg, Darmstadt, Heidelberg und Gelsenkirchen) aufgeführt wurde.

1960 nahm auch die Berliner Staatsoper den »Lukullus« wieder ins Repertoire, inszeniert nunmehr erstmals von Dessaus Ehefrau Ruth Berghaus, die die Oper ihres Mannes auch in Mainz (1960) und Rostock (1961) sowie erneut 1965 und 1983 an der Berliner Staatsoper auf die Bühne brachte. Der »Lukullus« wurde seit der Leipziger Inszenierung zu einem »Renner«, sechs Jahre nach der Absetzung in Berlin.

Der Begriff »episches Musiktheater«, wie er oben verwendet wurde* und wie er sehr wohl auch auf »Die Verurteilung des Lukullus« zutrifft, bedarf an dieser Stelle – als kleiner Einschub und Vorausnahme einer im folgenden Kapitel über die 1960er Jahre ausführlicheren Darstellung – einiger knapper Erläuterungen, kann er doch auch als Kontrapunkt zum Phänomen des realistischen Musiktheaters verstanden werden. Von Brecht bereits seit Ende der 1920er Jahre gebraucht und beschrieben, ist dieser Begriff durchaus das ästhetische Gegenstück zu den von Felsenstein formulierten Überlegungen zu einem realistischen Musiktheater. Was sich im realistischen Musiktheater fiktiv in der alles zusammenführenden darstellerischen Wahrheit mittels einer überwältigenden Emotionalität mitteilen wollte, basierte ganz entgegengesetzt bei Brecht auf der »Trennung der Elemente«. Dadurch sollte eine Politisierung des Genres erreicht werden, denn die Episierung der Oper wollte soziale und gesellschaftliche Verhältnisse bzw. Missverhältnisse aufdecken und begreifbar machen. In seinen »Anmerkungen zur Oper ›Aufstieg und Fall der Stadt Mahagonny‹« hat Brecht seine Argumentationen exemplarisch zusammengefasst, indem er die »dramatische Form des Theaters« der »epischen Form des Theaters« in einigen wichtigen Parametern gegenüberstellte: »Die Bühne ›verkörpert‹ einen Vorgang«, heißt es darin, »sie erzählt ihn«. Und weiter schreibt Brecht, die Bühne »vermittelt ihm [dem Zuschauer] Erlebnisse« bzw. »vermittelt ihm Kenntnisse«, »es wird mit Suggestion gearbeitet« bzw. »es wird mit Argumenten gearbeitet«, gezeigt werde »die Welt, wie sie ist« bzw. »die Welt wie sie wird« – bis hin zu dem marxistischen Grundgedanken: »das Denken bestimmt das Sein« bzw. »das gesellschaftliche Sein bestimmt das Denken«. Und es folgt der Satz: »Der Einbruch der Methoden des epischen Theaters in die Oper führt hauptsächlich zu einer radikalen ›Trennung der Elemente‹«. Diese

*Vgl. ausführlicher S. 156ff.

Paul Dessaus »Lukullus« an der Leipziger Oper 1957 mit Ferdinand Bürgmann in der Titelrolle

bedeute auch eine Kampfansage an die Wagner'sche Maxime von einem »Gesamtkunstwerk«:

»Solange ›Gesamtkunstwerk‹ bedeutet, daß das Gesamte ein Aufwaschen ist, solange also Künste ›verschmelzt‹ werden sollen, müssen die einzelnen Elemente alle gleichermaßen degradiert werden, indem jedes nur Stichwortbringer für das andere sein kann. Der Schmelzprozeß erfaßt den Zuschauer, der ebenfalls eingeschmolzen wird und einen passiven (leidenden) Teil des Gesamtkunstwerks darstellt. Solche Magie ist natürlich zu bekämpfen.«

Die »psychische Situation malend« bzw. »das Verhalten gebend« sei die Rolle der Musik.[80]

Solche, das Theater und die Oper wahrhaft revolutionierende Gedanken waren also bereits Jahrzehnte vor der Gründung der

[80] Bertolt Brecht. Schriften. Über Theater, S. 112ff.

DDR ausgesprochen und in den 1920er Jahren etwa durch Ferruccio Busoni (»Arlecchino«) oder Igor Strawinsky (»Geschichte vom Soldaten« und »Oedipus Rex«) auch schon beispielhaft auf der Bühne umgesetzt worden. Und ihre Realisierung war nun mit dem »Lukullus« von Brecht/Dessau erneut exemplarisch gelungen. Aber die Kulturästhetik des jungen Staates war noch nicht in der Lage, solch avanciertes Theater zu akzeptieren, zumindest nicht für die Oper.[81]

Auf der Schauspielbühne gab man jedoch Brecht – mit dem Theater am Schiffbauerdamm, dem »Berliner Ensemble« – durchaus die Möglichkeit, seine Vorstellungen eines epischen Theaters zu realisieren. Und das gelang mit atemberaubender Vehemenz! Das »Berliner Ensemble« wurde in den 1950er Jahren zu einem Wallfahrtsort. Besucher aus Ost und West waren begeistert von dieser aufregenden und bewegenden Form modernen Theaters.

Noch ein Opernstreit. Eislers »Johann Faustus«

Auf ein weiteres, gleichfalls unglücklich verlaufendes Beispiel ist im Anschluss an »Lukullus« nun einzugehen, nämlich auf Hanns Eisler, den aus amerikanischer Emigration heimgekehrten Komponisten, und sein groß dimensioniertes, aber gescheitertes Opernprojekt »Johann Faustus«. Sein Versuch, darin Deutschland aus seinem vielfach gebrochenen geschichtlichen Gewordensein gegenwärtigen Sinn zu geben, war nicht gefragt. Zweifellos war das Projekt angeregt von Thomas Manns 1947 erschienenem Roman »Doktor Faustus«[82], von dessen Entstehung Eisler bereits 1943 in Manns Haus Kenntnis nehmen konnte. Es war ein grandioses Zeugnis der geistigen Auseinandersetzung mit der Zeit sowie der Kunst der Zeit. Es war und ist ein Gipfelpunkt bürgerlich humanistischer Weltsicht. Der Held des Romans, der Komponist Adrian Leverkühn, weist Ähnlichkeiten mit Eislers Lehrer Arnold Schönberg auf, und darüber – Mann hatte in seinem Werk eine detaillierte Beschreibung der Zwölfton-Technik Leverkühns/Schönbergs gegeben – entspann sich dann übrigens ein später nur mühsam geschlichteter Streit zwischen Schönberg und Mann. Im Grunde beschrieb Mann in seinem Roman auch die Verstrickung deutscher Intellektueller und Künstler in den Ungeist des Nationalsozialismus. Manns Faustus/Leverkühn ist kein »Held«, sondern ein Verzweifelter, der letztlich an den Widersprüchen sowohl seiner Zeit als auch in sich selbst zugrunde geht.

Eisler hatte, damit weit über Thomas Mann hinausgehend, in seinem ambitionierten »Faustus«-Projekt, einer epischen Oper, den

81 Weitere Literatur zu Brecht/Dessaus »Lukullus«: Paul Dessau. Von Geschichte gezeichnet. Beiträge zum Symposium Paul Dessau. Hamburg 1994; Paul Dessau. Dokumente zu Leben und Werk; Thorsten Preuß. Brechts »Lukullus« und seine Vertonungen durch Paul Dessau und Roger Sessions. Werk und Ideologie.

82 Vgl.: Brief von Eisler an Thomas Mann vom 18.1.1948, In: Zs. »Sinn und Form«. Beiträge zur Literatur. Sonderheft Hanns Eisler, Berlin: Rütten & Loening, 1964, S. 246f.

deutschen Bauernkrieg als progressive Volksbewegung und entscheidendes Movens in die Dramaturgie einbezogen. In diesem Zusammenhang sei – als kurzer Seitenblick – auf Äußerungen des Komponisten aus dem Jahre 1952 über die vieldiskutierte Forderung nach einem sozialistischen Realismus eingegangen. Es war eine listige, fast ironisch anmutende Polemik Eislers als Reaktion auf einen geradezu doktrinären Verweis des ZK-Mitglied Hermann Axen. Dieser hatte – im Zuge der gerade hochwallenden Formalismus-Diskussion – auf einer Tagung des ZK der SED am 17. und 18. September gegenüber den Filmkünstlern des Landes gesagt, sie müssten überhaupt erst einmal ein »Studium des sozialistischen Realismus« absolvieren, ehe sie weiter künstlerisch produzieren können. Eisler reagierte darauf ironisch verklausuliert:

»Man kann die Komparserieangelegenheiten nicht wichtig genug nehmen. Die Frage der Komparserie ist deshalb so wichtig, weil sie es ist, die das Volk darstellt, und was gäbe es für uns Wichtigeres, als die Darstellung des Volkes. Was sich aber im Gesicht, der Haltung, dem Benehmen eines Komparsen als Volk oder volkstümlich niedergeschlagen hat, ist der trübste Abklatsch des Kitsch der bürgerlichen Korruption. Ein Regisseur muß zuerst mit diesen Konventionen brechen, um zu einer sozialistisch-realistischen Methode durchzustoßen. Mit der Vorstellung vom Volk des bürgerlichen Schund, mit dem treu, brav, bieder, innig, frei und offen etc. verbindet sich die ganze Verlogenheit und Roheit, mit der die bürgerliche Kunst das Volk und Volkstümlichkeit behandelt hat.«[83]

Daran kann man auch ablesen, wie Eisler in seinem »Johann Faustus« eine differenzierte und nicht unkritische Darstellung von Volk und Volksbewegungen einbringen wollte, nämlich nicht eine vernebelnde und schlicht heroisierende, nicht eine unecht idealisierende, sondern eine dialektische, wahre Widersprüche nicht vertuschende Sicht. Indem Eisler scheinbar ernsthaft auf eine ideologische Maßgabe von »oben« einging, also in einen Dialog mit der Partei trat, trug er Ansichten vor, die so sicher nicht gewünscht waren und in den Folgejahren in großen DEFA-Filmen – man denke an die beiden »Thälmann«-Filme von 1954 und 1955 – auch beileibe nicht realisiert wurden. Dort war »das Volk« ungetrübt ganzheitlich und heroisch inmitten der kommunistischen Revolutionsbewegung zu besichtigen.

[83] Hanns Eisler. Musik und Politik. Schriften 1948–1962, S. 254f.

Dialektik der Widersprüche

Mit seinem »Faustus«-Projekt hatte Eisler Anderes vor. Er arbeitete an dem Stoff, d.h. zunächst am Text, der ihn offensichtlich bereits seit den 1940er Jahren beschäftigte, intensiv in den Jahren 1951 und 1952. Anregung war ihm übrigens auch eine Vorführung erzgebirgischer Puppenspieler nach dem alten »Faust«-Volksbuch, die er 1951 in der Akademie der Künste erlebt hatte. Neben dem Einfluss, den Thomas Manns großer »Faustus«-Roman auf Eisler ausübte, muss auch in Betracht gezogen werden, dass das gerade in der DDR mit einem Staatsakt in Weimar groß inszenierte Goethe-Jahr 1949 (mit einer Festrede von Thomas Mann) und die damit verbundene Fokussierung auf Goethes »Faust«-Adaption eine wesentliche Rolle spielte. »Faust« galt als wichtiges literarisches und geistiges Erbe, dessen intensive Pflege sich die junge Republik zu einer vornehmsten Aufgabe machte. Dass der Dialektiker Eisler keine so ungebrochene Haltung zum Faust-Stoff finden konnte und wollte, dass er historisch differenzieren und immanente Widersprüche aufzuzeigen bemüht war, dass er die Handlung bewusst auch als Spiegel von eben erst Vergangenem (die Haltung der Deutschen in der Zeit des Nationalsozialismus) und Gegenwärtigem, also Zeitgenössischem, charakterisierte, geriet ihm zum Schaden und war letztlich ein wesentlicher Grund für die vernichtende Kritik an seinem Operntext. Schon in der Phase, in der er den Text gerade erst angefangen hatte zu schreiben, meinte er hellsichtig:

»Wie lange ich an dieser Arbeit arbeiten werde, weiß ich nicht. Man hat Empfindungen, in denen sich Neugierde und Zaghaftigkeit mischen; so ungefähr wie man es beim Besteigen hoher Berge hat.«[84]

Und an Freund Brecht schrieb er am 27. August 1951:

»In der Oper wird es von Volksliedern, Versen von Hans Sachs und ähnlichem Volksgut nur so wimmeln. Das ist, wie Du sehr richtig bemerkst, unbedingt notwendig. Ich bin [...] ein Komponist, der sich einen Text baut und dazu Vorlagen nimmt. Mit den Fortschritten bin ich übrigens recht zufrieden. Sowohl was Text als auch Musik anbelangt, hoffe ich, die schwierige Arbeit in doch nicht allzu langer Zeit bewältigen zu können. Es macht mir großen Spaß, und ich unterhalte mich dabei sehr gut. Ich habe es mir aber fest vorgenommen, Späße nicht zu übertreiben und mich vor Zynismus zu hüten. Hoffentlich bleiben all die guten Vorsätze nicht nur Vorsätze, Du weißt, wie es mich manchmal reißt.«[85]

Wie sehr Eisler in dieser Zeit über ein neues Musiktheater nachdachte, wird auch in einem Brief an Brecht vom 13. August 1952 deutlich, in dem er beglückt von der Fertigstellung des »Faustus«-Textes

---

84 Ebd., S. 133.

85 Vgl.: Zs. »Sinn und Form«. Beiträge zur Literatur. Sonderheft Hanns Eisler, S. 14.

berichtete und gleich noch ausführlichere Überlegungen zu einem weiteren, nun gemeinsamen Projekt anstellte. Dabei ist zu erinnern an den Umstand, dass Eisler bislang und auch später viele Bühnenmusiken zu Brecht-Stücken und -Inszenierungen komponiert hatte, u. a. schon 1930 zu dem politischen Lehrstück »Die Maßnahme« und 1947 zum »Galilei«, also mit der Brecht'schen Theaterästhetik vertraut war. Auch jetzt sollte eine kritische Phase deutscher Geschichte (und ihrer Spiegelung in der jüngsten Vergangenheit) in den Blick genommen werden, gewissermaßen wie auch im »Faustus« eine deutsche Misere-Parabel entstehen – diesmal an der Gestalt des Preußenkönigs Friedrich II. festgemacht. Eisler schrieb:

Nationaltheater Weimar

»*Ich habe wieder über den Fridericus nachgedacht. Es geht mir nicht aus dem Sinn: ›Bert Brecht: Fridericus Rex, das Mirakel des Hauses Brandenburg.‹ Da ist etwas dahinter, das man ernst zu nehmen hat, nämlich eine geschichtliche Leistung unseres Brecht von einem Nutzen, wie er überhaupt nicht hoch [genug] gewertet werden kann, ein entscheidender Schritt in ungebahnte Wege des Theaters. (Und nicht nur des deutschen!) [...] Aber wie den Stoff zwingen! Ich dachte mir, man müßte den 7jährigen Krieg darstellen, und jeder, der die ›Courage‹ kennt, weiß, was Du für eine Meisterschaft dabei [entwickeln wirst]. Aber, zum Unterschied der Courage, wird diesmal nicht nur das Volk, sondern vor allem die Führung gezeigt und um was es geht. Das Decouvrieren der herrschenden Klasse, am König gezeigt, wird die deutsche Misere nur noch plastischer heraustreten lassen [...]. Ich sehe eben, lieber Freund, zu meinem Erstaunen, daß ich den Anfang des Fridericus skizziert habe!! Wann fangen wir also an zu arbeiten?!*«[86]

Die DDR-Kulturpolitik hing jedoch in dieser Zeit einem Realismus-Verständnis nach, das sich – wie etwa in den Goethe-, Schiller-, Bach- oder Beethoven-Ehrungen jener Jahre erkennbar – an Idealitätsbeschreibungen eines bürgerlichen Klassikverständnisses festmachte, um darin über das Fehlen einer eigenen Kunstorientierung hinwegzutäuschen bzw. dieses Manko zu kompensieren. Und Kronzeuge war eben Thomas Mann mit seinen Weimarer Festreden (1949 zu Goethe, dann auch 1955 zu Schiller), die sehr wohl klassisches Erbe

86 Ebd., S. 15f.

in spätbürgerlichen Humanismus einzubetten wussten. Die Berufung auf ein großes humanistisches Erbe verbaute so den gesuchten Weg in ein produktiv nach neuen Ufern suchendes Kunstverständnis. Goethes »Faust« als Maß aller Dinge war eine großartige Retrospektive, aber in seiner Idealisierung und Alleinstellung zugleich ein fataler Irrtum im Hinblick auf eine aufzubauende sozialistische Kultur.

Da war Eislers »Faustus« (und gar auch ein »Fridericus«) fehl am Platz, stellte er sich doch als das ganze Gegenstück zum Goethe'schen »Faust« dar. Er spiegelte einen grundsätzlichen Aspekt deutscher Geschichte in kritischer materialistisch-dialektischer Sicht, konterkariert von Volkstheaterelementen und der Gestalt des alten Hanswurst. Eisler hatte sein Projekt konzipiert als »eine Oper mit Vorspiel und drei Akten«, strukturiert durch »21 geschlossene Nummern« und zentriert um »6 bis 7 Herzstücke [...], die mit äußerster Sorgfalt komponiert werden müssen, aber von unmittelbarer Wirkung zu sein haben«, und sagte am 16. Juli 1951, als er den Operntext gerade abgeschlossen hatte:

»Mein Dr. Faustus soll eine Oper werden, die mit dem Volk auf Du und Du steht, die die volkstümlichen Elemente des Volksschauspiels neu zu formen versucht, die Figur des Hanswurst, das Volk wieder einführt und aus der Dunkelheit der Vorlage die allgemeinen Verhältnisse des 16. Jahrhunderts in unserem Geiste gewissermaßen rektifiziert [...]. Mit meiner Oper hoffe ich einen neuen Weg gehen zu können [...]. Sie muß begriffen werden von den Unerfahrensten und den Gebildetsten. (Wenn mir das gelingt, hoffe ich, einen künstlerischen Beitrag zur Entwicklung der deutschen Musik geliefert zu haben.)« [87]

Ende 1952 erschien, noch ehe Eisler mit der Komposition begonnen hatte, das Textbuch der Oper als separater Druck.[88] Damit war ein großartiger Entwurf für eine deutsche »Nationaloper« vorgelegt worden, der beispielhaft hätte wirken können, auch und gerade in seiner erkennbaren Ausrichtung auf die Brecht'sche Ästhetik eines epischen Musiktheaters – wenn Eisler hätte komponieren können.

Eislers Faust ähnelt in einigen Aspekten dem »Faustus« von Mann. Letzterer ist ein Künstler, ein Musiker, der in den Widersprüchen seiner Zeit untergeht. Der Faust von Eisler ist ein Intellektueller, der ebenfalls von den Widersprüchen seiner Zeit (Bauernkrieg) zermahlen wird. Wie es bei Adrian Leverkühn spätbürgerliche Entfremdung und unheilbare Zerklüftetheit des Daseins sind, die ihn in den Wahnsinn treiben, so ist es bei Eisler der unverkennbare Schatten der jüngsten Vergangenheit, der Schatten faschistischer Machtausübung, allerdings in die verfremdende Folie des deutschen Bauernkriegs gehüllt, dem Faustus erliegt. In einer »Vorbemerkung« zum

87 Hanns Eisler. Musik und Politik. Schriften. 1948–1962, S. 132f., 136.

88 Hanns Eisler. Johann Faustus. Oper.

»Faustus« schrieb Eisler über die fatale Ausgangssituation seines Titelhelden:

»Der Dr. Faustus der Oper ist Bauernsohn und Schüler Martin Luthers. Er bewundert den großen Revolutionär Thomas Münzer [sic], hat sich aber schlau aus dem Bauernkriege herausgehalten. Darauf stirbt seine Schaffenskraft ab. Er schließt, um ein ›volles Leben‹ zu haben, seinen Pakt mit der Unterwelt.«[89]

Eislers Faust ist, wie Manns Adrian Leverkühn, kein Held, sondern ein Getriebener, innerlich Haltloser. Die große Alternative in Gestalt des Thomas Müntzer gilt ihm nichts, eher hält er es doch mit Martin Luther, dem Gegner des Bauernaufstands. Er geht, nachdem er mit Mephisto den berühmten Teufelspakt geschlossen hat, mit dessen Hilfe in die Emigration nach Atlanta (wohl eine Anspielung auf Eislers wie auch Manns Gang ins Exil nach Amerika), begleitet von Hanswurst, seinem Diener. Dieser Hanswurst ist sehr wohl eine Nachbildung der Figur aus dem alten deutschen Volkstheater, aber ohne jede Illusionierung und Komisierung, er bleibt die umgetriebene und mit allen Mitteln nur aufs Überleben bedachte Volksfigur. Elsa, die von Faust faszinierte Frau des Herrn von Atlanta, meint klarsichtig zu Faust: »Wie ist in Euch doch Kraft und Schwäche wunderlich geeint.« Faust treibt in Atlanta »Schwarzspiele«, während Hanswurst – es ist wie eine Aufspaltung der Faust-Persönlichkeit – mit einer Grete ein Liebesverhältnis eingeht. Auf die Frage des Herrn von Atlanta, was »Schwarzspiele« seien, antwortet Faust: »Eine neue Kunst [...]. Aller Künste Vereinigung – Höchstes des Hohen!« (Brechts »Kleines Organon« lässt grüßen.) Und auf Wunsch des Herrn von Atlanta führt Faust mehrere »Schwarzspiele« vor: u. a. den Kampf Davids gegen Goliath (ein Sujet, das für Eisler auch als eigener Opernstoff in Frage stand) und weitere Geschichten aus dem Alten Testament. Es sind unverkennbare Gleichnisse auf die Gegenwart. Wegen staatsgefährdender Künste müssen Faust und auch Hanswurst Atlanta verlassen (wie Eisler wegen »unamerikanischer Umtriebe« Amerika). Er kehrt zurück in seine Heimat, die gezeichnet ist von den Zerstörungen und Verwerfungen infolge des Bauernkriegs. (Es ist natürlich das Nachkriegs-Deutschland.) In der Öffentlichkeit wird ihm hier von den neuen Mächtigen große Ehre zuteil. Mephisto meint lakonisch dazu: »Die den Münzer [sic] niedergetreten haben, überbringen dir eine Ehrenkette.« Auch Martin Luther gehört zu den Gratulanten. In einem großen Monolog (von Eisler »Verzweiflungsarie« genannt) geht Faust schließlich mit sich selbst ins Gericht: »Der eignen Kraft mißtrauend, hab den Herren ich die Hand gegeben. Gesunken bin ich tiefer als tief, verspielt hab ich mein Leben [...]. Nun geh ich elend zu Grund, und so soll jeder

89 Hanns Eisler. Musik und Politik. Schriften 1948–1962, S. 136.

gehen, der nicht den Mut hat, zu seiner Sach zu stehn.« Faust wird Opfer seines Teufelspakts.

Eislers Faust zeichnet die Misere des deutschen Intellektuellen nach, der alles zu verstehen sucht und zu nichts eine klare Haltung findet. Er ist ein Anti-Held. Zu lernen ist nicht von ihm, sondern aus seinem unentrinnbaren Schicksal. Zu lernen ist, sich selbst in den geistigen und realen Wirren der Zeiten zu finden und zu behaupten, Stellung zu beziehen und nicht blindlings scheinbaren Heilslehren hinterherzulaufen und sich dabei korrumpieren zu lassen.

Dieser Faust war ein echter Zeitgenosse, aber für die DDR-Kulturpolitik doch ein unpassender. Die alsbald aufflammende ideologiedominierte Diskussion um ihn schickte ihn in den Orkus. Eine große Chance für eine »deutsche Nationaloper« war damit im Keim erstickt.

Die musikalische Disposition seiner Oper hatte Eisler bereits sehr konkret vorgedacht. In Notizen und Aufzeichnungen des Komponisten kann man dazu Genaueres erfahren. Er hatte auch schon eine detaillierte musikalische Disposition für die Partitur ausgearbeitet und für einzelne Nummern erste kompositorische Entwürfe und Skizzen niedergeschrieben. Darüber hinaus meinte er:

»Die Oper kann eingreifen, einen Beitrag bringen: In die Musikdiskussion [...]. In die Malerei [...]. In die Tanzkunst (zwei Ballette im 3. Akt) [...]. In die Spieloper (Singspielform: Hanswurst – Gretel) [...]. In die seriöse Oper (Faust – Mephisto) [...]. In die Komische Oper (Vorspiel in der Hölle und Hanswurstszenen) [...]. In die Arienform (Faust, Mephisto) [...]. In die Orchestermusik (Zwischenspiele).«[90]

Eisler hatte sich, wie bereits erwähnt, mit seinem »Faustus«-Text auch direkt an Thomas Mann gewandt. Und Mann schrieb am 5. November 1952 zurück:

»Ich habe das ›Libretto‹ gleich gelesen [...]. Was für eine wunderlich-merkwürdige Arbeit! Eine neue, sehr neue Version des Faust-Stoffes, der sich tatsächlich als unerschöpflich, immer wieder inspirierend, immer wieder wandelbar erweist. Ihre Formung ist sehr kühn, sehr eigentümlich und kommt der Musik, wie auch dem Theater, auf vielerlei Art entgegen – wenn auch mir altem Herrn manches darin unkomponierbar und unsingbar vorkommen muß. Aber das wissen Sie besser, und an mehr als einer Stelle spürte ich, daß Sie die Musik dazu schon im Kopfe hatten, als Sie sie schrieben.«[91]

Da kam also von unerwarteter Seite Anerkennung und freundliche Aufmunterung. Das nahm Eisler mit großer Freude entgegen. Auch ein zustimmender Artikel des österreichischen Kommunisten und Literaturästhetikers Ernst Fischer (später verheiratet mit Eislers erster Ehefrau Louise) in der Zeitschrift »Sinn und Form«

90 Ebd., S. 133, 136f.
91 »Sinn und Form«. Beiträge zur Literatur. Sonderheft Hanns Eisler, S. 247.

unter dem Titel »Doktor Faustus und der deutsche Bauernkrieg«, gab Eisler geistigen Auftrieb. Fischer schrieb:

»*Hanns Eisler [...] hat die große Sage der deutschen Renaissance mit dem größten nationalen Ereignis der deutschen Geschichte des sechzehnten Jahrhunderts vereinigt: mit dem deutschen Bauernkrieg. Seine Dichtung könnte den Namen tragen: ›Doktor Faustus und der deutsche Bauernkrieg‹.*«

Die Niederschlagung des deutschen Bauernkriegs charakterisierte Fischer als den Beginn der jahrhundertelangen »Nacht der deutschen Misere« und resümierte: »Seither ist viel in Deutschland geschehen, und nichts ist zu Ende, weder die deutsche Geschichte noch die deutsche Misere«. Ja, er sah die Eisler'sche Faustus-Figur in ihrer geistigen Zerrissenheit, in ihrem Zurückweichen vor der großen historischen Herausforderung des deutschen Bauernkriegs als »eine Zentralgestalt der deutschen Misere«. Eislers großes Verdienst sei es, dass er in der Lage gewesen sei, »im großen Klassenkampf des deutschen Mittelalters den großen Klassenkampf unseres Zeitalters widerzuspiegeln«. Und daraus folgerte er als pointiertem Schlusssatz seiner Ausführungen: »Der ›Doktor Faustus‹ Eislers kann werden, was seit einem Jahrhundert fehlt: die deutsche Nationaloper«.[92]

Von Fischer erschien 1959 in der DDR übrigens auch eine seinerzeit sehr beachtete, von marxistischer Ästhetik geprägte Schrift »Von der Notwendigkeit der Kunst«, ehe er auf Grund seiner Kritik am Einmarsch der Truppen des Warschauer Paktes zur Niederschlagung des Prager Frühlings 1968 als Konterrevolutionär geächtet wurde.

Die Verurteilung des »Johann Faustus«

Doch im eigenen Land, im eigenen Lager gab es heftigen Gegenwind. Die offizielle Kulturpolitik entfachte eine Diskussion über das Opernprojekt, die verletzender nicht sein konnte. In einem redaktionellen Artikel im »Neuen Deutschland« vom 14. und 16. Mai 1953 »Das Faust-Problem und die deutsche Geschichte. Bemerkungen aus Anlaß des Erscheinens des Operntextes ›Johann Faustus‹ von Hanns Eisler«, geschrieben wohl von dem damals einflussreichen SED-Ideologen Wilhelm Girnus[93], wurde in scharfer und bösartiger Weise Eislers Projekt einer vernichtenden Kritik unterzogen. Zunächst war da eine längere Verteidigung der vor allem auf Goethe basierenden Faust-Sicht zu lesen, in der eine große klassische Humanität doch unübersehbar sei: »In der Gestalt Fausts sind die besten und progressivsten Züge dreihundertjähriger deutscher Geschichte enthalten.« Und

92 »Sinn und Form« Heft 6/1952; zit. nach: Hans Bunge. Die Debatte um Hanns Eislers »Johann Faustus«. Eine Dokumentation, S. 23f., 26f., 35f.

93 Vgl.: Daniel Zur Weihen. Komponieren in der DDR. Institutionen, Organisationen und die erste Komponistengeneration bis 1961. Analysen, S. 165.

das war denn auch als scharfe Polemik gegen den Fischer-Aufsatz in »Sinn und Form« gemeint, indem diesem gar eine »reaktionäre Konzeption« unterstellt wurde. Im gleichen Atemzug wurde auch Eisler vorgeworfen, »gegen die Goethesche Auffassung eine Konzeption« zu vertreten, »die der klassischen völlig entgegengesetzt ist«. Es war ein im Grunde unversöhnlicher geistiger Widerspruch, der hier aufbrach. Die Kritik an Eislers »Faustus«-Text wurde abschließend in die höchste ideologische und politische Dimension überhoben:

»Hier erhebt sich die Frage, wie ist es möglich, daß eine solche, dem deutschen Nationalgefühl ins Gesicht schlagende Konzeption für eine ›Faust‹-Oper überhaupt entstehen konnte. Unzweifelhaft liegt die tiefste Ursache darin, daß dem Verfasser und seinen Ratgebern die Erkenntnis von der Bedeutung des Patriotismus – für die Nation und für die Entwicklung der Kunst – fehlt. Eine Konzeption, der die deutsche Geschichte nichts als Misere ist und in der das Volk als schöpferische Potenz fehlt, ist nicht wahr [...]. Es zeigt sich also, daß Hanns Eisler die Einflüsse des heimatlosen Kosmopolitismus noch nicht überwunden hat [...]. ›Johann Faustus‹ [...] ist pessimistisch, volksfremd, auswegslos, antinational. Daher halten wir diesen Text für ungeeignet als Grundlage für eine deutsche Nationaloper.«[94]

Das war ein Todesurteil. Und es war jene niederschlagende Argumentationsweise, mit der seit geraumer Zeit alles, was nach Formalismus aussah, an den Pranger gestellt wurde. Besonders schwer wog dabei, dass diese Kritik eben im Zentralorgan des ZK der SED abgedruckt war. Eisler stellte sich verzweifelt den Fragen und trug seine Gedanken – nun sich doch selbstbewusst behauptend – in öffentlichen bzw. halböffentlichen Diskussionen vor: den »Mittwochgesellschaften« am 13. und 27. Mai sowie am 10. Juni in der Akademie der Künste. In erregten Diskussionsrunden sprachen sich da unter anderem die Künstler Bertolt Brecht, Helene Weigel, Arnold Zweig und Walter Felsenstein für Eislers Projekt aus. Als Gegenredner traten – und das ist bezeichnend – vor allem Partei- und Kulturfunktionäre wie Alexander Abusch, Wilhelm Girnus, Johannes R. Becher, Ernst Hermann Meyer, Hans Rodenberg oder Heinz Kamnitzer mit zum Teil ausfälligen Argumentationen auf.

Gleich in der ersten Diskussionsrunde am 13. Mai hielt Abusch einen Vortrag: »Faust – Held oder Renegat in der deutschen Nationalliteratur. Bemerkungen zu einem Textbuch Hanns Eislers und zu einem Essay Ernst Fischers«.[95] Darin geißelte er Eislers (und Fischers) Grundkonzept:

»Es hieße eine wunderbare Gestalt des deutschen literarischen und geistigen Erbes, die dem Genius unseres Volkes Ruhm bei allen Völkern eingebracht hat, entseelen, verfälschen, vernichten, wollte man Faust

94 Vgl. ebd., S. 94, 96, 101; vgl. auch: Hanns Eisler. Musik und Politik. Schriften 1948–1962, S. 280, 293.

95 Publiziert dann in der Wochenzeitung »Sonntag«, Nr. 20, Berlin, 17.5.1953, S. 4 und in der Zs. »Sinn und Form«. Beiträge zur Literatur, Hefte 3 und 4/1953, S. 179–194; vgl. auch: Hanns Eisler. Musik und Politik. Schriften 1948–1962, S. 277.

›in eine Zentralgestalt der deutschen Misere‹ umwandeln [...]. Wir kommen zur Schlußfolgerung: Eine Faust-Oper kann zu einer deutschen Nationaloper nur werden, wenn sie, auch in einer Verbindung mit dem Zeitalter des Großen Deutschen Bauernkrieges, es versteht, Faust als die geistige Heldenfigur des leidenschaftlichen Kampfes gegen die deutsche Misere und zugleich für eine allseitige Erkenntnis der Welt darzustellen.«[96]

Wilhelm Girnus stellte im weiteren Verlauf der Diskussion – die eher einer Gerichtsverhandlung glich – dann apodiktisch fest: »Eisler verdammt in dieser Gestalt die ganze deutsche Geistesgeschichte, [...] nämlich als eine Geschichte der Misere [...]. Misere – heißt Reaktion. Also ist die Geschichte des deutschen Volkes die Geschichte der Reaktion.« Und gerade darin äußere sich eben eine »unpatriotische, antipatriotische Konzeption von der deutschen Geschichte«.[97]

Das waren für Eisler Tiefschläge, vorgetragen in scheinheilig freundschaftlicher Kameradschaftlichkeit. Die Härte der Vorwürfe hatten Eisler sicherlich an seine in den USA erlittenen politischen Verfolgungen in Folge der McCarthy-Kampagne gegen kommunistische Umtriebe, gegen »unamerikanisches Verhalten«, denken lassen. Und gleichermaßen erinnern die gegen Eisler erhobenen Vorwürfe – aus unserer heutigen Sicht – ganz fatal an die Vorwürfe gegen Schostakowitsch und seine Oper »Lady Macbeth von Mzensk«, die 1936 in dem Artikel »Chaos statt Musik« in der Parteizeitung »Prawda« erhoben worden waren und ihn in der Folge – das war schon lebensbedrohlich – als »Volksfeind« abstempelten.

Walter Felsenstein stellte auf der zweiten »Mittwochgesellschaft« sehr betroffen fest, dass die Kritiken an Eisler, namentlich von Ernst Hermann Meyer und Wilhelm Girnus, derartig »aggressiv und persönlich« formuliert waren, dass man damit Eisler »nahezu zum kulturpolitischen Verbrecher und Vaterlandsverräter« abgestempelt habe. Er mahnte einen verständigen Diskussionsverlauf an und betonte dabei, dass er sich die Uraufführung des fertig komponierten »Johann Faustus« sichern möchte. Das blieb zwar ein Wunschtraum, aber der »Faustus« an der Komischen Oper wäre vermutlich ein unikales Kunstereignis geworden.[98]

Von den Befürwortern des »Faustus«-Projekts sei an dieser Stelle ausführlicher noch Bertolt Brecht zitiert. Er hatte zur Beratung am 27. Mai Grundsätzliches vorzutragen, nämlich seine sorgfältig ausgearbeiteten und wohlabgewogen argumentierenden zwölf »Thesen zur Faustus-Diskussion«. In diesen hieß es:

»Obgleich das Werk zu seiner vollen Wirkung der Musik bedarf, ist es ein bedeutendes literarisches Werk durch sein großes nationales Thema, durch die Verknüpfung der Faust-Figur mit dem Bauernkrieg,

96 Zit. nach: Hans Bunge. Die Debatte um Hanns Eislers »Johann Faustus«. Eine Dokumentation, S. 60; vgl. auch: Hanns Eisler. Musik und Politik. Schriften 1948–1962, S. 281.

97 Zit. nach: Hans Bunge. Die Debatte um Hanns Eislers »Johann Faustus«. Eine Dokumentation, S. 67, 73; vgl. auch: Hanns Eisler. Musik und Politik. Schriften 1948–1962, S. 289, 294, 296.

98 Zit. nach: Hans Bunge. Die Debatte um Hanns Eislers »Johann Faustus«. Eine Dokumentation, S.156f.

durch seine großartige Konzeption, durch seine Sprache, durch seinen Ideenreichtum [...].

Es sollte nicht abgelehnt werden, daß eine große Figur der Literatur neu und in einem anderen Geist behandelt wird. Ein solches Unternehmen bedeutet keineswegs den Versuch, die Figur zu zerstören [...].

Die schöpferischen Kräfte des Volkes fehlen aber nicht in Eislers ›Faustus‹, es sind die Bauern des großen Bauernkrieges mit ihrem Münzer. Das Schöpfertum des Faustus wird zerbrochen, weil er von ihnen wegläuft. Wer, wie Eisler, von der deutschen Misere redet, um sie zu bekämpfen, der gehört selber zu den schöpferischen Kräften, zu denen, die es unerlaubt machen, von der deutschen Geschichte als von einer einzigen Misere zu sprechen [...].

Hat Eisler versucht, unser klassisches Faustbild zu zerstören? Entseelt, verfälscht, vernichtet er eine wunderbare Gestalt des deutschen Erbes? Nimmt er den ›Faust‹ zurück? Ich denke nicht. Eisler liest das alte Volksbuch wieder und findet in ihm eine andere Geschichte als Goethe und eine andere Gestalt, ihm bedeutsam erscheinend. Freilich bedeutsam in einer anderen Weise als die der Goetheschen Gestaltung. So entsteht für mein Empfinden ein dunkler Zwilling des Faust, eine finstere, große Figur, die den helleren Bruder nicht ersetzen noch überschatten kann oder soll. Von dem dunklen Bruder hebt sich der helle vielmehr ab und wird sogar heller. So etwas zu machen, ist nicht Vandalentum [...].

Mit den Kritikern Eislers stimme ich darin überein, daß die deutsche Geschichte nicht als Negativum dargestellt werden darf, sowie darin, daß die deutsche Dichtung, zu deren schönsten Werken Goethes ›Faust‹ gehört, nicht preisgegeben werden darf, sondern nunmehr ernstlich zum Eigentum des Volkes gemacht werden muß. Nicht überein stimme ich mit den Kritikern Eislers darin, daß Eisler mit seinen Kritikern nicht übereinstimmt. Er hat nach meiner Meinung für die hellen Kräfte, die in Deutschland mit den dunklen rangen und ringen, Partei ergriffen, und er hat einen positiven Beitrag zum großen Faust-Problem geliefert, dessen sich die deutsche Literatur nicht zu schämen braucht.«[99]

Diese fundamentalen Darlegungen hätten unter anderen, normaleren Umständen die Diskussion in produktiver Weise beschließen und Eisler somit zur Weiterarbeit an der Oper ermutigen können. Die überhitzte Formalismus-Debatte jedoch verhinderte das. Die Fronten waren unheilbar verhärtet. Aber genau diese Vorgänge belegen auch wieder den unübersehbaren Umstand, wie sehr in der jungen DDR Oper und Politik zusammenhingen und wie katastrophal sich diese Relation auswirken konnte. Staat und Partei wollten eine Opernästhetik diktieren, die erkennbar rückwärtsgewandt war, die eine wahrhaft sozialistische Avantgarde nicht zuließ.

99 Bertolt Brecht. Schriften zur Literatur und Kunst, Bd. II. 1934–1956, S. 342ff.; vgl. auch: Bertolt Brecht. Thesen zur Faustus-Diskussion, In: Zs. »Sinn und Form«. Beiträge zur Literatur, Hefte 3 und 4, Berlin, 1953, S. 194–197; Hans Bunge. Die Debatte um Hanns Eislers »Johann Faustus«. Eine Dokumentation, S. 159ff. bzw. 198ff.

Eisler versuchte nun in eigener Weise, Antworten auf die gravierenden Kritiken zu finden, obwohl er von der wochenlang sich quälend hinziehenden Diskussion zunehmend ermüdet und enttäuscht war. Er hatte zu diesen Diskussionsforen ausführliche Bemerkungen notiert, die er aber nur teilweise vortragen konnte.[100] Nach der ersten Diskussion am 13. Mai war er noch voller Hoffnung und Kampfesmut gewesen, wie er in diesen Tagen in mehreren Briefen, auch an seine damalige Frau Louise in Wien schrieb:

»Gestern war in der Akademie große Faustdiskussion. Es wurde (mit Ausnahme Brechts und Zweigs) sehr scharf und wuchtig gegen mich vor allem diskutiert. Es endete mit der Verlesung der ›Confessio‹ und einer Erklärung von mir, daß ich in vierzehn Tagen antworten werde. Enormer Artikel im N. D. [Neues Deutschland] gegen ›Faustus‹. Ich muß auf alles antworten. [...] Die Faustdiskussion enorm, wuchtig und unerbittlich. Noch bin ich guter Laune, was das betrifft. Denn wenn man so gegen das Stück tobt, wachsen einem Kräfte und man bekommt Appetit, sich zu halten. In 14 Tagen geht es weiter. [...] Mittwoch in einer Woche antworte ich in der Akademie meinen Kritikern. Ich bereite mich gründlich darauf vor. Es ist sehr schwer.«[101]

In Eislers Notizen zu den Akademie-Diskussionen war dann auch aufschlussreich zu lesen:

»Ist das antipatriotisch? Ferner: ist das eine Idee, die der zentralen Frage Deutschlands, nämlich der nationalen, hilft oder sie schädigt? [...] Ist dieser Faustus ein gewöhnlicher Renegat, wie meine Kritiker meinen? Er ist es nicht. Faustus – wie das deutsche Volk – ist Schüler Luthers und Müntzers und ist – wie das deutsche Volk – in diesen gewaltigen Konflikt hineingezogen worden [...]. Faustus geht doch an der Bauernrevolution des Thomas Müntzer zugrunde, und die Ideen und Gestalten dieser Revolution sind präsent und beherrschen das ganze Stück. Ich habe mich zumindest bemüht, von einer der großartigsten Epochen der deutschen Geschichte zu reden.«[102]

Und – fast schon verzweifelnd beschwörend – hieß es:

»Ist die Warnung des hoffnungslos Davonlaufens und des Paktierens mit dem Gegner nicht brauchbar – auch als nichttypisch? [...] Ist so eine Darstellung möglich? [...] Ich wollte mit der Oper ›Faust‹ nicht Goethes klassische Faust-Gestalt [...] zurücknehmen, revidieren, oder entlarven. Ich bewundere sie ebenso wie meine Kritiker [...]. Ist es möglich, auf der Opernbühne, dem gewaltigen lichten Faust Goethes einen kleinen finsteren Bruder, der voll Kummer auf sich weist, gegenüberzustellen? Ist das eine Zurücknahme, Verzerrung, Mißachtung der deutschen Klassik? [...]

Im ›Doktor Faustus‹ wollte ich die Bauern-Revolution rühmen. Dies ist nicht verstanden worden [...]. In den Schatten der riesigen

---

100 Hanns Eisler. Musik und Politik. Schriften 1948–1962, S. 273–302.

101 Ebd., S. 277.

102 Ebd., S. 289.

Bauernrevolution tritt ein Mensch. Er ist der Sohn eines Bauern – wie Thomas Müntzer, wie Luther. Er leidet unter den unerträglichen Zuständen; die Revolution zieht ihn an. Er schwankt, er läuft hin und zurück, und schließlich verkauft er sich an die Herren. Er schließt den Teufelspakt. Aber die einmal erkannte und erfahrene Wahrheit läßt sich nicht wegdrängen. Was immer er auch unternimmt, er geht zugrunde. Das ist der Inhalt des Faustus, und das ist seine Moral [...].

Um es meinen Kritikern ganz offen zu sagen: Ich halte [...] die Hauptidee des Faustus für eine höchst aktuelle, für eine höchst kämpferische, für eine höchst fortschrittliche Idee, die sich natürlich in der Musik noch viel wuchtiger offenbaren muß als im Textbuch.«[103]

Eisler wieder im Exil?

Aber zu dieser Musik kam Eisler, bis auf einige Skizzen und Entwürfe, nicht mehr. Ja, er verließ auf längere Zeit die DDR, ging zeitweise quasi ins Exil. Aus Wien schrieb er am 30. Oktober 1953 dann einen vorwurfsvollen Brief an das ZK der SED:

»*Wahrscheinlich gehört es zum Wesen des künstlerischen Menschen, mit großer Empfindlichkeit auf äußere Umstände zu reagieren: Ihr mögt es für Schwäche halten, aber ich brauche eine Atmosphäre des Wohlwollens, des Vertrauens und der freundlichen Kritik, um künstlerisch arbeitsfähig zu sein. Selbstverständlich ist Kritik notwendig, um die Kunst an den gesellschaftlichen Forderungen zu prüfen, aber nicht Kritik, die jeden Enthusiasmus bricht, das Ansehen des Künstlers herabsetzt und sein menschliches Selbstbewußtsein untergräbt.*

Nach der Faustus-Attacke merkte ich, daß mir jeder Impuls, noch Musik zu schreiben, abhanden gekommen war. So kam ich in einen Zustand tiefster Depression, wie ich sie kaum jemals erfahren habe.«

Dann aber beeilte sich Eisler wieder, den Adressaten seiner engsten Verbundenheit zur DDR und zur Arbeiterklasse zu versichern. Ganz wollte er die Brücke nicht abbrechen (und er kehrte ja 1954 auch wieder nach Berlin zurück):

»*Ich habe nun aber keine Hoffnung, den für mich lebenswichtigen Impuls, Musik zu schreiben, anderswo wiederzufinden als in der Deutschen Demokratischen Republik. Seit meiner Jugend bin ich mit der deutschen Arbeiterbewegung aufs engste verbunden. Aus ihr wurde seit je und wird auch heute meine Musik gespeist, und nicht nur jene, die unmittelbar von den Massen aufgenommen wird, sondern auch die schwer verständliche, die sich im Augenblick erst an eine kleinere, mit dem Erbe der deutschen Musik vertraute Hörerschaft wendet. Ich*

103 Ebd., S. 273, 275f., 282, 284f.; vgl. auch: Hans Bunge. Die Debatte um Hanns Eislers »Johann Faustus«. Eine Dokumentation, S. 139ff., weitere Literatur zum Eislerschen »Faustus«: Hanns Eisler. »Johann Faustus«. Fassung letzter Hand; Hanns Eisler. »'s müßt dem Himmel Höllenangst werden«; Irmgard Schartner. Hanns Eisler. »Johann Faustus«. Das Werk und seine Aufführungsgeschichte; Hanns Eislers »Johann Faustus«. 50 Jahre nach Erscheinen des Operntextes 1952. Symposion; Maxim Menschenin. Geschichtsklitterung. Die Vorwürfe gegen das Libretto zu Hanns Eislers Oper »Johann Faustus« und ihr Hintergrund; Guido Böhm. Vorwärts zu Goethe? Faust-Aufführungen im DDR-Theater.

kann mir meinen Platz als Künstler nur in dem Teil Deutschlands vorstellen, wo die Grundlagen des Sozialismus aufgebaut werden.«¹⁰⁴

Das war eine gezielt gesetzte politische Adresse, die in ihren letzten Worten gar jenes von Walter Ulbricht vor einem Jahr verkündete große gesellschaftliche Ziel der DDR zitierte: »Aufbau des Sozialismus«. Aber Ulbricht war es auch, der in einer Ansprache vor Kunst- und Kulturschaffenden (im Juni 1953, Monate vor Eislers Brief), quasi von höchster Seite aus, Eislers »Faustus«-Projekt eine klare Absage erteilt hatte – und die galt als endgültig:

»Unseren Kampf führen wir [...] auch um die Pflege unseres großen deutschen Kulturerbes [...], indem wir es nicht zulassen, daß eines der bedeutendsten Werke unseres großen deutschen Dichters Goethe formalistisch verunstaltet wird, daß man die große Idee in Goethes Faust zu einer Karikatur macht, weil das in einigen Werken auch in der DDR geschehen ist, zum Beispiel in dem sogenannten Faustus von Eisler und in der Inszenierung des Urfaust [am Berliner Ensemble].«¹⁰⁵

Hanns Eisler, 1950

Eine zusätzliche Brisanz hatte die »Faustus«-Diskussion im Mai und Juni 1953 ja noch dadurch erfahren, dass sie wenige Wochen nach dem Tod Stalins und wenige Tage vor dem Aufstand am 17. Juni stattfand – in einer Situation, als sich landesweit Kritik an der Wirtschafts- (und unterschwellig auch Gesellschafts-)Politik aufgestaut hatte, die sich in einem heftigen und mithilfe sowjetischer Panzer niedergeschlagenen Volksaufstand entlud. Der 17. Juni war Ausdruck eines im ganzen Land verbreiteten Unwillens gegenüber dem allmächtigen Diktat der Staatspartei eben in Richtung eines überstürzten Sozialismus-Aufbaus, eines Unwillens, der sich in der Folge von Stalins kurz zuvor erfolgtem Ableben umso heftiger äußerte. Die SED hatte den Konsens mit der Mehrheit der Bevölkerung verloren. Auch Eisler äußerte – um dialektische Sicht bemüht – seine entsprechenden Vorbehalte:

»Was immer auch die Gründe der Unzufriedenheit und des Unmuts sein mögen, die Wiederherstellung des Vertrauens zur Regierung ist die Grundlage, auf der die Verbesserung der Arbeitsbedingungen und der Lebensweise erreicht werden kann [...].«

104 Hanns Eisler. Musik und Politik. Schriften 1948–1962, S. 279; vgl. auch: Hans Bunge. Die Debatte um Hanns Eislers »Johann Faustus«. Eine Dokumentation, S. 263f.

105 Zit. aus: Walter Ulbricht. Zur Geschichte der deutschen Arbeiterbewegung, Bd. 4, S. 604.

»Wir müssen jetzt alles tun, damit alle Schichten der Bevölkerung – Arbeiter, Bauern, Mittelstand, Intelligenz und die Regierung – zusammen eine rücksichtslose Selbstkritik halten, damit unser Aufbau und unser Aufstieg durch solche ernsten Fehler wie in der Vergangenheit nicht gefährdet wird. Diese schwierigen Tage stellen auch uns Künstler vor neue große Verantwortung.«[106]

Es kam also nicht zur musikalischen Ausführung des »Johann Faustus«. Eisler hatte nur einige Skizzen bzw. einige Nummern zur Oper in Musik gesetzt. Noch am 25. Dezember 1953 während des Aufenthalts in Wien schrieb er im Tagebuch – eigentlich schon endgültig entmutigt:

»Mit Zögern und Zagen gehe ich an die Komposition zu meinem Dr. Faustus. Eine enorme Arbeit, ein Berg von Mühsal und Verzweiflung. Mißtrauisch blicke ich in die Zukunft. Schmerzhaft sehe ich voll Sorge, daß ich mit jeder Konvention, auch der modernistischen, zu brechen habe. Voll Sorge sehe ich, daß ich auf Raffinements verzichten muß und mir eine raffinierte Einfachheit erarbeiten muß, wenn ich den Sinn und die Bedeutung auch des Bühnenmäßigen treffen soll. Mutlosigkeit vor all den Schwierigkeiten.«[107]

Und an eben dieser grundsätzlichen Schwierigkeit – dem Glauben nämlich, ästhetische Kompromisse eingehen zu müssen –, scheiterte Eisler letztlich. Er ließ den »Faustus« in der Schublade liegen – sehr zur Freude der kulturpolitisch Verantwortlichen, sehr zum Schaden einer avancierten Entwicklung des neuen Opernschaffens in der DDR.

Die »Faustus«-Attacke bewirkte einen jahrelangen Rückstau für Innovation und produktives Vorankommen in der Musikkultur. Stattdessen erschienen auf den Opernbühnen des Landes Werke wie die schon erwähnten von Paul Kurzbach, Jean Kurt Forest, Alan Bush, Gerhard Wohlgemuth, Dieter Nowka, Karl-Rudi Griesbach, Wilhelm Neef oder Robert Hanell, die allesamt von bestem Wollen geprägt waren, aber doch in ungutem Maße auf »Volkstümlichkeit« abhoben und eben ästhetische Kompromisse eingingen.

Die öffentliche Diskussion um Eislers »Doktor Faustus« war so zu einer vernichtenden Kampagne ausgeartet, die sich letztlich verhängnisvoll, ja verheerend auf die kulturpolitische Entwicklung in der DDR auswirkte.

106 Hanns Eisler. Musik und Politik. Schriften 1948–1962, S. 302f.

107 Ebd., S. 309.

Ernüchternde Bilanz

Die Verurteilungen von Dessaus »Lukullus« und Eislers »Faustus« waren ein Menetekel für die Opernpolitik der DDR in den 1950er Jahren, eine kulturpolitische Katastrophe, nach der es Jahre brauchte, ehe in den 1960er Jahren, vornehmlich und erneut durch Paul Dessau (Eisler starb bereits 1962), mit neuen Musiktheaterwerken ein ästhetischer Neubeginn markiert werden konnte. Ein verheißungsvoller Beginn nach 1945 bzw. 1949, dem Gründungsjahr der DDR, ein Beginn, der mit großen Hoffnungen und einem großen Aufatmen verbunden war, versandete in engstirniger Ideologie, und kurzsichtiges politisches Dogma verhinderte eine sich frei entfaltende wahrhaft marxistische (hätte man Marx nur beim unentstellten Wort genommen) Ästhetik und Kunstentwicklung.

Die verfehlte bzw. ergebnislose Diskussion um eine »Nationaloper«, gar eine »sozialistische Nationaloper«, in den 1950er Jahren erledigte sich übrigens auch von außen. Die deutsche Bundesregierung unter Konrad Adenauer lehnte Anfang 1959 den sowjetischen Vorschlag für die Ausarbeitung eines Friedensvertrages (der ja de facto erst 1990 im Zuge der Wiedervereinigung Deutschlands Realität wurde) und die Bildung einer Konföderation zwischen beiden deutschen Staaten (allerdings mit West-Berlin als einer politisch unabhängigen Freien Stadt und dem Austritt beider Staaten aus der Nato bzw. dem Warschauer Pakt) kategorisch ab. Auch die nachfolgenden, auf Initiative der westlichen Siegermächte zustande gekommenen Projekte brachten keine Annäherung: die Genfer und Pariser Gipfelkonferenzen der Siegermächte 1955 und 1960 verliefen ergebnislos. Damit war der Gedanke an eine Wiedervereinigung auf lange Sicht in weite Ferne gerückt und mit ihm auch das Konzept einer »Nationaloper«, das ja politisch grundsätzlich auf ein wiedervereinigtes Deutschland ausgerichtet war.

Vorsichtig-kritisch sah 1975 der Musikwissenschaftler und Musiktheaterspezialist Gerd Rienäcker die dogmatisch eingeengten Bemühungen um eine »deutsche Nationaloper« in den 1950er Jahren (namentlich bezog er sich auf Werke von Kurzbach, Nowka und Forest): Er war der Meinung, dass sich »für die gesamten Bemühungen um die deutsche Nationaloper objektive Grenzen, in vielen erheblich engere als für die Versuche realistischen Musiktheaters überhaupt« ergeben hätten, Grenzen, an denen seinerzeit auch Dessau und Eisler zum Scheitern verurteilt waren. Aus historischem Abstand war für Rienäcker nun aber doch schon uneingeschränkt Dessaus »Lukullus« »bedeutendster Beitrag zur deutschen Nationaloper und zum Opernschaffen der fünfziger Jahre«.[108]

108 Gerd Rienäcker. Zur Entwicklung des Opernschaffens der Deutschen Demokratischen Republik, S. 18f., 24; vgl. auch: Katrin Stöck. Die Nationaloperndebatte in der DDR der 1950er- und 1960er-Jahre als Instrument zur Ausbildung einer sozialistischen deutschen Nationalkultur, S. 536f.

Und eine irritierend beschönigende Fehleinschätzung dieser Vorgänge war sogar noch 1979 in der repräsentativen, in der DDR erschienenen Publikation »Musikgeschichte der DDR« zu lesen, zu einer Zeit also, da der »Lukullus« längst nicht nur die heimischen Bühnen erobert hatte:

»Es ging darum, den Prozess des Kampfes um die Wiedervereinigung Deutschlands, für den die Deutsche Demokratische Republik als Modell diente, künstlerisch widerzuspiegeln. Hierbei sollte der Oper eine Schlüsselstellung zukommen [...]. Das Anliegen bestand darin, das Nationalbewußtsein nicht nur weiterhin von Relikten faschistischer, nationalistischer Ideologie zu reinigen, sondern ein neues Bewußtsein, basierend auf dem sozialistischen Aufbau, zu entwickeln.«[109]

Dann aber kamen die anonymen Autoren auch nicht umhin, fast widerwillig zuzugeben, dass »das bedeutendste Dokument jener Zeit« Dessaus »Lukullus« gewesen sei und widmen dem Werk eine knappe Beschreibung, ohne jedoch auf die ungerechtfertigten Angriffe gegen Dessaus und Eislers Bemühungen Anfang der 1950er Jahre, auf die unheilvollen Auswüchse der Formalismus-Diskussion einzugehen. Unliebsame Vorgänge, ja, gravierende Fehler der Vergangenheit hatte es scheinbar nicht gegeben. Man erwähnte sie einfach nicht. Eigentlich gebotene selbstkritische Befragung der Geschichte fand nicht statt, Fehlerdiskussion galt als nicht opportun.

Zu konstatieren bleibt aus heutiger Sicht eine auf fatale Weise verworfene Chance, mit »Lukullus« und »Faustus« die Opernentwicklung in der DDR entscheidend geprägt haben zu können. Es bedurfte in den 1960er Jahren eines mühseligen Prozesses, um Verlorenes wieder aufzuholen. Erschwerend kam hinzu, dass auch noch Ende der 1960er Jahre am Volkstheater Rostock und am Berliner Ensemble geplante Inszenierungen bzw. szenische Lesungen von Eislers »Faustus«-Text staatlicherseits verhindert wurden. (Da gab es zudem einen unguten Zusammenhang mit der umstrittenen und dann abgesetzten Inszenierung von Goethes »Faust« 1968 am Deutschen Theater in Berlin, die dem staatlich genormten Erbeverständnis nicht entsprach, und auch mit erneut verhärteten kulturideologischen Positionen im Bannkreis der Niederschlagung des Prager Frühlings im Sommer des Jahres durch Truppen des Warschauer Paktes.) So fand die Uraufführung des »Faustus«-Textes erst 1974 in der Bundesrepublik am Theater in Tübingen statt, die DDR-Erstaufführung gar erst 1982 am Berliner Ensemble. Und 2004 endlich erlebte am Staatstheater Kassel Eislers »Faustus« in der Vertonung des Leipziger Komponisten Friedrich Schenker seine Opernuraufführung.

109 Musikgeschichte der Deutschen Demokratischen Republik, S. 117f.; vgl. auch: Katrin Stöck. Die Nationalaperndebatte in der DDR der 1950er- und 1960er-Jahre als Instrument zur Ausbildung einer sozialistischen deutschen Nationalkultur, S. 538.

Der Begriff »sozialistische Nationaloper«, wie er in den 1950er Jahren postuliert worden war, hatte sich also mittlerweile als obsolet erwiesen, denn seine Prämisse, das Streben nach politischer Einheit Deutschlands, war ins Unwahrscheinliche gerückt. Zu bedenken ist allerdings beim kritischen Rückblick auf Entwicklungen der 1950er Jahre, dass der von Staat und Partei vorgegebene eingeengte Blick auf die Erberezeption und auf die Ästhetik des neuen Musik- bzw. Opernschaffens seinen eigentlichen Grund in einer tatsächlich vorhandenen Kluft hatte: zwischen avantgardistischem Kunstverständnis einerseits und dem verbreiteten einfachen Kulturverständnis der Bevölkerung des Landes andererseits. Da konnte wirklich teilweise noch von Kultur- und Kunst-Analphabetismus gesprochen werden. Daher orientierte sich die Politik nach 1945 mit einiger Berechtigung auf Verständlichkeit und Allmählichkeit im kulturellen und kunstästhetischen Fortschritt, auf »Volkstümlichkeit« und auf das klassische Kunsterbe als Mittelpunkt des Interesses.

Um es knapp zu interpretieren: Mit einem einfachen und geradlinigen »Faust«-Bild, wie man es an Goethe festmachen wollte, glaubte man effektiver wirken zu können als mit einem ästhetisch avancierten und geistig problematisierten wie von Eisler, und ein erwünschtes sozialistisches Heldenbild auf der Musikbühne war im »Lukullus« eben auch nicht auszumachen. Beides entsprach nicht dem Wunschdenken nach einer »Nationaloper«. Eine in diesem Sinne eigentlich verständliche Grundhaltung der offiziellen Kulturpolitik erwies sich als fatal, da sie mit Vorwürfen von »Formalismus« und »westlicher Dekadenz« gegenüber allem Andersartigen derart niederschmetternd wirkte, dass jegliche Produktivität auch im Sinne der ideologischen Ziele ausgeschlossen war. Erst die 1960er Jahre brachten eine neue Zielvorstellung, und die wurde in der Fokussierung auf den Begriff »Gegenwartsoper« gefunden.

Walter Felsenstein inszeniert »Don Giovanni« von Wolfgang Amadeus Mozart, Komische Oper Berlin, 1966

II Die 1960er Jahre

Neue Orientierungen und Rückschläge

Regularien in der Kultur- und Theaterpolitik

Der 13. August 1961 und die Folgen

Wie eingangs bereits dargestellt, bedeutete der Mauerbau am 13. August 1961 ein politisches Erdbeben und damit auch einen empfindlichen Einschnitt in die Kulturlandschaft der DDR. Plötzlich sah die Welt ganz anders aus, die Grenze war endgültig zu, das Tor zum Westen verriegelt. Und es fehlten von Gestern auf Heute, vor allem in Berlin, an den Theatern wichtige Sänger, Musiker, aber auch Techniker, die zu guten Teilen bisher in Westberlin gewohnt und in Ostberlin gearbeitet hatten. Um nur ein Beispiel zu nennen: Der hochbegabte Dirigent Horst Stein, 1956 von Erich Kleiber an die Staatsoper verpflichtet und dort als Staatskapellmeister sowie dann als koordinierter Generalmusikdirektor tätig, kehrte nicht mehr an das Haus zurück. Seine Laufbahn führte ihn nun über Hamburg, Mannheim und Wien nach Bayreuth. Er fehlte in Berlin. Für die Dirigenten in der DDR begann ein ›Stühlerücken‹. Der Leipziger Opernchef Helmut Seydelmann (ab 1951) wurde als Generalmusikdirektor an die Staatsoper verpflichtet, neben ihm Heinz Fricke (aus Schwerin) und Heinz Rögner (vom Leipziger Großen Rundfunk-Orchester). In der Nachfolge der beiden 1962 verstorbenen Dirigenten Konwitschny und Seydelmann kam 1964 Otmar Suitner, der seit 1960 in Dresden als musikalischer Leiter wirkte, als Chef an die Berliner Staatsoper. Dafür verpflichtete man 1964 Kurt Sanderling (seit 1962 Chef des Berliner Sinfonieorchesters) auch als Kapellchef nach Dresden. Nach Leipzig kamen für Konwitschny und Seydelmann Rolf Reuter (aus Meiningen) und als ständiger Gast Paul Schmitz (aus Kassel), 1964 dann Václav Neumann aus Prag als Gewandhauskapellmeister und Opernchef (bis 1968). Ähnlich turbulent ging es auch für die Sängerensembles der großen Häuser des Landes zu. Berlin zog mit aller Macht die besten Sänger und Orchestermusiker des Landes an sich, im Wesentlichen an die Staatsoper, aber auch an die Komische Oper. So band man ganz fest an die Staatsoper die gebürtigen Dresdner Sänger – und sie waren hier auch weiterhin gern im Opernensemble tätig – Theo Adam, Peter Schreier sowie Harald Neukirch. Aus Leipzig holte man für das verwaiste Wagner-Repertoire Hanne-Lore Kuhse und Ernst Gruber. Die beiden letzteren waren 1963 gefeierte

Solisten der Wiederaufnahme von »Tristan und Isolde«. Verstärkt wurden nun auch Sänger aus den sozialistischen Ländern – Polen, Tschechoslowakei, Ungarn, Rumänien und Bulgarien – in die DDR verpflichtet, nicht nur an die hauptstädtischen Bühnen, sondern auch an etliche weitere Theater im Lande. Namhafte Zugänge an die Berliner Staatsoper waren beispielsweise aus der Tschechoslowakei Ludmila Dvořáková (die sich bald zur großen Wagner-Heroine, auch in Bayreuth, entwickelte), Antonín Švorc und Rudolf Jedlička, während Vladimír Bauer und Rudolf Asmus bereits seit den 1950er Jahren an der Komischen Oper in großen Partien hervortraten.

Eine bittere, aber wohl unumgängliche Einbuße musste die Theaterlandschaft der DDR als Folge des 13. August 1961 ebenfalls hinnehmen. Es wurden, wie bereits erwähnt, einige kleine Theater geschlossen: Putbus, Güstrow, Wismar im Norden, Köthen und Meißen im Süden. Die Personaldecke war nicht groß genug, um hier auf Dauer Ensembles in gebotener künstlerischer Qualität zu halten. Die genannten Theater wurden Bespiel-Theater, in denen von nun an in möglichster Kontinuität Aufführungen von benachbarten größeren Bühnen stattfanden.

Hinzu kam auf musikalischem Gebiet – und das blieb auch weiterhin erhalten – die ungewöhnliche (wie bei den Theatern historisch bedingte) Dichte in der Orchesterlandschaft. In den 1980er Jahren, verstärkt noch durch die Gründung von neuen bezirklichen Staatlichen Sinfonie- und Kulturorchestern, betrug ihre Anzahl (natürlich einschließlich der Theaterorchester und anderer Formationen) gar 88. Und sie spielten jährlich für rund 3,5 Millionen Konzertbesucher. Rechnet man noch die von der Künstleragentur der DDR betreute und im Lande sehr beliebte Musikreihe »Stunde der Musik« dazu, die prominente in- und ausländische Solisten und Kammermusikensembles mit klassischer Musik bis in die entferntesten Winkel der DDR führte, so ergibt sich ein imponierendes Bild von tatsächlicher Fülle und Vielfalt musikalischer Angebote für die Bevölkerung.

Das kulturelle Angebot wurde seit Gründung der DDR zentral von Berlin aus gesteuert. Die damit einhergehende Bevormundung und Überwachung war zunächst durch das Ministerium für Volksbildung unter Paul Wandel, dann, noch effektiver, von 1951 bis 1953 durch die Staatliche Kommission für Kunstangelegenheiten[110] (im Rang eines Staatssekretariats) gegeben. Geleitet wurde letztere von dem linientreuen Helmut Holtzhauer, einem ehemaligen antifaschistischen Widerstandskämpfer und nun einflussreichen Kulturpolitiker, der nachdrücklich versuchte, die Kunstentwicklungen des Landes ideologisch und ästhetisch – über die immer wieder beschworene Gefahr

110 Vgl. dazu auch: Jochen Staadt (Hrsg.). »Die Eroberung der Kultur beginnt!«. Die Staatliche Kommission für Kunstangelegenheiten der DDR (1951–1953) und die Kulturpolitik der SED.

des Formalismus – zu einem sozialistischen Realismus hinzulenken. Diese Kommission wurde 1954 durch die Bildung des Ministeriums für Kultur unter der Leitung von Johannes R. Becher abgelöst. Das Ministerium mit seinen Hauptabteilungen für die einzelnen Bereiche wie Theater, Musik, Film und Verlage war beauftragt, die Kulturpolitik des Landes anzuleiten und zu stimulieren. Hier wurden die wichtigen Entscheidungen über Personalien und Richtlinien für das Repertoire getroffen. Es war de facto eine Zensurstelle. Daneben steuerte das Ministerium für Hoch- und Fachschulwesen die Tätigkeiten auch der höheren künstlerischen Ausbildungsstätten bis hin zu Berufungen von geeigneten Künstlern und Wissenschaftlern auf Professurstellen.

Über allem aber schwebte – mehr oder weniger indirekt, aber umso bestimmender – die Abteilung Kultur im Zentralkomitee der SED, die unter Leitung von u. a. Hans Lauter, Wilhelm Girnus und dann bis zum Ende der DDR unter Kurt Hager, dem »Chefideologen« der SED, stand. Hier liefen alle Fäden zusammen, jede wichtige Personal- und Sachfrage wurde in dieser Abteilung entschieden: Besetzungen von wichtigen Funktionen im Kulturministerium, von Intendanten- und Verlagsdirektorenstellen, von politisch brisanten Fragen der Repertoirepolitik der Theater oder der Erteilung von Druckerlaubnissen für Buch- und andere Publikationen. Die Ministerien hatten in diesem Beziehungsgefüge eine ausschließlich exekutive Aufgabe.

Zentral gesteuert waren auch die Tätigkeiten von Künstlerverbänden und ihren Publikationsorganen. Auf einer Gründungskonferenz vom 3. bis 6. April 1951 in Berlin war als erstes der »Verband Deutscher Komponisten und Musikwissenschaftler« (später ab 1973 »Verband der Komponisten und Musikwissenschaftler der DDR«) ins Leben gerufen worden. Erster Präsident war Ottmar Gerster. Ihm folgten in dieser Position der Komponist und Musikwissenschaftler Ernst Hermann Meyer, dann die Komponisten Siegfried Köhler und Wolfgang Lesser (bis 1990), als einflussreicher Generalsekretär fungierte bis zu seinem Tode 1968 der Antifaschist, Musikwissenschaftler und Eisler-Freund Nathan Notowicz. Meyer und Notowicz gehörten, wie auch die Musiker Eisler und Dessau oder die bekannten Musikwissenschaftler Georg Knepler und Harry Goldschmidt, zu den zahlreichen nach Deutschland und ganz bewusst in die DDR zurückgekehrten Emigranten. Sie hatten, sowohl wegen ihrer linken Weltanschauung als auch wegen ihrer jüdischen Herkunft, gezwungenermaßen ins Exil gehen müssen und konnten jetzt wichtige Schaltfunktionen im Musikleben der DDR einnehmen. Das Publikationsorgan des Verbandes war die Monatszeitschrift »Musik und Gesellschaft«. Darin fand über Jahrzehnte hinweg parteitreue Berichterstattung und Kritik statt, aber es gab auch Raum für wirklich produktiv-streitbare Auseinandersetzungen.

Der Komponistenverband organisierte regelmäßig Versammlungen, Tagungen und Kongresse zu aktuellen Fragen der Musikentwicklung in der DDR. Das waren durchaus Foren intensiven Gedankenaustauschs, wie sie auch in den Musik- und Theatersektionen der Deutschen Akademie der Künste (gegründet am 24. März 1950; ab 1972 Akademie der Künste der DDR) stattfanden. Diese Akademie wurde geleitet von international anerkannten Künstlern: von Heinrich Mann (er konnte sein Amt 1950 krankheitshalber nicht mehr antreten), Arnold Zweig, Johannes R. Becher, Otto Nagel, Willi Bredel, Konrad Wolf und Manfred Wekwerth; Vizepräsidenten waren u.a. Paul Dessau, Ernst Hermann Meyer, Fritz Cremer und Walter Felsenstein. Von der Akademie angeregt und verantwortet wurden später auch etliche sogenannte »Arbeitshefte« zu zentralen Themen aus der Kunstszene der DDR, etwa 1975 zur »Ring«-Inszenierung von Joachim Herz in Leipzig oder 1978 zu Hanns Eisler.

Das ZK-Plenum 1965 und der »Verband der Theaterschaffenden«

Einem brisanten politischen Umstand verdankte der »Verband der Theaterschaffenden der DDR« seine Existenz: Er wurde auf Betreiben des ZK der SED am 10./11. Dezember 1966 in Berlin gegründet. Anlass war die vernichtende Abrechnung mit dem künstlerischen Schaffen in der DDR ein Jahr zuvor auf dem 11. Plenum des ZK der SED. Eine Folge des Plenums war das Verbot von mehreren neuen DEFA-Filmen, die Zurückweisung von manchen literarischen und dramatischen Projekten und überhaupt restriktivere Maßgaben für Kunst und Kultur in der DDR. Das Plenum bedeutete quasi einen kulturellen Kahlschlag, die Kulturschaffenden des Landes waren entsetzt, irritiert, gelähmt.

Doch es ging weiter. Wie Kurt Hager auf seiner Begrüßungsrede anlässlich der Gründungstagung des Theaterverbandes betonte, sollte dieser der künstlerischen und politischen Selbstdisziplin und Selbstkontrolle dienen, quasi Selbstzensur auf dem Felde der Theaterkunst praktizieren. Erster Präsident des Verbandes wurde der Schauspieler Wolfgang Heinz, ihm folgte später Hans-Peter Minetti (bis 1990). Langjähriger Generalsekretär war der Theaterwissenschaftler Klaus Pfützner.

Der Verband bestand aus mehreren Sektionen: Schauspiel, Musiktheater, Tanztheater, Kindertheater. Alle fünf Jahre gab es einen großen mehrtägigen Kongress, auf dem die Theaterentwicklung im Lande diskutiert wurde, durchaus auch konträr und in ziemlicher Offenheit zu kritischen Punkten. Das waren jedoch nicht grundsätzliche ideologische Infragestellungen, sondern streitbare Aspekte der Theaterästhetik und der materiellen Absicherung der Theaterarbeit. Außerdem fanden in lockerer Folge Arbeitstagungen und Diskussionsrunden in Berlin und auch in etlichen Theatern des Landes statt. Auch hier wurden offen ästhetische, kulturpolitische und materielle Probleme debattiert. Insofern erfüllte der Verband eine befördernde und aufmunternde Rolle. Viele Kollegen fühlten sich im Verband gut aufgehoben. Zudem entfachte er eine rege Publikationstätigkeit für alle seine Sektionen, in dem er die Schriftenreihe »Material zum Theater« herausgab. In reichlich zwanzig Jahren erschienen weit über 200 Ausgaben. Diese Hefte waren tatsächlich interessant und wichtig für die Theaterleute der DDR, sie gaben in vielerlei Hinsicht Kenntnisse und Erfahrungen weiter, die ansonsten nicht ohne weiteres auch die kleineren Bühnen des Landes erreicht hätten. »Material zum Theater« war nicht in erster Linie Selbstdisziplinierung, Selbstkontrolle, gar Selbstzensur, sondern bot ein weitgefächertes Themenspektrum von oft erstaunlicher politästhetischer Offenheit.

Im Auftrag des Verbandes erschien auch die Zeitschrift »Theater der Zeit« als zentrales (und einziges) Publikationsorgan für die dramatischen Künste in der DDR. Diese Monatszeitschrift gab es bereits seit 1946 (zunächst in der verantwortlichen Redaktion des Publizisten Fritz Erpenbeck), damals herausgegeben vom Berliner Henschelverlag und lange Jahre gekoppelt mit dem kleinen Heft »Theaterdienst« (darin vierzehntägig sämtliche Spielpläne der DDR). »Theater der Zeit« war tatsächlich ein von den Theaterleuten der DDR inhaltlich respektiertes Publikationsorgan, weil dessen Berichterstattung zumeist erfreulich frei und undogmatisch daherkam. Die Rezensenten waren gute Fachleute, und im Fokus des Interesses lagen nicht nur die großen Bühnen, sondern ziemlich gleichauf alle Theater des Landes, alle Sparten und theatralischen Aspekte.

Erwähnt seien weiterhin die Zeitschriften »Beiträge zur Musikwissenschaft«, »Kunst und Literatur« oder »Weimarer Beiträge«, in denen aktuelle Themen von Kunst, Ästhetik und Kulturpolitik diskutiert wurden. Eine herausragende Rolle spielte in dieser Hinsicht auch die 1949 begründete Zeitschrift »Sinn und Form«, die, herausgegeben von der Akademie der Künste, teilweise ausgesprochen provokante Essays und Betrachtungen publizierte, u. a. 1962 mit einem

Beitrag zur aktuellen Kafka-Diskussion der 1960er Jahre – die Walter Ulbricht noch Jahre später drastisch mit den Worten abtat: »Die Kafka-Diskussion ist ein Angriff der antisozialistischen Kräfte.«[111] 1964 erschien ein Sonderheft zu Hanns Eisler, in dem beispielsweise dessen Verhältnis zur Wiener Schule (Schönberg, Berg, Webern) und zur bislang in der DDR umstrittenen und als spätbürgerlich dekadent abgelehnten Zwölftonmusik objektiv ausgeleuchtet wurde. Die geduldete politische Liberalität der Zeitschrift erfuhr jedoch mehrfach restriktive Dämpfer, u. a. etwa 1961 durch die Ablösung des langjährigen Chefredakteurs Peter Huchel, der als zu liberal getadelt wurde.

Und erwähnt seien an dieser Stelle auch einige für das Musiktheater wichtige Verlagsneugründungen nach 1945 in der Sowjetischen Besatzungszone bzw. der DDR: der 1953 gegründete Deutsche Verlag für Musik in Leipzig (im Verlagskombinat mit Breitkopf & Härtel und Hofmeister), der zunächst vor allem für neu in Angriff genommene Klassiker-Gesamtausgaben gedacht war (etwa für Bach, Händel und Mozart, gemeinsam mit dem Bärenreiter-Verlag in Kassel), um verlagsrechtliche Abgrenzungen gegenüber der westlichen Korporation von Breitkopf & Härtel zu sichern, der aber auch für viele weitere wichtige musikverlegerische Aktivitäten stand; weiter der vom Komponistenverband getragene Verlag Neue Musik in Berlin (gegründet 1957), der dem Musikschaffen von DDR-Komponisten offenstand; schließlich der zunächst als Privatverlag bereits 1945 in Berlin lizenzierte Henschelverlag Kunst und Gesellschaft, der sich dem dramatischen Schaffen in Schauspiel und Oper widmete und später auch viele Fachbücher herausbrachte.

Gravierende politische Ereignisse hatten teilweise einschneidende Auswirkungen auch auf das Opertheater des Landes. Von den Folgen des 13. August 1961 wurde berichtet. Die nachfolgende allmähliche Stabilisierung förderte partiell eine gewisse ideologische Liberalisierung, die dann aber jäh und unerwartet für die meisten Künstler mit der Tagung des 11. Plenums des ZK der SED vom 15. bis 18. Dezember 1965 scharf kritisiert und abgebrochen wurde. Die Tagung sollte sich eigentlich wirtschaftlichen Fragen widmen, da das 1963 auf dem VI. Parteitag der SED beschlossene »Neue Ökonomische System der Planung und Leitung« (dann benannt: »Ökonomisches System des Sozialismus«) wegen seiner Liberalisierung und teilweisen Dezentralisierung der Wirtschaftslenkung innerhalb der Partei und auch seitens der Sowjetunion (Hardliner Leonid Breschnew hatte gerade Nikita Chruschtschow von der Parteispitze verdrängt) zunehmend auf Kritik stieß, angeführt von einer Gruppe um Erich Honecker und Günter Mittag. Perfide aber war der Programmablauf der

111 »Neues Deutschland«, Berlin, 25.10.1968.

Plenumstagung in eine andere Richtung gelenkt worden. Plötzlich stand die Kulturpolitik im Mittelpunkt der Diskussion. Hier wurde der eigentlich auf ökonomische Fragen konzentrierte Streit stellvertretend ausgetragen: »Nihilismus«, »Skeptizismus« und »Pornographie« waren dabei grell tönende Schlagworte.[112]

Vor allem die Filmkunst war Adressat von solchen drastischen Vorwürfen, fast eine ganze Jahresproduktion der DEFA wurde verboten. Bekanntestes Opfer war der freimütige Film – und da ging es tatsächlich auch um brisante ökonomische Fragen – »Spur der Steine« von Frank Beyer (nach Erik Neutschs 1964 erschienenem gleichnamigen Roman, mit Manfred Krug und Eberhard Esche), und es traf die Schriftsteller Heiner Müller (mit seinem Theaterstück »Der Bau« nach dem Roman »Spur der Steine«) und Stefan Heym (mit seinem Roman »Der Tag X« über die Ereignisse des 17. Juni 1953).

Es gab jedoch auch Widerspruch. So etwa mahnte Christa Wolf Besonnenheit und Offenheit an. (Sie hatte zuvor mit ihrem 1963 erschienenen politisch provokanten Roman »Der geteilte Himmel« offiziell Anstoß erregt.) In ihrem Diskussionsbeitrag meinte sie: »Kunst ist nicht möglich ohne Wagnis«, und sie verlangte, »daß man nicht wieder zurückfällt auf den Begriff des Typischen, den wir schon mal hatten und der dazu geführt hat, daß die Kunst überhaupt nur noch Typen schafft«.[113]

Eine ausführliche Dokumentation und kritische Betrachtung der Vorgänge beim 11. Plenum legte übrigens 1991 Günter Agde unter dem bezeichnenden Titel »Kahlschlag« vor. Darin ist sehr differenziert dargestellt, was die Gründe für diese kulturpolitische Säuberung und wer die Triebkräfte dieses Unternehmens waren.[114]

Die Wirkung des Plenums war verheerend. Die Künstler des Landes waren verstört. Und wenn die Kritik auch das Opertheater nicht unmittelbar betraf, so hatten die Opernleute sehr wohl begriffen, dass auch sie gemeint waren.

Die Ereignisse vom August 1968, also die Niederschlagung des großen Aufbruchsprojekts »Prager Frühling«, verschärften die Repressionen im kulturellen Bereich nur noch. Man wurde vorsichtig, zurückhaltend und – was wohl am wichtigsten war – man lernte, mit der Musik eine zweite Sprache zu sprechen, eine Sprache der versteckten, aber erkennbaren Kritik, eine Sprache der Widerständigkeit. Am klügsten drückte das 1970 Heiner Müller, wie schon zitiert, in seinen »Sechs Punkten zur Oper« aus (geschrieben nach seiner Arbeit am Libretto zu Dessaus Oper »Lanzelot«): »Was man noch nicht sagen kann, kann man vielleicht schon singen.«[115] Diese Worte wurden zu einem Leitsatz der DDR-Oper, der unvermindert Gültigkeit behielt – bis in die Wendezeit 1989/1990.

---

112 Vgl.: Erich Honecker. Bericht des Politbüros an die 11. Tagung des Zentralkomitees der Sozialistischen Einheitspartei Deutschlands vom 15.–18. Dezember 1965.

113 Zit nach: Volker Gransow. Kulturpolitik in der DDR, S. 97.

114 Günter Agde (Hrsg.). Kahlschlag. Das 11. Plenum des ZK der SED 1965. Studien und Dokumente.

115 Heiner Müller. Sechs Punkte zur Oper, S. 117.

Opernalltag zwischen Tradition und Avantgarde. Berlin

Berliner Staatsoper. Hans Pischners Intendanz

Mühsam ging zunächst nach dem 13. August 1961 das Opernleben in der DDR weiter. Es waren herbe Verluste im personellen Bereich auszugleichen, so auch an der Berliner Staatsoper. Bis zum 13. August wohnten über zweihundert Mitarbeiter aus Solistenensemble, Vorständen, Chor, Ballett, Orchester und Technik im Westteil der Stadt. Und sie erhielten einen Teil ihrer Gage auch in Westmark. Das war nun nicht mehr möglich. Fast alle verließen das Haus. Dennoch gab es vereinzelt unter den Theater- und Opernschaffenden, den Künstlern des Landes, eine gewisse widerstrebende Akzeptanz des Mauerbaus. Und unverdrossen war man dabei, sich künstlerisch den Realitäten der neuen politischen Lage anzupassen.

Die Personalsituation an den Musiktheatern besserte sich erst allmählich, auch dank der vielen Künstlerimporte aus den sozialistischen Ländern. Es war also bald wieder möglich, neben der traditionellen Repertoirepflege erneut große Projekte in Angriff zu nehmen. Mit nachhaltigem persönlichem Engagement setzte sich beispielsweise der Berliner Staatsopernintendant Max Burghardt dafür ein, die Spielfähigkeit des Hauses abzusichern – es war immerhin das führende musikalische Staatstheater der DDR. Das kostete große Mühen und war ein nervenaufreibender täglicher Kampf. Burghardt hielt das nur ein Jahr durch. Der frühe Tod der beiden Generalmusikdirektoren Helmut Seydelmann, der eben erst nach Berlin verpflichtet worden war, und Franz Konwitschny im Jahr 1962 trug nicht unwesentlich dazu bei, dass Burghardt im selben Jahr seinen Rücktritt einreichte. Er war erschöpft und ausgelaugt.

Seine Nachfolge trat 1963 der bisherige stellvertretende Kulturminister Hans Pischner an. Er war Cembalist und Musikwissenschaftler. Und er erwies sich als Glücksfall für die Berliner Staatsoper. Pischner gelang es in den über zwanzig Jahren seiner Intendanz, dem Haus einen national und international hochgeschätzten künstlerischen Status zu sichern. Er hatte eine glückliche Hand in seinen Personalentscheidungen, konnte etliche wichtige Spielplanpositionen

Hans Pischner

auch gegen manchen Widerstand von »oben« durchsetzen und war allgemein als Mensch geschätzt. Fast jeden Abend sah man ihn und auch seine Frau vorn rechts in seiner Proszeniumsloge sitzen und aufmerksam die Vorstellung verfolgen. Ihm gelang es, das Repertoire allmählich so zu strukturieren, dass sowohl Popularität als auch Innovation die wesentlichen Bestandteile seiner Spielplanpolitik wurden. Und mit der Verpflichtung des Dresdner musikalischen Chefs Otmar Suitner im Jahre 1964 zum neuen GMD der Staatsoper war auch diese Position dauerhaft wieder bestens besetzt (bis 1991). Neben ihm wirkte Heinz Fricke ebenfalls bis über die Wende hinaus (bis 1992) als koordinierter GMD. Damit gab es eine höchst qualitätvolle Kontinuität auf der musikalischen Chefebene. Mit dem Engagement von Erhard Fischer als Chefregisseur, einem bislang in Leipzig tätigen Regisseur und früheren Mitstudenten von Joachim Herz, sowie von Wilfried Werz als Chefbühnenbildner konnte Pischner die künstlerische Leitung der Staatsoper in ganz entscheidendem Maße stärken und sichern. Beide haben über lange Jahre das Profil des Hauses geprägt. Am Ende seiner Amtszeit fand noch – von 1984 bis 1986 (im Hinblick auf das von der DDR groß begangene Jubiläum der 750-Jahr-Feier Berlins) – eine umfangreiche Restaurierung des 1955 nicht in allen Bereichen in bester Qualität errichteten Wiederaufbaus des Knobelsdorff-Baus statt.

Pischner gab dem Spielplan zunächst ganz gezielt eine recht populäre Ausrichtung, galt es doch nach 1961, neue Zuschauerkreise an das Haus zu binden, auch weil das Westpublikum ausfiel. Opern wie Verdis »Nabucco« (einer in den 1950er Jahren durch den Radio-Ohrwurm des »Freiheitschores« in der DDR beliebt gewordenen Oper) oder Mozart-Opern waren die eisernen Garanten eines publikumssicheren Repertoires. Pischners Rechnung ging in dieser Hinsicht sehr bald auf. Die Staatsoper verzeichnete wieder volle Häuser. Natürlich erhielten auch Wagners Werke ihren festen Platz im Repertoire, so mit den Premieren des »Tannhäuser« (1962), der »Meistersinger« (1968) und des »Fliegenden Holländer« (1968) sowie mit Wiederaufnahmen vom »Ring«, von »Lohengrin« und von »Tristan und Isolde«. Gelegentliche Gastspiele von Wolfgang Windgassen (Siegfried und

Wichtige Operninszenierungen an der Berliner Staatsoper in den 1960er Jahren

Guiseppe Verdi
»Nabucco«
»Rigoletto«

Engelbert Humperdinck
»Hänsel und Gretel«

Johann Strauß
»Fledermaus«

Georges Bizet
»Carmen«

Bedřich Smetana
»Die verkaufte Braut«

Wolfgang A. Mozart
»Die Zauberflöte«
»Die Hochzeit des Figaro«
»Entführung aus dem Serail«

Pietro Mascagni und Ruggero Leoncavallo
»Cavalleria rusticana«
»Bajazzo«

Giacomo Puccini
»La Bohème«

Antonín Dvořák
»Rusalka«

Albert Lortzing
»Wildschütz«
»Zar und Zimmermann«

Ludwig van Beethoven
»Fidelio« (1970 anlässlich des Beethoven-Jahres)

Neuere Werke sowie außergewöhnliche Inszenierungen

Kurt Schwaen
»Leonce und Lena« (1961)

Igor Strawinsky
»Geschichte vom Soldaten« (1962)

Bertolt Brecht und Kurt Weill
»Die sieben Todsünden der Kleinbürger« (1963)
»Aufstieg und Fall der Stadt Mahagonny« (1964)

Carl Orff
»Die Kluge« (1964)

Guiseppe Verdi
»Macbeth« (1964)

Richard Strauss
»Ariadne auf Naxos« (1964; virtuose Antrittsinszenierung von Erhard Fischer und Wilfried Werz)
»Elektra« (1967; inszeniert von Ruth Berghaus)
»Daphne« (1969)
»Frau ohne Schatten« (1971)

Alan Bush
»Joe Hill« (1970, UA)

Paul Dessau
»Lukullus« (1965; die dritte Inszenierung des Werkes an der Staatsoper)
»Puntila« (1966, UA)
»Lanzelot« (1969, UA)

Robert Hanell
»Esther« (1966, UA)

Günter Kochan
»Karin Lenz« (1971, UA)

Rudolf Wagner-Régeny
»Bürger von Calais« (1965)

Wolfgang A. Mozart
»Cosí fan tutte« (1965 im Apollo-Saal der Staatsoper; erste Premiere des neuen GMD Otmar Suitner und erstmals in Originalsprache)

Giacomo Puccini
»Turandot« (1967)

Gioacchino Rossini
»Barbier von Sevilla«

Carl Maria von Weber
»Freischütz« (1970)

Tristan) und Gottlob Frick (Hagen) verliehen den Wagner-Aufführungen der 1960er Jahre zusätzlichen Glanz.

Daneben aber setzte der Intendant zielgerichtet auch auf neuere oder doch ungemein anspruchsvolle Werke, auf junge und unkonventionelle Regiehandschriften.

Einer besonderen Akzentuierung bedarf die Inszenierung von Strauss' »Elektra« aus dem Jahre 1967. Die Regie, die eigentlich Wieland Wagner angetragen war, der jedoch kurz zuvor verstarb, lag in den Händen von Ruth Berghaus – ein Wagnis, hatte sie doch außer den beiden Dessau-Werken »Lukullus« und »Puntila« noch keine Oper inszeniert. Es war dann eine beängstigende Inszenierung, die Ruth Berghaus vorlegte – schroff, karg, angesiedelt auf einem rohen viereckigen Holzpodest, fast wie ein Boxring aussehend, keine

Richard Strauss: »Elektra«, Staatsoper Berlin, 1967

116 Vgl.: Sigrid Neef. Das Theater der Ruth Berghaus, S. 53.

Kulissen, im Hintergrund nur ein beklemmender Kommentar-Text von Heiner Müller, die blutige Atriden-Geschichte vorstellend. Das Theater von Berghaus – zur überbordenden Musik von Strauss – war episch. Kein Rausch, nur Entsetzen, kaltes Sezieren eines grausigen Psychothrillers. Das brave Opernkost gewöhnte Berliner Publikum war zutiefst verstört. Die Radikalität erschien als unmöglich, die Kritik empörte sich. Der geordnete sozialistisch-realistische Humanismus in der Opernwelt der DDR war ins Wanken geraten. Intendant Pischner, der sich zum Inszenierungskonzept bekannt hatte, musste die Aufführung nach wenigen Vorstellungen aus dem Spielplan nehmen. Die DDR-Oper, rund eineinhalb Jahrzehnte nach dem »Lukullus«, hatte wieder einen großen Skandal. Berliner Kritikerstimmen urteilten: »Gegen die Musik inszeniert« oder: »Mißlungener Strauss-Abend in der Deutschen Staatsoper«.[116] Die Ablehnung galt vornehmlich der Ästhetik der Inszenierung, im Grunde aber spürte man sehr wohl, dass damit mehr aufgebrochen wurde. Die Grundfesten einer gerade erst vollzogenen kulturpolitischen und noch längst nicht gesicherten Einverleibung des Phänomens Oper in die sozialistische Staatsräson und Kulturpolitik schienen erschüttert.

Einen Kontrapunkt dazu setzte Ruth Berghaus' Inszenierung von Rossinis »Der Barbier von Sevilla« 1968. Obwohl seit der »Elektra« stark angefeindet, ließ Intendant Pischner die Regisseurin weiterarbeiten. Und ihr gelang mit dieser heute längst legendären Aufführung ein bravouröser Coup. Aus der oft als staubige, ja lächerliche Klamotte angesehenen Oper bzw. deren oberflächlich komische Aufführungstradition machte sie ein Kabinettsück in burlesker Buffa-Tradition. Sie übersetzte gewissermaßen die Handlung und die singend handelnden Personen in das Flair der Commedia dell'arte. Es herrschte höchste Virtuosität und Leichtigkeit auf der Bühne, und gerade in einer solchen »Verfremdung« erhielt das Rossini-Stück unerwartet Transparenz, Durchsichtigkeit, und durchaus witzig-abgründige Spiritualität. Aufgrund des großen Erfolges adaptierte die Berghaus diese Inszenierung 1974 auch für die Staatsoper in München.

Entdeckungen im sowjetischen Musiktheater

Es gab aber auch noch andere, außergewöhnliche Premieren in diesen ersten Jahren von Pischners Intendanz. Da sei zunächst auf drei Ereignisse hingewiesen, die der Entdeckung von bislang unbekannten Werken zweier sowjetischer Komponisten galten. Es waren allesamt Erstaufführungen. Und sie waren wichtig, weil sie sichtbar machten, dass sozialistischer Realismus in der Oper als echte Alternative möglich sein konnte – und zwar auch und gerade jenseits der Grenzen der primitiven Form der »Liedoper«, wie sie bislang in der DDR an Beispielen von Dserschinski und Chrennikow als ästhetisch wegweisend hervorgehoben wurde.

Am 7. Februar 1964 hatte Prokofjews letzte Oper »Die Geschichte eines wahren Menschen« (uraufgeführt 1948 in Leningrad) Premiere. Es war wohl künstlerisch nicht das gelungenste Werk des Komponisten, zeigte sich aber doch als der mutige Versuch, jüngste, bewegende Ereignisse auf die Opernbühne zu bringen – es ist die Geschichte eines im Krieg abgeschossenen Kampffliegers, der seine Beine verliert und trotzdem wieder ins Flugzeug steigt, um den faschistischen Feind zu bekämpfen.

Knapp zwei Jahre später, am 6. November 1965, erlebte eine frühe Oper von Prokofjew, »Der feurige Engel«, an der Staatsoper ihre

Programmheft der Oper »Die Nase«, Staatsoper Berlin, 1969

deutsche Erstaufführung (in der Sowjetunion war sie bis dahin noch nie auf die Bühne gekommen). Vorlage des Werkes war der gleichnamige 1907/1908 entstandene Roman des russischen Symbolisten Waleri Brjussow, der von der selbstzerstörerischen Rebellion einer jungen Nonne in einem mittelalterlichen Kloster in Deutschland erzählt. Es war offensichtlich ein verschlüsselter Reflex auf die von Brjussow begrüßte russische Revolution von 1905. Die Musik der 1927 komponierten Oper ist expressiv und in atmosphärischer Dichte gehalten. Sie steht gleichberechtigt neben anderen beispielhaften expressionistischen Opernpartituren der 1920er Jahre, man denke nur an Bergs »Wozzeck«, Schoecks »Penthesilea« oder Hindemiths »Cardillac«. Der »Feurige Engel« wurde 1955 in Venedig in der Regie von Giorgio Strehler uraufgeführt. Die Berliner Inszenierung (dirigiert von Heinz Fricke, inszeniert von Heinz Rückert, mit der jungen Ruth Asmus in der Titelpartie) gestaltete sich zu einem eindrucksvollen Theaterabend.

Ein drittes Ereignis schrieb ebenfalls Theatergeschichte: Am 23. Februar 1969 hatte im Rahmen der 2. Musik-Biennale (einem alle zwei Jahre im Februar in Berlin stattfindenden Festival Neuer Musik) Schostakowitschs frühe Oper »Die Nase« an der Staatsoper Premiere, übrigens in Anwesenheit des Staatsratsvorsitzenden Walter Ulbricht und seiner Frau Lotte. Der gerade zwanzigjährige Komponist hatte das Werk nach der gleichnamigen Gogol-Erzählung in den Jahren 1927 und 1928 komponiert (kurz nach dem ihn tief berührenden Erlebnis einer »Wozzeck«-Inszenierung in Leningrad). Uraufgeführt wurde »Die Nase« in Leningrad 1930, aber bereits nach wenigen Aufführungen wieder abgesetzt. Sie war damit ein erstes repräsentatives Opfer der von Stalin in der Sowjetunion initiierten Formalismus-Diskussion und wurde dort seither nicht mehr gespielt. Diese mittlerweile in der DDR totgelaufene Diskussion der 1950er Jahre provozierte aber gerade darum wohl auch ein betontes Interesse an diesem Schostakowitsch-Werk. Das Team Heinz Fricke, Erhard Fischer und Wilfried Werz verantwortete künstlerisch die Aufführung (mit dem virtuosen Reiner Süß

Reiner Süß (li.) und Dmitri Schostakowitsch bei der Premiere der Oper »Die Nase«, 1969

in der Hauptrolle), die – ungeachtet einiger Widerstände bzw. Vorbehalte seitens der staatlichen Organe und wohl auch seitens der sowjetischen Botschaft – mit großem Erfolg von Publikum und Kritik aufgenommen wurde: ein ungebärdiges, kunstvolles Werk, das in der grotesken Ineinanderschachtelung kleiner, klar umrissener Szenen und Szenenfetzen einen geradezu kubistischen Eindruck machte. Bis 1978 stand die Oper 33-mal auf dem Spielplan.

Nimmt man noch ein Berliner Gastspiel aus Moskau mit Schostakowitschs zweiter Oper »Katerina Ismailowa« (ursprünglicher Titel »Lady Macbeth von Mzensk«) im Jahr 1964 in der Volksbühne hinzu, so ist damit ein einzigartiges Spektrum sowjetischer Avantgarde auf der Opernbühne umrissen. 1934 in Leningrad uraufgeführt und 1936 aufgrund eines von Stalin initiierten Leitartikels in der »Prawda« unter dem Titel »Chaos statt Musik« verboten, hatte diese Oper seitdem, wie auch »Die Nase«, unter dem Verdikt des Formalismus gestanden. (Ein solcher »Prawda«-Artikel hätte 1936, auf dem Höhepunkt der »großen Säuberung« Stalins, das Todesurteil für den Komponisten bedeuten können, so wie für andere sowjetische Künstler damals, u.a. für Schostakowitschs Förderer und Freund, den berühmten Regisseur und Theaterreformer Wsewolod Meyerhold.)

Erst 1963 durfte eine von Schostakowitsch leicht überarbeitete Version der Oper, nunmehr unter dem Titel »Katerina Ismailowa«, am Moskauer Stanislawski-Nemirowitsch-Dantschenko-Musiktheater wieder auf die Bühne kommen, inszeniert in ungemein eindringlicher Weise von Lew Michailow. Und ebendiese Inszenierung war nun, ein gutes Jahr später, bereits in Berlin zu sehen. Der Erfolg der Aufführung war enorm, das Publikum war enthusiasmiert und erstaunt über einen so extremen Schostakowitsch. Kein Wunder, dass die Oper (in dieser Zweitfassung) gleich im kommenden Jahr, am 1. Oktober 1965, dann an der Leipziger Oper in einer faszinierenden Einstudierung von Joachim Herz (dem eine Aufführung der »Nase« noch verwehrt worden war, das gelang ihm erst 1985 in der Dresdner Semperoper) nun auch ihre deutsche Erstaufführung erlebte. Dazu gesellte sich in Leipzig noch Prokofjews frühe Oper »Der Spieler«, basierend auf dem gleichnamigen Roman von Dostojewski (Premiere: 15. Oktober 1972, inszeniert vom Chef des Moskauer Bolschoi-Theaters Boris Pokrowski). Auch dieses Werk war in der Sowjetunion noch nie aufgeführt worden.

Damit war in der DDR ein Bann gebrochen. Es war nun endlich möglich, aus dem Reich des »großen Bruders« auch die frühere avantgardistische bzw. wahrhaft realistische Seite dortiger Musik bzw. dortigen Musiktheaters zu entdecken. Europaweit wirkten diese Aufführungen in der DDR wie ein Sog, »Katerina Ismailowa« (bald auch wieder in der Originalversion als »Lady Macbeth von Mzensk«) und »Die Nase« eroberten in Ost und West die großen Bühnen des Kontinents. »Die Nase« und »Der Spieler« konnten nach langen Widerständen der Kulturpolitiker Jahre später auch in der Sowjetunion aufgeführt werden, lange Zeit hing ihnen dort immer noch der Ruch »spätbürgerlich dekadent« und »formalistisch« an. Beispielhaft war etwa die Inszenierung der »Nase« 1974 durch Boris Pokrowski an seiner Moskauer Kammeroper (an der szenischen Erarbeitung des Werkes konnte der schon schwerkranke Schostakowitsch noch lebhaften Anteil nehmen). Die Moskauer Kammeroper setzte sich über viele Jahre bis in die Gegenwart auch für weitere Bühnenwerke der sowjetischen Avantgarde ein. Und die maßstabsetzende Inszenierung der »Nase«, dirigiert von Gennadi Roshdestwenski, dem berufenen Schostakowitsch- und Prokofjew-Interpreten, war später bei den Dresdner Musikfestspielen 1978 als bejubeltes Gastspiel zu erleben.

So hielt also, dank des energischen Engagements führender Musiktheaterleute, die Avantgarde der sowjetischen Opernkunst ihren Einzug auf die Bühnen der DDR, und sie wirkte auf die hiesige junge Komponistengeneration ungemein anregend.

Auch mit anderen Inszenierungen konnte die Staatsoper in den 1960er Jahren auf Außergewöhnliches aufmerksam machen. So kam am 11. Oktober 1967 Reinhard Keisers Barockoper »Masaniello«

Sergei Prokofjew: »Der Spieler«, Oper Leipzig, 1972

(eigentlich »Masagniello furioso«) zur Erstaufführung, ein Stück über den Neapolitanischen Aufstand von 1663 unter Führung des Fischers Masaniello gegen die spanische Fremdherrschaft. Das Werk war 1706 in Hamburg uraufgeführt worden. (Dasselbe Thema behandelte dann 1828 auch Auber in »Die Stumme von Portici«.) Jetzt kam es in einer etwas tendenziösen Bearbeitung zur Aufführung, die den plebejisch-revolutionären Charakter der Handlung besonders hervorhob und von Johanna Rudolph (Pseudonym von Marianne Gundermann), einer jüdischen Antifaschistin, Händelforscherin und wissenschaftlichen Mitarbeiterin am Kulturministerium, stammte. Johanna Rudolph beeinflusste mit allerdings eingeengten ideologischen Maßgaben auch wesentlich die Hallesche Händel-Renaissance der 1950er und 1960er Jahre,[117] u.a. mit ihrem Buch »Händel-Renaissance«[118]. Die Berliner und Hallenser Händelspezialisten Helmut Koch (musikalische Leitung) und Heinz Rückert (Regisseur) waren die künstlerischen Leiter der Inszenierung. Im Sängerensemble ragten Theo Adam (Titelpartie) und Peter Schreier hervor.

Die relativ zurückhaltende Pflege der Barockoper an der Staatsoper erfuhr dann am 9. Mai 1970 mit der Aufführung von Händels

117 Vgl.: Katrin Gerlach/Lars Klingberg/Juliane Riepe. Parameter politischer Instrumentalisierung von Musik der Vergangenheit im Deutschland des 20. Jahrhunderts am Beispiel Georg Friedrich Händels.

118 Johanna Rudolph. Händel-Renaissance.

»Julius Cäsar« (mit Theo Adam, Sylvia Geszty, Annelies Burmeister und Peter Schreier in den Hauptpartien) eine weitere musikalisch und szenisch beeindruckende Belebung. Am Pult stand wieder Helmut Koch, die Inszenierung besorgte Erhard Fischer, das Bühnenbild Wilfried Werz. Vom selben Leitungsteam, nur die Ausstattung lag diesmal in den Händen des jungen Rudolf Heinrich, hatte es übrigens an der Staatsoper schon am 2. Juli 1961 eine Einstudierung von Händels »Ezio« mit Reiner Süß, Theo Adam und Gerhard Stolze gegeben.

»Fragen des sozialistischen Opernschaffens«

Ein weiterer Umstand muss noch in Betracht gezogen werden. Im Zuge ihrer Bemühungen um das neue Musiktheater veranstaltete die Staatsoper am 11. Februar 1971 – wir müssen an dieser Stelle etwas vorausgreifen – ein Werkstattgespräch: »Zu Fragen des sozialistischen Opernschaffens«. Es ist eines von zahlreichen Beispielen, wie man sich kollektiv über die so aktuelle Frage nach dem neuen Musiktheater verständigte bzw. Verständigung suchte und sich dabei auch nach »oben« hin, also gegenüber der Partei- und Staatsführung, absicherte. Teilnehmer waren u. a. die Komponisten Paul Dessau, Georg Katzer, Günther Kochan, Rainer Kunad, Gerhard Tittel und Joachim Werzlau, die Schriftsteller Günther Deicke, Heinz Kahlau, Hans Lucke, Günther Rücker und Paul Wiens, die Mitarbeiterinnen des ZK der SED Ursula Apelt und Erika Hinkel, Vertreter von Besucherorganisationen und Freundschaftsbrigaden sowie leitende Mitarbeiter der Staatsoper. Einleitend beschrieb Intendant Hans Pischner die grundsätzliche Zielstellung der Zusammenkunft. Da hieß es u. a.:

»Diese Beratung ist ein erster Versuch einer Selbstverständigung zwischen Komponisten, Schriftstellern, Besuchern des Theaters und Mitarbeitern aus allen Bereichen des Theaters. Sie soll Anregungen geben, schöpferische Interessen wecken und Ideen provozieren. Wesentliche Impulse erhält unser Gespräch von der Beratung der Schriftsteller und bildenden Künstler mit dem Vorsitzenden des Staatsrates Walter Ulbricht. Die Gedanken dieser Beratung nehmen wir auf und wollen sie der Spezifik des Musiktheaters entsprechend anwenden. Mit den bisherigen Methoden allein ist heute die Entwicklung neuer Werke nicht mehr zu praktizieren. Die Leitung und die Dramaturgie eines Theaters brauchen heute für eine perspektivische Entwicklungsarbeit einen ganzen Kreis von Mitarbeitern, von Komponisten, Schriftstellern und Vertretern des Publikums. Als etwas sehr Positives möchte

ich herausstellen, daß das Interesse für das neue Opernschaffen zugenommen hat. Noch vor einigen Jahren war es schwierig, namhafte Schriftsteller unserer Republik als Librettisten zu gewinnen. Inzwischen haben Autoren wie Günther Deicke, Heiner Müller und Erik Neutsch für uns gearbeitet [...]. Es gibt eine Reihe von Fragen und Problemen, mit denen wir uns schon oft auseinandergesetzt haben [...]. Da ist die Frage, welche Themen, welche Stoffe erscheinen überhaupt für die Opernbühne geeignet. Dabei möchte ich gleich auf die Tatsache aufmerksam machen, daß es bisher noch relativ ungünstig mit Stoffen und Themen aussieht, die das Leben unserer Gesellschaft direkt behandeln [...]. Es ist eine entscheidende Frage, daß wir zu den echten menschlichen Konflikten vorstoßen [...]. Wie sieht es mit den sozialistischen Verhaltensweisen, mit der sozialistischen Moral und Ethik in der Realität aus? Wie weit sind diese schon zu echten Normen geworden? Wo finden wir Vorbilder und Leitbilder?«[119]

Da klang noch die unfruchtbare Tätigkeit der schon erwähnten »Kommission Oper« im Verband Deutscher Komponisten und Musikwissenschaftler von 1953 nach – und auch die vergebliche ideologische Stoßrichtung des »Bitterfelder Wegs« in den 1960er Jahren, d.h. der Ruf nach Künstlerkollektivität bzw. einem Kollektiv der Künstler mit der Arbeiterklasse als Ausdruck eines ursprünglichen Realismus in der Kunst. Es war gewissermaßen der Versuch einer Kollektivierung des Opernschaffens – so wie auch die Kollektivierung der Landwirtschaft durch die Bildung von Landwirtschaftlichen Produktionsgenossenschaften (LPG) zehn Jahre zuvor oder die Enteignung des handwerklichen Mittelstands durch die Bildung von Produktionsgenossenschaften des Handwerks (PGH) später durchgesetzt worden war.

Auf der Opernbühne blieb der unverzichtbare Individualcharakter künstlerischen Schaffens dabei ziemlich auf der Strecke. Und problematisch muss aus heutiger Sicht auch die geradlinige Gleichsetzung sozialistischer Moral- bzw. Ethiknormen mit der besonderen ästhetischen Spezifik der Oper erscheinen. Die Oper entzieht sich einem vordergründigen Gesellschaftsabbild, muss – das hatte Pischner vorher deutlich formuliert – eigentlich »eine überhöhte Gestaltung – vom Sprachlichen und von der Konfliktgestaltung her – aufweisen«. Dem grundlegenden ästhetischen Unterschied von Realität und Kunstrealität drohte ein fataler Kurzschluss.

Aus der Diskussion bei diesem Werkstattgespräch 1971 sei zunächst der Komponist Rainer Kunad (der gerade ein Jahr zuvor in Dresden mit seinem »Maître Pathelin« einen großen Erfolg erzielt hatte) zitiert, der prononciert eine weitgreifende Sozialästhetik für die Oper formulierte:

[119] Zu Fragen des sozialistischen Opernschaffens. Werkstattgespräch der Deutschen Staatsoper Berlin vom 11. Februar 1971.

»Die Opernentwicklung in der DDR hat in den letzten Jahren etwas sehr Positives gebracht: die dialektische Dramaturgie. Das ist eine echte Neuerung, die zum Gegenwärtigen hinführt. Es ist die funktionelle und wechselseitige Durchdringung von Szene und Musik, nicht mehr das Nebeneinanderlaufen beider oder das in bestimmten Klischee-Modellen Eingefahrene [...]. Die Oper braucht jene Ebene, die so groß und kühn ist, daß die Kunst des Singens herausgefordert wird [...]. Ich glaube nicht, daß die Musik die Aufgabe haben kann, ›gefällig‹ zu sein, sondern sie soll überzeugen.«[120]

Ironisch und lapidar beteiligte sich auch Paul Dessau mit ein paar Sätzen an dem Gespräch:

»Ich habe vor 20 Jahren den ›Lukullus‹ geschrieben. Sie wissen alle, daß es mit dem Werk Schwierigkeiten gab. Das ist verständlich. Unser Publikum war neu, und vielleicht war in der Oper auch etwas Befremdliches. Die Oper wurde gegeben, und wir hatten Besuch von fünf sowjetischen Kollegen. Diese Kollegen fanden keinen Zugang zu meiner Oper. Ich habe ihnen das nicht übelgenommen. Meine Oper war ungewohnt. Diese selbe Oper ist vor wenigen Wochen in Moskau aufgeführt worden. Ich bekam gestern einen Brief von einem sowjetischen Freund, der mir von einer hellen Begeisterung der Moskauer einschließlich der Kollegen erzählte. Diese Veränderung brauchen wir, und sie kann kürzer oder länger dauern. Das ist eine marxistische Anschauung. Wer bei der Musik glaubt, sie sei Schlagsahne, der ist im Irrtum. Der Hörer muß lernen, beim Hören zu arbeiten. Sehen ist auch eine Arbeit. Bei der Musik ist es genau dasselbe.«[121]

Und Georg Katzer, Schüler von Wagner-Régeny und Eisler, äußerte sich – leicht ironisch – über geforderte »Eingängigkeit« oder auch »Gefälligkeit« von Musik in neuen Werken:

»Wie ist das also mit der Eingängigkeit? Von uns anwesenden Komponisten hat keiner das erklärte Ziel, von vornherein uneingängig zu sein. Jeder Komponist möchte natürlich seinem Publikum möglichst viel mitgeben [...]. Ich erinnere mich, ich war 16 oder 17 Jahre alt und hatte zur Musik noch kein sehr enges Verhältnis, als ich zum ersten Mal eine Tonbandvorführung von ›Lukullus‹ hörte. Paul Dessau erklärte das Stück. Er sagte bei einer Stelle, sie sei so melodiös, daß es schon fast unanständig sei. Ich habe ihn damals nicht verstanden. Heute verstehe ich ihn vollkommen. Auch in diesem Stück gibt es Nummern, die genauso eingängig sind wie die Champagner-Arie [...]. Ich halte eine Sache für eingängig, die klar erkennbar, die profiliert ist. Eingängigkeit bezieht sich nicht nur auf das Melodische [...]. Der heutige Komponist denkt anders. Er sieht das musikalische Gewebe mehr als eine Gesamtheit.«[122]

120 Ebd.
121 Ebd.
122 Ebd.

Diese Diskussion hatte durchaus reale künstlerische Ergebnisse. Eingeladen waren vornehmlich Künstler, die gemeinsam mit der Staatsoper an konkreten Opernprojekten arbeiteten. So zuvor schon Paul Dessau mit »Lanzelot« (UA 1969, Libretto: Heiner Müller) bzw. dem »Puntila« (UA 1966, nach Brecht), später folgten noch »Einstein« (1974) und »Leonce und Lena« (1979), weiterhin Günther Kochan und Erik Neutsch mit der Gegenwartsoper »Karin Lenz« (UA 1971), Joachim Werzlau und Günther Deicke mit »Meister Röckle« (UA 1976) oder Rainer Kunad mit »Sabellicus« (UA 1974).

Komische Oper. Neue Akzente

An Felsensteins Berliner Komischen Oper traten in den 1960er Jahren in der Nachfolge von Kurt Masur weitere Dirigenten in den Vordergrund, so der junge Gert Bahner oder der Tscheche Zdeněk Košler. Und vermehrt kamen auch die Regieschüler Felsensteins mit eigenen Inszenierungen zu Wort. Zunächst einmal Götz Friedrich. Er führte Regie bei Puccinis »Tosca«, Mozarts »Cosí fan tutte«, Strauss' »Salome«, Janáčeks »Jenufa«, Monteverdis »Heimkehr des Odysseus« (1966), Verdis »Troubadour« (1966), der Uraufführung von Matthus' »Der letzte Schuss« (1967), Verdis »Aida« (1969) und Gershwins »Porgy und Bess« (1970). Schon die Aufzählung dieser Titel macht deutlich, wie sehr sich die Bandbreite der Repertoiregestaltung an der Komischen Oper in dieser Zeit erweiterte.

Erstmals fand mit dem Matthus-Stück auch eine Uraufführung in der Behrenstraße statt, nachdem Felsenstein, der sich frühzeitig die Uraufführungsoption für Dessaus »Puntila« gesichert hatte, sich letztlich aber doch nicht zu einer Inszenierung des Werkes hatte entschließen können – ästhetisch zu fremd war ihm wohl doch dieses Stück epischen Musiktheaters.

»Der letzte Schuss« von Matthus war, neben den Dessau-Opern, wohl der wichtigste Beitrag zum zeitgenössischen Musiktheater der 1960er Jahre in der DDR. Siegfried Matthus, Schüler von Wagner-Régeny und Eisler und ab 1964 Dramaturg an der Komischen Oper, hatte unter Beteiligung des Regisseurs Götz Friedrich das Libretto selbst geschrieben. Vorlage war die sowjetische Revolutionsnovelle »Der Einundvierzigste« von Boris Lawrenjow. Es ist eine anrührende Liebesgeschichte zwischen einer Rotarmistin und einem weißgardistischen Offizier in der Zeit des russischen Bürgerkriegs, eine Handlung, die nicht von äußerer Dramatik lebt, sondern von starker psychischer Spannung. Als besonderes dramaturgisches Moment

Richard Strauss: »Salome«, Komische Oper Berlin, 1963

123 Siegfried Matthus. Zur Oper »Der letzte Schuss«, In: Programmheft des Deutschen Nationaltheaters Weimar, 1971; zit. nach: Komponisten der DDR über ihre Opern. Teil II, S. 98; vgl. auch: Sigrid und Hermann Neef. Deutsche Oper im 20. Jahrhundert. DDR 1949–1989, S. 323.

verwandte der Komponist für die beiden Hauptpartien auch die musikalische Doppelung durch »Gedankenstimmen«. Sie sollen, wie der Komponist beschrieb, »das in den feindlichen Situationen nicht Aussprechbare zwischen den beiden Personen vermitteln, aber auch Gedanken und Emotionen Klang werden lassen, die außerhalb des formulierten Wortes stehen«.[123] Zudem arbeitete Matthus mit gängigen Stilmitteln moderner Musik, so z. B. der räumlichen Aufteilung des Orchesters und des Chores. Es ist eine durchkomponierte Oper, die Elemente der Pantomime und des Films einbezieht. Gelegentlich verwandte Matthus auch die Zwölftönigkeit, ohne diese Zwölftonbildung jedoch als kompositorische Grundstruktur einzusetzen – so in einem ersten Orchesterzwischenspiel, einer Passacaglia. (Diese musikalische Form wurde übrigens im 20. Jahrhundert sowohl in der Instrumentalmusik als auch in der Oper von vielen Komponisten gern verwendet: von Hindemith in »Marienleben«, von Schostakowitsch in »Lady Macbeth von Mzensk« und von Berg in »Wozzeck«, hier auch in Form einer Zwölftonreihe.) Dodekaphonie war für Matthus wie für viele seiner komponierenden Generationskollegen zu jener Zeit ein Reizmittel, gerade auch weil die Zwölftonmusik in der DDR noch bis in die 1960er Jahre verteufelt und als formalistisch verrufen war.

Die Aufführung der Oper 1967 – anlässlich des 50. Jahrestages der Oktoberrevolution – hinterließ einen starken Eindruck, blieb aber in

Berlin eigentlich folgenlos. Im Land aber erlebte das Stück seit den 1970er Jahren in rascher Folge weitere Einstudierungen, namentlich 1971 in Weimar in der Inszenierung von Harry Kupfer und auch in der Bundesrepublik. Matthus äußerte sich 1968 einmal sehr prinzipiell über sein Verständnis von zeitgenössischer Oper:

»*Die Funktion der Oper in ihrer Zeit sehe ich darin, daß sie mit ihrer Zeit in Kontakt bleibt und in ihrer Spezifik zum Verändern der Zeit und der Welt beiträgt.*«[124]

Götz Friedrich hatte sich mit seinen erfolgreichen Inszenierungen während der 1960er Jahre eine starke Position in der Komischen Oper erarbeitet, in der er natürlich auf die Nachfolge des bald 70-jährigen Felsensteins zusteuerte. Neben ihm legte aber auch der andere herausragende Schüler Felsensteins und seit Ende der 1950er Jahre erfolgreiche Leipziger Operndirektor Joachim Herz einige sehr markante und vielbeachtete Inszenierungen am Haus in der Behrenstraße vor: von Wagners »Der fliegende Holländer« (1962), dann mit der DDR-Erstaufführung von Henzes »Junger Lord« (1968) und mit Verdis »Macht des Schicksals« (1971). Diese Inszenierungen bestachen ebenfalls durch ihre ästhetische Stringenz und regieliche Meisterschaft. Damit hatten sich beide, Friedrich und Herz, bestens für die Nachfolge Felsensteins empfohlen.

Doch der Meister selbst dachte noch nicht daran, sich von der Leitung des Hauses zurückzuziehen und ließ ganz bewusst die Frage seiner eventuellen Nachfolge in der Schwebe. Er selbst bereicherte das Repertoire durch inzwischen längst legendäre Aufführungen: Offenbachs »Ritter Blaubart« (1963), Mozarts »Don Giovanni« (1966), Prokofjews »Liebe zu drei Orangen« (1968). Zudem konnte sich Felsenstein, nach der denkwürdigen »Fidelio«-Verfilmung von 1956, ein unvergängliches Denkmal mit den Verfilmungen von vier seiner bekanntesten Inszenierungen an der Komischen Oper setzen: 1965 »Das schlaue Füchslein«, 1969 »Othello«, 1970 »Hoffmanns Erzählungen« und 1973 »Ritter Blaubart«. Daneben profilierten sich weitere Felsenstein-Schüler: der spätere Hallenser Operndirektor Wolfgang Kersten etwa mit Tschaikowskys »Pique Dame« (1963) und Händels »Deidamia« (1969) oder Horst Bonnet, ein Spezialist für das heitere Genre, mit Gays »Bettleroper« (1964).

Von Ende 1964 bis zum Dezember 1966 blieb die Komische Oper wegen einer Generalsanierung geschlossen. Das Haus wurde innen und außen neu gestaltet und modernisiert. Während der Schließung konnte die Komische Oper nur ein eingeschränktes Repertoire bieten, indem sie sich gastweise gelegentlich an anderen Orten präsentierte, etwa in der Volksbühne und in der Staatsoper sowie an

124 Zs. »Theater der Zeit« 6/1968, Berlin, S. 26.

Komische Oper Berlin kurz vor der Wiedereröffnung 1966

einigen Theatern der DDR. Einige Tourneen führten auch ins Ausland, so 1965 nach Stuttgart (mit »Ritter Blaubart« und »Barbier von Sevilla«), nach Stockholm (mit »Ritter Blaubart« und »Barbier von Sevilla«), nach Halle (mit der »Bettleroper«), nach Venedig (Teatro la Fenice, mit »Hoffmanns Erzählungen« und der »Bettleroper«) und nach Moskau (Stanislawski-Nemirowitsch-Dantschenko-Musiktheater, mit »Ein Sommernachtstraum«, »Othello« und »Ritter Blaubart«). Die mit Spannung erwartete Wiedereröffnung fand am 4. Dezember 1966 mit Felsensteins »Giovanni«-Inszenierung statt. Es war eine – allerdings nicht restlos überzeugende – psychologisierende Neudeutung des schwierigen Mozart'schen Meisterwerks.

Ab 1960 war der Musikwissenschaftler und Musikjournalist Horst Seeger als Chefdramaturg an der Komischen Oper tätig. Bis 1973 trug er in dieser Position Wesentliches zur dramaturgischen und künstlerischen Spezifizierung des Hauses bei, auch durch die Herausgabe der »Jahrbücher der Komischen Oper« (1961–1973). Darin dokumentierte er die Inszenierungen der Komischen Oper, vermittelte aber auch Informationen über weiterreichende historische und ästhetische Aspekte des Musiktheaters. In seiner Redaktion gerieten die »Jahrbücher« (später auch mit ihren quasi Nachfolgern »Musikbühne« und »Oper heute. Ein Almanach der Musikbühne«) zu einem einzigartigen Publikationsorgan über allgemeine Entwicklungsfragen der Opernbühne. Sie boten zudem das Forum für intensiv geführte Diskussionen zu aktuellen künstlerischen Fragen.

»Zeitgenössische Operninterpretation«

Vom 6. bis 11. November 1965 fand in Leipzig ein Kolloquium des Internationalen Theaterinstituts (ITI) zum Thema »Zeitgenössische Operninterpretation« statt. Im »Jahrbuch VI« der Komischen Oper hatte Seeger zwei sehr wichtige Beiträge veröffentlicht, nämlich die Referate von Felsenstein (»Methodische Fragen des Musiktheaters«) und Herz (»Richard Wagner und das Erbe – Möglichkeiten des Musiktheaters an einer Repertoirebühne«). Damit wurde im Grunde eine überfällige grundsätzliche Diskussion möglich über den von Felsenstein in die Welt gebrachten Begriff des realistischen Musiktheaters und die Möglichkeit, ihn in der Theaterpraxis zu verwirklichen. In seinem Referat ging Felsenstein am 7. November dann auch sehr bewusst auf dieses Problem ein. Er war sich der Tatsache bewusst, dass es nach wie vor eine »Diskrepanz zwischen Theorie und Praxis« gebe und dass die von ihm einst formulierte »Forderung, das Musizieren und Singen auf der Bühne müsse zu einer überzeugenden, wahrhaften und unentbehrlichen menschlichen Äußerung gemacht werden«, noch ein Zukunftstraum sei: »Sie ist noch nicht erfüllt, weder in der Komischen Oper noch anderswo.« Und Felsenstein war sich zudem bewusst, dass die Fachwelt national wie international durchaus andere Ansichten zur gewählten Thematik hatte. Wenn man den Begriff »Regietheater« mit seinen Intentionen gleichsetzen wollte, so war das Regietheater eben längst noch nicht etabliert, und das Musiktheater war zugleich auf dem Wege, sich zumindest in der DDR in gänzlich anderer ästhetischer Weise zu realisieren (man denke etwa an die Arbeiten von Ruth Berghaus). Noch einmal nutzte Felsenstein das Kolloquium, seine Überzeugungen, die er in mehr als eineinhalb Jahrzehnten mit seinen Inszenierungen an der Komischen Oper erprobt und behauptet hatte, zu erläutern.[125]

Der Beitrag von Joachim Herz vom 10. November 1965 verstand sich auch aus dem Umstand, dass er zu dieser Zeit gerade mit zwei Wagner-Werken beschäftigt war. Wenige Wochen zuvor hatte seine Inszenierung des »Lohengrin« am Leipziger Opernhaus Premiere und nur wenige Wochen später war der Premierentermin für seine Inszenierung des »Tannhäuser« in Frankfurt am Main. Nach den »Meistersingern« und dem »Fliegenden Holländer« stellten diese beiden Einstudierungen gewissermaßen eine neue Phase seiner Beschäftigung mit Wagner dar. Umso eingehender konnte er sich daher jetzt mit Regiefragen bei Wagner auseinandersetzen. Er begann seine Ausführungen mit einer kleinen Provokation: »›Jeder Takt einer dramatischen Musik ist nur dadurch gerechtfertigt, daß er etwas auf die Handlung oder den Charakter des Handelnden Betreffendes ausdrückt.‹ – Das stammt nicht von Prof. Felsenstein, sondern von Richard Wagner.« Es war eine eigentlich längst bekannte Tatsache, die aber weder von Felsenstein selbst noch von anderen bemerkt, möglicherweise auch geflissentlich ignoriert worden war, dass nämlich die Wagner'sche Vorstellung von der Inszenierung seiner Werke und anderer Komponisten grundlegende Übereinstimmungen aufwies mit den Prämissen, wie sie für ein realistisches Musiktheater in der DDR formuliert worden waren. Herz führte dementsprechend aus:

125 Jahrbuch der Komischen Oper Berlin VI. Spielzeit 1965/66, S. 28–41, bes. S. 30.

Richard Wagner: »Lohengrin«, Oper Leipzig, 1965

»Unsere ganze Sympathie gilt Richard Wagners Kampf für eine sinnvolle Beziehung von Musik und Szene – unsere Ablehnung denen, die (den Buchstaben mit dem Geist verwechselnd) seine Lösungsvorschläge einbalsamiert haben, auf das gröblichste verstoßend gegen den revolutionären Elan des Meisters [...]. Welchen Platz soll nun eine Bühne dem Werk Richard Wagners zuweisen, die sich den Grundsätzen des Musiktheaters verpflichtet weiß? Vielleicht einen am Rande der Kulturpolitik und im Herzen des Einnahmesolls? Oder besteht nicht vielmehr die Verpflichtung, diese Werke auf das genaueste zu studieren und auszuprobieren, ob vielleicht gerade die Grundsätze des Musiktheaters ihnen Aspekte abzugewinnen vermögen, die bisher übersehen wurden? Wir haben uns in Leipzig für diesen Weg entschieden, halten unsere Bemühungen jedoch für nichts anderes als einen allerersten Anfang in dieser Richtung.«[126]

126 Ebd., S. 42–60, bes. S. 42, 46, 49; vgl. auch: Joachim Herz. Theater – Kunst des erfüllten Augenblicks. Briefe, Vorträge, Notate, Gespräche, Essays, S. 119–133.

Am 11. November kam auf dem Leipziger Kolloquium auch der linke italienische Philosoph und Theaterhistoriker Ernesto Grassi zu Wort. Er war seit langem begeisterter Besucher der Komischen Oper und stand mit seinen kulturphilosophischen und ästhetischen Ansichten dem realistischen Musiktheater sehr nahe. Schon ein Jahr zuvor hatte er im »Jahrbuch V« der Komischen Oper einen Beitrag mit dem Titel »Die Welt der Phantasie« veröffentlicht. In einem umfangreichen Begleitbrief dazu an Horst Seeger umriss er seine Vorstellungen und bekannte auch seine Faszination für die Aufführungen der Komischen Oper, da seiner Meinung nach »darin höchste Geistigkeit gleichen Schritts mit höchster Verständlichkeit zusammenwirkt, und zwar so, daß der Intellektuelle wie der einfache Mensch gleichermaßen ergriffen werden und genießend teilnehmen«. Ja, er würde in der Arbeit der Komischen Oper gar »einen sehr wesentlichen Aspekt des ›sozialistischen Realismus‹ sehen«.[127]

Seinen Leipziger Beitrag betitelte Grassi wie folgt: »Das Problem des Realismus im Theater«. Er berief sich darin auf beeindruckende Erlebnisse an der Komischen Oper und verwies dann überraschend auf Darstellungen des französischen Theatermanns Antonin Artaud. Dieser hatte in den 1920er und 1930er Jahren für sich die Welt des Surrealismus, des Absurden entdeckt, indem er die Urgründe des Theaters in Mythos und Ritual sah, während er im Gegensatz dazu die jüngere europäische Theatergeschichte als »rein psychologisch« ausgerichtet betrachtete. Dem gegenüber sei ein »orientalisches« Modell »als ein schlechthin metaphysisches Theater« zu begreifen und eben gerade aus dieser Richtung die Erneuerung des modernen Theaters anzustreben. Damit hatte Artaud eine ganze Theaterrevolution angeregt, wie sie dann u. a. von Adamov, Beckett, Ionesco oder Grotowski repräsentiert wurde und europaweit ausstrahlte. Weitere Kronzeugen sah Grassi in den Arbeiten der Verhaltensforscher Jakob und Thure von Uexkuell, auch hier ging es um ursprüngliche, teilweise unbewusste Phänomene in der Zeichenhaftigkeit und in der Bedingtheit der Beziehungen von Mensch, Tier und Natur, um Erfahrung und Anschauung von Welt. Von einer solchen Warte aus definierte Grassi dann das Theater als »Schauplatz der sinnlichen und geistigen ursprünglich sinngebenden Zeichen und Einsichten«, als »Erscheinungsort der weisenden geistigen ›ingeniösen‹ Urmotive«, als »Schauplatz für den Entwurf möglicher menschlicher Ordnungen«, und er schlussfolgerte daraus:

»*Daher ist der Entwurf des Mythos, der Fabel und des Ablaufs (der Text der Handlung als Grundlage der Interpretation) jenes primäre Element, von dem alle anderen theatralischen Momente (Bild, Musik, Sprache, Denkweise und Charaktere) abhängen und von denen aus sie zu verstehen sind.*«

Weiter: »*Ähnlich entwirft das Theater einen eigenen Raum und eine eigene Zeit, mit eigenen Handlungen – Mythen, Fabeln – und Szenerien [...]. Weil das Theater nur Möglichkeiten entwirft – wie jede Form von Kunst –, ist es keine Wirklichkeit, es verbleibt im Unrealen.*«[128]

127 Ernesto Grassi. Die Welt der Phantasie, In: Jahrbuch der Komischen Oper V. Spielzeit 1964/65, S. 7.

128 Ernesto Grassi. Das Problem des Realismus im Theater, In: Jahrbuch der Komischen Oper Berlin VI. Spielzeit 1965/66, S. 90–109, bes. S. 95f., 99, 104ff., 108.

Akzentuiert wies Grassi also auf »Urrealitäten« hin, an denen sich das moderne Theater orientieren müsse, um sich »von bürgerlichem, entfremdetem Theater« befreien zu können.[129] Das war ein weitgefasster Realismus-Begriff für das Theater. Er reichte von der Antike über den Surrealismus (und unausgesprochen auch Existenzialismus) bis hin zu Brechts (explizit erwähntem) epischem Theater und eben dem realistischen Musiktheater Felsensteins.

Unerwartet für so manchen der Beteiligten des ITI-Kolloquiums und auch wohl für Felsenstein selbst war mit dem Beitrag von Grassi der Blick auf die Möglichkeiten von realistischer Theaterkunst um viele Facetten, ja, um grundsätzliche neue Einsichten bzw. Ansichtsmöglichkeiten erweitert worden. Eine bislang durchaus fast etwas selbstverliebte Einengung und Fokussierung auf die Theaterpraxis der Komischen Oper als Allheilmittel für jegliches Musiktheater hatte so eine zumindest im Wort formulierte Relation erfahren, die erweiterte Anschauungs- und Aneignungsweisen für das Theater ermöglichte.

War zwar der Beitrag von Grassi durchaus keine Polemik gegen Felsenstein, dessen Arbeiten er überaus schätzte, sondern vielmehr ein Plädoyer dafür, geistige und ästhetische Horizonte – auch und gerade für ein realistisches Theaterverständnis in der DDR – neu zu entdecken und als Bereicherung anzunehmen, so drückte sich darin aber eben auch ein Realismus-Verständnis aus, das von der offiziellen Kulturpolitik des Staates meilenweit entfernt war – man denke nur an die hier empfohlene Rückbesinnung auch auf Traditionen des Surrealismus und gar Existenzialismus. Doch war eine solche Meinungsäußerung im Rahmen einer vom ITI veranstalteten Tagung unwidersprochen möglich. Die DDR-Kulturoberen nahmen es hin; es galt, sich international als liberal und offen darzustellen.

Die »Jahrbücher der Komischen Oper«, um noch einmal auf diese zurückzukommen, hatten sich also in beeindruckender Weise als repräsentatives Diskussions- und Informationsforum nicht nur der Komischen Oper, sondern insgesamt der Opernkultur in der DDR erwiesen. Sie boten ein breit gefächertes Kompendium historischer und ästhetischer Darstellungen, sie waren und sind ein an Befunden reiches Zeugnis sehr lebendiger Auseinandersetzung um Fragen des Musiktheaters.

Auf ein besonderes Ereignis der frühen 1960er Jahre sei – wenn auch nur am Rande – noch hingewiesen. Der Komponist Kurt Schwaen hatte 1959 eine Funkoper »Fetzers Flucht« (Text von Günter Kunert) komponiert. In dichterisch überhöhter Weise wurde hier das brisante Thema der Republikflucht eines jungen Mannes thematisiert.

129 Ebd.

Die Ursendung des Werkes fand am 6. August 1959 im Sender Radio DDR I statt. Die Produktion war erfolgreich und erhielt auch internationale Anerkennung, u. a. auf einem Internationalen Rundfunk-Wettbewerb 1959 in Prag von einer Jury unter dem Vorsitz von Dmitri Schostakowitsch. Der Erfolg dieser Funkoper – ein Novum in diesem Kunstgenre – regte den Fernsehfunk der DDR an, die Autoren zu beauftragen, auf dasselbe Sujet eine zeitgenössische Fernsehoper zu schreiben, ebenfalls ein Novum. Die Ursendung des neuen Werkes war am 13. Dezember 1962 im Fernsehen der DDR zu sehen, mit zunächst durchaus zustimmenden Einschätzungen von Presse und Publikum. Doch schon wenige Tage später wendete sich das Blatt. Plötzlich erschien »Fetzers Flucht« als dekadent und volksfremd, als »formalistisch«. Der kurz darauf tagende VI. Parteitag der SED, auf dem die kulturpolitische Linie der Partei wieder einmal zugespitzt wurde, warf seine Schatten voraus. Und in einer scharfmacherischen Rede Kurt Hagers auf einer Beratung von Politbüro und Ministerrat am 25. März 1963 – so hoch wurde erneut die ideologische Brisanz der Vorgänge eingeschätzt – hieß es dann u. a.:

»Eine der wichtigsten Aufgaben unserer Literatur und Kunst besteht darin, den von echter Lebensfreude erfüllten Optimismus unserer sozialistischen Weltanschauung zu vermitteln. Unter diesem Gesichtspunkt nehmen wir Stellung zu der Fernseh-Oper ›Fetzers Flucht‹ und dem Fernsehfilm ›Monolog für einen Taxifahrer‹ [Autor gleichfalls Günter Kunert] [...]. Beide Filme sind durchdrungen von einem tiefen, unserer sozialistischen Weltanschauung fremden Skeptizismus gegenüber dem Menschen und seiner Fähigkeit, die Welt und dabei sich selbst zu verändern.«[130]

Obwohl sich damals die Kritik vornehmlich gegen den Text und die Regie richtete, fühlte sich auch der Komponist sehr betroffen. Er meinte später einmal dazu:

»Ich halte den ›Fetzer‹ [...] für ein klassisches Werk [...]. Der Begriff ›Formalismus‹, auf dieses Werk angewandt, ist unsinnig [...]. Mir, meiner Musik, Formalismus vorzuwerfen, das geht in die Irre.«[131]

Ein interessanter Aufbruch in genreerweiternde künstlerische Regionen war für das Musiktheater der DDR somit abrupt beendet. Das Fernsehen wagte keine weiteren Vorstöße mehr in diese Richtung, verstärkte jedoch seine Produktion von konventionellen Operninszenierungen, d. h. der Übersetzung von realen Bühnenaufführungen in das Medium Fernsehen.

130 Zit. nach: Sigrid und Hermann Neef. Deutsche Oper im 20. Jahrhundert. DDR 1949–1989, S. 449ff., 454ff.

131 Komponieren zur Zeit. Gespräche mit Komponisten der DDR, S. 218f.

Opernarbeit im Lande. Leipzig, Dresden und anderswo

Leipzigs neues Opernhaus

Nach der Beschreibung des ITI-Kolloquiums 1965 in Leipzig mit der Beleuchtung auch von Joachim Herz' ausführlichem Beitrag soll sich der Blick nun erweitern auf die Leipziger Opernsituation in den 1960er Jahren richten. Das neue Opernhaus am Karl-Marx-Platz (heute wieder Augustusplatz) bot alle Voraussetzungen für ein Opernrepertoire von internationalem Zuschnitt. Und ein Glücksfall war es auch, dass hier seit einigen Jahren eben mit Joachim Herz ein Operndirektor tätig war, der in geistiger Virtuosität und mit immensem Arbeitseifer eine erfolgreiche Opernpremiere nach der anderen präsentieren konnte. Das Gewandhausorchester wirkte ja traditionsgemäß gleichzeitig als Opernorchester – eine ideale künstlerische Voraussetzung. Und im Sängerensemble wuchsen etliche Protagonisten heran, die in den Folgejahren in großartiger Weise das Repertoire getragen haben: Christa-Maria Ziese, Ursula Brömme, Sigrid Kehl und Rainer Lüdeke wurden schon erwähnt, jetzt traten sie in die erste Reihe, weiterhin ist zu erinnern an Renate Härtel, Elisabeth Breul, Maria Croonen, Anna Tomowa-Sintow, Lothar Anders, Rolf Apreck, Walter Schmidt, Edgar Wählte, Bruno Aderhold, Rudolf Riemer und die tschechischen Gäste Gustav Papp, Ladislav Mráz und Karel Berman.

Einen glanzvollen Neuanfang gab es also mit der Eröffnung der neuen Leipziger Oper. Operndirektor Joachim Herz hatte dazu eindringlich programmatische, geradezu beschwörende Worte in der Eröffnungsschrift des Theaters formuliert:

»*Das neue Opernhaus soll für uns nicht eine Stätte äußerlicher Repräsentation sein, sondern es will Erlebnisse und durch das Erlebnis Erkenntnisse vermitteln. Wir sehen in der Oper mehr als ein verfeinertes Mittel des Genusses. Keinem bewußtlosen Rausch soll sich der Zuhörer und Zuschauer hingeben, sondern er soll menschliche Konflikte miterleben, soll mitdenken und miturteilen [...]. Unser Grundsatz soll sein: Wesentliche Werke in gültigen Aufführungen.*«[132]

Zum Festakt am 8. Oktober 1960 kamen Walter Ulbricht, Parteichef der SED und seit dem 12. September auch Vorsitzender des nach

[132] Zit. nach: Fritz Hennenberg. 300 Jahre Leipziger Oper. Geschichte und Gegenwart, S. 152.

Richard Wagner: »Die Meistersinger von Nürnberg«, Eröffnung der neuen Oper Leipzig, 1960

dem Tod von Staatspräsident Wilhelm Pieck am 7. September neu gegründeten Staatsrates der DDR, mit seiner Frau Lotte, Ministerpräsident Willi Stoph sowie etliche Persönlichkeiten des diplomatischen Corps (es waren ja nur Vertreter der sozialistischen Länder, da die DDR im westlichen Ausland noch nicht anerkannt war). Ulbricht saß in der eigens für diese Staatspersönlichkeit eingerichteten linken Seitenloge hoch über dem Parkett (die Loge blieb ansonsten in Zukunft unbesetzt). Nach langen Festreden spielte das Gewandhausorchester unter Franz Konwitschny Brahms' Violinkonzert mit dem sowjetischen Stargeiger David Oistrach als Solisten sowie Beethovens 5. Sinfonie. Am nächsten Tag, am 9. Oktober, gab es die Eröffnungspremiere mit der Herz-Inszenierung von Wagners »Meistersingern«. (Eigentlich hatten die Leipziger an die Inszenierung einer russischen Oper gedacht – als Geste gegenüber dem »großen Freund und Bruder« Sowjetunion. Doch gerade von dieser

Richard Strauss: »Salome«, mit Christa-Maria Ziese, Oper Leipzig, 1961

Seite kam der korrigierende Hinweis, dass es eher angebracht sei, eine deutsche Nationaloper zu spielen.) Die Inszenierung hinterließ nicht nur musikalisch, sondern auch szenisch – stilisiert quasi auf eine Renaissance-Bühne – einen starken Eindruck, wurde jedoch wegen ihrer ungewohnten geistigen und bildlichen Innovation zunächst auch kontrovers diskutiert.

Es folgten in dichter Folge die Premieren von Händels »Radamisto«, von Beethovens »Fidelio« und von Tschaikowskys »Eugen Onegin«. Das war ein starker Auftakt, dem sich 1961 gleich noch Heinz Arnolds Inszenierung von Strauss' »Salome« und dann – eine künstlerische Großtat von Herz – die deutsche Erstaufführung von Prokofjews »Krieg und Frieden« anschlossen.

In den nächsten Jahren waren in Leipzig weitere sehr erfolgreiche Inszenierungen (meistens von Herz) zu erleben, darunter u. a. Brechts/Weills »Aufstieg und Fall der Stadt Mahagonny« (1967) – ein inszenatorischer Paukenschlag –, aber auch Verdis »Don Carlos« (1967), dirigiert von Ogan Durjan, dem armenischen Stardirigenten. Durjan war bereits seit 1962 als Gast in Leipzig tätig, doch um seine Verpflichtung als Chefdirigent bemühte sich die Leipziger Oper vergebens, da die sowjetischen Behörden ihn nicht freiließen.

Das war eine äußerst opulente Vielfalt der internationalen Opernwelt, die in Leipzig präsentiert wurde. Unverkennbar zeigte sich als Schwerpunkt die ältere und neuere slawische Oper und auch ein Trend zum neueren und neuesten Musiktheater. Die meisten Inszenierungen fanden ein großes Echo beim Publikum, »Krieg und Frieden« beispielsweise erlebte insgesamt 56 Vorstellungen.

Erwähnt werden muss auch, dass es intern im Opernhaus nicht immer einfach zuging. Bekannt sind die andauernden Spannungen etwa zwischen dem parteitreuen (und ebenso eigensinnigen) Generalintendanten Karl Kayser und dem Chefregisseur Herz oder zwischen dem Chefregisseur Herz und den jeweiligen Dirigenten, insbesondere Václav Neumann. Gegenüber seinen Sängern und Mitarbeitern

Wichtige Operninszenierungen in Leipzig

Carl Maria von Weber
»Freischütz« (1961)
»Oberon« (1966; Neufassung und Inszenierung von Horst Seeger)

Sergei Prokofjew
»Krieg und Frieden« (1961)

Richard Wagner
»Rienzi« (1962)
»Der fliegende Holländer« (1962, nach dem Vorbild der Inszenierung an der Komischen Oper)
»Tannhäuser« (1963)
»Lohengrin« (1965)

Wolfgang Amadeus Mozart
»Don Giovanni« (1962)
»Hochzeit des Figaro« (1966)
»Cosí fan tutte« (1970)

Leoš Janáček
»Katja Kabanowa« (1963)
»Jenufa« (1968)

Guiseppe Verdi
»Macht des Schicksals« (1963)
»Maskenball« (1966)
»Don Carlos« (1967)
»La Traviata« (1968)
»Troubadour« (1969)
»Othello« (1971)

Ottmar Gerster
»Der fröhliche Sünder« (1963)

Peter Tschaikowsky
»Pique Dame« (1964)
»Jungfrau von Orleans« (1970)

Modest Mussorgski
»Boris Godunow« (1964)

Richard Strauss
»Frau ohne Schatten« (1965)
»Arabella« (1969)
»Ariadne auf Naxos« (1971)

Dmitri Schostakowitsch
»Katerina Ismailowa« (1965, deutsche Erstaufführung)

Giacomo Puccini
»Tosca« (1965)
»Madama Butterfly« (1967)

Alan Bush
»Guayana Johnny« (1966, UA)

Bertolt Brecht/Kurt Weill
»Aufstieg und Fall der Stadt Mahagonny« (1967)

Alexander Borodin
»Fürst Igor« (1967)

Siegfried Matthus
»Der letzte Schuß« (1967; fünf Tage nach der Berliner Uraufführung)

Nikolai Rimski-Korsakow
»Der goldene Hahn« (1968)

Jaques Offenbach
»Hoffmanns Erzählungen« (1968)

Benjamin Britten
»Albert Herring« (1968)

Robert Hanell
»Griechische Hochzeit« (1969, UA)

Paul Hindemith
»Cardillac« (1969)

Werner Egk
»Zaubergeige« (1970)

Sergei Prokofjew: »Krieg und Frieden«, Oper Leipzig, 1961

Kurt Weill/Bertolt Brecht: »Aufstieg und Fall der Stadt Mahagonny«, Kleines Haus Leipzig, 1967

konnte Herz sehr unangenehm werden. Sein cholerisches Naturell war gepaart mit einer bisweilen beleidigenden Rücksichtslosigkeit. Da gab es heftige Auseinandersetzungen, die jedoch meistens zugunsten der Sache, also einer guten und interessanten Opernaufführung, ausgefochten wurden. Eine stillschweigende, doch ungemein produktive Arbeitsteilung gab es jedoch. Wenn es darum ging, einen in der Leitung einmal beschlossenen Spielplan durchzusetzen, auch gegen öfter auftauchende ideologische Einwände aus Berlin, so war es Karl Kayser, selbst Mitglied des ZK der SED, der da klug nach oben hin abzublocken verstand und auch seinem Chefregisseur Herz den Rücken freihielt.

In Leipzig fand, das ist als Resümee festzuhalten, über Jahre hinweg tatsächlich das statt, was man im gehobenen Sinne als »Volkstheater« bezeichnen könnte, ganz so, wie es Herz auch in seinen Ausführungen auf dem oben erwähnten internationalen Kolloquium 1965, speziell am Beispiel Wagners, als Zielvorstellung eines realistischen Musiktheaters umrissen hatte. Die Leipziger lebten mit ihrer Oper, auch wenn das Haus nicht immer ausverkauft war.

Zu einem Höhepunkt gestaltete sich in dieser Zeit die Wagner-Ehrung anlässlich des 150. Geburtstags des Komponisten. Vom 18. bis 25. Mai 1963 gab es eine Festwoche »Richard Wagner 1813–1883« mit einem Festakt am 22. Mai, auf dem der Musikwissenschaftler Georg Knepler die Festrede hielt. Erstmalig wurde hier der Versuch unternommen, Wagner in kritisch-dialektischer Sicht zu sehen und einer sozialistischen Musikkultur zuzuordnen. Es war ein wichtiger Markstein des seit Ende der 1950er Jahre heftig aufgebrochenen Streits um Richard Wagner. Auf der Bühne waren in diesen Tagen die Leipziger Einstudierungen von »Die Meistersinger«, »Rienzi«, »Der fliegende Holländer« und »Tannhäuser« zu erleben. Am Ende dieses für das Leipziger Operntheater einmaligen Jahrzehnts fand vom 3. bis 12. Oktober 1970 eine Festwoche »10 Jahre Neues Opernhaus Leipzig« statt, in der eine repräsentative Auswahl von erfolgreichen Inszenierungen der letzten Jahre zu besichtigen war.

Modest Mussorgski: »Boris Godunow«, Oper Leipzig, 1964

Dresden. Neues und Altes

Auch für die Dresdner Staatsoper bedeuteten die 1960er Jahre eine Zeit der Neuformierung und Konsolidierung. Am 1. August 1960 wurde der Österreicher Otmar Suitner zum Generalmusikdirektor und Chef der Staatskapelle berufen. Er dirigierte am 26. Januar 1961 die Wiederaufnahme des »Rosenkavalier« von Strauss zum 50. Jahrestag der Uraufführung. Zum Beginn der neuen Spielzeit 1961/1962 wurde der Schauspieler Johannes Wieke neuer Operndirektor. Wenige Monate später trat Gerd Michael Henneberg die Nachfolge des verstorbenen Generalintendanten Heinrich Allmeroth an, ihm folgte auf dieser Position 1966 der Schauspielregisseur Hans Dieter Mäde, ehemaliger Absolvent des legendären Weimarer Theaterinstituts. Ebenfalls ab 1966 wirkte auch Dieter Bülter-Marell als Operndirektor, assistiert vom jungen Christian Pöppelreiter. In der Nachfolge von Otmar Suitner waren weiterhin Kurt Sanderling (vornehmlich nur als Konzertdirigent) und ab 1967 der junge tschechische Dirigent Martin Turnovský (er verließ Dresden schon 1968 wieder wegen der Niederschlagung des Prager Frühlings) als Generalmusikdirektoren tätig. Als Dirigenten bzw. Staatskapellmeister standen häufig Rudolf Neuhaus und Siegfried Kurz am Pult und sorgten für Kontinuität im Spielplan. Zum Sängerensemble waren inzwischen neue junge Kräfte hinzugestoßen: u. a. Annelies Burmeister, Eleonore Elstermann, Renate Frank-Reineke, Gisela Schröter, Eva-Maria Straussová, Peter Schreier, Eberhard Büchner, Karl-Friedrich Hölzke, Wilfried Krug, Armin Ude und Siegfried Vogel.

Das Repertoire setzte im Wesentlichen auf Traditionelles: große deutsche und italienische Oper, Spiel- bzw. heitere Oper. Dazu gesellten sich auch außergewöhnliche Unternehmungen, insbesondere Beiträge zum neuen Musiktheater.

Wichtige Inszenierungen neuer Opern in Dresden in den 1960er Jahren

John Gay
»Bettleroper« (in der Neufassung von Benjamin Britten, 1961)

Jean Kurt Forest
»Tai Yang erwacht« (1961)

Robert Hanell
»Dorian Gray« (1962, UA)

Sergei Prokofjew
»Semjon Kotko« (1962)
»Verlobung im Kloster« (1970)

Karl-Rudi Griesbach
»Der Schwarze, der Weiße und die Frau« (1963, UA)

Karl Friedrich
»Tartuffe« (1964, UA)

Ottmar Gerster
»Hexe von Passau« (1965)

Werner Egk
»Zaubergeige« (1965)

Hans Werner Henze
»Der junge Lord« (1967)

Claudio Monteverdi
»Heimkehr des Odysseus« (1968)

Rainer Kunad
»Maître Pathelin« (1969, UA)

Paul Dessau
»Verurteilung des Lukullus« (1968)
»Lanzelot« (1971)

Siegfried Matthus
»Der letzte Schuss« (1969)

Alban Berg
»Wozzeck« (1970)

Rolf Liebermann
»Schule der Frauen« (1970)

Das war eine erstaunliche Phalanx an Novitäten. Kaum ein anderes Opernhaus hat – damals wie heute – in einem Jahrzehnt so viel neue Musik auf die Bühne gebracht und damit nicht das Publikum aus dem Haus getrieben. Und das in einer Zeit, in der die Folgen des 13. August 1961 auch viel Unsicherheit in die künstlerische Planung gebracht hatten und in der es, wie oben dargestellt, häufige personelle Veränderungen in der staatlichen und künstlerischen Leitung des Hauses gab.

Kunads »Maître Pathelin« kann zu Recht als ein herausragendes Beispiel zeitgenössischer Oper angesehen werden. Das Werk erlebte nach seiner Dresdner Uraufführung mehr als zwanzig Inszenierungen an zahlreichen Bühnen der DDR und seine westdeutsche Erstaufführung 1984 in Kiel. Der Komponist äußerte sich Jahre später einmal programmatisch zu seiner Werkkonzeption. Als Voraussetzung formulierte er einen aufschlussreichen Satz: »Im Gegensatz zum altklassischen Einheitsablauf des Affekts dominieren heute polydynamische, dialektische Dramaturgiekonzeptionen.« Und zum »Pathelin« selbst sagte er, bewusst sehr differenziert auf »Gegenwärtigkeit« und »Volkscharakter« abzielend:

»Es geht in dieser Komödie darum, ›wer zuletzt lacht‹. Das Gegenwärtige, ja Kühne in der Lösung der Fabel besteht darin, daß der vierte Stand zuletzt lacht. – Kühn, wenn man bedenkt, daß das Stück im 15. Jahrhundert entstand. Die Liebe der einfachen Menschen und ihre Zuversicht überwinden auf komödiantische Weise die Winkelzüge des Advokaten Pathelin und den Geiz des Tuchhändlers Guillaume. Wenn das Volk am Schluß des Stückes singt: ›Wer zuletzt lacht, lacht am besten, doch der Richtige muß es sein‹, so manifestiert sich darin ein prognostischer Augenblick, eine historische Wahrheit, die zwar nicht im 15. Jahrhundert Wirklichkeit wurde, aber als Perspektive unseren gesellschaftlichen Erkenntnissen adäquat ist und der ästhetisch-geistigen Überhöhung der Gattung Oper entspricht. Gegenwärtig ist also der Volkscharakter dieser Komödie. Und Volksgegenstände auf die Bühne zu bringen, erscheint mir als ein wichtiges Kriterium für die Gestaltung einer neuen Oper [...]. Eine alte Fabel wird – ohne plakative Aktualisierung – so erzählt (musikalisch erzählt; denn die Musik hat erstrangig die Aufgabe, die Fabel zu interpretieren), daß die Grundvorgänge auch hinter Hochhausfassaden spielen könnten. Dies halte ich für eine präzise zielende Effektivität einer alten Geschichte.«[133]

Wichtige Dresdner Inszenierungen aus dem Opernerbe in den 1960er Jahren

Giuseppe Verdi
»Nabucco« (1960)
»Maskenball« (1963)
»Macht des Schicksals« (1966)

Richard Wagner
»Tannhäuser« (1963)

Wolfgang Amadeus Mozart
»Così fan tutte« (1963, erstmalig in der Originalsprache)

Giacomo Puccini
»Turandot« (1966)

Modest Mussorgski
»Boris Godunow« (1967)

Richard Strauss
»Rosenkavalier« (1961, zum 50. Jahrestag der Uraufführung)
»Capriccio« (1964)

Dresden konnte zudem selbstbewusst seine Opernfeste feiern. Es gab genügend Anlässe dafür. So veranstalteten die Staatstheater (erst 1983 erfolgte im Hinblick auf die Wiedereröffnung der Semperoper die Trennung in Staatsoper und Staatsschauspiel) im Wagner-Jahr 1963 »Richard-Wagner-Festtage«. Sie wurden eröffnet mit

[133] Rainer Kunad. Realismusprobleme in der zeitgenössischen Oper, S. 77ff.

einer Matinee, auf der Hans Mayer die Festrede hielt. (Der jüdische Antifaschist und Emigrant war nach 1945 zum Literaturprofessor an die Leipziger Universität berufen worden. Seine geistige Liberalität stieß jedoch immer häufiger, wie auch bei seinem Kollegen Ernst Bloch, auf Widerstand bei den verspannten DDR-Kulturbehörden, so dass er – kurz nach seiner Dresdner Wagner-Rede – die DDR verließ.) An Wagners Geburtstag, am 22. Mai, hatte schließlich der »Tannhäuser« Premiere. Außerdem gab es während der Festtage noch den »Fliegenden Holländer«, »Lohengrin«, »Rheingold«, »Walküre«, »Tristan und Isolde« und die »Meistersinger« zu sehen. Es war fast der ganze Wagner, nur die beiden letzten Teile des »Ring« und der »Parsifal« fehlten. Neben Dresden konnte damals kein anderes Theater der DDR im Jubiläumsjahr eine solche Fülle von Wagner-Inszenierungen vorweisen.

Im November desselben Jahres veranstalteten die Staatstheater auch eine »Verdi-Ehrung« zu dessen 150. Geburtstag mit der »Maskenball«-Premiere und Aufführungen von »Nabucco«, »La Traviata« und »Troubadour«. Und von 6. bis 21. Juni 1964 wurde mit einer »Richard-Strauss-Ehrung« der 100. Geburtstag des Dresdner »Hauskomponisten« gefeiert – mit der Premiere von »Capriccio« und weiteren Aufführungen der »Salome« (mit Christel Goltz als Gast), des »Rosenkavalier«, der »Ariadne auf Naxos«, der »Arabella« und einem Festkonzert am 11. Juni unter Otmar Suitner, kurz bevor dieser Dresden in Richtung Berliner Staatsoper verließ.

Schließlich galt es 1967, ein großes Jubiläum zu begehen. Vom 14. Januar bis 5. Februar fanden opulente »Festwochen der Staatsoper aus Anlaß ihres 300jährigen Bestehens« statt. Eröffnungspremiere war am 14. Januar »Der junge Lord« von Hans Werner Henze. Für den 27. Januar war zu einem großen Festakt eingeladen – unter Beteiligung von Solisten der Berliner Staatsoper und der Leningrader Kirow-Oper, mit der Dresden ein Freundschaftsvertrag verband. Am Abend hatte Webers »Oberon« Premiere. Auch damit war ein Jubiläum verbunden: Vor 150 Jahren hatte Weber sein Amt als Direktor der deutschen Oper in Dresden angetreten. Dazu gab es mehrere gewichtige Gastspiele, so der Bayerischen Staatsoper (21. und 22. Januar mit Mozarts »Hochzeit des Figaro«, dirigiert von Heinrich Hollreiser, inszeniert von Rudolf Hartmann), der Leipziger Oper mit Janáčeks »Katja Kabanowa« (31. Januar, inszeniert von Joachim Herz), der Deutschen Staatsoper Berlin mit Brecht/Dessaus »Verurteilung des Lukullus« (4. Februar, dirigiert von Herbert Kegel, inszeniert von Ruth Berghaus). Aus dem eigenen Repertoire standen Werke von Wagner, Strauss, Verdi, Puccini, Mozart, Gerster und Egk auf dem Programm. Zu hören waren dabei auch illustre auswärtige Gäste: Helen Donath als Pamina, Sylvia Geszty als Königin der Nacht, Hildegard Hillebrecht als Marschallin, Gladys Kuchta als Turandot, Irmgard Seefried als Octavian und Astrid Varnay als Isolde. Die dreißig Veranstaltungen der Festwochen zählten über 27 000 Besucher. Es war ein großer künstlerischer Erfolg der Dresdner.

Eine Besonderheit, ja Kuriosität, sei ebenfalls erwähnt: Am Dresdner »Sachsenwerk« hatte sich, vom Staat großzügig gefördert, eine »Arbeiteroper« gebildet, ein Laienensemble von Musikenthusiasten aus den Reihen der Arbeiter und Angestellten des Werkes. Unter Anleitung von Künstlern der Staatsoper brachte diese »Arbeiteroper« mehrere Aufführungen zustande: Smetanas »Zwei Witwen« (1967) und die beiden Einakter »Der bekehrte Trunkenbold« von Gluck und »Die Opernprobe« von Lortzing (1968). Es waren Laienaufführungen mit allen Einschränkungen in künstlerischer und ästhetischer Hinsicht – die »Arbeiteroper« musste zwangsläufig ein Phantom bleiben und konnte sich nicht breitenwirksam entwickeln.

Leoš Janáček: »Katja Kabanowa«, Oper Leipzig, 1963

Von Schwerin bis Plauen, von Eisenach bis Cottbus

Über die Opernarbeit der anderen Bühnen des Landes während der 1960er Jahre, von Schwerin bis Plauen, von Eisenach bis Cottbus, kann summarisch berichtet werden, dass sich auch hier die künstlerische Qualität stetig verbesserte. Eine neue, junge Generation von Sängern, Musikern und Regisseuren war herangewachsen, die mit großem Engagement Musiktheater betrieben, eindeutig dem Vorbild Felsensteins nachstrebend. Das realistische Musiktheater galt jetzt als Standardorientierung. Exemplarisch sei Carl Riha hervorgehoben. Der Österreicher war in den 1950er Jahren Schüler von Felsenstein an der Komischen Oper und wirkte seit 1957 für mehr als drei Jahrzehnte als Operndirektor in Karl-Marx-Stadt. Mit großem Engagement begründete er dort ein aktuelles realistisches Musiktheater und erzog ein hervorragendes Solistenensemble in ebendiesem Sinne. Unvergessen sind seine mustergültigen Aufführungen etwa vom »Schlauen Füchslein« (nach dem Felsenstein-Vorbild), von Wagners »Meistersingern«, von Gersters »Hexe von Passau« oder von Gershwins »Porgy und Bess«.

Das Repertoire der »Provinz«-Theater in den 1960er Jahren war – ganz wie an den oben beschriebenen Beispielen Berlin, Leipzig, Dresden – auf das klassische und internationale Opernerbe ausgerichtet: Mozart, Beethoven, Weber, Wagner, Strauss, Verdi, Puccini, Bizet, Tschaikowsky etc. Wie an den großen Opernbühnen galt zudem dem neueren und neuesten Musiktheater ein gesteigertes Interesse. Allenthalben fanden sich Aufführungen der Werke von Egk, Orff, Wagner-Régeny, Gerster, Forest, Hanell oder Dessau (»Lukullus«). Und auch neue Werke von DDR-Komponisten wurden zur Uraufführung gebracht, was die Bedeutung der »Provinz«-Theater sichtbar machte.

Opernhaus in Karl-Marx-Stadt (heute Chemnitz)

Die meisten dieser Werke erlebten jedoch nur ihre Uraufführung oder – im besten Fall – eine oder zwei Nachinszenierungen. So weist eine Statistik aus, dass beispielsweise im Zeitraum von 1965 bis 1970 an den Musikbühnen der DDR insgesamt dreißig Werke von in der DDR wirkenden Komponisten eine Inszenierung erfuhren, darunter von den älteren Werken Gersters »Enoch Arden« 8-mal, Wagner-Régenys »Günstling« 6-mal, von den neueren Werken Hanells »Esther« 6-mal, Kunads »Maître Pathelin« 5-mal, Dessaus »Lukullus« 4-mal; Karl-Rudi Griesbachs »Der Schwarze, der Weiße und die Frau«, Hanells »Spieldose« und »Griechische Hochzeit« sowie Richters »Pazifik 1960« jeweils 3-mal.[134]

134 Klaus Schlegel. Opernspielpläne in der DDR 1965–1970, S. 7f.

135 Heike Sauer. Traum – Wirklichkeit – Utopie. Das deutsche Musiktheater 1961–1971 als Spiegel politischer und gesellschaftlicher Aspekte seiner Zeit.

Das war insgesamt eine imposante Vielfalt und zeugte von einem sehr interessierten Engagement für die Erneuerung der Musikbühne. Einen kleinen Einblick in das Opernschaffen der 1960er Jahre in der DDR bot später auch eine Arbeit der Musikwissenschaftlerin Heike Sauer, die anhand ausgewählter Partituren von Forest, Hanell, Dessau, Kunad oder Zimmermann neben denen westdeutscher Komponisten Entwicklungstendenzen und kompositorisch ästhetische Aspekte jener Zeit ausleuchtete.[135] Die Stoffwahl, das machen zum Teil bereits die Titel der Werke deutlich, war oftmals an der

Neues in der »Provinz«: Opern-Uraufführungen in den 1960er Jahren

Joachim-Dietrich Link
»Karaseck« (1960 in Zittau)
»Juana« (1968 in Gera)

Heinz Röttger
»Phaeton« (1960)
»Die Frauen von Troja« (1962)
»Der Weg nach Palermo« (1965 in Dessau)
»Ein Heiratsantrag« (1960 in Magdeburg)

Karl-Rudi Griesbach
»Marike Weiden« (Ringuraufführung 1960 in Weimar, Görlitz und Frankfurt/Oder)

Dieter Nowka
»Die Erbschaft« (1960 in Schwerin)

Wilhelm Neef
»Das schweigende Dorf« (1961 in Plauen)

Jean Kurt Forest
»Gestern an der Oder« (1962 in Frankfurt/Oder)
»Wie Tiere des Waldes« (1964 in Stralsund)

»Die Passion des Johannes Hörder« (1965 in Stralsund)
»Die Blumen von Hiroshima« (1967 in Weimar)
»Die Odyssee der Kiu« (1969 in Erfurt)

Ottmar Gerster
»Der fröhliche Sünder« (1963 in Weimar)

Rudolf Wagner-Régeny
»Persische Späße« (1963 in Rostock)

Kurt Schwaen
»Die Morgengabe« (1963 in Frankfurt/Oder)

Siegfried Köhler
»Der Richter von Hohenburg« (1963 in Rathenow und Brandenburg)

Wolfgang Bothe
»Truffaldino« (1963 in Stralsund)

Kurt Dietmar Richter
»Pazifik 1960« (1964 in Döbeln)
»Sekundenoper« (1970 in Greifswald)

Siegfried Matthus
»Spanische Tugenden«
(»Lazarillo vom Tormes«, 1964 in Karl-Marx-Stadt)

Robert Hanell
»Oben und Unten« (1964 in Magdeburg)

Rainer Kunad
»Bill Brook« und
»Old Fritz« (1965 in Radebeul)

Roderich Kleemann
»Das Bildnis des Dorian Gray« (1965 in Zwickau)

Joachim Werzlau
»Regine« (1966 in Potsdam)

Robert Hanell
»Esther« (Ringuraufführung Staatsoper Berlin, Frankfurt/Oder und Zeitz)

Udo Zimmermann
»Die weiße Rose« (Neufassung, 1968 in Schwerin)
»Die zweite Entscheidung« (1970 in Magdeburg)

---

jüngsten Vergangenheit bzw. an ganz gegenwärtigen Themen festgemacht oder orientierte sich an klassischen Werken des Literaturerbes. Aus historischer Distanz betrachtet, waren es meistenteils nicht ausgesprochene Meisterwerke, oft mehr vom politisch guten Willen als von unbedingter musikdramatischer Inspiration charakterisiert. Aber sie alle erzeugten auch beim Publikum Aufgeschlossenheit der neuen Musik gegenüber, erregten Interesse an der Heutigkeit des Opernschaffens.

Gefördert wurden solche Unternehmungen zudem durch die Aufmerksamkeit, die ihnen von der Presse, den Tageszeitungen und den Verbandsorganen (wie »Musik und Gesellschaft« oder »Theater der Zeit«) entgegengebracht wurde. Neben natürlich Berlin oder den großen Opernzentren Dresden und Leipzig mit ihren Aufführungen von neuen Opern erfuhren auch die »Provinz«-Uraufführungen gebührende Reaktionen. Und da wären auch einmal jene Kritiker und Rezensenten zu erwähnen, die, teilweise schon seit den 1950er Jahren, umfangreich und qualitätvoll, kritisch und zustimmend über die Novitäten auf den Opernbühnen des Landes berichteten. Karl Schönewolf etwa (auch Verfasser eines mehrbändigen populären Konzertführers) und Hansjürgen Schaefer (später u. a. Autor eines Bruckner-Buches) haben über lange Zeiträume hinweg im »Neuen Deutschland« und in »Musik und Gesellschaft« die neuen Entwicklungen im Musiktheater verfolgt und kommentiert. Hans-Gerald Otto schrieb über viele Jahre exzellente Beiträge und Rezensionen für »Theater der Zeit«, gleichfalls sein Nachfolger Wolfgang Lange. Ernst Krause (Verfasser eines seinerzeit ungemein populären Opernführers und einer Richard-Strauss-Monografie) war in Dresden und Berlin tätig, auch mit zahlreichen Beiträgen in der Kulturzeitschrift »Sonntag«. Weiterhin seien noch erwähnt: Wolfram Schwinger (bis 1960), Heinrich Spieler, Dieter Kranz, Leo Berg und Manfred Haedler in Berlin, Karl Laux und Hans Böhm in Dresden, Hermann Heyer, Julius Götz und Werner Wolf (der Wagnerforscher) in Leipzig. Vielmals waren es auch die Presseorgane der »Blockparteien«, so etwa die »Nationalzeitung« oder »Der Morgen«, in denen die letzteren Autoren publizierten, und sie hatten hier durchaus Raum, um so manche nicht unbedingt staatstragende Kritik einzubringen. Grundsätzlich aber hielten sie sich an einen gemeinschaftlichen Konsens, indem sie ihre Rezensionen mit Blick auf den aufzubauenden Sozialismus, den sie öffentlich nie anzweifelten, sowie auf das bisher nur vage umschriebene Ziel einer neuen deutschen »Nationaloper« bzw. später einer »Gegenwartsoper« und auf das realistische Musiktheater schrieben.

Zwei historische Baudenkmäler verdienen zudem ein besonderes Interesse, zu deren Erhalt die kulturpolitischen Verantwortlichen der DDR nicht unwesentlich beitrugen. Es ist einmal das »Conrad-Ekhof-Theater« im Schloss Friedenstein in Gotha. 1681 bis 1683 nach italienischen Vorbildern im ehemaligen Ballsaal des Schlosses errichtet, ist es ein Kleinod barocker Theaterinnenarchitektur. Seit dem 2. Oktober 1775 wurde es mit einem fest engagierten Künstlerensemble als Hoftheater des kleinen Herzogtums Sachsen-Gotha genutzt. Erster künstlerischer Leiter war der Schauspieler und Theaterunternehmer Conrad Ekhof, zum Schauspielensemble gehörte der später so berühmte August Wilhelm Iffland. Zur gleichen Zeit wirkte dort der Musiker Georg Anton Benda, der 1775 mit seinen beiden für den Gothaer Hof geschaffenen Melodramen (Duodramen) »Ariadne auf Naxos« und »Medea« der erstaunten und begeisterten Mitwelt eine musiktheatralische Sensation bescherte. Später kaum noch in Gebrauch und fast dem Verfall preisgegeben, wurde das Theater im 20. Jahrhundert aufwändig restauriert, wobei seine originale Gestalt einschließlich seiner historischen Bühnenmaschinerie erhalten werden konnte. Es ist somit eines der ganz wenigen Beispiele früher theatralischer Barockbauten in Deutschland. Seit DDR-Zeiten diente es wieder als Theaterbühne und wurde abwechselnd von den umliegenden Opernensembles bespielt, vor allem aus Weimar und Eisenach.

Ein anderes bemerkenswertes kleines Theaterhaus befindet sich in Bad Lauchstädt, einem kleinen Kurort in der Nähe von Halle. Es ist das heute so genannte »Goethe-Theater«. Für den Weimarer Fürstenhof hatte Goethe es 1802 nach eigenen Plänen in schlichtem und funktionellem Stil als Sommertheater errichten lassen. Am 26. Juni 1802 gab es als festliche Eröffnungsveranstaltung Mozarts »Titus«, überhaupt spielten Mozarts Opern im Lauchstädter Repertoire eine primäre Rolle.[136] Von Goethe inspiriert wurden auch immer wieder Schiller-Dramen aufgeführt, und Richard Wagner begann hier am 2. August 1834 mit einem Dirigat von Mozarts »Don Giovanni« seine Laufbahn als Operndirigent. Dank sorgfältiger Rekonstruktions- und Restaurationsarbeiten im Laufe des 20. Jahrhunderts bis in die jüngste Gegenwart konnte das Theatergebäude mit seiner originalen Innenarchitektur (farblich von Goethe einst im Sinne seiner Farbenlehre gestaltet) und historischen Bühnenmaschinerie erhalten bleiben und bietet heute in der Sommersaison stets neue Opernproduktionen, vornehmlich aus Halle und von dort natürlich auch mit Händel-Opern.

Die 1960er Jahre des DDR-Operntheaters boten also durchgehend ein Bild der künstlerischen Stabilisierung, der thematischen Vielfalt und einer vorsichtigen ästhetischen Weiterung bis hin zur Installierung einer geistig-schöpferischen Widerständigkeit, jetzt nicht mehr nur an den großen Bühnen des Landes, sondern auch in der »Provinz«. Kompositorische Stilistik und klangliche Ausdrucksweisen sowie dramaturgische Konzeptionen wiesen eine Pluralisierung der gestalterischen Mittel auf, die auch im Bereich des musikalischen Materials (teilweise Nutzung dodekaphonischer Arbeit und serieller Technik, Aleatorik) ihre Entsprechung fand. Unter dem Stichwort »sozialistischer Realismus« gerade noch zusammengehalten, eröffneten sich für Komponisten, Theaterleute und ganz allgemein das Publikum neue Horizonte, erweiterten sich ästhetische Grenzen. Die Staatsgrenze der DDR war zwar seit dem 13. August 1961 geschlossen; das Theater, auch die Oper, verstand es aber dennoch, diese Grenzen künstlerisch durchlässig zu machen, ein Anderes erahnen zu lassen, trotz sich wiederholender herber politischer Rückschläge, wie sie das bereits zitierte ZK-Plenum von 1965 oder die Niederschlagung des »Prager Frühlings« 1968 mit sich brachten.

136 Vgl. auch: Eine innige Leidenschaft – die Lauchstädter Mozart-Tradition.

Episches Musiktheater.
Brecht, Eisler, Dessau

Eine ästhetische Alternative

Der Begriff »episches Musiktheater« – in seinem Ursprung auf Brecht verweisend – ist von diesem selbst so nie formuliert worden. Er ist eine spätere Erfindung, im Grunde gedacht als Pendant zum Terminus »realistisches Musiktheater«. Diese Gegenüberstellung ist letztlich problematisch, da beiden Begriffen verschiedene Parameter zugrunde liegen. Bei Brecht war die Machart eines zu schreibenden Werkes gemeint sowie, darauf beruhend, dessen Darstellungsweise; bei Felsenstein ging es dagegen um den interpretatorischen Umgang mit einem bereits vorliegenden Werk.

Beide Begriffe umfassen allerdings auch die Art und Weise des Umgangs mit dem Publikum, also beziehen sich auf die Befindlichkeit des Rezipienten, auf den Konsumenten des vorgestellten Kunstprodukts. Im Kapitel »Die Chimäre einer Nationaloper« wurde bereits andeutungsweise auf die ästhetischen Unterschiede beider Verfahrensweisen eingegangen – ausführlicher zu Felsensteins Methode, kürzer zu Brechts Auffassungen.* Im Verfolg einer längeren Entwicklungslinie von den 1920er bis in die 1960er und 1970er Jahre sei an dieser Stelle das Phänomen einer Episierung des Musiktheaters erläutert, wie sie an den Beispielen von Brecht, Eisler und Dessau deutlich wurde.

Alle genannten drei Künstler waren 1945 nach erzwungenem Exil zurückgekehrt und haben sehr stark das Theater, die Musik und die Oper der DDR beeinflusst. Alle drei, fast gleichaltrig, hatten ab den 1920er Jahren bereits eine bemerkenswerte künstlerische Entwicklung genommen: Bertolt Brecht mit seinen frühen expressionistischen Dramen »Baal«, »Trommeln in der Nacht« und »Im Dickicht der Städte«, Hanns Eisler, der Schönberg-Schüler, mit Liedern zu Texten von Brecht sowie Bühnenmusiken zu dessen Dramen (u. a. »Die Mutter« 1931 und »Galilei« 1947) bzw. zum Lehrstück »Die Maßnahme« (1930), Paul Dessau als Korrepetitor und Kapellmeister in Hamburg, Köln und Berlin, gefördert u. a. von Otto Klemperer und Bruno Walter.

Ende der 1920er Jahre hatte Brecht gemeinsam mit dem Komponisten Kurt Weill zwei außergewöhnliche Werke für das Musiktheater

*Vgl. auch S. 92ff.

geschaffen: »Die Dreigroschenoper« (1928) und »Aufstieg und Fall der Stadt Mahagonny« (1930) – und zu deren ästhetischem Selbstverständnis auch ungemein aufschlussreiche Texte verfasst, so die schon erwähnten »Anmerkungen zur Oper ›Aufstieg und Fall der Stadt Mahagonny‹«.

Dessau hatte bereits 1910 bis 1912 als junger Mann begonnen, eine Oper zu schreiben, »Giuditta«, die jedoch unvollendet blieb. Offensichtlich war die aufwändige Partitur noch ganz geprägt vom Geist der spätromantischen Oper im Stile Wagners. Dessau verwendete dabei auch ausdrücklich die Genrebezeichnung »Musikdrama«. 1936, bereits im Exil, komponierte Dessau das szenische Oratorium »Haggada«, das Max Brod – Prager Literat, Janáček-Biograf und Kafka-Freund – nach einem alten jüdischen Volksbuch geschrieben hatte. Es handelt vom historischen Freiheitskampf der Juden gegen die ägyptische Gefangenschaft und war bewusst als Gleichnis auf das Schicksal der Juden unter der Naziherrschaft gemeint.

»Dreigroschenoper«, »Mahagonny«, »Maßnahme« und »Haggada« wiesen Gemeinsames auf: Sie waren ausgesprochen sozial und politisch thematisiert, und sie arbeiteten mit den typisch Brecht'schen künstlerischen Mitteln wie der Verfremdung, dem sinngebenden sozialen Gestus und der bewussten Trennung der Elemente, um die künstlerische Absicht der Bloßstellung gesellschaftlicher Missstände dem Zuschauer durch ein von Brecht so genanntes geistiges »Dazwischenkommen« erlebbar zu machen.

Brecht und Eisler kannten sich also bereits seit den 1920er Jahren aus gemeinsamer politischer Zusammenarbeit – beide waren bekennende Kommunisten. Im amerikanischen Exil intensivierte sich ihre künstlerische Kooperation. 1942 trafen, gleichfalls im amerikanischen Exil, dann auch Brecht und Dessau erstmals persönlich zusammen, nachdem Dessau bereits mehrfach Texte von Brecht vertont hatte, so das »Kampflied der schwarzen Strohhüte« aus »Die heilige Johanna der Schlachthöfe« (1936) und die Bühnenmusik zu einer Frühfassung von »Furcht und Elend des Dritten Reiches« unter dem Titel »99 %« (1938). Ein erstes größeres Projekt der Zusammenarbeit war dann die Kantate »Deutsches Miserere« (1944–1947). Nach 1945 entstanden noch die Schauspielmusiken zu Brechts »Mutter Courage« (1946–1949), »Der gute Mensch von Sezuan« (1947) und »Der kaukasische Kreidekreis« (1953/54).

Das Exil führte drei originäre Künstlerpersönlichkeiten zusammen, die in gemeinsamer Arbeit eine Ästhetik für Musik und Theater entwickelten, die beispielhaft für eine sozialistische Kunst in der DDR hätte sein können. Und ihre Zusammenarbeit hielt, trotz mancher äußerer Rückschläge, bis ans Lebensende der drei Künstler an – Brecht starb 1956, Eisler 1962, Dessau, hochbetagt, 1979. Und allein Letzterem war es vergönnt, in den 1950er, 1960er und 1970er Jahren Opern in einem tatsächlich neuen ästhetischen Duktus zu komponieren. Vom »Lukullus« (1951, mit Brechts Text) ausgehend über »Puntila« (1966, nach dem Brecht-Stück), »Lanzelot« (1969, mit dem Libretto vom Brecht-Schüler Heiner Müller), »Einstein« (1974, Libretto von Karl Mickel) bis hin zu »Leonce und Lena« (1979, Textversion nach Georg Büchner von Thomas Körner) kam es zu einer beeindruckenden Reihe ganz originärer Musiktheaterwerke, die in ihrer geistigen Kontinuität und dennoch künstlerischen Vielgestaltigkeit einzigartig in der DDR-Opernentwicklung sind.

Brecht hat sich öfter über sein Theaterverständnis geäußert. In einer ganz lapidaren Feststellung Brechts mag sich sein Grundanliegen noch am ehesten verdeutlichen. Während der Proben zu Erwin Strittmatters »Katzgraben« 1953 am Berliner Ensemble äußerte er:

»Mein Theater [...] ist ein philosophisches, wenn man diesen Begriff naiv auffaßt: Ich verstehe darunter Interesse am Verhalten und Meinen der Leute. Meine Theorien sind überhaupt viel naiver, als man denkt und – als meine Ausdrucksweise vermuten läßt [...]. Ich wollte auf das Theater den Satz anwenden, daß es nicht nur darauf ankommt, die Welt zu interpretieren, sondern sie zu verändern.«[137]

Das war ein ungemein aufschlussreicher Verweis auf die berühmte 11. Feuerbach-These von Karl Marx: »Die Philosophen haben die Welt nur verschieden interpretiert, es kömmt [sic] aber darauf an, sie zu verändern.« Brechts Haltung war eindeutig – Theater soll an der Veränderung der Welt zum Positiven mitwirken, eine geistig aktivierende Wirkung ausstrahlen, Erkenntnisse vermitteln, um zielstrebiges Handeln anzuregen. Dazu schienen ihm einige ästhetische Verfahrensweisen besonders geeignet, wie sie in den oben zitierten Schlagworten »Verfremdung«, »Gestus« und »Trennung der Elemente« angezeigt waren. Auf die Oper bezogen hieß das (»Anmerkungen zur Oper ›Aufstieg und Fall der Stadt Mahagonny‹«):

»Die Oper war auf den technischen Standard des modernen Theaters zu bringen. Das moderne Theater ist das epische Theater [...]. Der Einbruch der Methoden des epischen Theaters in die Oper führt hauptsächlich zu einer radikalen ›Trennung der Elemente‹. Der große Primatkampf zwischen Wort, Musik und Darstellung (wobei immer die Frage gestellt wird, wer wessen Anlaß sein soll – die Musik der Anlaß des Bühnenvorgangs, oder der Bühnenvorgang der Anlaß der Musik und so weiter) kann einfach beigelegt werden durch die radikale Trennung der Elemente.«[138]

137 Bertolt Brecht. Schriften. Über Theater, S. 19f.

138 Dieses und die folgenden Zitate: Ebd., S. 112f., S. 110f., S. 114, S. 115.

Brecht gab dann eine überraschende, da »verfremdet« bzw. »verfremdend« formulierte, Definition seines Verständnisses von Oper, indem er als ästhetische Grundverständigung die Verschiedenheit von Realität und Kunstrealität konstatierte:

»Die Oper ›Mahagonny‹ wird dem Unvernünftigen der Kunstgattung Oper bewußt gerecht. Dieses Unvernünftige der Oper liegt darin, daß hier rationale Elemente benutzt werden, Plastik und Realität angestrebt, aber zugleich alles durch die Musik wieder aufgehoben wird. Ein sterbender Mann ist real. Wenn er zugleich singt, ist die Sphäre der Unvernunft erreicht. (Sänge der Hörer bei seinem Anblick, wäre das nicht der Fall.) Je undeutlicher, irrealer die Realität durch die Musik wird – es entsteht ja ein Drittes, sehr Komplexes, an sich wieder ganz Reales, von dem ganz reale Wirkungen ausgehen können, das aber eben von seinem Gegenstand, von der benutzten Realität, völlig entfernt ist –, desto genußvoller wird der Gesamtvorgang: der Grad des Genusses hängt direkt vom Grad der Irrealität ab.«

Für die Musik sah Brecht dabei eine ganz entscheidende »Gewichtsverschiebung«: In der tradierten Oper sei sie »illustrierend« und »die psychische Situation malend«, in der »epischen Oper« hingegen »Stellung nehmend« und »das Verhalten gebend.« Und es hieß auch: »Die Musik ist der wichtigste Beitrag zum Thema.«

»Dadurch, daß, technisch betrachtet, der ›Inhalt‹ zu einem selbständigen Bestandteil geworden ist, zu dem Text, Musik und Bild ›sich verhalten‹, durch die Aufgabe der Illusion zugunsten der Diskutierbarkeit und dadurch, daß der Zuschauer, statt erleben zu dürfen, sozusagen abstimmen, statt sich hineinzuversetzen, sich auseinandersetzen soll, ist eine Umwandlung angebahnt, die über Formales weit hinausgeht und die eigentliche, die gesellschaftliche Funktion des Theaters überhaupt zu erfassen beginnt.«

Und in seinem Todesjahr kam Brecht noch einmal auf die »Trennung der Elemente« zu sprechen, nun aber quasi im Umkehrschluss, als er auf ein »Kollektiv selbständiger Künste« abhob:

»Wir erwarten im Sozialismus, zusammen mit einer höheren Bedeutung der Künste für die breiten Massen, auch eine neue Annäherung der Künste unter sich. Es handelt sich dabei nicht darum, daß das Drama sich der Musik bedienen soll oder die Oper des Textes oder daß Drama und Oper durch ein besseres Bühnenbild gewinnen sollen. Sondern in ein und derselben Aufführung soll es drei Behandlungen des Themas geben, durch die Dichtung, durch die Musik, durch das Bild. So entsteht ein Kollektiv selbständiger Künste.« [139]

Brechts prononcierte Hinweise auf den »Verfremdungseffekt« als konstituierendem Bestandteil seiner Theaterarbeit waren natürlich auch relevant für das Musiktheater. Was er als taktische Ratschläge

[139] Ebd., S. 400.

dem Schauspieler mit auf den Weg gab, konnte genauso auch für den Opernsänger gelten:

»*Die Voraussetzung für die Hervorbringung des V-Effekts ist, daß der Schauspieler das, was er zu zeigen hat, mit dem deutlichen Gestus des Zeigens versieht. Die Vorstellung von einer vierten Wand, die fiktiv die Bühne gegen das Publikum abschließt, wodurch die Illusion entsteht, der Bühnenvorgang finde in der Wirklichkeit, ohne das Publikum statt, muß natürlich fallengelassen werden [...].*

Der V-Effekt besteht darin, daß das Ding, das zum Verständnis gebracht, auf welches das Augenmerk gelenkt werden soll, aus einem gewöhnlichen, bekannten, unmittelbar vorliegenden Ding zu einem besonderen, auffälligen, unerwarteten Ding gemacht wird [...].

Eine einfache Methode für den Schauspieler, den Gestus zu verfremden, besteht darin, ihn von der Mimik zu trennen. Er braucht nur eine Maske aufzusetzen und im Spiegel sein Spiel zu verfolgen. Auf diese Weise wird er leicht zu einer Auswahl von Gesten kommen, die in sich reich sind. Gerade die Tatsache, daß die Gesten ausgewählt sind, bringt den V-Effekt hervor. Etwas von der Haltung, die der Schauspieler vor dem Spiegel einnahm, soll er dann mit in das Spiel übernehmen.«[140]

Diese eher methodischen Vorschläge für den Darsteller unterlegte Brecht aber auch mit einer »Politischen Theorie der Verfremdung«, indem er knapp gefasst – und wohl auch etwas kurzschlüssig – die gesellschaftliche Wandlung vom tradierten Theater zum neuen Theater für »eine neue Klasse, das Proletariat«, beschrieb, wo das neue Publikum vom passiven Erleben eines Theatervorgangs zum aktiven Mitdenken gebracht werden könne:

»*Das Theater, das wir in unserer Zeit politisch werden sahen, war vordem nicht unpolitisch gewesen. Es lehrte die Welt so anzuschauen, wie die herrschenden Klassen sie angeschaut haben wollten [...]. Erst als eine neue Klasse, das Proletariat, in einigen Ländern Europas die Herrschaft beanspruchte und in einem Land eroberte, entstanden Theater, welche wirkliche politische Anstalten waren [...]. Die Welt konnte und mußte nunmehr dargestellt werden als eine in Entwicklung begriffene und zu entwickelnde, ohne daß dieser Entwicklung durch irgendeine Klasse Grenzen gesetzt wurden, welche diese in ihrem Interesse für nötig fand. Die passive Haltung des Zuschauers, die der Passivität der überwiegenden Mehrheit des Volkes im Leben überhaupt entsprochen hatte, wich einer aktiven, das heißt, dem neuen Zuschauer war die Welt als eine ihm und seiner Aktivität zur Verfügung stehende darzustellen.*«[141]

In den 1950er Jahren äußerte sich Brecht auch einmal umfänglicher zum Thema »Über die Verfremdung von Musik für ein episches Theater«. Er erzählte zunächst von seinen frühen Stücken der 1920er

140 Ebd., S. 209, 219, 229.
141 Ebd., S. 221f.

Jahre, zu denen er zunächst noch selbst Musiken schrieb – einfach im Grundgestus und schlicht in der Form mit dem Ziel, eben durch musikalische Haltepunkte gewissermaßen das »Drama [...] an Gewicht leichter, sozusagen eleganter« zu machen und die »Enge, Dumpfheit und Zähflüssigkeit der impressionistischen und die manische Einseitigkeit der expressionistischen Dramen« zu überwinden. Als er sich dann mit Kurt Weill als musikalischem Fachmann zusammengetan habe und von diesem die Kompositionen zu »Mann ist Mann« und daraufhin zur »Dreigroschenoper« und zu »Mahagonny« erhielt, seien die Grundlagen zu einem spezifischen Verständnis von Musik für ein episches Theater entwickelt worden. Und weiter hieß es:

»Die Aufführung der ›Dreigroschenoper‹ 1928 war die erfolgreichste Demonstration des epischen Theaters. Sie brachte eine erste Verwendung von Bühnenmusik nach neueren Gesichtspunkten. Ihre auffälligste Neuerung bestand darin, daß die musikalischen von den übrigen Darbietungen streng getrennt waren.«[142]

»Verfremdung« versus »Kulinarismus«

Nach Brecht wurde die »Verfremdung« drastisch erlebbar, indem bürgerliche Rührseligkeit, die Liebe »zwischen einem Zuhälter und seiner Braut« im Bordell stattfand:

»Die Liebenden besangen nicht ohne Rührung ihren kleinen Haushalt, das Bordell. Die Musik arbeitete so, gerade indem sie sich rein gefühlsmäßig gebärdete und auf keinen der üblichen narkotischen Reize verzichtete, an der Enthüllung der bürgerlichen Ideologien mit. Sie wurde sozusagen zur Schmutzaufwirblerin, Provokatorin und Denunziantin [...]. Das epische Theater [...] arbeitet Szenen heraus, in denen Menschen sich so verhalten, daß die sozialen Gesetze, unter denen sie stehen, sichtbar werden.«[143]

Weiter hieß es bezeichnend:

»Der Zuschauer soll also in der Lage sein, Vergleiche anzustellen, was die menschlichen Verhaltensweisen anbetrifft. Dies bedeutet, vom Standpunkt der Ästhetik aus, daß der Gestus der Schauspieler besonders wichtig wird. Es handelt sich für die Kunst um eine Kultivierung des Gestus. (Selbstverständlich handelt es sich um gesellschaftlich bedeutsame Gestik, nicht um illustrierende und expressive Gestik.) Das mimische Prinzip wird sozusagen vom gestischen Prinzip abgelöst.«[144]

Und in diesen Nachbetrachtungen zu »Mahagonny« beschrieb Brecht, ausgehend von seinen radikalen Überlegungen, wie er sie in seinen »Anmerkungen zur Oper ›Aufstieg und Fall der Stadt

142 Ebd., S. 275ff.
143 Ebd., S. 276.
144 Ebd., S. 277.

Mahagonny« vorgetragen hatte, dann auch noch einmal seine Vorstellungen von einem gesellschaftlichen Funktionswechsel des Operntheaters und der Musik:

»*Das Thema der Oper ›Mahagonny‹ ist der Kulinarismus selbst, den Grund hierfür habe ich in einem Aufsatz ›Anmerkungen zur Oper‹ auseinandergesetzt. Dort ist auch auseinandergesetzt, daß und warum es unmöglich ist, in den kapitalistischen Ländern die Oper zu erneuern. Alle Neuerungen, die eingeführt werden, führen lediglich zur Zerstörung der Oper. Komponisten, die den Versuch unternehmen, die Oper zu erneuern, scheitern, wie Hindemith und Strawinsky, unvermeidlich am Opernapparat […] Dieser Apparat aber ist durch die bestehende Gesellschaft bestimmt und nimmt nur auf, was ihn in dieser Gesellschaft am Leben erhält.*«¹⁴⁵

Einen deftigen Seitenhieb versetzte Brecht dann auch der neuen Musik seiner Zeit. Sie trüge seiner Meinung nach grundsätzlich nicht zur geistigen Aufklärung bei, sondern wiege das Publikum nach wie vor in althergebrachter Passivität, auch wenn er nicht bestreiten wolle, »daß unter den ernsthaften Komponisten heute schon eine Bewegung gegen diese depravierende gesellschaftliche Funktion im Entstehen begriffen ist«. Drastisch war da zuvor seine Beschreibung von überliefertem Rezeptionsverhalten vor allem beim Hören von Konzertmusik:

»*Wir sehen ganze Reihen in einen eigentümlichen Rauschzustand versetzter, völlig passiver, in sich versunkener, allem Anschein nach schwer vergifteter Menschen. Der stiere, glotzende Blick zeigt, daß diese Leute ihren unkontrollierten Gefühlsbewegungen willenlos und hilflos preisgegeben sind.*«¹⁴⁶

Natürlich übertrieb Brecht in seinen jeweiligen Polemiken und erfasste nicht die Komplexität und Vielschichtigkeit der zeitgenössischen Kunstbewegungen, wenn er sie in der zitierten Weise konterkarierte bzw. karikierte. Aber die Zugespitztheit seiner Argumentationsweise schien ihm unabdingbar, um sich im Grundsätzlichen verständlich zu machen. Tatsächlich bewegten ihn ja Fragen eines politisch determinierten »Funktionswechsels« im Theater, einer radikalen ästhetischen Neuorientierung, mit deren Verfolgung er zu produktivem Vorankommen auch und gerade im Bereich des Theaters und der Oper vorzustoßen hoffte. Bewusst waren da selbstverständlich manche Argumentationsweisen provokativ, bewusst vereinseitigte er und führte seine Argumentationen gewollt bis in die Absurdität. Das aber, was an künstlerischen Produktionen auf der Grundlage dieser theoretischen Überlegungen herauskam, erwies sich doch als fundamental und in seiner Art überzeugend. Es behauptete sich als außergewöhnlich, als

145 Ebd., S. 278f.
146 Ebd., S. 281.

Austritt aus dem ästhetischen und gesellschaftlichen Bedingungsgefüge der tradierten Oper; es war repräsentiert eben in der »Dreigroschenoper«, in »Mahagonny« oder in den »Lehrstücken«, die in Zusammenarbeit mit Paul Hindemith, Kurt Weill und Hanns Eisler entstanden, und schließlich in jenen Werken Eislers und Dessaus für das Musiktheater, wie sie nach 1945 in der DDR konzipiert und komponiert wurden.

In diesem Zusammenhang muss aber auch daran erinnert werden, dass Brecht nach dem Krieg mit seinem »Kleinen Organon« (1948) und seinen »Nachträgen« eine gewisse Korrektur an sich selbst bzw. seinen radikalen Theateransichten vornahm. In Absetzung gegenüber seinen »Anmerkungen zur Oper ›Aufstieg und Fall der Stadt Mahagonny‹« formulierte er in der »Vorrede« zum »Organon«:

»*Widerrufen wir also, wohl zum allgemeinen Bedauern, unsere Absicht, aus dem Reich des Wohlgefälligen zu emigrieren, und bekunden wir, zu noch allgemeinerem Bedauern, nunmehr die Absicht, uns in diesem Reich niederzulassen. Behandeln wir das Theater als eine Stätte der Unterhaltung, wie es sich in einer Ästhetik gehört, und untersuchen wir, welche Art der Unterhaltung uns zusagt!*«[147]

»Unterhaltung« also – im weitesten Sinne des Wortes. Aber doch mit kritischer Distanz und aufgehelltem Bewusstsein. Und so polemisierte Brecht auch weiterhin gegen ein Theater der bloßen Einfühlung, der psychischen Berückung der Zuschauer, wie er es erneut drastisch karikierte:

»*Sich umblickend, sieht man ziemlich reglose Gestalten in einem eigentümlichen Zustand [...]. Sie haben freilich die Augen offen, aber sie schauen nicht, sie stieren, wie sie auch nicht hören, sondern lauschen [...]. Schauen und Hören sind Tätigkeiten, mitunter vergnügliche, aber diese Leute scheinen von jeder Tätigkeit entbunden und wie solche, mit denen etwas gemacht wird. Der Zustand der Entrückung, in dem sie unbestimmten, aber starken Empfindungen hingegeben scheinen, ist desto tiefer, je besser die Schauspieler arbeiten, so daß wir, da uns dieser Umstand nicht gefällt, wünschten, sie wären so schlecht wie nur möglich.*«[148]

Und etwas später hieß es dann:

»*Wir brauchen Theater, das nicht nur Empfindungen, Einblicke und Impulse ermöglicht, die das jeweilige historische Feld der menschlichen Beziehungen erlaubt, auf dem die Handlungen jeweils stattfinden, sondern das Gedanken und Gefühle verwendet und erzeugt, die bei der Veränderung des Feldes selbst eine Rolle spielen.*«[149] Und dafür sah Brecht nach wie vor in seinem weitgefassten Begriff des »Verfremdungs-Effekts« das wesentliche darstellerische Mittel:

147 Ebd., S. 427.
148 Ebd., S. 435.
149 Ebd., S. 438.

»Es ist eine Lust unseres Zeitalters, [...] alles so zu begreifen, daß wir eingreifen können [...]. Darum muß das Theater, was es zeigt, verfremden [...]. Um V-Effekte hervorzubringen, mußte der Schauspieler alles unterlassen, was er gelernt hatte, um die Einfühlung des Publikums in seine Gestalten herbeiführen zu können. Nicht beabsichtigend, sein Publikum in Trance zu versetzen, darf er sich selbst nicht in Trance versetzen.«[150]

Der »Verfremdungs-Effekt« sollte – kurz gesagt – die Veränderbarkeit der Welt deutlich machen, sollte »eingreifend« wirken, war also ästhetisches Mittel zur sozialen und gar politischen Aktivität.

Im Weiteren hob Brecht einen Terminus in den Fokus des Interesses, der – von ihm selbst früher so nicht prononciert – als zentrale dramaturgische Kategorie das Wesen des Dramas ausmacht: die »Fabel«. War er bislang mit »Trennung der Elemente«, »V-Effekt« und »Gestus« eher auf darstellerische Elemente eingegangen, so trat nun – im »Kleinen Organon« von 1948 – ein dramentheoretisches, ein handlungsbezogenes Element in den Vordergrund bzw. erweiterte in entscheidender Weise seine Überlegungen zu einem »epischen Theater«:

»Das große Unternehmen des Theaters ist die ›Fabel‹, die Gesamtkonzeption aller gestischen Vorgänge, enthaltend die Mitteilungen und Impulse, die das Vergnügen des Publikums nunmehr ausmachen sollen [...] Die Auslegung der Fabel und ihre Vermittlung durch geeignete Verfremdungen ist das Hauptgeschäft des Theaters.«

Und noch einmal ging Brecht auf die Beteiligung von Musik in seinen theatralischen Projekten ein. Er hielt die »Schwesterkunst« nach wie vor für unverzichtbar, sollte und konnte sie doch ein dialektisches Pendant zur schauspielerischen und bühnenbildnerischen Erzählweise der Fabel darstellen:

»Den allgemeinen Gestus des Zeigens, der immer den besonderen gezeigten begleitet, betonen die musikalischen Adressen an das Publikum in den Liedern. Deshalb sollten die Schauspieler nicht in den Gesang ›übergehen‹, sondern ihn deutlich vom übrigen absetzen, was am besten auch noch durch eigene theatralische Maßnahmen, wie Beleuchtungswechsel oder Betitelung, unterstützt wird. Die Musik muß sich ihrerseits durchaus der Gleichschaltung widersetzen [...]. Sie begnüge sich nicht damit, sich ›auszudrücken‹, indem sie sich einfach der Stimmung entleert, die sie bei den Vorgängen befällt [...]. So seien all die Schwesterkünste der Schauspielkunst hier geladen, nicht um ein ›Gesamtkunstwerk‹ herzustellen, in dem sie sich alle aufgeben und verlieren, sondern sie sollen, zusammen mit der Schauspielkunst, die gemeinsame Aufgabe in ihrer verschiedenen Weise fördern, und ihr Verkehr miteinander besteht darin, daß sie sich gegenseitig verfremden.«[151]

150 Ebd., S. 441f.
151 Ebd., S. 450, 452ff.

Mit dem »Kleinen Organon«, genauer noch in den »Nachträgen«, war somit zu Beginn der 1950er Jahre bereits eine Entwicklungsstufe der Brecht'schen Theatertheorie erreicht, die nun sogar den Begriff »episches Theater« als zu eng, letztlich bereits als obsolet ansehen musste. Brecht schrieb da ganz entschieden:

»Wenn jetzt der Begriff ›episches Theater‹ aufgegeben wird, so nicht der Schritt zum bewußten Erleben, den es nach wie vor ermöglicht. Sondern es ist der Begriff nur zu ärmlich und vage für das gemeinte Theater; es braucht genauere Bestimmungen und muß mehr leisten. Außerdem stand es zu unbewegt gegen den Begriff des Dramatischen [...].«[152]

Das bedeutete den Abschied Brechts von den recht puristischen früheren Ansichten, wie er sie in den 1920er und 1930er Jahren noch geteilt und wie er sie in der »Dreigroschenoper«, in »Mahagonny« und vor allem in seinen »Lehrstücken« realisiert hatte. Übergreifender erschien ihm jetzt der Fabel-Begriff und dessen dialektische Verwirklichung im Dramatischen. Dennoch blieb der Terminus »episches Theater« in den folgenden Jahrzehnten erhalten, lebte weiter als Vision eines neuen, und ganz idealistisch dem Sozialismus zugewandten Theaters, lebte weiter auch als häufig undialektische Entgegensetzung zum Phänomen des von Felsenstein geprägten »realistischen Musiktheaters«. Diese Entgegensetzung bestand ja tatsächlich, sie konnte jedoch keine gegenseitige Ausschließung bedeuten. Und sie begründete sich vielleicht auch darin, dass die künstlerischen Persönlichkeiten, die sie repräsentierten, wie Felsenstein, Friedrich und Herz auf der einen Seite und Brecht, Eisler und Dessau auf der anderen, auch von grundsätzlich anderen individuellen Eigenheiten ausgingen – die einen als Regieinterpreten von vorliegenden Werken, die anderen als Schöpfer von neuen Werken (wobei Brecht dann ja durchaus ganz eigen auch als Regisseur wirkte). Diese unterschiedliche persönliche Determination in der künstlerischen Haltung war aber auch ein Garant für produktive, der Gesamtentwicklung des Opernlebens in der DDR eine förderliche Auseinandersetzung und, was noch wichtiger war, für gegenseitige Anregung und Bereicherung. Das zeigte sich seit den 1960er Jahren immer deutlicher etwa in den Theaterarbeiten von Herz, Friedrich und Berghaus.

Als ein Beispiel für die politisch-ästhetische Radikalität des frühen Brecht sei jetzt noch einmal auf das Lehrstück »Die Maßnahme« etwas näher eingegangen. Es geht darin um eine Gerichtsverhandlung gegen vier kommunistische Agitatoren, die den Tod eines Mitagitators zu verantworten haben und dafür vor einem Parteigericht

152 Ebd., S. 455.

stehen. Dieses »Lehrstück für Tenor, 3 Sprecher, gemischten Chor, Männerchor und Orchester« (op. 20) entstand 1930 und wurde am 13. Dezember desselben Jahres in der Berliner Philharmonie uraufgeführt, inszeniert von Slatan Dudow, mit Ernst Busch und Helene Weigel als zwei der Agitatoren. Es ist eine Schauspielhandlung, die in wesentlichen Teilen aber musikalisch strukturiert ist. In den »Anmerkungen zur Maßnahme«, publiziert 1931 (mit Brecht, Dudow und Eisler als gemeinsamen Autoren), hieß es bezeichnend über die musikalischen Abschnitte, die sich auch prononciert der Ausdrucksmittel des Jazz bedienten:

»Bei den Stücken ›Lob der USSR‹, ›Lob der illegalen Arbeit‹, ›Ändere die Welt, sie braucht es‹ und ›Lob der Partei‹ wurden der Musik Theorien überliefert. Es handelte sich darum, den Chören nicht zu gestatten, ›sich auszudrücken‹, also waren Modulationen in der Tonstärke vorsichtig anzuwenden und auch melodische Buntheit zu vermeiden. Die Chöre sind hier mit voller Stimmstärke unter Anstrengung zu singen. Sie haben organisatorischen Charakter, die Theorien selber sind nicht bloße Widerspiegelungen [...], sondern Kampfmittel [...].
Die bürgerliche Musik war nicht imstande, das Fortschrittliche im Jazz weiterzuentwickeln, nämlich das Montagemäßige, das den Musiker zum technischen Spezialisten machte. Hier waren Möglichkeiten gezeigt, eine neue Einheit von Freiheit des einzelnen und Diszipliniertheit des Gesamtkörpers zu erzielen (Improvisieren mit festem Ziel), das Gestische zu betonen, die Methode des Musizierens der Funktion unterzuordnen, also bei Funktionswechsel Stilarten übergangslos zu wechseln usw.«[153]

Und zur Darstellungsweise hieß es weiter ganz knapp:

»Die dramatische Vorführung muß einfach und nüchtern sein, besonderer Schwung und besonders ›ausdrucksvolles‹ Spiel sind überflüssig [...]. Die Vorführenden (Sänger und Spieler) haben die Aufgabe, lernend zu lehren.«[154]

Eisler veröffentlichte dann ein Jahr später, 1932, noch »Einige Ratschläge zur Einstudierung der Maßnahme«. Auch sie zielten auf eine bewusste Episierung und Verfremdung der musikalischen Ausdrucksweise ab, proklamierten eine radikale Zurschaustellung der musikalischen und szenischen Ausführung:

»Vor allem muß man brechen mit einem für einen Gesangsverein typischen ›schönen Vortrag‹. Das gefühlvolle Säuseln der Bässe, der lyrische Schmelz, man kann auch manchmal ›Schmalz‹ sagen, der Tenöre ist für die ›Maßnahme‹ absolut unzweckmäßig.
Anzustreben ist ein sehr straffes, rhythmisches, präzises Singen. Der Sänger soll sich bemühen, ausdruckslos zu singen, d. h. er soll sich nicht in die Musik einfühlen wie bei einem Liebeslied, sondern er

153 Hanns Eisler. Musik und Politik. Schriften. 1924–1948, S. 131ff.
154 Ebd.

soll seine Noten referierend bringen, wie ein Referat in einer Massenversammlung, also kalt, scharf und schneidend.

Vor allem ist anzustreben nicht gefühlvolle Darstellung, sondern deutliche [...].

Der Gesangschor ist in der ›Maßnahme‹ ein Massenreferat, der den Massen einen bestimmten politischen Inhalt referiert.«[155]

Gegen den spätromantischen Opernrausch

Anzumerken ist spätestens an dieser Stelle, dass die Überlegungen Brechts und Eislers zu einem epischen Theater bzw. Musiktheater nicht einzig in ihrer Zeit dastehen. Nach dem Ersten Weltkrieg hatte es in der internationalen Musiktheaterszene mehrfach sehr bemerkenswerte Vorstöße in diese Richtung gegeben. Und alle waren verbunden durch das gemeinsame Streben, aus dem nach wie vor übermächtigen Bann der spätromantischen Oper und Musik auszubrechen, wie er sich in den tagtäglichen Aufführungen der Werke von Wagner, Strauss, Schreker oder durch Mahler, Sibelius oder Debussy überrepräsentiert realisierte. »Rausch« war verpönt ebenso wie Gefühlsseligkeit, gefragt bzw. gefordert waren nun Ratio, Klarheit und Entdämonisierung. Dafür stehen die Werke von Ferruccio Busoni (»Arlecchino«), von Ernst Krenek, auch von Rudolf Wagner-Régeny und Carl Orff, und insbesondere von Igor Strawinsky mit seiner »Geschichte vom Soldaten« und seinem Opern-Oratorium »Oedipus Rex«, dessen Berliner Erstaufführung 1928 in der Krolloper sicher auch von Eisler und Brecht wahrgenommen worden war. Wie Brecht hatte auch schon Strawinsky bei der »Geschichte vom Soldaten« eine »Trennung der Elemente« propagiert[156] und fast wortgleich zu Eisler für seinen Sprecher im »Oedipus Rex« gefordert: »Der Sprecher trägt einen Frack [...]. Er redet wie ein Conférencier und schildert die Handlung mit teilnahmsloser Stimme.«[157]

Da waren also Elemente eines epischen Musiktheaters bereits deutlich ausgeprägt. Sie machten – allerdings zumeist ohne einen politischen Gestus, wie ihn Brecht und Eisler als eigentliche Grundlegung forderten – in den 1920er und frühen 1930er Jahren Schule, galten zu Recht als Voraussetzung eines zeitgenössischen Musiktheaters. Und sie wirkten dann mit zwanzigjähriger Verspätung auch nachhaltig auf die Opernentwicklung in der jungen DDR ein, eben durch Brecht, Eisler und Dessau selbst, die ja seit Ende der 1940er Jahre als Protagonisten eines neuen, dem Sozialismus zugewandten Theater- und Opernschaffens auftraten.

155 Ebd., S. 168.

156 Vgl.: Igor Strawinsky. Mein Leben, S. 69.

157 Igor Strawinsky. Oedipus Rex. Textbuchausgabe, S. 6.

Zurück aber noch einmal zu Eisler. Seine Zusammenarbeit mit Brecht fand vornehmlich im Theater statt. Er komponierte nach der »Maßnahme« und neben weiteren Vertonungen von Brecht-Texten (Lieder und Chorwerke) noch Schauspielmusiken zu mehreren Brecht-Dramen: »Die Mutter« (nach Maxim Gorki, 1932), »Furcht und Elend des Dritten Reiches« (1945), »Das Leben des Galileo Galilei« (1947), »Die Tage der Commune« (1956) und »Schweyk im Zweiten Weltkrieg« (1959).

Zu erwähnen ist ein Opernprojekt aus dem Jahre 1937, »Goliath«, das er gemeinsam mit Brecht realisieren wollte. Beide hielten sich um diese Zeit in Dänemark, in Skovsbostrand, auf. Behandelt werden sollte die biblische Geschichte von David und Goliath, und gemeint war sie natürlich als Gleichnis auf das Zeitgeschehen. Es existieren fast zweihundert Typoskriptseiten zum Opernlibretto aus der Hand Brechts, und die Komposition Eislers gelangte noch in Dänemark bis zur 3. Szene des 1. Aktes. Die unruhvollen Jahre des Exils, die kaum Raum boten für längere und konzentrierte Arbeit an einem doch groß dimensionierten Werk, verhinderten jedoch die Ausführung. Die Überlegungen dazu zogen sich aber noch über Jahre hin. So vermerkte Eisler 1943 auf dem Autograph seines Hölderlin-Fragments »An die Hoffnung«, dass dieses auch für die »Goliath«-Musik zu verwenden sei, und Brecht schrieb ein Jahr darauf, am 6. November 1944, in seinem Arbeitsjournal: »Häufigere Gespräche über Musik mit Eisler (wegen ›Goliath‹-Oper).«[158] Auch Brechts »Kaukasischer Kreidekreis« bewegte einige Zeit Eislers Nachdenken über ein weiteres Opernprojekt, und auch hierfür sind erste Skizzen überliefert. Mit Johannes R. Becher, von dem er 1950 einige Gedichte unter dem Titel »Neue deutsche Volkslieder« vertont hatte, erwog er ebenfalls 1950 einen Opernplan, der allerdings nicht über eine vage Erwägung und offensichtlich auch noch ohne einen konkreten Titel hinauskam.[159] Nach dem Tode Bechers schrieb Eisler einige Bemerkungen bzw. Beobachtungen über »Johannes R. Becher und die Musik« nieder, die es wert sind, hier in Auszügen wiedergegeben zu werden, werfen sie doch ein interessantes Licht auf den bis heute oft geschmähten Dichter, Kommunisten und Kulturminister:

»Becher liebte die Musik. Er war aber kein passiver Zuhörer, sondern er interessierte sich auch für die musikalische Technik. Er wollte wissen, wie bestimmte Wirkungen erzielt werden und was die Voraussetzungen der Eigentümlichkeit eines musikalischen Stils sind. Das unterschied ihn von dem Normalhörer, der, indem er das Denken ausschaltet, schwärmt. Becher liebte vor allem Bach, Mozart und Beethoven. (Mit Brahms, Strauss konnte er nicht viel anfangen. Wagner und die italienische Oper waren ihm zuwider. Von Alban Bergs ›Wozzeck‹

---

158 Zit. nach: Hanns Eisler. Gespräche mit Hans Bunge. Fragen Sie mehr über Brecht, S. 81.

159 Zit. nach: Manfred Grabs. Hanns Eislers Versuche um die Oper, S. 626ff.

war er begeistert. Er hörte diese Oper mehrmals.) Der modernen Musik stand er als interessierter Freund gegenüber. Er hatte keine Voreingenommenheiten, außer einer, er war gegen Unfug, Snobismus und sinnloses Experimentieren [...]. Er war in Dingen der Musik ein unermüdlicher Frager. Ich mußte ihm das Magnificat von Bach, die Appassionata und die 7. Sinfonie von Beethoven Takt für Takt erklären und jeden terminus technicus gewissermaßen übersetzen. Er verglich dann musikalische Techniken mit den Techniken der Poesie.«[160]

Dessaus Opern und noch einmal »Lukullus«

Es war dann Paul Dessau, der schließlich in den 1960er Jahren einen neuen Zug in die Opernlandschaft der DDR brachte. Aus dem eigenen »Lukullus«-Debakel und den Diskussionen um Eislers »Faustus« hatte er lernen müssen zu warten. Und dementsprechend bitter klingen auch einige Sätze, die er 1957 anlässlich eines Konzerts mit eigenen Werken in der Berliner Staatsoper niedergeschrieben hatte:

»Wie oft mußten wir lesen und hören, daß ein Werk, dessen Entstehung oft Monate, sogar Jahre gekostet hat, von allzu schnellen Beurteilern mit einem einzigen Schlagwort abgekanzelt wurde! [Dieses unausgesprochene Wort war: ›Formalismus‹.] Wie oft auch bei unseren Arbeiten blähen sich diese Aburteiler als ›Stimme des Volks‹ auf! Und verhindern dadurch die echte Anteilnahme unserer vielen kunstbegeisterten Menschen an unseren Arbeiten und damit den Fortschritt!«[161]

Für Dessau bedeutete Künstlersein, wie für seine Freunde Brecht und Eisler, eine progressive politische Stellung einzunehmen. 1964, zwei Jahre vor der Uraufführung seiner »Puntila«-Oper, äußerte er einmal ganz entschieden:

»Erlauben Sie mir, in wenigen Worten von zwei Bildern zu sprechen, von unserem Notenbild im allgemeinen und unserem Weltbild im besonderen. Eines kann ohne das andere nicht bestehen; beide sind aufeinander angewiesen, was zum Beispiel bei Konsonanz und Dissonanz eine unbestrittene Frage ist [...]. Es ist nicht mehr und nicht weniger gefordert, als daß unsere Musik die Menschen befähigen soll, Einblicke in unser Zeitalter zu gewinnen, und das mit hohem Vergnügen und hoher Sittlichkeit.«[162]

Und wenige Jahre später, 1969, kurz vor der Uraufführung seiner dritten Oper »Lanzelot«, betonte er noch einen anderen, für ihn wesentlichen Gedanken:

»Wie jede geistige Kraft aber muß auch die mächtige Triebfeder Phantasie ständig neu in uns gespannt werden. Und hier tut sich

160 Hanns Eisler. Musik und Politik. Schriften 1948–1962, S. 449f.

161 Paul Dessau. Notizen zu Noten, S. 17f.

162 Ebd., S. 14f.

gerade auch für unsere sozialistische Kunst ein weites Wirkungsfeld auf, sie vermag anzuregen, mehr: uns mit der ganzen Welt in Beziehung zu setzen, scheinbar maßlose Gedankengebäude zu errichten, aber auch unserem phantastischen Denken Form und Maß zu geben und unsere Träume zu formieren [...]. Phantasie setzt immer neues Erfinden voraus, immer neues Durchdenken und -hören.«[163]

Im Übrigen hielt sich Dessau in schriftlichen Bekundungen über sich selbst und seine Musikauffassung zurück. Erst recht spät, anlässlich seines 80. Geburtstages im Jahr 1974, ließ er sich gesprächsweise zu einigen ausführlicheren Erläuterungen seines Musikdenkens herab. Da hieß es unter anderem:

»Musik ist geistige Anspannung, nicht bequemer Genuß. Das Schaffen neuer Musik – zeitgenössischer Musik –, solcher, die unser sozialistisches Leben widerspiegelt, kann nicht bequem sein, denn gefordert ist eine eindeutige Stellungnahme zu den Fragen unserer Zeit [...]. Als Musiker muß ich alle Techniken beherrschen [...]. Die sogenannten neuen Techniken laufen sich – wenn sie Selbstzweck werden – tot, haben sich zum Teil schon totgelaufen [...]. Die Musik der jungen Komponisten heute ist anders als meine [...]. Aus ihrer Sicht suchen sie nach neuen Wegen, neuen Ausdrucksmitteln und Formen«.[164]

Mit diesen Ansichten wäre Dessau durchaus mit dem eigentlich erst später in Gebrauch gekommenen Begriff »postmodern« zu belegen. Und auch ein geradliniges politisches Bekenntnis scheute sich Dessau nicht abzugeben:

»Für mich ist ja ein Kommunist ein Mensch, der sich umschaut: Wie lebe ich mit meinen Mitmenschen? Was tue ich für meine Umwelt, um sie zu verändern? Da beginnt, denke ich, der Marxismus [...].«

Das sagte er, wohlgemerkt, zu einem Zeitpunkt, als die selbstzerstörerische Erosion der sozialistisch-kommunistischen Ideologie in ihrer praktischen Erscheinung noch nicht deutlich erkennbar war – das heißt, in Erscheinung der sozialistischen Staatengemeinschaft unter der Führung der Sowjetunion.

Die Dialektik als geistige Grundlage seiner Denkweise und Kunstauffassung hat Dessau ganz praktisch im Arbeiten mit Brecht erlebt und geschärft:

»Da hat der Brecht schuld. Dafür bin ich dem Brecht dankbar [...]. Ich glaube, daß sich die Dialektik, wie alle anderen Dinge, am allerbesten in der Praxis vermittelt, durch die Arbeit, die man zusammen leistet [...]. Schon die Art, wie wir zusammen sprachen: Jedes Gespräch bei Brecht war – Unterhaltung gab es nicht – ein Arbeitsgespräch [...]. Es war ein Gedankenspiel, ein Spiel ähnlich Tischtennis [...]. Und ich glaube, daß gerade da ganz zwangsläufig die Dialektik des

---

163 Ebd., S. 16f.

164 Dieses und die folgenden Zitate aus: Paul Dessau. Aus Gesprächen, S. 12, 14, 15, 16, 18.

Miteinanderarbeitens auf mich ungeheuer fruchtbringend gewirkt hat.«[165]

Dessau handelte da, wie er selbst einmal betonte, nach einem Bonmot seines geschätzten Kollegen Hanns Eisler, »wonach Musik zum Spielen, nicht zum Reden da sei«[166].

Es gibt wie gesagt nicht sehr viele schriftliche Zeugnisse, in denen sich Dessau zur eigenen Musik oder über Musik ganz allgemein geäußert hat, ganz im Gegensatz zu Hanns Eisler, der entgegen seinem eigenen Bonmot sich doch umfangreich über Musik und Politik, also über die von ihm propagierte gesellschaftliche Funktion des Komponierens ausgelassen hatte. Umso aufmerksamer sind also Dessaus knappe Mitteilungen zu musikalischen oder ästhetischen Fragen zu lesen.

1963 erzählte er einmal kurz, wie viele Opernpläne er schon erwogen hatte, und beschrieb seinen »schwierigen Weg zur Oper«:

»*Die Schwierigkeit, ein gutes Libretto für eine Oper zu finden, besteht nicht erst heute. Wie viele Versuche unternahm ich nicht! Grillparzers ›Der Traum ein Leben‹, Eichendorffs ›Die Freier‹ [...], Upton Sinclairs Roman ›Der Sumpf‹, zu denen allen ich mir den Text zurechtbastelte, blieben Fragmente.*«[167]

Zwischen Dessau und Brecht hatte es in den 1940er Jahren einen konkreten Opernplan gegeben. 1957 berichtete Dessau davon:

»*Eines Tages unterbreitete mir Brecht die Idee zu einem Opernstoff: ›Die Reisen des Glücksgotts‹. Er schrieb das Vorspiel und die erste Szene. Die Schlußlösung stand damals noch aus. Einige Jahre später (1950), anläßlich eines Gastspiels mit ›Mutter Courage und ihre Kinder‹ in Weimar, sagte er mir am Vormittag im Hotel: ›Ich glaube, jetzt hab ich den Schluß für unsern ›Glücksgott‹ gefunden: Das Glück ist nicht zu töten (im letzten Bild sollte der Glücksgott hingerichtet werden). Das Glück ist: der Kommunismus.‹ Brecht arbeitete noch wiederholt an diesem Stoff; der gesamte Plan für die Oper liegt fertig vor. Die Ausführung dieses Planes ist ohne Brecht undenkbar.*«[168]

Das heißt, der unerwartet frühe Tod des Dichters machte diesen Plan zunichte. Deutlich wird an Brechts eben zitierter Schlusslösung des »Glücksgotts« aber auch ein geradezu naives Heilsverständnis vom Kommunismus als erreichbare Lösung aller großen Menschheitsprobleme. Es begründete sich in der ungebrochenen – trotz aller erlebten und erduldeten Widersprüche und Zweifel – Überzeugung Brechts, Eislers und Dessaus, der Sozialismus bzw. Kommunismus sei die entscheidende gesellschaftliche Alternative. Es war eine Überzeugung, die bei ihnen bereits in den Klassenkämpfen der 1920er Jahre entstanden war, die sich während der Zeit der Emigration gefestigt hatte und nun, in den von ihnen hoffnungsvoll erlebten

165 Ebd., S. 20f.

166 Paul Dessau. Notizen zu Noten, S. 5.

167 Ebd., S. 147.

168 Ebd., S. 51.

ersten Jahren in der DDR, neuen Aufwind erhielt. Aus heutiger Sicht mag das naiv erscheinen – der Kommunismus als die große utopische Vision des 20. Jahrhunderts ist an der Unzulänglichkeit seiner realen Erscheinungsform, an seiner ideologischen Dogmatisierung untergegangen. Das konnten sich Brecht, Eisler und Dessau damals noch nicht vorstellen. Und das ist ihnen daher auch nicht als politisch kurzsichtig anzulasten. Sie brauchten für ihr Kunstverständnis gerade eine solche große Zukunftssicht. Es war eine Problematik, wie sie generell für die Kunst in der DDR während der 1950er und 1960er noch zutraf. Die zweifelnde Infragestellung setzte erst während der 1970er Jahre ein, eben als der parteipolitisch gegebene Slogan vom »real existierenden Sozialismus« in die Gesellschaft getragen wurde. Dieser Slogan war doch schon eine Verteidigungs-, eine Rückzugsposition. »Real existierende« Widersprüche brachen immer tiefer auf und es wurde immer schwieriger, sie mit den Idealen in Übereinstimmung zu bringen.

Noch einmal aber zurück zu den Diskussionen im Jahr 1951 um Dessau und Brechts Oper »Die Verurteilung des Lukullus« (in der Erstfassung noch »Das Verhör des Lukullus«). Dessau erläuterte reichlich zehn Jahre später die Entstehung der zweiten Fassung und setzte sie so in ein bezeichnendes Licht:

»Als ich ihn [Brecht] brieflich bat [...], den Schluß abzuändern schon aus dem einleuchtenden Grund, weil in Nürnberg gerade der Kriegsverbrecherprozeß gegen die Nazimörder tagte und meines Erachtens die Oper nicht mit den Worten, wie es noch im Hörspiel heißt: ›Das Gericht zieht sich zur Beratung zurück‹ enden konnte und durfte, kam er mit dem neuen Text zurück, der mir Gelegenheit gab, ein wirkliches Opernfinale zu schreiben und auch hiermit dem politischen Anliegen dieses Werkes gerecht zu werden. Diese Einsicht in die Notwendigkeit, die unsere Arbeit brauchte, war ein ungeheurer Gewinn für das Werk.«[169]

Es war also durchaus nicht nur politischer Druck, der die Zweitfassung des Werkes erzwang – ein Druck, der im Übrigen ja durchaus und schmerzlich ausgeübt wurde. In Hinsicht jedoch auf die Schlusslösung und endgültige Titulierung der Oper spielten dramaturgisch-ästhetische Überlegungen der Autoren eine wichtige Rolle. In diesem Zusammenhang gab Dessau auch einen Einblick, wie es tatsächlich zur Entstehung von »Die Verurteilung des Lukullus« gekommen war. Noch im amerikanischen Exil, in Santa Monica, hatte Brecht einen »Lukullus«-Text verfasst und zunächst Dessau gebeten, Strawinsky dafür zu interessieren. Doch der winkte ab. Dann, 1948, wollte Brecht für Dessau einen Vertrag mit dem Nordwestdeutschen Rundfunk in die Wege leiten. »Lukullus« sollte eine

169 Ebd., S. 39.

»Funkoper« werden. Dessau sagte zu. Doch der Vertrag kam nicht zustande. Jetzt aber war Dessaus Interesse an dem Stoff bereits so stark, dass er nun eine Oper dazu schreiben wollte. Bei der Zusammenarbeit mit Brecht entstand dann notwendigerweise eine ganz neue Version des Hörspieltextes. Beide, Brecht und Dessau, hatten erkannt, dass ein Opernlibretto andere dramaturgische Verfahrensweisen verlangte. Dessau erinnerte sich:

»Jetzt begannen die Schwierigkeiten sich aufzutürmen, Schwierigkeiten, die mir schon damals in Santa Monica zu denken gaben. Brecht arbeitete bis zur Generalprobe unermüdlich mit, um sie zu bewältigen. Wir erkannten während der Arbeit, daß die Hörspielfassung in vielerlei Hinsicht geändert werden mußte. Vieles mußte neu gesichtet und gedichtet werden. Aber bei Brecht bedeuteten Eingreifen und Veränderungen immer Bereicherungen [...]. Das Neue und Einmalige an dieser Zusammenarbeit war, daß durch die bedeutenden Umänderungen, die das Hörspiel erst zu einem Opernbuch entwickeln ließen, stets neue Qualitäten gewonnen wurden.«[170]

»Puntila«. Ein nicht eingelöstes Versprechen

Eine ähnlich produktive Zusammenarbeit konnte sich durch den frühen Tod Brechts bei Dessaus nächstem Opernprojekt nicht mehr ergeben. Wohl wegen der unguten Erfahrungen mit dem »Lukullus« hatte Dessau etliche Jahre gezögert, sich erneut an eine Oper zu wagen. Jetzt, fünf Jahre später, wandte er sich Brechts Drama »Herr Puntila und sein Knecht Matti« zu, das 1940 im amerikanischen Exil entstanden war. Dessau erinnerte sich, wie Brecht diesen Plan noch begrüßt hatte:

»Ich suchte mit Brecht schon lange einen Opernstoff, und eines Tages sagte ich: ›Wieso suchen wir eigentlich zehn Jahre herum? Es gibt doch etwas von dir: den ›Puntila‹, mit allem, was eine Oper braucht: Pantomimen, Tänze, Terzette, Möglichkeiten sogar für ein Sextett.‹ ›Ja‹, meinte er, ›das ist eine gute Idee, mach das mal.‹«[171]

1949 komponierte Dessau zu diesem Stück zunächst eine Schauspielmusik, uraufgeführt am 12. November 1949 am Berliner Ensemble. Die Brecht-Schüler Peter Palitzsch und Manfred Wekwerth übernahmen die Einrichtung des dramatischen Textes zu einem Opernlibretto. Die Grundstruktur des Dramas blieb erhalten, wurde aber auf musikträchtige Formung fokussiert. Die Kompositionsarbeit begann im Herbst 1956 und war im März 1959 abgeschlossen. Offenbar war die Arbeit für die Komische Oper bestimmt. Felsenstein

170 Ebd., S. 43f.
171 Paul Dessau. Aus Gesprächen, S. 81.

wollte, wie schon erwähnt, das Werk zur Uraufführung bringen, schob das Projekt aber immer wieder vor sich her. So bemerkte er einmal in einem Interview, das er 1963 in Wien gab: »Nach wie vor ist es ein dringendes Anliegen (und eine vor langem übernommene Verpflichtung), Paul Dessaus ›Puntila‹ uraufzuführen.«[172]

Aus welchen Gründen auch immer – es kam nicht zu einer Inszenierung an der Komischen Oper. Das führte verständlicherweise zu einer tiefen Verstimmung beim Komponisten und quasi zum Bruch der bis dahin geradezu freundschaftlichen Beziehung zwischen Dessau und Felsenstein. Noch ein Gratulationsbrief vom 18. Dezember 1969 zu Dessaus 75. Geburtstag legt beredtes Zeugnis ab vom schlechten Gewissen Felsensteins. Er versuchte eine Wiederannäherung, indem er seine Schuld eingestand:

»Ich weiß nicht mehr, ob ich Paul Dessau zum 60. Geburtstag schon gratuliert habe; aber in dieser Gegend muß es gewesen sein [also etwa Mitte der 50er Jahre], daß ich ihn kennen, verehren und lieben gelernt habe. Der Verkehr und der Kontakt von Haus zu Haus wurden – gemessen an der Zeitnot zweier Arbeitstiere – rege und vielfältig. Da bereitete ich Ihnen – vor etwa acht Jahren, als Opfer meiner in der Komischen Oper entwickelten Super-Demokratie – diese große Enttäuschung, für die ich – wenn auch nur indirekt mitschuldig – als Leiter des Hauses die ganze Schuld tragen mußte. Ich verlor den Freund [...]. Ich weiß nicht, wie sehr Sie mir noch grollen und ob – falls Sie anläßlich Ihres 75. Geburtstages eine Amnestie erteilen – ich einbezogen werden könnte.

Wie dem auch sei, ich muß Ihnen heute eine Liebeserklärung machen wie eh und je, muß Ihnen Dank sagen für Ihr großes Werk und Ihr großes Leben, muß die Unbestechlichkeit und Konsequenz Ihrer Schaffensart bewundern, die Vielfalt und Kraft Ihrer Arbeit, Ihr Bekennertum und Ihr reiches pädagogisches Anliegen. Bleiben Sie, wie Sie sind!«[173]

1957, vor dem Bruch, hatte Dessau einen schönen Artikel über Felsensteins Regiekunst geschrieben: »Die Kunst der schöpferischen Ausdeutung der Musik«, bezugnehmend auf die Felsenstein-Inszenierungen von Orffs »Die Kluge« und Verdis »Falstaff«. Es hieß da gegen Ende bewundernd:

»Lange noch sollte man die Beispiele anführen, nicht allein zu unserer Freude, zu unserem besseren Verständnis und Genießen des ›Falstaff‹ und der Kunst, mit der Felsenstein ihn uns erklärt. Unser Nachwuchs hat in Felsensteins Arbeit den echten, künstlerischen Maßstab und findet dadurch ein gültiges Beispiel [...]. Uns bleibt nichts als Dank, die Bewunderung und das Shakespearesche ›Mehr! Mehr! Ich bitte dich, mehr!‹«[174]

172 Walter Felsenstein. Schriften. Zum Musiktheater, S. 439f.

173 Ebd., S. 528

174 Paul Dessau. Notizen zu Noten, S. 169.

Da war ein Moment dokumentiert, wo scheinbar Unvereinbares, nämlich realistisches Musiktheater und episches Musiktheater, als deren Protagonisten Felsenstein und Dessau anzusehen waren, einander sehr nahegekommen waren – ein theaterhistorisch interessanter und vielversprechender Moment, in dessen Folge eine Felsenstein-Inszenierung des »Puntila« etwas ganz Originäres hätte werden können. Ein Versprechen, das leider nicht eingelöst wurde.

Kompositionstechnisch hatte sich Dessau im »Puntila« neue Bereiche erschlossen, namentlich die Zwölftontechnik aus der Schule Schönbergs, die zu jener Zeit in der DDR noch als bürgerlich dekadent und volksfeindlich angesehen war.[175] Schon das war ein provokanter Vorgang. Eine »Reihe« liegt allem zugrunde, konterkariert von einer bewussten Dur-Moll-Spannung in der Zeichnung verschiedener sozialer Haltungen: Puntilas trunkene Phantasien von der großen Solidarität und sein nüchternes blankes Kapitalistengebaren gegen die Einfachheit und Geradlinigkeit seines Knechtes Matti und des Landvolkes. »Reihen«-Struktur versus Volksliedhaftigkeit. Dessaus Partitur jongliert virtuos in diesem konträren Spannungsfeld, kennt auch Nummernhaftigkeit und gleichzeitig sinfonischen Gestus. Dabei wusste der Komponist sehr genau zu differenzieren, eingedenk auch unproduktiver Negativdiskussionen zur Zwölftonmusik als »formalistischer Missgeburt«, wie sie in den 1950er Jahren noch heftig in der DDR stattfanden und denen schon Hanns Eisler – mit nur geringem Erfolg – entgegenzuwirken versucht hatte:

»Bei dieser Oper gab es in musikalisch-kompositorischer Hinsicht eine ganze Menge Fragen. Da ist zunächst die der verwendeten Zwölftonreihe und ihre Verbindung zur Dur-Moll-Harmonik [...]. Die Reihe ist ja – was oft vergessen wird – von Schönberg überhaupt erfunden worden, um die Anarchie in der Musik aufzuheben. Fragen gab es auch zu meinem angeblich politisch-musikalischen Arbeitsprinzip, positive Figuren im Dur-Moll-System zu zeigen, während negative Figuren musikalisch anderweitig dargestellt werden. Das ist doch ein grundsätzliches Mißverständnis, zu glauben oder zu sagen, daß ein musikalisches Mittel, ich will gar nicht sagen welches, überhaupt ein musikalisches Mittel – ob modal, tonal oder nicht – in der Lage ist, etwas positiv oder negativ zu zeichnen. Das ist ein grundlegender Fehler [...]. Ich spreche von meinem musikalischen Material. Ich sage nicht Reihe, sondern das musikalische Material, von dem ich so oder so Gebrauch machen kann. Und zwar so, wie ich es als dramaturgischer und politischer Musiker für richtig halte.«[176]

Gerd Rienäcker stellte in einem ausführlichen Essay musikalisch-strukturelle und dramaturgische Besonderheiten der »Puntila«-

[175] Ausführlicher dazu vgl.: Fritz Hennenberg. Dessau – Brecht. Musikalische Arbeiten, Kapitel »Zwölfton-Aspekt«.

[176] Paul Dessau. Aus Gesprächen, S. 81f.

Partitur dar – auch im Rück- und Vorblick auf »Lukullus« bzw. Dessaus nächste Oper »Lanzelot« –, etwa zum Verhältnis von Sprechen und Singen, zum Prinzip syllabischer Textvertonung, zum Verhältnis von Gesangspart und Orchestersprache, zur Heterogenität und zum dominierenden Montageprinzip von Dessaus Kompositionsweise überhaupt, zum Primat des dramaturgischen Kontrapunkts – alles mit einem Ziel: »Durch das Musizieren des Menschen auf der Bühne soll ein gesellschaftlich begründetes Verhalten einsichtig und beurteilbar werden«, und ganz im Brecht'schen Geiste: »Die Musik kommentiert die Vorgänge.«[177]

Am 15. November 1966, also sieben Jahre nach Fertigstellung des Werkes und zehn Jahre nach Brechts Tod, fand an der Berliner Staatsoper die Uraufführung des »Puntila« statt (Dirigent: Otmar Suitner; Inszenierung: Ruth Berghaus; in der Titelpartie: Reiner Süß; Matti: Kurt Rehm). Im Programmheft erklärte sich Dessau unerwartet ausführlich und ungemein instruktiv zu seinem Opus:

»In dem einzigen Gespräch, das ich mit Brecht über den Plan, sein Volksstück ›Herr Puntila und sein Knecht Matti‹ zu veropern, hatte, erkannte Brecht, der ja ungewöhnlich musikalisch war, sofort die unendlich vielen Möglichkeiten einer Vertonung. Ich machte ihn aufmerksam, wie gleich zu Anfang, der den Puntila einsam und von allen Freunden verlassen zeigt [...], der Monolog zu einer Art Arie umgewandelt werden kann und später, wenn Matti auftritt (den Puntila in seinem Suff nicht einmal als seinen Diener erkennt), es geradezu nach einem Duett schreit [...].

Die Hauptfigur: der Gutsbesitzer Puntila (ein wahrer Proteus), mehr besoffen als nüchtern, und wenn besoffen, dann leutselig, zugänglich, gefährlich jedoch in seiner Zuneigung; wenn nüchtern, aber bösartig, haltlos und unmenschlich, der Prototyp des rücksichtslosen Ausbeuters, der nicht seine Wälder, sondern Mensch und Natur bis zum Exzeß exploitiert. Und dennoch oder gerade wegen dieser Ambivalenz ist diese Figur in ihrer Dialektik für Musik wie geschaffen! Gerade das Sympathische, das Herr Puntila in seiner Besoffenheit ausstrahlt, macht ihn um so gefährlicher. Deshalb war es wichtig, seine Überschwenglichkeiten nicht als Karikatur zu zeichnen, sondern als überlebensgroße Verstiegenheiten, als bösartige Freundlichkeiten oder freundschaftliche Bösartigkeiten. Alles, was er im trunkenen Zustand unternimmt, ist maßlos und schier unglaublich! Die Musik soll das Widerliche der menschlich-unmenschlichen Anwandlungen aufzudecken suchen, nichts zu verdecken oder gar zu illustrieren trachten (was absurd wäre). Sein Gegenpart, Matti, der Chauffeur, ist nicht allein durch besonders behandelte Sprechstellen, sondern durch eine

---

177 Gerd Rienäcker. Zu einigen Gestaltungsproblemen im Opernschaffen von Paul Dessau, S. 117, 123.

gänzlich divergierende musikalische Diktion gekennzeichnet, die der der Frauen von Kurgela nicht unähnlich ist, sogar verwandt. Es ist hier alles knapper, sachlicher, weniger subversiv gehalten, betont einfacher [...]. In der Orchestration treten die Gegensätze besonders auffällig zutage, so daß man, wenn man will, von einer ›Leit-Instrumentation‹ sprechen könnte [...].

Das Kompositionsprinzip meiner Arbeit (man nennt es heute die ›Reihe‹ – ich vermeide gern diesen Terminus, bei dem sich nur wenige etwas vorstellen können) wurde derart konzipiert, daß eine Moll-Dur-Haltung impliziert wurde, die sich den Partien der schon im Volksstück vorkommenden Melodien, die ich meiner Oper einverleibte, mühelos einarbeiten ließ [...].

Der aufmerksame Zuhörer wird so etwas wie ›Nummern‹ im ›Puntila‹ entdecken, doch werden sie nicht so deutlich voneinander abgesetzt wie etwa in meinem ›Lukullus‹. Sie sind hier sinfonischer konzipiert, enger miteinander verbunden. Angestrebt habe ich, das Wesentliche im Klang auszusagen, der hier Ausdruck einer gesellschaftlichen Kategorie wird [...].

Ich habe mich bemüht, das ernst-heitere und wichtige Thema leicht überschaubar zu behandeln. Es lag mir daran, dem Hörer durch ein heiteres Werk den Ernst des Kampfes der Klassen deutlich zu machen.«[178]

Das war eine Selbstdarstellung, wie sie unüberhörbar von Brechts Vorstellungen eines epischen Musiktheaters diktiert war. 1961 hatte sich Dessau anläßlich einer geplanten Musiktheaterkonferenz auch dezidiert darüber geäußert:

»Für den Stoff ist der Musiker allein verantwortlich. Stoff und Dramaturgie gehorchen musikalischen Gesichtspunkten. Die Musik schaltet sich nie gleich, sie deutet vielmehr den Text, sie begleite nicht, sie male keine Stimmungen. Sie hat zu stimmen [...].«

Und Dessau zitierte hier noch einmal – allerdings ein wenig seinem Standpunkt als Musiker angepaßt – jenen berühmten Satz aus Brechts »Kleinen Organon«:

»So seien all die Schwesterkünste [...] hier geladen, nicht um ein ›Gesamtkunstwerk‹ herzustellen, in dem sie sich alle aufgeben und verlieren, sondern sie sollen [...] die gemeinsame Aufgabe in ihrer verschiedenen Weise fördern, und ihr Verkehr miteinander besteht darin, daß sie sich gegenseitig verfremden.«[179]

Die Berliner »Puntila«-Uraufführung – übrigens im Rahmen einer Woche »Brecht und die Musikdramatik« mit Aufführungen weiterer Brecht-Vertonungen von Dessau, Eisler, Weill und Wagner-Régeny – bedeutete, nach der allmählichen Anerkennung des »Lukullus«, einen künstlerischen Durchbruch für Dessau, auch wenn das Werk, wie Sigrid Neef wohl etwas überspitzt formulierte, »verquer

178 Paul Dessau. Notizen zu Noten, S. 82ff.

179 Ebd., S. 151.

Paul Dessau: »Puntila«, Staatsoper Berlin, 1966

180 Sigrid und Hermann Neef. Deutsche Oper im 20. Jahrhundert. DDR 1949–1989, S. 89.

zur offiziell proklamierten Theorie des Sozialistischen Realismus der sechziger Jahre« stand.[180] Präziser könnte man sagen, dass nun endgültig stilistische und ästhetische Weite und Vielfalt auf der Opernbühne der DDR durchgesetzt waren. Die Inszenierung wurde gefeiert, der Premiere wohnten namhafte Vertreter der politischen Öffentlichkeit, unter ihnen Volkskammerpräsident Johannes Dieckmann und der stellvertretende Ministerpräsident Alexander Abusch, sowie befreundete Komponisten aus dem westlichen Ausland wie Luigi Nono, René Leibowitz, Boris Blacher und Rolf Liebermann bei. Beglückt notierte Dessau in seinem Notizbuch:

»Riesen-Erfolg! 1/3 davon zumindest gehört Ruth. Ihre Inszenierung ist grandios, einfallsreich, neu, kühn + epochemachend. Bravissimo! Ruth!«[181]

Die zweite Vorstellung des »Puntila« wurde auch von Walter Ulbricht und seiner Frau Lotte besucht. Der Staatsratsvorsitzende lobte, dass »eine neue Geschichte des sozialistischen Opernschaffens« begonnen habe und meinte launig: »Die Leute denken, dass wir Trauerklöße sind; dabei kann der Klassenkampf auch heiter sein [...].«[182] Dessau freute sich sehr darüber – wieder einmal hatte ein Staatsoberhaupt Interesse an seinem Werk bekundet (nach Staatspräsident Wilhelm Pieck 1951 am »Lukullus«). Er notierte im Notizbuch:

»Waren sehr zufrieden + beglückwünschten (mich) – bedankten sich sehr. Sass 2. Hälfte neben WU [Walter Ulbricht]. Es war ein glücklicher Abend.«[183]

Dessau war auf der Opernbühne der DDR angekommen – so sehr, dass ihn eine hämische Pressestimme anlässlich des »Puntila«-Gastspiels der Berliner Staatsoper bei den Wiener Festwochen 1968 gar als »DDR-Hofkomponist« abzutun versuchte und meinte, er habe »zu dieser Oper, die keine ist, eine Musik geschrieben, die fast keine ist [...]«.[184] Diese oberflächliche Charakterisierung des Komponisten war offensichtlich dem zugespitzt unsachlichen Ton geschuldet, wie er in Zeiten des Kalten Krieges zwischen Ost und West üblich war. Und man hatte offenbar im Westen keinerlei Kenntnis von den internen ideologischen und ästhetischen Vorbehalten, mit denen gerade Dessau bislang in der DDR zu kämpfen hatte.

Jetzt aber galt Dessau im Musiktheater der DDR unangefochten als die führende Persönlichkeit. Dennoch folgten nur zwei weitere Inszenierungen des »Puntila« in der DDR: 1969 in Karl-Marx-Stadt und 1989 in Radebeul. Doch bald nach der Berliner Uraufführung erschien der »Puntila« auch auf bundesrepublikanischen Bühnen, so schon 1967 in Wuppertal, dann 1977 in Freiburg i. Br., 1980 in Lübeck und 1985 in Oldenburg. Die Berliner Aufführung stand bis 1969 23-mal auf dem Programm der Staatsoper und wurde auch auf Gastspielen in Wien und beim Florentiner Musik-Mai gezeigt.

181 Paul Dessau. Let's hope for the best. Briefe und Notizbücher aus den Jahren 1948 bis 1978, S. 110.

182 Ebd., S. 111.

183 Ebd., S. 110f.

184 Zit. aus: Michael Kraus. Die musikalische Moderne an den Staatsopern von Berlin und Wien 1945–1989. Paradigmen nationaler Kulturidentitäten im Kalten Krieg, S. 110.

»Lanzelot«. Eine politische Märchenkomödie

Dessau fühlte sich nun zu weiteren Opernplänen aufgelegt. Sein großer Anreger Bertolt Brecht konnte ihm jedoch nicht mehr zu Seite stehen. Wie nun zu einem neuen Stoff kommen? Ein originäres Theatererlebnis half ihm: 1965 hatte der Brecht-Schüler Benno Besson am Deutschen Theater in Berlin die DDR-Erstaufführung des Märchens »Der Drache« von Jewgeni Schwarz inszeniert, mit Rolf Ludwig, Eberhard Esche und Horst Drinda in den Hauptrollen. Der sowjetische Dramatiker hatte in diesem Stück alte Märchenmotive parabelartig als Gleichnisse auf zeitgenössisches Geschehen (Faschismus und erkennbar auch Stalinismus) kritisch verarbeitet. Auch in anderen Märchenadaptionen, so etwa in »Der Schatten« oder »Das gewöhnliche Wunder« – beide wurden in der Folge auch von DDR-Komponisten als Vorlage für neue Opern verwendet –, folgte er diesem Prinzip. In den osteuropäischen Ländern, namentlich in der DDR, hatte Schwarz damit großen Erfolg. Die phantasievolle und beziehungsreiche Besson-Inszenierung des »Drachen« stand in Berlin mit über fünfhundert Aufführungen über viele Jahre auf dem Spielplan, hatte stets ausverkaufte Vorstellungen und wurde geradezu zu einer Legende. Das aufmerksame DDR-Publikum erkannte sich und seine Nöte hier in einer ungemein ansprechenden Art theatralisch widergespiegelt. Das mag auch Paul Dessau angezogen haben.

Wieder stand ein großes weltpolitisches Thema – in diesem Fall der Vietnam-Krieg – im Hintergrund des Werkes. Und Dessaus Haltung dazu (ganz im Sinne Brechts) ist durch Gerd Rienäckers Beschreibung seines Musizierens zutreffend beschrieben:

»Die für Dessaus Musik so kennzeichnende sprunghafte Entwicklung musikalischer Gedanken, bedingt durch Montage, Sukzessiv- und Simultankonfrontation heterogener Gestalten, das Aussetzen kontinuierlichen Fortgangs und schroffe Abbrechen melodischer Linien, das Aufstauen musikalischer Bewegung durch Interventionen kontrastierender Passagen, die intensivierende Reihung kadenzierender Anläufe haben insgesamt die Funktion, auf etwas aufmerksam zu machen, aufzurütteln.«[185]

Gemeinsam mit dem Brecht-Schüler und heute als wohl bedeutendstem deutschen Dramatiker nach Brecht anerkannten Heiner Müller (und unter Mitarbeit von dessen Lebenspartnerin, der bulgarischen Regisseurin Ginka Tscholakowa) erarbeitete Dessau aus dem Schwarz-Stück einen Operntext, nun unter dem Titel »Lanzelot«. Dieser Titelheld tritt als unbarmherziger Kämpfer gegen Unterdrückung und als Verteidiger von Menschlichkeit auf. Die Welt des Drachen, musikalisch faszinierend und zugleich abstoßend, erweist sich

[185] Gerd Rienäcker. Zu einigen Gestaltungsproblemen im Opernschaffen von Paul Dessau, S. 138.

als institutionalisiertes Regime des Schreckens, als Reich des Bösen. Und das konnte das Publikum, wie bei der Besson-Inszenierung des Dramas, auch auf der Opernbühne sehr wohl wiedererkennen und Parallelen ziehen. Das war spürbar und von der Staatsführung bemerkt, jedoch in seiner Verschlüsselung nicht verfolgbar. Musikalisch hatten sich Dessaus Ausdruckswelten vervielfacht – Schlichtheit und epische Geradlinigkeit wurden ergänzt von ausufernder Grellheit und Massivität in orchestraler und harmonischer Intensität. Dabei verwandte er auch ganz moderne, aus dem Westen bezogene Ausdrucksmittel wie Aleatorik und Cluster-Klangbildungen.

Dessau hatte für das Programmheft der Uraufführung einen erläuternden Text verfasst, der sich bewusst ausgesprochen klassenkämpferisch darstellte, also ohne Anspielung auf Gegenwärtiges in der DDR:

»*Die Märchen von Jewgeni Schwarz scheinen mir schon deshalb zur Vertonung geeignet, weil sie mit ihren vielseitigen, phantasievollen und gesellschaftsbezogenen Aussagen der Musik reichen Stoff geben. Gerade die Märchenkomödie ›Der Drache‹ mit ihren aktuellen gesellschaftlichen Auseinandersetzungen, in der der Drache als Symbol für den Faschismus und sein großer Gegenpart Lanzelot als Sinnbild für die Befreiung von jeglicher Ausbeutung steht, bietet ihn in besonderem Maße: Ein Stoff mit den Problemen unserer Zeit, unseres Kampfes um Sozialismus und Frieden [...].*

Was nun den in unserer Zeit arbeitenden Musiker angeht, der Opern verfaßt, so stehen ihm ungeheuer viel mehr Mittel zur Verfügung, als es etwa bei unseren Klassikern der Fall war [...].

Auch in meiner neuen Oper benutze ich besondere und manchmal vielleicht ungewohnte Musikeffekte. Vor allem für die Charakterisierung des Drachen und seiner inhumanen kranken Welt; um so deutlicher war ich bemüht, den positiven Gegenspieler Lanzelot auch musikalisch in dem Licht erscheinen zu lassen, das ihm zukommen muß. Auf die Elektronik konnte ich verzichten, weil ich glaubte, mit meinem Orchester alle Wirkungen erzielen zu können, die zur musikdramatischen Gestaltung dieser vielschichtigen Handlung nötig sind.«[186]

Jahre später erweiterte Dessau diese politische Hintergründigkeit seines »Lanzelot«:

»*Zum ›Lanzelot‹ kam ich durch die ›Drachen‹-Inszenierung am Deutschen Theater. Es ist ein herrliches Stück, hat Atmosphäre. Die politische Haltung des Stoffes wurde durch die Bearbeitung Heiner Müllers noch präzisiert. Der Text ist knapp, er läßt der Musik Raum. Diese Kunst hat Heiner Müller begriffen, dem Musiker Platz zu lassen. Trotz dieses überwältigenden Stoffes. Wenn ich einen so guten Text vor*

[186] Paul Dessau. Notizen zu Noten, S. 149f.

Paul Dessau: »Lanzelot«, Staatsoper Berlin, 1969

187 Paul Dessau. Aus Gesprächen, S. 83f.

mir habe, sage ich mir – ich bin da einfach Praktiker von Brecht her –, er muß verständlich sein [...]. Ich muß meinem Publikum die Worte klarmachen, und dazwischen kann ich mich dann austoben [...]. Man muß in Schrecken versetzt werden. Bei Schwarz kann man lachen, bei Besson – bitte sehr. Ich wollte aber ein Zeitstück schreiben, auch zum Krieg in Vietnam. Ich erlebe zu oft, daß gerade das grausame Thema Vietnam durch die Länge des entsetzlichen Schlachtens – ich nenne es nicht Krieg, weil es kein Krieg ist –, daß dieses barbarische Morden, was die Amerikaner diesem kleinen Land zufügen, unseren Leuten nicht genug eingeprägt werden kann. Es ist wichtig und notwendig, zu begreifen, daß wir diesem Land helfen müssen.«[187]

Die Uraufführung des neuen Bühnenwerks fand am 19. Dezember 1969 an der Berliner Staatsoper statt (Dirigent: Herbert Kegel; Inszenierung: Ruth Berghaus; in der Titelpartie: Siegfried Vogel; Reiner Süß als Drache). Auch diese Aufführung machte Furore, erlebte aber bis zu ihrer Absetzung 1973 nur elf Vorstellungen. In einer westdeutschen Zeitung, der »Neuen Ruhr Zeitung«, erschien eine ungemein lobende Rezension, die den »Lanzelot« als »das vielleicht modernste und ausgereifteste Opernwerk« bezeichnete, »das bislang an der Deutschen Staatsoper zur Aufführung gelangte«.[188] Bereits 1971 folgten Inszenierungen des Werkes an der Münchner Staatsoper und an der Dresdner Staatsoper, weitere Inszenierungen blieben jedoch aus.

Im Nachhinein erschienen dann im Journal »Theater der Zeit«, der führenden Theaterzeitschrift der DDR, von Heiner Müller seine schon erwähnten und auszugsweise zitierten »Sechs Punkte zur Oper« – eine ideologisch und ästhetisch eklatante Provokation in der damaligen DDR. Aber sie war publizierbar. An dieser Stelle sollen diese Punkte etwas ausführlicher wiedergegeben werden, denn sie markieren eben – gerade in der Mitte der Lebenszeit der DDR – eine selbstbewusste Eigenbestimmung der Oper, fern jeglicher Anpassung, in kritischer Distanz zur herrschenden Konformität. Bei Müller war da Erstaunliches zu lesen:

»*Realismus auf dem Theater wie in allen Künsten, ist Übersetzung von Realität in eine andere Form. Jede Form tendiert zur Konvention, jede Konvention zum Konservatismus [...].*

Die Oper ist dem Formalisierungszwang und Traditionsdruck stärker unterworfen als das Schauspiel. Sie braucht den stärkeren Materialwiderstand. Die Schwierigkeit ist eine Möglichkeit: Distanz, als Funktion der Musik, muß nicht, geografisch oder historisch, vom Stoff beigebracht oder, formal, vom Libretto geleistet werden; Oper kann in höherem Grad als das Schauspiel ein operatives Genre sein: Was man noch nicht sagen kann, kann man vielleicht schon singen [...].«[189]

Beziehungsreich und vieldeutig lauteten auch die letzten Worte des Librettos, von Dessau weiträumig und ausufernd musikalisiert:

»*Alles Gebundene befreit unser Fest. Alles Getrennte vereint unser Fest. Der Rest ist Freude, Freude der Rest.*«[190]

Das konnte durchaus auch als Kritik oder gar Widerstand gegen den realen Sozialismus jener Zeit in der DDR gewertet werden. Müller fing einen solchen, nicht unbegründeten Verdacht gleich geschickt mit einem gern geübten Schachzug auf: Bei allzu gewagten Äußerungen wurde ein SED-Oberer zitiert, in diesem Fall gleich der Oberste, nämlich Walter Ulbricht, um die eigenen Ansichten zu legitimieren. Das hinkte zwar merklich, doch die Aussage konnte so bestehen bleiben. Und es hieß weiter:

188 Zit. nach: Michael Kraus. Die musikalische Moderne an den Staatsopern von Berlin und Wien 1945–1989. Paradigmen nationaler Kulturidentitäten im Kalten Krieg, S. 123.

189 Heiner Müller. Sechs Punkte zur Oper, S. 117.

190 Heiner Müller. Libretto zur Oper »Lanzelot«.

»Die zunehmende Ästhetisierung der Praxis, die Aufhebung des Gegensatzes von Arbeit und Spiel, Alltag und Geschichte, Privatem und Gesellschaft in der Einheit von Sozialismus und wissenschaftlich-technischer Revolution, öffnet der Oper, die zur Darstellung nichtantagonistischer Widersprüche besser ausgerüstet ist als das Schauspiel, ein weites Feld. Jeder Gesang enthält ein utopisches Moment, antizipiert eine bessere Welt [...]. Im Prozeß der Entwicklung des Theaters vom Laboratorium zum Instrument sozialer Fantasie kommt der Oper eine führende Rolle zu.«[191]

Und unverkennbar kamen auch wieder Brecht'sche Überlegungen und Argumentationen zum epischen Musiktheater zum Tragen:

»Es versteht sich, daß die Oper Neues nicht darstellen kann, ohne sich selbst zu erneuern. Aus dem aristokratischen wird ein demokratisches Genre. Die Musik diskutiert mit dem Publikum. Paul Dessaus Puntila-Oper zum Beispiel wäre auf ihre Diskussionsqualität zu untersuchen. Einsatz neuer musikalischer Techniken als Kommunikationsmittel. Nicht Reduzierung von Emotionen, sondern Diskussion ihrer sozialen Grundlagen. Die Diskussion seiner Verbindlichkeit steigert und legitimiert den Genuß. Im Demokratischen ist das Kulinarische aufgehoben; eliminiert wird das parasitäre Element [...]. Entwicklungshemmend ist, scheint mir, die zu frühe Kooperation der Partner (Librettist, Dramaturg, Komponist, Regisseur usw.). Damit das Ganze mehr als seine Teile, muß jeder Teil zunächst ein Ganzes sein. Je später die Verbindung, desto mehr an Realität und Individualität wird eingebracht. Je stärker die Bauteile ihre Selbständigkeit behaupten, desto komplexer das Gesamtkunstwerk.«[192]

Sigrid Neef machte später noch auf eine interessante Aussage Müllers aus dem Jahre 1989 aufmerksam, die die ästhetische Ambivalenz des »Drachen«-Stoffes erneut und andersartig beleuchtete. Es war gewissermaßen ein Nachruf auf den »Lanzelot« bzw. auf etwas in diesem Werk noch nicht Begriffenes bzw. Bewältigtes:

»Es gibt einen theologischen Untergrund, einen biblischen Kontext in den apokryphen Schriften der Apokalypse. Eine Deutung findet sich bei dem kubanischen Schriftsteller Jorge de Lima in seinem Roman ›Paradiso‹. Der heilige Georg, der Drachentöter, muß, damit überhaupt noch etwas klappt, selbst zum Drachen werden, hingegen wird der Drache zu einem Wesen aus Kristall und Juwel. Es findet ein Austausch zwischen gut und böse statt, anstelle der Dualität tritt eine Dialektik ein: Ohne zum Drachen zu werden, kann der heilige Georg nichts mehr ausrichten. Der Drache aber wird zu etwas Schönem.«[193]

---

191 Heiner Müller. Sechs Punkte zur Oper, S. 117.

192 Ebd., S. 117f.

193 Zit. nach: Sigrid und Hermann Neef. Deutsche Oper im 20. Jahrhundert. DDR 1949–1989, S. 100.

»Einstein« und »Leonce und Lena«

Zu den beiden letzten Opern von Dessau sei hier, schon vorgreifend auf Entwicklungen der 1970er Jahre, noch kurz etwas gesagt, ohne sie ausführlicher zu kommentieren bzw. zu dokumentieren. Es handelt sich um die Oper »Einstein«, die Bezug nimmt auf den weltberühmten Physiker und sein Engagement gegen die Atomwaffe – eine Antikriegsoper, handelnd von der Verantwortung der Wissenschaft für den Erhalt des Friedens in der Welt, gewissermaßen eine »Weltoper«, und um die Vertonung von Georg Büchners Dramentext »Leonce und Lena«.

»Einstein«, komponiert in den Jahren 1971 bis 1973, wurde am 16. Februar 1974 an der Berliner Staatsoper uraufgeführt (Dirigent: Otmar Suitner; Inszenierung: Ruth Berghaus, ihr ist die Oper auch gewidmet; in der Titelrolle Theo Adam; in weiteren Partien Peter Schreier und Reiner Süß). Vorlage für das »Einstein«-Libretto von Karl Mickel waren Aufzeichnungen Dessaus von Gesprächen mit Brecht über ein mögliches »Einstein«-Opernprojekt aus den 1950er Jahren. Mickel formte daraus bzw. darüber hinaus ein ganz eigenes Libretto, das unter anderem belebt wurde durch die Einbeziehung von Hanswurst-Intermezzi als komisch-grausige dialektische Konterkarierung der seriösen Handlung (gar nicht unähnlich der schon von Eisler im »Johann Faustus« angelegten Hanswurst-Partie als stilisierte Volkstheaterebene).

Dessau äußerte sich einmal im Gespräch zu seinem Verständnis des »Einstein«. Ganz deutlich wird dabei seine überzeugte Grundhaltung – es ging ihm um Humanität und menschliche Moral und Verantwortung im weitesten Sinne des Wortes:

»Wenn uns Physiker vorwerfen, daß wir Dinge sagen, die nicht stimmen, zu Einsteins Person, so ist mir das völlig gleichgültig, denn ich wollte doch kein biographisches Stück schreiben, sondern ein Zeitstück über die Entwicklung unseres technischen Zeitalters, in dem dieser große Mann eingebettet steht mit anderen Physikern und Begebenheiten um ihn herum, wie etwa der zweite Weltkrieg, Hiroshima und die erste Bombe, wenn er sie auch nicht selbst fabriziert hat, so doch durch seine Erfindung. Es geht mir nur um das menschliche Problem dieser großen Figur [...]. Einstein konnte seine Erfindung nicht zurücknehmen. Er war ein großer Wissenschaftler, der aber die Konsequenzen nicht ziehen konnte. Hätte er das getan, ich weiß nicht, wie weit dann Hiroshima oder Nagasaki hätten vermieden werden können. Ich glaube es nicht. Aber moralisch hätte es eine große Bedeutung gehabt [...]. Ich bin von der großen Form wie beim ›Lanzelot‹ abgekommen und bin zu der knapperen ›Lukullus‹-Form zurückgekehrt. Der ›Einstein‹ ist eine fast

Paul Dessau: »Einstein«, mit Theo Adam in der Titelrolle, Staatsoper Berlin, 1974

194 Paul Dessau. Aus Gesprächen, S. 28f.

195 Zit. nach: Michael Kraus. Die musikalische Moderne an den Staatsopern von Berlin und Wien 1945–1989. Paradigmen nationaler Kulturidentitäten im Kalten Krieg, S. 152.

strenge Nummernoper, weil ich daran glaube, seit Mozart daran glaube, daß mir das Durchsichtigkeit und Transparenz gewährleistet.«[194]

Ruth Berghaus hat später Dessaus »Einstein« ganz ähnlich charakterisiert, ihn zwar pfiffig in die »kommunistische Weltbewegung« eingereiht, gleichzeitig aber seine strenge geistige und moralische Wahrhaftigkeit behauptet:

»*Dessau spricht von Gewissen, wenn er von Einstein spricht. Er meint uns alle. Die Gesellschaft als Ganzes trägt Verantwortung [...]. Es ist unsere Aufgabe, diese Haltung zu bewahren, die Einheit von strenger Arbeit, Wahrhaftigkeit und Vertrauen, die ich Parteilichkeit nenne. Diese Haltung gehört zu unseren Traditionen, die Teil der kommunistischen Weltbewegung sind.*«[195]

Der Protagonist der Uraufführung, Theo Adam in der Rolle des Einstein, berichtete anschaulich von der Erarbeitung dieser neuen Partie und von seiner intensiven Beschäftigung mit der Persönlichkeit des Physikers:

Paul Dessau: »Einstein«, mit Theo Adam in der Titelrolle, Staatsoper Berlin, 1974

»Meine Aufgabe als Interpret dieser Rolle sehe ich darin, daß ich diesem Menschen Einstein, der mit einer solch ungeheuren Verantwortung leben muß, glaubhaft Gestalt gebe [...]. Eine der gelungensten Szenen dieser Oper aber ist die Klage Einsteins über Hiroshima, die er – gleichsam um Generationen gealtert – auf total leerer Bühne, wie ein Blinder umhertastend, vorträgt. Die mißbrauchte Erkenntnis – die Bombe – macht ihn hundert Jahre alt. Er reflektiert über sein Tun: ›ich bin der Tod [...]‹ – ein Faust-Vergleich drängt sich mir hier auf [...]. Eine Persönlichkeit der jüngsten Zeitgeschichte als Opernrolle singend darzustellen bleibt ein Wagnis, das den Mut zum Risiko beinhaltet, für einen Künstler aber gerade darum von besonderem Reiz ist.«[196]

Die Berliner Einstudierung des »Einstein«, die übrigens erst nach langen innerbetrieblichen, ideologisch begründeten Querelen und Vorbehalten zustande kam[197], erregte umgehend internationales Aufsehen und konnte sich auch auf etlichen Auslandsgastspielen erfolgreich präsentieren, so in Florenz (1976), Stockholm (1977),

196 Theo Adam. Seht, hier ist Tinte, Feder, Papier... Aus der Werkstatt eines Sängers, S. 168ff.

197 Vgl.: Michael Kraus. Die musikalische Moderne an den Staatsopern von Berlin und Wien 1945–1989. Paradigmen nationaler Kulturidentitäten im Kalten Krieg, S. 144ff.

Hamburg, Wiesbaden und Lausanne (1978). In der DDR führten die Theater in Meiningen (1980), Schwerin (1981) und Weimar (1989) die Oper auf. Seine bundesdeutsche Erstaufführung erlebte der »Einstein« am 15. Juni 1980 bei den Ruhrfestspielen in Recklinghausen.

Das Libretto zu Dessaus letzter Oper »Leonce und Lena« schrieb der Schriftsteller Thomas Körner (er reiste 1980 in die BRD aus) nach dem gleichnamigen Lustspiel von Georg Büchner aus dem Jahre 1836. Es ist ein doppelbödiges Spiel um Liebe, gefangen und dann doch befreit aus zwingender Staatsräson, endend aber in sinnentleerter Glückseligkeit. Bewusst zitierte Dessau in seiner Komposition große musikalische Vorbilder, so Bach (mit dem mehrfach verwendeten Tonsymbol B-A-C-H) und Mozart (mit Anklängen aus »Don Giovanni« und »Zauberflöte«).[198] Dieses Zitieren bedeutete jedoch nicht einfach eine Verbeugung vor klassischen Vorbildern, sondern wollte durch Verfremdung die Hintergründigkeit bzw. Doppelbödigkeit einer gegebenen dramatischen Situation kenntlich machen, wollte aufmerksam machen auf Fragwürdigkeiten.

Die bisher bevorzugte Welt-Thematik in Dessaus Opern wich im letzten Bühnenwerk einer eher desillusionierten Hinwendung zum menschlichen Individuum und seiner vergeblichen Sehnsucht nach Selbstverwirklichung. »Leonce und Lena«, seinerzeit kaum verstanden und nach wenigen Aufführungen auch aus dem Repertoire genommen, konnte als Spiegel einer zunehmend kritischen, gar depressiven Haltung gegenüber den Zwängen der DDR-Realität verstanden werden, wie sie sich zunehmend im Lande breitmachte. Dessaus Musik umreißt einen großen Bogen von kammermusikalischer Durchsichtigkeit, teilweise sogar in A-cappella-Zurücknahme, bis hin zu großem orchestralem Aufwand.

Die Uraufführung seiner Oper erlebte Paul Dessau nicht mehr, sie fand fünf Monate nach seinem Tod am 24. November 1979 an der Berliner Staatsoper statt (Dirigent: Otmar Suitner; Inszenierung: Ruth Berghaus; in den Titelpartien Eberhard Büchner und Carola Nossek). Einen Monat später, am 29. Dezember 1979, erfolgte in Freiburg bereits die bundesdeutsche Erstaufführung, der jedoch keine weiteren Inszenierungen, weder in der DDR noch in der Bundesrepublik, folgten. Zu verquer stellte sich das Werk wohl in seiner geistigen und philosophischen Hintergründigkeit dar. Es erschien der Allgemeinheit wie eine aus der Zeit gefallene Thematik und ist somit ein Stück uneingelöstes Erbe von Paul Dessau.

Brecht, Eisler und Dessau – um noch einmal zu resümieren – waren die großen Protagonisten eines politisch engagierten Musiktheaters

198 Vgl.: Sigrid und Hermann Neef. Deutsche Oper im 20. Jahrhundert. DDR 1949–1989, S. 115f.

in der DDR. Das »Triumvirat«, so mag man dieses Trio aus historischer Distanz nennen, dominierte die ersten Jahrzehnte des neuen Opernschaffens. Sie waren, trotz aller Widerstände, die ihnen vonseiten der Partei bzw. des Staates entgegengesetzt wurden, Garanten einer selbstbewussten und auf Eigenständigkeit pochenden Kunstentwicklung. Das epische Musiktheater avancierte durch sie, neben dem realistischen Musiktheater Felsensteins, zu einem streitbaren geistigen Feld der Theaterszene der DDR. Das zeigte sich in den Folgejahren bis zur Wende von 1989 immer deutlicher, immer schärfer konturiert und zugleich auch immer differenzierter durch die nachrückende Generation von Opernkomponisten – etwa Siegfried Matthus, Udo Zimmermann, Fritz Geißler, Friedrich Goldmann, Rainer Kunad, Gerhard Rosenfeld, Reiner Bredemeyer, Georg Katzer, Friedrich Schenker oder Paul-Heinz Dittrich.

Die Musiker des »Triumvirats« strebten nach einer großen Utopie, dem Sozialismus, während die jüngere Generation diese Utopie in den 1970er Jahren bereits kritisch befragte und sich immer distanzierter zum »real existierenden Sozialismus« verhielt, in dem sie sich gefangen sah. Dementsprechend änderten sich auch die Opernsujets. Der Klassenkampf- bzw. auch Nationalthematik bei Brecht, Eisler und Dessau folgte eine oft geradezu verzweifelte Suche nach neuen Idealen, die man stofflich in Gleichnissen der Mythologie und des Märchens oder auch in den gebrochenen Welten des Sturm und Drang sowie der frühen Romantik suchte. Es vollzog sich ein unübersehbarer ideologischer und ästhetischer Paradigmenwechsel. Und damit galten für die jüngeren Komponisten auch die Welten der westlichen Avantgarde nunmehr als unverzichtbare Werkstatt musikalischen Arbeitens.

Jon Weaving als Siegfried in Richard Wagners gleichnamiger Oper, Oper Leipzig, 1975

III Die 1970er Jahre
Liberalisierung der Kulturpolitik?

Wichtige Opernereignisse in Berlin

Keine Tabus mehr in der Kunst?

Als Erich Honecker im Jahre 1971 Walter Ulbricht an der Spitze von Partei und Staat putschartig ablöste[199] – anders schien es auch in der Sowjetunion und den übrigen sozialistischen Ländern nicht zu gehen –, ging ein Aufatmen durch die Kulturlandschaft der DDR. Nach dem programmatischen VIII. SED-Parteitag vom Juni 1971, der auch eine gewisse Liberalisierung der Kulturpolitik verhieß, gab Honecker auf der 4. Tagung des ZK der SED am 16./17. Dezember 1971 einen bemerkenswerten Hinweis:

»Wenn man von festen Positionen des Sozialismus ausgeht« – das war allerdings die unumstößliche Prämisse –, *»kann es meines Erachtens auf dem Gebiet von Kunst und Literatur keine Tabus geben. Das betrifft sowohl die Fragen der inhaltlichen Gestaltung als auch des Stils [...].«*[200]

Kurt Hager, allmächtiger Obwalter über Fragen der Wissenschaft, Philosophie, Kultur und Kunst im Politbüro des ZK der SED, hatte im Umfeld des VIII. Parteitags gleichfalls über eine Liberalisierung gesprochen, über »Weite und Vielfalt aller Möglichkeiten des sozialistischen Realismus«, allerdings ohne »jede Konzession an bürgerliche Ideologien und imperialistische Kulturauffassungen«.[201] Ausführlicher ging er darauf noch auf der 6. Tagung des ZK der SED vom 6./7. Juli 1972 ein und eröffnete damit auch einen freieren Umgang mit bislang als unannehmbar angesehenen Werken des bürgerlichen Kulturerbes.[202] Das machte doch einige Hoffnung. Ebenso betrachteten die Künstler des Landes die nach dem Grundlagenvertrag zwischen der DDR und der Bundesrepublik vom 21. Dezember 1972 durchgreifende internationale Anerkennung der DDR (deutlich geworden dann auch 1973 durch die Aufnahme in die UNO) und Honeckers Unterschrift unter die Dokumente der OSZE-Tagung 1976 in Helsinki mit gespannter Aufmerksamkeit und erwartungsvoller Zuversicht.

Gleichzeitig wurde versucht, das Kulturleben, speziell auch das Theater, weiterhin zentral unter Kontrolle zu behalten: beispielsweise durch die Installierung einer »Repertoire-Kommission« beim Ministerium für Kultur, einer Kommission, die aus Vertretern des Ministeriums, der Künstlerverbände (Komponistenverband

---

199 Vgl. hierzu auch: Stefan Wolle. Die heile Welt der Diktatur, S. 27ff.

200 Zit. nach: Volker Gransow. Kulturpolitik in der DDR, S. 104; vgl. auch: Erich Honecker. Bericht des Zentralkomitees an den VIII. Parteitag der SED; vgl. weiterhin: Stefan Wolle. Die heile Welt der Diktatur, S. 238ff.

201 Zit. nach: Volker Gransow. Kulturpolitik in der DDR, S. 104; vgl. auch: Kurt Hager. Die entwickelte sozialistische Gesellschaft.

202 Kurt Hager. Zu Fragen der Kulturpolitik der SED. 6. Tagung des ZK der SED, 6./7. Juli 1972; vgl. auch: Gisela Rüss (Hrsg.). Dokumente zur Kunst-, Literatur- und Kulturpolitik der SED 1971–1974, S. 519; Eckart Kröplin. Musiktheater im Prozeß dialektischer Entwicklung, S. 4ff; Marion Benz. Die Wagner-Inszenierungen von Joachim Herz. Studie zur theatralen Wagner-Rezeption in der DDR, S. 47ff.

und Theaterverband) und herausragenden Künstlerpersönlichkeiten sowie Theaterintendanten bestand. Sie sollte in regelmäßigen Tagungen ideologische und ästhetische Fragen in der Repertoirebildung der Theater des Landes quasi lenken. Es war eine ungeschickt verdeckte Zensurbehörde. Ein paar Mal nur tagte die Kommission, die unter den Beteiligten sofort die spöttische Bezeichnung »Reichsdramaturgie« erhielt (fatalerweise an Zeiten der Goebbels'schen Kulturpolitik angelehnt). Das war vonseiten der Partei und des Staates ein Fehlschlag.

Auf andere Weise funktionierte eine solche Kontrolle der Repertoirepolitik jedoch bis in die Wendezeit hinein weiter. Die Theater hatten vor den Kulturabteilungen der Räte der Bezirke jeweils ihre Spielpläne vorzustellen und zu verteidigen. Und dabei wurde achtgegeben, dass diese den allgemeinen Richtlinien der sozialistischen Kulturpolitik entsprachen. Aber bemerkenswert war doch, dass sich – mehr oder weniger gewollt – in den 1970er und 1980er Jahren zunehmend Freiräume für Innovation, für Außergewöhnliches und auch Provokantes auftaten. Als ein Beispiel dafür mag eine Äußerung des Komponisten Udo Zimmermann gegenüber einem westdeutschen Kulturpublizisten gelten, als dieser 1975 die Aktivitäten des von Zimmermann geleiteten »Studios Neue Musik« an der Dresdner Musikhochschule beobachtete. Zimmermann sagte unter anderem, vielleicht etwas zu glatt und zu sehr um ideologische Konformität bemüht:

»Wir stehen vor dem IX. Parteitag der SED, er wird eine Entwicklung fortsetzen, die in unserer sozialistischen Kultur unter anderem gekennzeichnet ist durch Vielfalt der Handschriften. Es gibt keinen Rückfall, so in Richtung Dogmatismus. Wir sind in einer Entwicklung, die notwendig war und ist, und wir tragen dazu bei, indem wir unser spezifisch Eigenes herausstellen. Die Anforderungen an Kultur werden künftig noch stärker wachsen [...].« [203]

Doch dieser Optimismus wurde bald von einem solchen »Rückfall« schwer getroffen: mit der Ausweisung des kritischen Liedermachers Wolf Biermann aus der DDR im Jahr 1976.[204] Das war für die geschürten Hoffnungen auf mehr Weltoffenheit und Toleranz in künstlerischen Fragen ein schwerer Dämpfer. Die Ausbürgerung Biermanns erwies sich als der neuralgische Punkt, das einschneidende Erlebnis, das das kulturelle Leben in der DDR nachhaltig negativ beeinflusste. Es war ein Vorgang, der – wie sich im Nachhinein herausstellen sollte – ein Vorzeichen des kommenden Endes war.

Die Reaktion in den Künstlerkreisen des Landes war niederschmetternd, wenn auch nicht widerstandslos. Einer Petition an

[203] Zit. nach: Oskar Neumann. Gespräch mit Udo Zimmermann und den Kernbauern über das Dresdner Studio Neue Musik, S. 144.

[204] Vgl. dazu: Stefan Wolle. Die heile Welt der Diktatur. Alltag und Herrschaft in der DDR 1971–1989, S. 241ff.

Partei- und Staatsführung schlossen sich eine große Zahl bekannter Künstler an. Sie wurde – über die Westmedien – auch öffentlich gemacht, blieb aber ohne positive Folgen. Vielmehr gab es in den Künstlerverbänden, namentlich dem Schriftstellerverband, rigide Gegenmaßnahmen bis hin zu Ausschlüssen (eklatant beispielsweise am 7.6.1979 der Ausschluss von neun Mitgliedern des Schriftstellerverbandes), und es kam zu einem großen ›Aderlass‹, da viele bekannte Künstler ihre Ausreise aus der DDR beantragten und auch bewilligt bekamen. Die Biermann-Affäre war somit ein weiterer Keil zwischen politischer Realität und kulturellem Selbstbewusstsein der Künstler, zwischen »real existierendem Sozialismus«, wie es nun im offiziellen Sprachgebrauch lautete, und weit darüber hinausreichenden künstlerischen Visionen. Die Künste etablierten sich in der Folgezeit, immer deutlicher spürbar, auch als geistige Gegenwelt zur als Misere empfundenen gesellschaftlichen Realität, deutlich ablesbar an zahlreichen wichtigen Werken und Ereignissen in der Literatur, im Theater, in der Musik, in der Malerei. Frank Schneider beispielsweise wusste von einem aphoristisch anmutenden, aber ungemein entlarvenden Vorgang zu berichten. Paul Dessau habe auf einer Tagung des Berliner Komponistenverbandes Ende der 1970er Jahre, die sich wieder einmal dem längst totgerittenen Thema »sozialistischer Realismus« widmete, scharfzüngig geäußert: »Der sozialistische Realismus gleicht dem Glied der Anophelesmücke: Man weiß, dass es das geben soll, aber keiner hat es je gesehen.«[205]

Schneider sprach, Jahrzehnte später, auch davon, dass in der DDR *»spätestens seit Beginn der siebziger Jahre des vorigen Jahrhunderts, Neue Musik voller gesellschaftskritischer Impulse und von offenkundig bleibendem Wert komponiert worden ist – Neue Musik sozusagen mit dem Impuls einer alternativen Avantgarde, die sich aus politischer Bevormundung emanzipierte, die ein relativ großes Publikum hatte, auch verstörend wirkte, die, kurz gesagt, eigentlich alle Insignien einer Kunst aufweist, die nicht angepasst, aber artifiziell höchstrangig war [...].«*

Versuche zur »Gegenwartsoper«

Die Opernszene des Landes erfuhr in den 1970er Jahren zunächst eine merkliche Belebung. Die beiden hauptstädtischen Bühnen, die Staatsoper und die Komische Oper, konnten in der Folge der zeitweiligen kulturpolitischen Wende nach dem VIII. Parteitag der SED ihre Repertoires bereichern – wie schon angemerkt, war dieser

205 Dieses und das folgende Zitat aus: Kultur und Musik. Ästhetik im Zeichen des Kalten Krieges nach 1945. Kongressbericht Hambacher Schloss 11.–12. März 2013, S. 368f.

Richard Wagner: »Parsifal«, Staatsoper Berlin, 1977

Parteitag erst einmal in Richtung einer ideologischen und ästhetischen Liberalisierung zu begreifen. An der Staatsoper wurden hochwertige Inszenierungen aus dem Repertoire der älteren und jüngeren Opernvergangenheit gezeigt, die von namhaften Regisseuren, Dirigenten und Bühnenbildnern sowie von einem ausgezeichneten Solistenensemble verantwortet wurden. Erstmals inszenierte hier nun auch als Gast der aufstrebende Dresdner Chefregisseur Harry Kupfer, und zwar bisher an den Rand gedrängte große Werke, die zum Teil auf hartnäckigen Widerstand der Kulturverantwortlichen gestoßen waren oder lange nicht auf dem Spielplan gestanden hatten, so Strauss' »Die Frau ohne Schatten« (1971) und »Salome«

(1979), weiterhin Verdis »Othello« (1972) und Wagners »Parsifal« (1977). Dieses Wagner-Werk hatte über Jahrzehnte in der DDR quasi auf dem Index gestanden. Letzte »Parsifal«-Aufführungen gab es in den 1950er Jahren, seither galt das letzte Wagner-Opus als geistiger Kontrapunkt zu den Maximen eines sozialistischen Realismus. Es war wohl auch Intendant Pischners umsichtiger Repertoirepolitik zu verdanken, dass der »Parsifal« wieder gespielt werden konnte. Kupfers Inszenierung wirkte beispielgebend in der DDR.

Der Staatsopern-Chefregisseur Erhard Fischer inszenierte (nach dem großen Erfolg mit der »Nase«) nun Schostakowitschs »Katerina Ismailowa« (1973), weiterhin Strauss' »Rosenkavalier« (1973) und dann als deutsche Erstaufführung Krzysztof Pendereckis »Die Teufel von Loudon« (1975).

Ruth Berghaus, die an der Staatsoper schon erfolgreich die ersten drei Opern ihres Ehemanns Paul Dessau inszeniert und mit den Einstudierungen von Strauss' »Elektra« (1967) viel Widerspruch, aber mit Rossinis »Barbier von Sevilla« (1968) großen Zuspruch erfahren hatte, inszenierte nun, wiederum beim Publikum einige ästhetische Verwirrung auslösend, Webers »Freischütz« (1970). Darauf folgten, wie schon erwähnt, die beiden letzten Dessau-Opern »Einstein« (1974) und »Leonce und Lena« (1979). Neue, auch ihr bislang ungewohnte Wege beschritt Berghaus mit Mozarts »La Clemenza di Tito« (1978). Es war der erste gültige Beweis eines produktiven Umgangs mit Mozarts Seria-Opern auf der Opernbühne der DDR, dem bald eine weitere Inszenierung folgte: »Idomeneo« (1981).

Ungewohnt war auch 1979 die Annäherung an Wagner mit »Rheingold«. Diese Inszenierung, gedacht als Auftakt einer neuen, zeitgenössischen Interpretation des »Ring«, wurde allerdings nach nur drei Aufführungen vom Intendanten aus dem Spielplan genommen. Das Berliner »Ring«-Projekt von Berghaus, das ein sehr interessantes zu werden versprach, war vorzeitig beendet. (Es fand jedoch in dem »Frankfurter Ring« 1985 bis 1987 in der Inszenierung von Berghaus eine hochkarätige Fortschreibung.) Widersprüche im Haus und auch ein ästhetisch-konservativer Gegenwind von Öffentlichkeit und Presse verhinderten die Weiterarbeit. Es war ein ähnlich niederdrückender Vorgang für die Regisseurin wie ein Jahrzehnt zuvor bei der »Elektra« am gleichen Haus.

Dennoch war es unübersehbar, dass mit Ruth Berghaus nun eine Regiehandschrift für das Operntheater der DDR prägend geworden war, die sich mit selbstbewusster künstlerischer Überzeugungskraft und steter ästhetischer Provokation gegenüber den inszenatorischen Handschriften etwa von Joachim Herz, Götz Friedrich oder Harry

Richard Wagner: »Rheingold«, Staatsoper Berlin, 1979

Kupfer behaupten konnte und die auch international gerade wegen ihrer teils rätselhaft verhangenen Interpretationsweise und ihrer konsequent angewandten, an Brecht geschulten, Verfremdungsmethodik Aufsehen erregte. Bald schon inszenierte Berghaus auch in der Bundesrepublik, in München, Mannheim und vor allem Frankfurt am Main, dann auch in England (Cardiff), Paris, Brüssel, Wien und Zürich. Die genannten vier Regisseure – Herz, Friedrich, Kupfer und Berghaus – repräsentierten seit den 1970er Jahren auch international den hochgeschätzten Standard des avantgardistischen Musiktheaters der DDR. Ihre Arbeiten wirkten europaweit geradezu stilbildend, von Moskau bis Paris und London, von Hamburg, München und Bayreuth bis Stockholm und Wien.

Zurück aber noch einmal zum Operngeschehen an der Berliner Staatsoper während der 1970er Jahre. Erstaunlich war der Anteil ganz neuer Werke. Etliche Opern von avancierten DDR-Komponisten erlebten in diesen Jahren hier ihre – mehr oder minder erfolgreichen – Ur- bzw. Erstaufführungen. Neben den schon erwähnten beiden letzten Dessau-Opern »Einstein« und »Leonce und Lena« wäre da zunächst die Oper »Karin Lenz« von Günter Kochan (Schüler von Boris Blacher und Hanns Eisler) zu nennen. Das Libretto hatte der bekannte DDR-Schriftsteller Erik Neutsch (u.a. »Spur der Steine«) nach einer wahren Begebenheit geschrieben. Behandelt wurde die tragische Geschichte einer jungen Frau am Ende des Zweiten Weltkriegs und in der jungen DDR. Kochans ambitionierte Komposition erzielte allerdings, vor allem wohl infolge der relativ plakativen Dramaturgie, keinen rechten Erfolg. Die Oper erlebte nur sieben Aufführungen und eine weitere Inszenierung in Schwerin.

Es folgte 1972 als Erstaufführung an der Staatsoper Fritz Geißlers komische Oper »Der zerbrochene Krug« (nach dem Kleist-Stück), eine Kammeroper, die im Apollo-Saal des Hauses in Szene gesetzt wurde, wie ja auch deren ungemein erfolgreiche Uraufführung in Leipzig schon einen entsprechenden räumlichen Rahmen vorgegeben hatte, nämlich das intime Kellertheater im Opernhaus. Die Berliner Aufführung konnte immerhin einen Achtungserfolg verbuchen.

Ein Jahr später, 1973, gab es wieder eine Novität: »Reiter der Nacht«, eine Oper über den südafrikanischen Befreiungskampf gegen die Apartheid von Ernst Hermann Meyer. Der Komponist, Präsident des Verbandes der Komponisten und Musikwissenschaftler der DDR, ZK-Mitglied und in vielen weiteren einflussreichen Positionen tätig, war gewissermaßen die graue Eminenz des DDR-Musiklebens. Entsprechend hoch aufgehängt wurde offiziell auch sein Opern-Projekt, das aber kompositorisch (trotz des Librettos vom feinfühligen DDR-Lyriker Günther Deicke) nicht den mittlerweile sehr hohen ästhetischen Ansprüchen eines zeitgemäßen Musiktheaters gerecht werden konnte. Das Werk hatte in Berlin keinen Erfolg und wurde auch nirgends nachgespielt.

Ähnlich erging es 1974 dem nächsten ambitionierten Unternehmen der Staatsoper: Rainer Kunads »Sabellicus«. Der Komponist hatte das Libretto selbst geschrieben und dabei große Ambitionen verfolgt, nämlich – nach dem Untergang des Eisler'schen »Faustus«-Projekts in den 1950er Jahren – eine neue, große »Faust«-Oper zu kreieren. Im Programmheft der Staatsoper äußerte er: »Im Volksbuch vom ›Dr. Faust‹ glaubte ich eine meinen Bedürfnissen entsprechende Vorlage gefunden zu haben.« Die Geschichte, der deutsche Bauernkrieg, bot die reichhaltige Folie für ein groß dimensioniertes Genrebild, das auch symbolhaft das Verhältnis von Wissenschaft bzw. Kunst und Politik ausleuchten wollte. Jedoch hatte sich Kunad mit diesem Projekt offenbar übernommen. Die Aufführung fiel durch, die Presse reagierte übereinstimmend kritisch. Es gab nur vier weitere Vorstellungen, bis das Werk endgültig im Archiv des Theaters verschwand.

Anders verhielt es sich 1976 mit Joachim Werzlaus Oper für Kinder »Meister Röckle« zu einem Libretto wiederum von Günther Deicke. Stoffvorlage war das Kinderbuch »Meister Röckle und

Mister Flammfuß« von Vilmos und Ilse Korn – eine Geschichte, die Karl Marx seinen Kindern erzählt haben soll. Mit dem Namen Karl Marx also auf der Fahne hatte das Projekt Priorität, ungeachtet des Umstands, dass die Fabel doch recht einschichtig und inhaltlich verniedlichend wirkte. Aber die Inszenierung hatte eine gute Publikumsresonanz, bis in die 1980er Jahre wurden mehr als fünfzig Wiederholungen gezeigt, und das Werk wurde auch an etlichen Opernhäusern im In- und Ausland nachgespielt.

Die Entstehung und Aufführung der eben skizzierten Opern von Kochan, Meyer, Kunad und Werzlau standen übrigens in engem Zusammenhang mit der bereits beschriebenen Konferenz vom Februar 1971 an der Berliner Staatsoper, auf der intensiv über »Fragen des sozialistischen Opernschaffens« diskutiert worden war* – unter Leitung von Intendant Pischner und unter anderem mit den Autoren Neutsch, Kunad und Werzlau. Hier waren für die großen Opern-Projekte der 1970er Jahre die Weichen gestellt – und gleichzeitig der Grund für ihr Scheitern gelegt worden: Angemahnt worden war eine neue Qualität im Opernschaffen, nämlich die Kollektivität von Librettist, Komponist, Dramaturgie und Vertretern der gesellschaftlichen Öffentlichkeit – ein völliges Missverständnis gegenüber der nicht teilbaren Individualität künstlerischen Schaffens, ein Überliefern der künstlerischen Arbeit in eine entindividualisierte Anonymität. Diese Problematik haftete unheilvoll den Opern von Kochan, Meyer, Kunad und Werzlau an.[206]

»Hot«. Eine ästhetische Provokation

Ganz anders verhielt es sich 1977 mit einer weiteren Neuproduktion der Staatsoper, und zwar mit Friedrich Goldmanns »R. Hot bzw. Die Hitze«, im Untertitel auch bezeichnet als »Opernphantasie in über einhundert dramatischen, komischen, phantastischen Posen nach dem Stück ›Der Engländer‹ von Jakob Michael Reinhold Lenz«. Den Text verfasste Thomas Körner, er hatte zuvor bereits für Paul Dessau den Büchner'schen »Leonce und Lena«-Text zu einem Libretto ausgearbeitet. Beide Autoren, der Komponist und der Librettist, wie auch der Regisseur des Werkes, Peter Konwitschny, gehörten zu jener avancierten Künstlerszene Ostberlins, zu jener erwachsen gewordenen Generation von Musikern und Schriftstellern, die mit einem selbstbewussten und kritischen Verhältnis die politischen Realitäten der DDR wahrnahmen und ganz bewusst die westeuropäische

*Vgl. auch S. 130ff.

206 Vgl. ausführlicher dazu: Michael Kraus. Die musikalische Moderne an den Staatsopern von Berlin und Wien 1945–1989. Paradigmen nationaler Kulturidentitäten im Kalten Krieg, S. 128ff., 139ff., 152ff., 159ff.

Musik-Moderne von Stockhausen, Boulez oder Varèse etwa als entscheidende Anregung reflektierten. Daher sei »Hot« hier als erhellendes Beispiel für ein in der DDR ganz neuartiges Musikschaffen und Musiktheaterverständnis etwas näher beleuchtet.

Goldmann, ein Schüler von Johannes Paul Thilmann in Dresden und Rudolf Wagner-Régeny in Berlin, war bislang als Komponist von Orchester-, Kammer- und Vokalmusik in Erscheinung getreten. Jetzt hatte er sich erstmals (nach der Fragment gebliebenen Kammeroper »Herakles 5« nach Heiner Müller) einer musikdramatischen Unternehmung zugewandt, die sich allerdings – schon der Untertitel wies darauf hin – jeglicher konformistischer Vorgabe, Tradition bzw. Konvention des Opernkomponierens entzog. »Hot« stellte sich als eine künstlerisch ausgesprochen individualistische Partitur dar, die ungemein schwierig szenisch zu realisieren war. Noch vor der Premiere äußerte sich der Komponist zu den dramaturgischen Besonderheiten: den »Posen« seiner Partitur. Er sah sie als Folge von psychischen Zuständen, die nicht emotional suggestiv, sondern durch Verfremdung bzw. Befremdung Erkenntnis beim Zuschauer provozieren wollen:

»Wir gehen davon aus, daß jeder Mensch in jeder Situation eine bestimmte Pose einnimmt. Ihm selbst ist das nicht bewußt, da er sein Benehmen als das Natürlichste der Welt begreift [...]. Jede Pose ist musikalisch fixiert und ich wünsche mir einen Regisseur, der eine Möglichkeit der optischen Umsetzung dafür findet [...]. Es bleibt ja immer der gleiche Sänger in der gleichen Maske. Das müßte genügen, den Zusammenhang zu erkennen. Wir möchten aber auf keinen Fall einen Identifikationshelden schaffen. Wir wollen Beispiele für Verhaltensweisen zeigen, aus denen der Zuschauer (Hörer) für sich entscheiden kann, was ihn angeht.«[207]

Thematisch war für Goldmann der Rückgriff auf die rebellische Sturm-und-Drang-Literatur des 18. Jahrhunderts bezeichnend, die ebenso wie die nachklassische provokante Poesie von Büchner und Grabbe oder die weltenferne, literarisch widerständige Frühromantik für die junge Musikergeneration der DDR von aufreizendem Interesse war, eben weil in solcher geistigen Gewandung die kritische Gegenstimmung zur in sozialistischer Konvention erstarrten Kulturöffentlichkeit umso deutlicher wurde. Es war gewiss auch ein Nachklang der amerikanischen Hippie-Bewegung bzw. der 68er-Studentenrevolten in Westeuropa – Vorgänge, die von der jungen Künstlergeneration der DDR sehr genau beobachtet wurden. Und es ergab sich – unfreiwillig wohl, aber verhängnisvoll – auch eine Beziehung zur Ausbürgerung von Wolf Biermann, die wenige

207 Zit. aus: Komponisten der DDR über ihre Opern. Teil II, S. 155f.

Wochen zuvor am 16. November 1976 verfügt worden war. Rebellentum wurde, trotz aller vorher erahnbaren bzw. erhofften Liberalisierung der Kulturlandschaft in der DDR, rigoros ausgebürgert. Biermann, der Unangepasste, der unbequeme Kritiker, war daher keine ganz zufällige Parallele zu Lenz zweihundert Jahre zuvor und eben zu Goldmanns »Hot«.

Die Oper erzählt die Geschichte eines aufmüpfigen jungen Mannes, der den Zwängen einer erstarrten Gesellschaft entflieht und lieber in den Tod geht als sich in verachteter Konvention zähmen zu lassen. Goldmanns äußerst sensible Weltsicht und kompositorisches Selbstverständnis waren bedingungslos der musikalischen Moderne zugewandt, immer auf der Suche nach kompromissloser Individualität und Aufrichtigkeit, dabei sich keiner der zeitgemäßen Kompositionsschulen unterwerfend, weder der Apodiktik der legendären Darmstädter Kurse der 1950er Jahre noch den damals markanten Erscheinungen von seriellen, postseriellen oder elektronischen Kompositionskonzepten.

Friedrich Goldmann

Ein engagiertes Team unterzog sich im Apollo-Saal im Rahmen einer gerade an der Staatsoper installierten Experimentalreihe für neue Musik dieser angespannten Aufgabe. Die Partitur sah nur eine kleine Kammerbesetzung mit sieben Musikern vor, ausgeführt von Mitgliedern der namhaften Berliner Bläservereinigung. Die Aufführung erregte berechtigtes Aufsehen und auch kulturpolitische Beunruhigung, hinterließ in erster Linie aber Ratlosigkeit. Zwischen den Autoren und dem Regisseur war es nicht zu einer produktiven künstlerischen Übereinstimmung gekommen. Die Reaktionen bei Presse und Publikum waren entsprechend reserviert.[208] Die Inszenierung erlebte nur drei Wiederholungen. Die vielbeachtete westdeutsche Erstaufführung des Werkes gab es bereits 1978 an der Stuttgarter Staatsoper. Weitere Inszenierungen folgten an den Theatern in Schwerin, Hamburg und Dresden.

In einem Gespräch erinnerte sich Goldmann Jahre später an den großen Eindruck, den die berühmten, ja legendären Darmstädter Kurse der 1950er Jahre auf ihn gemacht hatten, und seine Stellungnahme mag auch exemplarisch für seine komponierenden jungen

208 Vgl.: Michael Kraus. Die musikalische Moderne an den Staatsopern von Berlin und Wien 1945–1989. Paradigmen nationaler Kulturidentitäten im Kalten Krieg, S. 173ff.

Friedrich Goldmann: »Hot«, Staatsoper Berlin, 1977

209 Komponieren zu Zeit. Gespräche mit Komponisten der DDR, S. 94f.

Generationsgenossen gewesen sein. Er hatte 1959, noch als angehender Student, an einem Kompositionskurs bei Karlheinz Stockhausen teilnehmen können und meinte nun, fast dreißig Jahre später:

»*Ob ich mich integrieren wollte, weiß ich nicht. Für das Avancierteste hielt ich das, ohne Abstrich. Am meisten beeindruckt hat mich: Darmstadt war wirklich ein internationaler Treffpunkt. Es war eine Möglichkeit, sich auszutauschen [...]. Es gibt den Begriff: die Fünfziger Jahre – das ist in der Bundesrepublik die Zeit der Adenauer-Restauration gewesen. Aber Darmstadt bedeutete in dieser Situation durchaus etwas gänzlich anderes: das war eben gerade nicht Teil der Adenauer-Restauration, sondern es verstand sich durchaus als einen Gegensatz dazu [...]. Die DDR-Situation ist natürlich eine ganz andere gewesen. Ganz allgemein galt das, was sich in Darmstadt als neue Musik präsentierte, in der DDR als dekadent, als formalistisch [...]. Gerade Darmstadt war der musikalische Feind des Sozialismus – eine recht absurde Konstellation.*«[209]

Das Ende der Ära Felsenstein. Herz kommt

Waren so die 1970er Jahre an der Berliner Staatsoper in Bezug auf das neue Opernschaffen recht vielfältig, gab es im Vergleich dazu von der Komischen Oper wenig Neues zu berichten. Walter Felsensteins Ägide näherte sich ihrem Ende. Der große Regisseur starb 1975. Auch seine letzten Inszenierungen bewiesen große Meisterschaft, innovativ wie früher wirkten sie aber nicht mehr. Nachhaltigsten Eindruck hinterließ noch 1971 seine Einstudierung vom »Fiedler auf dem Dach« (»Anatevka«), einem Musical der Autoren Jerry Bock, Joseph Stein und Sheldon Harnick. Diese Aufführung erlebte in den Folgejahren über fünfhundert Aufführungen. Es folgten noch Bizets »Carmen« (1972), Zoltán Kodálys »Abenteuer des Háry János« (1973) und Mozarts »Die Hochzeit des Figaro« (1975). Damit endete eine fast dreißigjährige Ära, die Ära Felsenstein, die für das DDR-Operntheater und für die internationale Opernwelt längst Legende geworden war.

Als namhafter Gast inszenierte 1974 Lew Michailow, der Chefregisseur des Moskauer Stanislawski-Nemirowitsch-Dantschenko-Musiktheaters (er hatte an diesem traditionsreichen Haus 1965 die endlich erlaubte Wiederaufführung von Schostakowitschs verfemter Oper »Katerina Ismailowa« realisieren können), gemeinsam mit dem Bühnenbildner Valeri Lewental und dem Dirigenten Gert Bahner Prokofjews großes Opernepos »Krieg und Frieden«.

Daneben trat Götz Friedrich mit einer eindrucksvollen Inszenierung von Jules Massenets selten gespielter Oper »Don Quichotte« (1971) hervor, in der er versuchte – wie zuvor schon beim »Troubadour« –, die Handlung in ein konkretes sozialhistorisches Ambiente zu stellen.

Und Friedrich konnte 1972 noch eine Besonderheit präsentieren: die Uraufführung von Siegfried Matthus' »Noch einen Löffel Gift, Liebling?«, im Untertitel als »Komische Kriminaloper« bezeichnet, zu einem Text (nach Saul O'Hara) des DDR-Dramatikers Peter Hacks. Das Projekt war offenbar einer skurrilen Laune des Komponisten und des Librettisten entsprungen. Hacks stellte es später humorvoll so dar:

> *»Das Schicksal kündigte sich nicht mit Paukenschlägen oder einem dumpfen Murren des Blechs an; es klingelte einfach an der Tür. Herein kam Siegfried Matthus. Er bat mich, einen Blick auf ein Libretto zu werfen, das ihm angeboten war. Ich fuhr fort, Tee zu trinken; ich warf einen Blick auf das Libretto. Ich ahnte noch nichts, da nicht und noch lange Zeit nicht; ich sagte: ›Ich verbiete Ihnen, das zu komponieren.‹ – ›Hieraus folgt‹, erwiderte er sehr heiter, ›daß Sie die Pflicht haben, mir ein besseres zu machen.‹«* [210]

210 Peter Hacks. Oper, S. 7.

Und Matthus schrieb dann im Uraufführungs-Programmheft:

»Verehrtes Publikum, [...] vielleicht sollte ich Ihnen [...] gestehen, daß ich gern Krimis lese und (auf der Leinwand oder dem Bildschirm) sehe. Das ist auch einer der Gründe, aus dem ich mich schon seit Jahren mit dem Plan einer Kriminaloper beschäftigt habe. Ich wage zu hoffen, daß Sie ähnliche Schwächen für dieses Genre haben. Ich habe lange nach einem geeigneten Stoff gesucht, bis mir Hacks den alten Campbell [die Hauptfigur des Stücks] vorschlug. Wir einigten uns dann schnell darauf, daß wir Ihnen das Sujet nicht als Musikdrama, absurdes, musikalisches oder gar totales Theater anbieten, sondern schlicht eine komische Oper daraus machen wollten. Die großen Meister Mozart, Rossini und Offenbach haben mich bei der Komposition beraten. Johann Strauß (Vater und Sohn) liehen mir einige Melodien zur Bearbeitung, und der Pater Liszt war so freundlich und überließ mir sogar eine seiner berühmtesten Klavierkompositionen. Ergebensten Dank [...].«[211]

Die Aufführung hatte jedoch keinen rechten Erfolg. Friedrichs Inszenierung zündete nicht, auch nicht die insgesamt wenig originelle Musik von Matthus. An der Komischen Oper fanden nur vier Aufführungen statt. Die Gründe für diesen Nicht-Erfolg wurden später sarkastisch und allegorisch verbrämt von Peter Hacks dargestellt: in einer Satire mit dem unverfänglichen Titel »Geschichte meiner Oper« an der »Gültigen Oper« (so das süffisante Synonym für die Institution »Komische Oper«): »Welcher Eingeweihte, sage ich, erschauert nicht bei dem Namen?«, erschauert in gebotener Ehrfurcht und fragloser Anbetung, denn: »Was die ›Gültige‹ allen Opern der Welt voraus hat, ist, sie hat eine Theorie«, und sie hat dabei, eben theoretisch, »einen umfangreichen Vorrat von Kunstgriffen erarbeitet, um das – in Opern oft unvermeidliche – Vorkommen von Musik zu entschuldigen.«[212] Hacks' Satire rüttelte bewusst am ästhetischen Alleinvertretungsanspruch der Konzeption eines realistischen Musiktheaters, wie er seit über zwei Jahrzehnten von der Komischen Oper vertreten wurde und allmählich in einem Dogma zu erstarren drohte. Hacks befragte, mit satirischen Mitteln, aber doch auch grundsätzlich, eine große Legende.

Die neue Matthus-Oper war also durchgefallen, übereinstimmend auch bei der Presse. Spätere und teilweise bessere Aufführungen in Eisenach, Rostock, Pilsen und Darmstadt konnten das Werk ebenfalls nicht dauerhaft im Repertoire etablieren.

Dieser »Löffel Gift« war pikanterweise, wenn so auch gar nicht beabsichtigt, der Abschied Friedrichs von der Komischen Oper. Schon seit etlichen Jahren hatte er sich als Nachfolgekandidat für die Leitung der Komischen Oper in Position gebracht, sein Kollege Joachim Herz

---

[211] Zit. aus: Komponisten der DDR über ihre Opern. Teil II, S. 115f.

[212] Peter Hacks. Oper, S. 10f.

Alban Berg: »Lulu«, Komische Oper Berlin, 1975

ebenfalls. Friedrich, dem Felsenstein offensichtlich keine verbindliche Zusage machen wollte, verließ daraufhin 1972 (nach seiner aufsehenerregenden Inszenierung von Wagners »Tannhäuser« in Bayreuth) die DDR und arbeitete an den Opernhäusern in London und Hamburg sowie weiterhin als Gast bei den Bayreuther Festspielen. 1981 übernahm er die Intendanz der Westberliner Deutschen Oper und setzte hier bis zu seinem Tod im Jahre 2000 mit zahlreichen Inszenierungen hohe künstlerische Maßstäbe.

Mit Friedrichs Weggang war der Weg für Joachim Herz aus Leipzig frei. 1976 wurde er zum Intendanten und Chefregisseur der Komischen Oper berufen. Schon zuvor hatte er hier, nach seinen früheren Einstudierungen in den 1950er und 1960er Jahren, Verdis »Macht des Schicksals« (1971), Janáčeks »Katja Kabanowa« (1972) und Bergs »Lulu« (die zweiaktige Version; 1975) inszeniert. Es folgten nun Brecht/Weills »Aufstieg und Fall der Stadt Mahagonny« (1977), eine aufwändige, bewusst revuehafte Inszenierung (jedoch lange nicht so scharf konturiert und bissig wie Herz' frühere Leipziger Version), dann die dramaturgisch an die Urfassung angenäherte Version von Puccinis »Madama Butterfly« (1978), die dreiaktige Fassung von Bergs »Lulu« (1980) sowie Benjamin Brittens »Peter Grimes« (1981). Überschattet wurden die Jahre von Herz' Leitung der Komischen Oper jedoch von zunehmenden Spannungen zwischen dem Intendanten und dem Ensemble. Herz war, schon in Leipzig, ein unbequemer Mensch und Künstler, eigenwillig, sturköpfig, auch immer wieder unleidlich oder verletzend gegenüber seinen Kollegen wie auch gegenüber staatlichen und parteilichen Instanzen. All das führte schließlich 1981 zu seiner Ablösung.

Zuvor aber konnte er 1978 noch die Uraufführung eines eigentlich von der Staatsoper bestellten Auftragswerkes realisieren – es war zugleich, nach Matthus' »Löffel Gift«, der einzige Beitrag zum neuen Musiktheater an der Komischen Oper während der 1970er Jahre: Georg Katzers »Das Land Bum-Bum« (»Der lustige Musikant«), eine »Oper für Erwachsene und Kinder« mit dem Libretto des DDR-kritischen Lyrikers Rainer Kirsch. In hintergründig lustiger Weise wurde hier eine Märchenwelt, die unschwer doch auch als DDR erkennbar war, durch Musik, namentlich durch einen lustigen Musikanten und das Mädchen Zwölfklang (!), revolutioniert, und aus innerer Erstarrung befreit. Die Aufführung war, auch wegen ihrer brisanten Anzüglichkeit, sehr erfolgreich. Weitere Inszenierungen des Werkes gab es in Neustrelitz, Halle, Eisenach, Altenburg und im litauischen Vilnius.

Die »Provinz« schreibt Operngeschichte

Leipziger Unternehmungen

Bis 1976 war Herz noch Chefregisseur an der Leipziger Oper und hatte hier, nach seinen ungemein erfolgreichen Inszenierungen der 1960er Jahre, eine Reihe weiterer außergewöhnlicher Regiearbeiten realisieren können, so Mozarts »Cosí fan tutte« (1970), Strauss' »Ariadne auf Naxos« (1971), Puccinis selten gespielte »Manon Lescaut« (1972), Händels »Xerxes« (1972) in einer virtuos-launigen Neufassung, die auch bei etlichen Gastspielen der Leipziger im In- und Ausland zu besichtigen war, und schließlich die in der DDR noch nie aufgeführten »Hugenotten« von Meyerbeer (1974).

Unbestrittener Höhepunkt der beispielhaften Opernarbeit von Herz in Leipzig war zweifellos die Einstudierung von Wagners »Der Ring des Nibelungen«. Innerhalb von drei Jahren, von 1973 bis 1976, konnte dieses Mammutprojekt realisiert werden. Damit schloss sich erstmals seit zehn Jahren in der DDR wieder ein »Ring« (der letzte hatte ein Jahrzehnt zuvor als Remake der Inszenierung aus den 1950er Jahren an der Berliner Staatsoper stattgefunden). Herz' grundsätzlicher geistiger und inszenatorischer Ansatz war die auf George Bernard Shaw zurückgehende Kapitalismus-Kritik, wie man sie in Leipzig auch prononciert ausstellte, dabei nicht unähnlich dem wenige Monate später in Bayreuth von Patrice Chéreau und Pierre Boulez produzierten »Ring«, der umgehend von der Presse den Stempel »Jahrhundertring« aufgedrückt bekam. Diese Klassifizierung hätte schon der Leipziger Produktion gebührt, wenn auch die Sängerbesetzung in Leipzig nicht ganz dem Bayreuther Niveau entsprach.

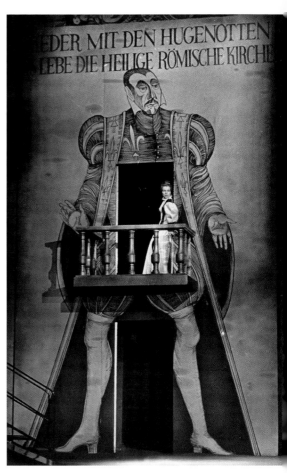

Giacomo Meyerbeer: »Die Hugenotten«, Oper Leipzig, 1974

Richard Wagner: »Die Walküre«, Oper Leipzig, 1974

Als Dirigenten hatte Herz wieder den Berliner Gert Bahner von der Komischen Oper verpflichtet, wohl auch im Hinblick darauf, ihn als Chefdirigenten der Leipziger Oper zu installieren. Und er hatte kurz zuvor bei »Manon Lescaut«, nach einigem Widerstand staatlicher Stellen, auch schon den ehemaligen DDR-Bühnenbildner (vor allem an der Komischen Oper) Rudolf Heinrich engagieren dürfen. Der »Republik-Flüchtling«, wie es im DDR-Jargon hieß, hatte 1961 das Land Richtung Westen verlassen und dort eine große Karriere gemacht. Für Leipzig entstanden nun seine »Ring«-Bühnenbilder in ausladender Wuchtigkeit und bildstarker Erzählkraft.

Die Leipziger Oper hatte zu dieser Zeit auch ein leistungsfähiges Sängerensemble, aus dem – fast ausnahmslos – der »Ring« zu rekrutieren war: Rainer Lüdeke (Wotan und Wanderer), Sigrid Kehl (»Rheingold«-Fricka und Brünnhilde), Els Bolkestein (Sieglinde), Renate Härtel (Erda und »Walküre«-Fricka), Gertrud Oertel (Waltraute), Günther Kurth (Loge und Siegmund), Fritz Hübner (Hunding und Hagen), Jon Weaving (Siegfried), Karel Berman (Alberich), Guntfried Speck (Mime), Ekkehard Wlaschiha (Donner und Gunther). Hübner und Wlaschiha machten sehr bald auch international Karriere, unter anderem in Bayreuth. Die Herz-Inszenierung stand bis 1978 im Leipziger Repertoire. »Rheingold« erlebte in Leipzig 26 Aufführungen, »Walküre« 21, »Siegfried« 14 und »Götterdämmerung« 13. Eine Video-Aufzeichnung hat es seinerzeit leider nicht gegeben, man kann Rückschlüsse auf die Wirksamkeit der Aufführungen daher nur aus Presse- und Publikumsreaktionen entnehmen, die allesamt enthusiastisch waren. Auch international hatte der Leipziger »Ring« Aufsehen erregt.

Günter Lohse und Uwe Wand, beide Herz-Schüler, steuerten dann weitere gewichtige Inszenierungen für den Spielplan der 1970er Jahre bei, von denen einige als Beispiele und Garanten einer breiten Vielfalt im Repertoire des Leipziger Hauses kurz erwähnt seien.

Inszenierungen von Günter Lohse

Guiseppe Verdi
»Othello« (1971)
»Aida« (1977)

George Gershwin
»Porgy und Bess« (1972)

Carl Maria von Weber
»Freischütz« (1974)

Giacomo Puccini
»Turandot« (1976)

Richard Strauss
»Elektra« (1977),

Leoš Janáček
»Schlaues Füchslein« (1973)
»Die Sache Makropulos« (1978)

Richard Wagner
»Die Meistersinger« (1979)

Michail Glinka
»Ruslan und Ludmilla« (1980)

Inszenierungen von Uwe Wand

Gottfried von Einems
»Der Zerrissene« (1975, EA in der DDR)

Guiseppe Verdi
»Macbeth« (1978)

Richard Strauss
»Rosenkavalier« (1978)

Paul Dessau
»Die Verurteilung des Lukullus« (1980)

Zudem waren in diesen Jahren namhafte Regie-Gäste in Leipzig tätig. Boris Pokrowski, Chefregisseur des Moskauer Bolschoi-Theaters, inszenierte Prokofjews im Osten noch nie gespielte frühe Oper »Der Spieler« (1972), der Felsenstein-Schüler Wolfgang Kersten Bizets »Carmen« (1974), der Berliner Chefregisseur Erhard Fischer Werzlaus Oper »Meister Röckle« (1977), die zwei Jahre zuvor so erfolgreich in Berlin uraufgeführt worden war, und dann Mozarts »Hochzeit des Figaro« (1978).

Joachim Herz mit Günter Lohse (Regieassistenz) bei einer Probe für Wagners »Ring«, 1973

Drei von Günter Lohse realisierte Uraufführungen seien ausführlicher erwähnt. Es handelte sich um drei Opernpartituren aus der Feder des Leipzig eng verbundenen Komponisten Fritz Geißler, eines seinerzeit bekennenden Avantgardisten, der später allerdings (was

Fritz Geißler: »Der zerbrochene Krug«, Oper Leipzig, 1971

in der neuen Musikszene der DDR verwundert zur Kenntnis genommen wurde) einer avancierten Musiksprache abschwor und auf neue Einfachheit setzte. Jetzt aber trat Geißler, der bis dahin vor allem durch Orchestermusik (u. a. fünf Sinfonien) auf sich aufmerksam gemacht hatte, mit drei ganz unterschiedlich gearteten Opern an die Öffentlichkeit, zunächst 1971 mit der bereits erwähnten komischen Oper »Der zerbrochene Krug« (nach Heinrich von Kleist). Das Werk erwies sich in seiner zupackenden musikalischen Sprache, in der lustvollen Direktheit der Dramaturgie als Volltreffer. In den kommenden zehn Jahren erlebte es allein über hundert Wiederholungen.

Wie erwähnt war die Berliner Staatsoper das erste Nachspieltheater für den »Zerbrochenen Krug«. Auch in Schwerin, Graz, Solingen und Bonn war die Oper anschließend zu erleben. Dieser Erfolg beflügelte offenbar den Komponisten. Nach der literarischen Vorlage von Michail Bulgakow (dem damals in der DDR gerade bekannt gewordenen, unter Stalin verfolgten russischen Dichter) legte Geißler danach eine als »Rossiniade« benannte neue Opernpartitur vor: »Der verrückte Jourdain«, die mit Zitatanleihen von Mozart bis Rossini eine bissig-lustige Satire über bürgerliche Spießigkeit darstellte. Es war eine Ring-Uraufführung: 26.1.1973 am Volkstheater Rostock und zwei Tage später an der Musikalischen Komödie Leipzig. Trotz sorgsamer musikalischer und szenischer Einstudierung war dem Werk kein nachhaltiger Erfolg beschieden. Daran änderte auch eine geraffte, 1979 und 1981 in Gera und in Dessau zu besichtigende Neufassung nichts. Die dritte, 1975 in Leipzig uraufgeführte Oper Geißlers trug den Titel »Der Schatten«. Basierend auf der Vorlage von Jewgeni Schwarz' gleichnamiger Märchenkomödie hatte Regisseur Lohse das Libretto selbst verfasst und dabei bewusst auf eine antifaschistische Allegorie abgehoben. Geißlers musikalische Dramaturgie bediente sich traditioneller Ausdrucksmittel, um ein größeres Publikum anzusprechen. Doch auch diese Oper erfuhr keine breitere Resonanz. Es gab nur eine weitere Inszenierung des Werkes: 1977 in Freiburg im Breisgau.

Beim Blick auf das Leipziger Operngeschehen der 1970er Jahre muss ein Phänomen noch besonders hervorgehoben werden: konzertante Opernaufführungen. Diese wurden von Herbert Kegel, damals Chefdirigent des Leipziger Rundfunk-Sinfonieorchesters, dem zweiten großen Klangkörper der Stadt, wiederholt im Rahmen der regelmäßigen Sinfoniekonzerte gegeben – und zwar nicht von beliebigen und populären Repertoirewerken, sondern es wurden akzentuiert ältere und neuere Ausnahmepartituren gespielt, die selten oder gar nicht im Spielplan des Opernhauses vertreten waren. So dirigierte er 1973 Bergs »Wozzeck« (mit Gisela Schröter, Theo Adam, Reiner Goldberg), 1975 Wagners »Parsifal« (mit Gisela Schröter, René Kollo, Theo Adam, Ulrik Cold) und 1976 Schönbergs »Moses und Aron« (mit der Dresdner Solistenbesetzung aus Harry Kupfers Inszenierung von 1975, Werner Haseleu und Reiner Goldberg). Diese Einstudierungen, vom Konzertpublikum mit sehr großem Interesse aufgenommen, wurden auch von der DDR-Schallplattenfirma »Eterna« produziert.

Kupfer kommt nach Dresden. »Moses und Aron«

Neben Leipzig ist nun das Dresdner Opernleben der 1970er Jahre in den Blick zu nehmen. Nach dem Weggang von Chefregisseur Dieter Bülter-Marell verantwortete der junge Christian Pöppelreiter einige wichtige Operninszenierungen, ehe ab 1. Mai 1972 Harry Kupfer aus Weimar seine Tätigkeit als neuer Operndirektor und Chefregisseur des Hauses aufnahm. Nach Martin Turnowskýs Ausscheiden als

Arnold Schönberg: »Moses und Aron« (mit Werner Haseleu und Rainer Goldberg), Staatstheater Dresden, 1975

Chefdirigent der Staatskapelle wurden 1971 und 1974 Siegfried Kurz und Rudolf Neuhaus in leitende Funktionen als Dirigenten der Oper berufen. Und 1975 übernahm Herbert Blomstedt die Position des Chefdirigenten von Staatskapelle und Staatsoper. Kupfer und Blomstedt dominierten in der nächsten Zeit bis in die 1980er Jahre das künstlerische Erscheinungsbild der Dresdner Staatsoper und der Dresdner Staatskapelle. 1973 trat dann Horst Seeger, aus Berlin kommend, sein Amt als Leiter der Oper und stellvertretender Generalintendant an. 1979 übernahm er von Alfred Larondelle zusätzlich die Position des Generalintendanten, um auch den sehr zum Verdruss der Dresdener jahrzehntelang aufgeschobenen Wiederaufbau der Semperoper voranzutreiben, von der am Theaterplatz seit der Bombennacht vom 13. Februar 1945 nur noch das notdürftig gesicherte äußere Mauerwerk stand.

Trotz oder gerade wegen dieses Personenkarussels gab es in den 1970er Jahren viel Bewegung, viel Aufbruch und Neulanderkundung in der Dresdner Opernlandschaft. Das war auch dank eines immens verjüngten und erweiterten Solistenensembles möglich, u. a. mit Nelly Ailakowa, Andrea Ihle, Helga Termer, Barbara Hoene, Ingeborg Zobel, Reiner Goldberg, Karl-Heinz Stryczek, Rolf Haunstein, Werner Haseleu, Wolfgang Hellmich, Jürgen Freier, Rolf Wollrad und Rolf Tomaszewski.

Mit dem Engagement von Harry Kupfer begann für die Dresdner Oper ein Jahrzehnt voller hochkarätiger Inszenierungen, die weit über die Stadt hinaus nationales und internationales Interesse hervorriefen. Die Reihe der großartigen Kupfer-Aufführungen begann mit Mozarts »Hochzeit des Figaro« (1972). Es folgten Verdis »Falstaff« (1974), Strauss' »Schweigsame Frau« (1974) und Béla Bartóks »Herzog Blaubarts Burg« (1974).

Zwei ganz große künstlerische Erfolge von Kupfer – sie bezeichnen auch wohl den Höhepunkt seiner Dresdner Jahre – waren die DDR-Erstaufführung von Arnold Schönbergs »Moses und Aron« (1975) und die Einstudierung von Wagners »Tristan und Isolde« (1975). »Moses und Aron« mit mehr als dreißig ausverkauften Vorstellungen

Richard Wagner: »Tristan und Isolde«, Staatstheater Dresden, 1975

galt vielen Kritikern als bislang beste szenische Realisierung des schwierigen Schönberg-Werkes. Die »Tristan«-Aufführung bedeutete sowohl für Kupfer als auch für Spas Wenkoff, den Sänger der Titelpartie, den Auftakt zu einer Bayreuth-Karriere wie überhaupt zu einer internationalen Karriere. Wenkoff sang bereits im Folgejahr den Tristan auf dem Grünen Hügel und war fortan dort und auf den großen Opernbühnen der Welt begehrter und gefeierter Gast, vor allem in den großen Wagnerpartien. Kupfer inszenierte, nach dem so erfolgreichen »Parsifal« 1977 an der Berliner Staatsoper, 1978 in Bayreuth den »Fliegenden Holländer« und 1988 den »Ring des Nibelungen«.

Andere wichtige Kupfer-Inszenierungen während der 1970er Jahre in Dresden waren Mozarts »Zauberflöte« (1975 und 1979) und »Die Entführung aus dem Serail« (1976), Rimski-Korsakows »Märchen vom Zaren Saltan« (1977), Debussys »Pelléas und Mélisande« (1978), Wagners »Tannhäuser« (1978) und Tschaikowskys »Eugen Onegin« (1980).

Das Jahr 1977 markierte auch einen historisch bedeutsamen Punkt der jüngeren Dresdner Operngeschichte: Am 24. Juni erfolgte die feierliche Grundsteinlegung für den Wiederaufbau der Semperoper. Das Ziel dieser Restauration war – nach jahrzehntelangen Diskussionen, die zwischen totalem Neubau oder radikal verändertem Theaterkorpus hin- und herpendelten – eine möglichst originalgetreue Kopie des alten Semperbaus, wie er als Fassade ja seit 1945 noch stand und sich den Dresdner Opernfreunden unwiderruflich und unersetzbar eingeprägt hatte.

Uraufführungen von Zimmermann und Kunad

Einen weiteren Schwerpunkt setzte Harry Kupfer mit Uraufführungen zweier wichtiger Dresdner Komponisten. Da ist zunächst Udo Zimmermann zu nennen. Er war in Dresden Schüler von Johannes Paul Thilmann und in Berlin von Günter Kochan. Noch als Student hatte er mit der Kammeroper »Die weiße Rose« über das 1943 von den Nazis hingerichtete Geschwisterpaar Sophie und Hans Scholl auf sich aufmerksam gemacht (1967 aufgeführt durch Sänger und Musiker der Dresdner Musikhochschule). Jetzt legte er, als Auftragswerk der Dresdner Staatsoper, eine weitere Opernpartitur vor, wiederum zu einem Libretto seines Bruders Ingo Zimmermann (nach dem bekannten gleichnamigen Roman von Johannes Bobrowski aus dem Jahre 1964): »Levins Mühle« (1973).

Das Werk und seine Aufführung hinterließen bei Presse und Publikum einen nachhaltigen Eindruck, viele Theater spielten die Oper in den in den folgenden Jahren und die Dresdner konnten ihre Inszenierung auch auf Gastspielen in Leningrad (1974), Wiesbaden (1975) und Prag (1976) präsentieren. Dennoch hatte es bereits während des Entstehungsprozesses der Oper merkliche ideologische Spannungen bzw. Widerstände gegeben. Bobrowski galt in der DDR als nicht angepasster literarischer Freigeist, als unbequemer Mahner und Rufer. Und seine Titelfigur Levin war nur mühsam in ein genehmes soziales Schema als Proletarier einzupassen. Aber gerade dieser Levin konnte tatsächlich zu einer Identifikationsfigur werden.

Gleichfalls aus dem Jahr 1964 stammt auch die textliche Vorlage für Zimmermanns nächste Opernpartitur: Es war das Kunstmärchen »Der Schuhu und die fliegende Prinzessin« von Peter Hacks, des ebenfalls nicht unumstrittenen DDR-Dramatikers. Das Werk stellte an die Ausführenden in musikalischer, sängerischer und darstellerischer

Die »Provinz« schreibt Operngeschichte

Udo Zimmermann: »Levins Mühle«, Staatstheater Dresden, 1973

Hinsicht enorme Anforderungen, die von den Dresdnern aber souverän gemeistert wurden: Die Sänger waren mit einer sehr schwierigen Partitur konfrontiert sowie mit Zimmermanns und Kupfers anspruchsvollen künstlerischen Vorstellungen, die in szenisches Leben umgesetzt werden mussten.

Auch diese Produktion von Harry Kupfer hatte ein sehr positives Öffentlichkeitsecho. Die Aufführung im Jahre 1976 wurde auf mehreren Gastspielen gezeigt, so in Berlin und Budapest (1977), Hamburg (1978) und Wien (1979). Mehrere DDR-Theater spielten den »Schuhu« alsbald nach, und auch in der Bundesrepublik (Darmstadt/Schwetzingen, Bielefeld und Lübeck) kam die Oper auf die Bühne, Kupfer inszenierte den »Schuhu« als Gast 1983 in Amsterdam. Für den Komponisten Zimmermann bedeuteten die beiden Dresdner Opern, »Levins Mühle« und »Schuhu«, den internationalen Durchbruch. Er galt jetzt, nach Paul Dessau und neben Matthus, Geißler und Kunad, als bedeutender Opernkomponist der DDR.

Zimmermann meinte später einmal – und das bezeichnete auch das Grundmotiv seines musikdramatischen Schaffens:

»Ich bekenne mich dazu, in einer gewissen Hinsicht ›Moralist‹ zu sein. Ich brauche eine abrufbare Botschaft, ich kann nicht einfach irgendetwas hinschreiben [...]. Auf unser manchmal bis an den Rand der Verzweiflung getriebenes Fragen nach dem Mensch-Sein in unserer Welt der entfremdeten und verdinglichten Beziehungen, in unserem von Erschütterungen friedlos gewordenen Jahrhundert, versucht die Musik unabhängig von Ort und Zeit Antwort zu geben [...] Ein solcher Versuch muß mehr denn je eine Botschaft austragen als Gegenkraft [...].«[213]

Zum Opern-Komponieren äußerte er in diesem Zusammenhang:

»Suche nach der Welt von Tönen und zugleich immer nach sich selbst. Es geht um die ›andere Dimension‹, die hier einzubringen ist, um das bereits vom Dichter in seiner Sprache, mit seinen künstlerischen Mitteln Vorgegebene noch einmal, auf andere Weise und durch ganz andere Mittel, zu wiederholen, um etwas mitzuteilen, das einzig durch die Musik mitgeteilt werden kann [...]. Und die Musik kann mehr noch tun, kann Dinge hörbar werden lassen, die im Text unausgesprochen bleiben, die hinter den Figuren und Situationen nur erahnbar scheinen. Etwas, das unausgesprochen bleibt, wird plötzlich ausgesprochen, nur eben mit einer anderen Sprache, der Sprache der Musik.«[214]

Dieser Gedanke weist doch eine bemerkenswerte Parallelität zu jener Aussage Heiner Müllers auf, geschrieben anlässlich des »Lanzelot« von Dessau: »Was man noch nicht sagen kann, kann man vielleicht schon singen.« Die Sentenz von Zimmermann war allerdings rein ästhetisch ausgerichtet, während Müllers Satz deutlich auch ideologiekritisch gemeint war.

Zu »Levins Mühle«, der tragischen und doch nicht hoffnungslosen Geschichte eines »kleinen Mannes«, und zum Opernmärchen »Der Schuhu und die fliegende Prinzessin« gab Zimmermann folgende Charakteristiken:

»In ›Levins Mühle‹ geht es um das Durchschaubarmachen von sozialen Triebkräften, um die Aussöhnung mit dem europäischen Osten, um die Frage der Macht, ihres Mißbrauchs zum Zwecke persönlicher Bereicherung, der Macht, die sich mit dem Verbrechen verbündet – die Verbrechen auslöst und durch Verbrechen gestützt wird.«

»›Der Schuhu und die fliegende Prinzessin‹ ist eine Oper vom Sinn des Lebens, von der Suche nach Glück und Harmonie. Der Schuhu ist ein Fabeltier zwischen Tier und Mensch; er kann fliegen, die Sehnsucht nach einem sinnvollen, glückerfüllten Leben gibt ihm Flügel.«[215]

[213] Zit. nach: Komponieren zur Zeit. Gespräche mit Komponisten der DDR, S. 312, 314.
[214] Ebd., S. 313.
[215] Ebd., S. 321, 323.

Kurz vor dem »Schuhu« hatte 1976 übrigens am Dresdner Staatstheater durch das Schauspielensemble eine andere Opernpremiere stattgefunden. Es war Rainer Kunads neues Werk »Litauische Claviere«, im Untertitel als »Oper für Schauspieler« bezeichnet. Kunad zehrte

Udo Zimmermann: »Der Schuhu und die fliegende Prinzessin«, Staatstheater Dresden, 1977

hier von seinen langjährigen Erfahrungen als Leiter der Schauspielmusik am Staatstheater und seiner musikalischen Arbeit mit Schauspielern. Eine kleine Instrumentalbesetzung grundierte das singsprechende Agieren der Darsteller in einer anrührenden Geschichte, die der Schriftsteller Gerhard Wolf, Ehemann von Christa Wolf, nach dem gleichnamigen Roman von Johannes Bobrowski als Libretto eingerichtet hatte. Zum zweiten Mal innerhalb weniger Jahre kam hier also in Dresden Bobrowski auf die Musikbühne. Es war eine ungewöhnliche und von Partei und Staat wiederum argwöhnisch beobachtete Auseinandersetzung mit der Geschichte der Deutschen im ehemals preußischen Osten.

Nach dem so erfolgreichen »Maître Pathelin« einerseits und dem in Berlin misslungenen »Sabellicus« andererseits war Harry Kupfer auch der Regisseur der Uraufführung von Rainer Kunads wohl gelungenster Oper »Vincent« (1979). Der Komponist hatte zu einer

Rainer Kunad: »Vincent«, Staatstheater Dresden, 1979

überzeugenden Dramaturgie und Musiksprache gefunden. Literarische Vorlage für das von Kunad selbst erstellte Libretto war Alfred Matusches 1973 in Karl-Marx-Stadt uraufgeführtes Schauspiel »Van Gogh« (1969 bereits vom Mainzer ZDF produziert), ein sprödes Stück qualvoller Selbstfindung eines unangepassten Künstlers, eines Außenseiters, und insofern auch ein Spiegelbild des in der DDR kaum akzeptierten Poeten Alfred Matusche, der wenige Tage nach der Uraufführung des »Van Gogh« verstarb. Kunad identifizierte sich mit Matusches Ästhetik: »Kurz und knapp, eins neben das andere stellen, kein Kommentar, die Dinge selber sprechen lassen«, indem er für sich und seine zwölftönig strukturierte Partitur formulierte:

»Knappheit, die nicht aphoristisch ist, Prägnanz, die nicht auf Pointe aus ist, philosophische Tiefe, die nicht ins Intellektuelle entgleitet, Einfachheit, die nicht ins Simple abrutscht, Poesie, die stets aus der Realität bezogen wird [...].«[216]

Jahre später, nach der Wende, äußerte sich Kunad noch einmal zu seiner Oper, die er als sein »expressivstes Werk« bezeichnete, und beschrieb vor dem Hintergrund dieser »Expressivität« auch einen widerständigen Grundgestus, der zur Uraufführungszeit so nicht sichtbar gemacht werden konnte, aber doch den Nerv traf. Ein Vertreter des Theaterverbandes habe ihm vorgehalten: »Sie bringen in Ihrer Oper zum Ausdruck, daß die Künstler, die bei uns geblieben sind [infolge der großen Ausreisewelle nach der Biermann-Ausbürgerung], verrückt werden.« Und Kunad charakterisierte die damals tatsächlich aufgeregten kulturpolitischen Querelen um die geistige Wirkung des »Vincent« als »durchaus berechtigte Schlußfolgerung«.[217]

»Vincent« rundete respektgebietend die Reihe von hochkarätigen Opernproduktionen an der Dresdner Oper während der 1970er Jahre ab. Die Oper »Vincent« wurde 1979/1980 in Magdeburg, Schwerin und Neustrelitz aufgeführt, 1982 auch in Kassel.

1978 fanden erstmals die »Dresdner Musikfestspiele« statt – eine für das Dresdner Musikleben begeistert begrüßte Novität. Sie sollten im Vergleich zu Berlin und Leipzig regionale musikalische und musikdramatische Aktivitäten bündeln unter starker Einbeziehung auswärtiger bzw. ausländischer Gastspiele, also auch international mit hochrangigen künstlerischen Ereignissen hervortreten. Das ambitionierte Konzept ging auf. Bis heute werden die Musikfestspiele in den Mai- und Juniwochen auf verschiedensten Veranstaltungsplätzen vom Konzertsaal und Opernhaus bis auf die Straßen und Parks ausgerichtet. Jeder Jahrgang steht unter einem anderen inhaltlichen Motto, so waren die ersten drei den Themen »Kammeroper« (1978), dann »Oper des 20. Jahrhunderts« (1979) und »Tanztheater heute« (1980) gewidmet. Dem Thema des Jahres 1978 entsprechend gastierte die Berliner Staatsoper mit sechs ihrer kammermusikalischen Produktionen von Telemann, Bach, Schubert, Hindemith, Weill und Spoliansky. Das Moskauer Kammer-Musiktheater, eine

216 Zit. nach: Zs. »Theater der Zeit« 2/1979, Berlin, S. 66; auch In: Programmheft »Vincent« der Staatstheater Dresden 1979 und In: Komponisten der DDR über ihre Opern. Teil II, S. 162.

217 Beitrag in der »Sächsischen Zeitung«, Dresden, 8.7.1993, S. 17.

für die damaligen Verhältnisse in der UdSSR ungewöhnliche und mühsam ertrotzte Gründung unter Leitung des Bolschoi-Intendanten Boris Pokrowski, überraschte mit drei Produktionen, darunter einer avantgardistischen Version von Schostakowitschs bis dato in der Sowjetunion nicht mehr aufgeführten Oper »Die Nase« (dirigiert von Gennadi Roshdestwenski), die einem Formalismus-Verdikt zum Opfer gefallen war. Und die Warschauer Kammeroper präsentierte zwei Werke von Pergolesi und Telemann. Die Direktion der Musikfestspiele initiierte zudem einen Kammeropern-Wettbewerb, dessen preisgekrönte Werke in Dresden aufgeführt wurden.

Beim zweiten Musikfestspiel-Jahrgang 1979 gab es mehrere Gastspiele: Die Leningrader Kirow-Oper (heute wieder Mariinski-Theater benannt) präsentierte zwei neue Opern sowjetischer Komponisten: Rodion Schtschedrins großartiges Werk »Tote Seelen« (nach Gogol, 1977 in Moskau uraufgeführt) und Andrei Petrows »Peter I.« (1975 in Leningrad uraufgeführt). Die Antwerpener Oper präsentierte Brittens »Raub der Lucretia«, und die Berliner Staatsoper zeigte die Berghaus-Inszenierungen von Mozarts »Titus« und Dessaus »Einstein«.

1980 steuerte die Dresdner Staatsoper, quasi als Akt der Wiedergutmachung, die konzertante Aufführung von Carl Orffs dreißig Jahre zuvor hier noch verfemter Oper »Antigonae« bei, dirigiert von Siegfried Kurz. Die Welsh National Opera Cardiff gastierte mit Verdis »Ernani« und Brittens »The Turn oft he Screw«, und das Schweriner Staatstheater bot als wohl brisantesten Beitrag Friedrich Goldmanns »Hot«.

Aufregendes auch im übrigen Lande

Den vielbeachteten Opernereignissen in den 1970er Jahren an den großen Häusern in Berlin, Leipzig und Dresden stellten sich sehr beachtenswerte Aktivitäten der übrigen Theater des Landes an die Seite. Auch hier war eine Generation jüngerer Künstler, Regisseure, Dirigenten und Sänger in führende Positionen gelangt, die mit großem Engagement alte wie neue Opern in den Fokus neuer Ästhetiken und Inszenierungskonzepte rückte. Neben Carl Riha in Karl-Marx-Stadt – zu diesem Zeitpunkt bereits ein »Altmeister« – haben jüngere Regisseure das künstlerische Profil ihrer Häuser und Ensembles geschärft: mit ambitionierten Einstudierungen von Repertoirewerken, Ausflügen in unbekannte Regionen und vor allem mit großem Einsatz für neue Opern von DDR-Komponisten.

Dazu gehören: Peter Konwitschny in Berlin und Halle sowie an verschiedenen Theatern im Lande, Erhard Warneke (als Nachfolger Kupfers) in Weimar, Christian Pöppelreiter in Dresden, Rostock und Berlin, Peter Brähmig in Potsdam, Reinhard Schau in Magdeburg, Rainer Wenke in Zwickau, Karl Heinz Erkrath in Plauen, Detlef Rogge in Bautzen und Schwerin, Jürgen König in Schwerin, Manfred Straube in Erfurt, Dieter Reuscher in Cottbus, Andreas Baumann in Radebeul, Karl-Marx-Stadt und Halle, Michael Heinicke in Bautzen, Rüdiger Flohr in Dessau, Sieglinde Wiegand in Neustrelitz.

Erhard Warneke beispielsweise realisierte 1973 in Weimar gleich nach der Dresdner Uraufführung eine sehr gelungene Einstudierung von Zimmermanns »Levins Mühle«, 1974 verantwortete er die Uraufführung von Robert Hanells Oper »Fiesta« (Premiere: 28. Mai).

1976 folgte die Uraufführung von Siegfried Matthus' neuem Werk »Omphale« (Dirigent: Lothar Seyfarth, Titelpartie: Uta Priew; Premiere: 7. September). Wie beim »Löffel Gift« hatte Matthus sich auch für diese Oper der Mitarbeit von Peter Hacks versichern können, der ihm sein gleichnamiges Schauspiel, entstanden 1969/1970 und »Komödie« betitelt, als Libretto einrichtete. Die Partitur von »Omphale« ließ bei Matthus neue kompositorische Akzente erkennen: quasi leitmotivische Arbeit, hohe instrumentatorische Sensibilisierung des Klangbildes, erkennbares Nummernprinzip. Und Matthus behauptete sich nun selbstbewusst als künstlerisches Individuum, allein verantwortlich für sein Opus. Im Zusammenhang mit der Uraufführung äußerte er gesprächsweise zu dieser Problematik und auch zur Eigenart der neuen Partitur (eine Eigenart, die offenbar von Hacks Klassizismus-Verständnis geprägt war):

Siegfried Matthus

»*Meine Erfahrungen in der Zusammenarbeit mit Regisseuren, Kapellmeistern, Bühnenbildnern und Dramaturgen sind eigentlich sehr gute, aber es gibt doch den Moment, wo jeder dann allein seinen Teil beitragen und verantworten muß. Ich meine, das Lebensfähige und auch – wenn Sie so wollen – das Originelle eines Kunstwerkes muß jeder allein finden [...]. Dieser Stoff liegt so schön in der Mitte zwischen Tragik und Komik. Wenn ich einen großen Vergleich wagen darf: er hat sozusagen, vom Libretto her, den Gestus der Mozart-Opern [...]. Ich habe gedacht, daß meine Musik weder unterkühlt, noch derb oder grob wirken sollte; andererseits darf auch kein ›Rausch‹ entstehen. Eine hohe Sensibilität in der Tonentfaltung und im Rubato-Spiel schwebte mir vor. Ebenso meinte ich die oftmals komplizierte Rhythmik innerhalb einfacher Taktarten als ein fließendes, musikalisch organisches Spiel.«* [218]

Großen Erfolg beim Publikum hatte »Omphale« merkwürdigerweise nicht. Die Inszenierung konnte sich nur kurze Zeit im Weimarer Spielplan halten. Auch eine Kölner Inszenierung im Jahre 1979 in dramaturgisch überarbeiteter Version brachte keinen entscheidenden Durchbruch.

Es gab in der ›Provinz‹ weitere Opern-Uraufführungen, die durchaus überregionale Bedeutsamkeit erhielten, stammten die Partituren doch vielmals von mittlerweile namhaften Komponisten. Udo Zimmermann hatte eine zweite Oper fertiggestellt: »Die Zweite Entscheidung«, wiederum mit dem Libretto seines Bruders Ingo. Es war fast ein Parallelstück zu Dessaus »Einstein« – jetzt aber mit einem ganz gegenwärtigen Handlungsort: »Großstadt in der Deutschen Demokratischen Republik«. Auch in dieser Oper geht es um die Verantwortung der Wissenschaft. Einer sensationellen Entdeckung auf dem Gebiet der Gentechnologie droht die Gefahr, in schrecklicher Weise missbraucht zu werden. Zimmermanns Musik bediente sich gängiger Vorbilder aus der Moderne, namentlich der polnische Komponist Krzysztof Penderecki und die Aleatorik hatten es ihm angetan. Eine allzu idealistische Geradlinigkeit und Gutgläubigkeit in der Dramaturgie des Werkes stellte sich jedoch einem überzeugenden Erfolg des Werkes entgegen. Jahre später kommentierte das Zimmermann auch selbstkritisch:

»Meiner Oper ›Die zweite Entscheidung‹ (1969/70) liegt ein ›großer‹ Stoff zugrunde: Sie handelt von der Verantwortung des Wissenschaftlers für seine Entdeckungen [...]. ›Die zweite Entscheidung‹ zeigt im ersten Teil, wie der Wissenschaftler um eine Lösung dieser Frage ringt. Im zweiten Teil spricht er quasi die Menschheit an und entlastet sich, indem er die Entscheidung der sozialistischen Gesellschaft übergibt. Dort wird das Stück aber platt, dort stimmt es einfach nicht mehr, denn auch im Sozialismus steht das Problem der persönlichen Entscheidung und Verantwortung. Diese sind durch keine Gesellschaft aufhebbar.« [219]

Die Premiere der Oper fand als Ring-Uraufführung am 10. und 11. Mai 1970 an den Theatern in Magdeburg und Dessau statt.

Drei Jahre später legte auch Fritz Geißler seine zweite Oper vor: »Der verrückte Jourdain« nach Molière in Michail Bulgakows dramatischer Fassung – ein verständlicher Tribut an die in der DDR aufkommende Begeisterung über den lange totgeschwiegenen Autor, die sich

---

218 Zit. nach: Komponisten der DDR über ihre Opern. Teil II, S. 137ff.

219 Zit. nach: Komponieren zur Zeit. Gespräche mit Komponisten der DDR, S. 319f.

schließlich auch 1986 in Rainer Kunads Oper »Der Meister und Margarita« nach dem gleichnamigen Roman Bulgakows zeigte. Geißlers Oper erlebte eine Ring-Uraufführung in Rostock (26. Januar 1973) und zwei Tage später in Leipzig. Beiden Einstudierungen war jedoch nur ein Achtungserfolg beschieden.

Ebenfalls 1973 (am 29. März) wurde in Stralsund eine Oper uraufgeführt, die von einem bis dahin noch nicht als Musikdramatiker in Erscheinung getretenen Komponisten stammte: von Gerhard Rosenfeld, einem Schüler von Wagner-Régeny und Eisler. Diesem Opernerstling, »Das alltägliche Wunder«, lag das gleichnamige Stück von Jewgeni Schwarz zugrunde, zu einem Libretto geformt von Gerhard Hartmann. Neben Dessaus »Lanzelot« und Geißlers »Schatten« war ein weiteres Mal ein Schwarz-Märchen Anregung für eine Oper. Schwarz eignete sich in seiner märchenhaften Gleichnishaftigkeit vorzüglich dazu, in der vorgeführten Geschichte auch entlarvte Gegenwart zu entdecken, und war damit gewissermaßen zu einem künstlerischen Vehikel für mehr oder minder gut erkennbare Widerständigkeit geworden. Peter Gülke, Dirigent der Rosenfeld-Uraufführung, schrieb im Stralsunder Programmheft zur Musik der Oper, die stilistisch bewusst sehr vielseitig ist, Bemerkenswertes:

»Schlichte Lieder stehen neben dissonanzreichen kollektiven Improvisationen, übliche Fanfaren neben skurrilen, schwierigen Tonfolgen, die süße Sextenseligkeit eines Liebesgesanges neben komplizierten Rhythmen. Bei genauerem Hinsehen bemerkt man, daß bestimmte Mittel fehlen: jene nämlich, mit denen die Musik sich allzusehr verselbständigen könnte. Es gibt weder weitläufige polyphone Partien noch große Klangflächen oder ›unendliche‹ Melodien [...]. Das betrifft auch Stellen, die wohl ›schön‹ klingen, wie etwa der reglementierte Beifall bei Hofe: Da klingt ein reines C-Dur plötzlich ärgerlich und dumm, es entlarvt das abgeleierte Zustimmungszeremoniell [...]. Gerade dieser Einsatz wohlbekannter Mittel verrät, was sie mit den modernen verbindet, und darüber hinaus allgemein die Konzeption dieser Musik: Sie will nichts für sich, will vielmehr ganz und gar Funktion sein und in der Szene aufgehen, und stets auf sehr konkrete Weise.«[220]

Die Stralsunder Uraufführung war ein Erfolg. Ihr folgten Einstudierungen an den Theatern von Erfurt, Bernburg, Rudolstadt, Neustrelitz und Greifswald.

Fünf Jahre später konnte Rosenfeld eine weitere Opernpartitur fertigstellen: »Der Mantel« nach der gleichnamigen Erzählung von Nikolai Gogol, wiederum in der Librettofassung von Gerhard Hartmann. Eine thematische Nähe etwa zu Schostakowitschs Gogol-Oper »Die Nase« war unübersehbar. Es war die Geschichte eines

220 Zit. nach: Sigrid und Hermann Neef. Deutsche Oper im 20. Jahrhundert. DDR 1949–1990, S. 402f.

kleinen Mannes, hier des Schreibers Akaki, dem Schreckliches passiert, indem ihm sein kostbarstes Eigentum, der neue Mantel, gestohlen wird – er sieht seinen Mantel als Fassade einer »hochgestellten Persönlichkeit«. Eine glückliche Fügung beschert ihm schließlich die Rückgabe seines Mantels. Das Ganze war eine alptraumhafte Allegorie, in der sich schlichter, grauer Alltag einem fast aussichtslosen Kampf gegen eine entfremdete gesellschaftliche Öffentlichkeit stellen muss. Der Publikumserfolg der Weimarer Inszenierung bestätigte, dass die geistige Intention des Komponisten angekommen war. Die Einstudierung der Uraufführung lag wieder in den Händen von Erhard Warneke; Premiere war am 4. Juli 1978. Ein Jahr später erfuhr das Werk auch bei einem Gastspiel zur 7. Biennale zeitgenössischer Musik in Berlin große Zustimmung. Und in Zwickau gab es bald darauf eine zweite Einstudierung.

Dem »Mantel« folgte dann Rosenfelds Kammeroper »Das Spiel von Liebe und Zufall« (nach Pierre de Marivaux), die am 12. und 18. Oktober 1980 ihre Ring-Uraufführung in Potsdam und Radebeul erlebte.

Erwähnt seien noch weitere Uraufführungen: »Sekundenoper (Bewährung über den Wolken)« von Kurt Dietmar Richter (Greifswald 30. Juni 1970), »Sprengstoff für Santa Ines« von Guido Masanetz (es war der zweite Ausflug des bekannten DDR-Operettenkomponisten auf das Gebiet der Oper; Radebeul 19. Mai 1973), »Geschichte vom alten Adam« von Hans Jürgen Wenzel (nach Erwin Strittmatter; Halle 6. Oktober 1973), »Reise mit Joujou«, gleichfalls von Robert Hanell (Zwickau 24. Oktober, Halberstadt 29. Oktober, Zeitz 30. Oktober und Altenburg 31. Oktober 1976) und »Der verlegene Magistrat« von Kurt Dietmar Richter (Cottbus 29. Juni 1978).

Opern von DDR-Komponisten wurden in der »Provinz« oft nachinszeniert. Sie haben den Repertoire-Alltag spürbar bereichert, auch wenn die Publikumsresonanz durchaus unterschiedlich war. Schwerin erwies sich da als sehr rührig. 1972 spielte man hier Kochans »Karin Lenz«, 1973 Geißlers »Der zerbrochene Krug«, 1975 Forests »Der arme Konrad« und 1979 gleich drei neue Werke: Kunads »Vincent«, Schwaens »Leonce und Lena« sowie Goldmanns »Hot«. Weimar führte bereits einen Tag nach der Dresdner Uraufführung am 28. März 1973 Zimmermanns »Levins Mühle« auf. Radebeul und Plauen stellten 1974 und 1975 eine Neufassung von Kurzbachs »Thomas Müntzer« vor. Greifswald und Frankfurt/Oder spielten 1978 und 1980 Zimmermanns »Schuhu und die fliegende Prinzessin«. Magdeburg und Neustrelitz nahmen 1979 und 1980 Kunads »Vincent« in ihr Repertoire.

Hinzu kamen Erstaufführungen neuer ausländischer Musiktheaterwerke. Speziell Opern aus der Sowjetunion wurden – vornehmlich aus ideologischen Gründen – besonders gefördert, während die westliche Avantgarde fast ausnahmslos ausgespart blieb. 1973 gab es in Dresden Juri Buzkos Kammeroper »Weiße Nächte« (nach Dostojewski) als szenische Uraufführung, 1975 in Rostock Kyrill Moltschanows »Im Morgengrauen ist es noch still« und Rodion Schtschedrins Opernerstling »Nicht nur Liebe« an der Berliner Staatsoper, 1976 dann in Magdeburg Lew Knippers Revolutionsoper (aus dem Jahre 1930) »Nordwind«, 1977 in Halle Awet Terterjans »Der Feuerring«, 1978 in Karl-Marx-Stadt Andrei Petrows »Peter I.« und 1979 in Dessau sowie 1980 in Dresden Kyrill Wolkows »Ein Bauernmärchen«.

Das waren alles ambitionierte Partituren und künstlerisch anregende Stoffe in der Bearbeitung von zumeist Musikern der jüngeren Generation, die aus den Traditionen der russischen Oper und den einengenden Fesseln einer stalinistischen Ästhetik hinausstrebten und Anschluss an die westeuropäische Moderne suchten.

Ein besonders interessantes Unternehmen hatte eine weit über die Grenzen der DDR hinausreichende Wirkung. Der Rostocker Intendant Hanns Anselm Perten, bekannt durch seinen engagierten Einsatz für progressive westliche Dramatik (u. a. Peter Weiss und Rolf Hochhuth), inszenierte 1976 am dortigen Volkstheater Hans Werner Henzes Kammerspiel »El Cimarron«, dessen szenische und musikalische Realisation auch auf zahlreichen Gastspielen in der DDR sowie im Ausland (Stockholm 1976, Mexiko 1977, Mosambik und Angola 1978) ungemein erfolgreich war. Der Komponist selbst besuchte 1982 eine Aufführung in Rostock und sprach dann in seiner Autobiografie sehr angetan von »einer aufregenden Inszenierung«.[221]

221 Hans Werner Henze. Reiselieder mit böhmischen Quinten. Autobiographische Mitteilungen 1926–1995, S. 485.

Regietheater. Originalität und Weltläufigkeit

Die berühmten Fünf

Spätestens seit Felsenstein, und das heißt gleich von Beginn an, war der Begriff »Regietheater« auch für die Oper in der DDR eingeführt und fest installiert. Er meinte eine besondere Qualität des Inszenierens, eine geistige Durchdringung der Intentionen der Komponisten und ihrer Partituren – was sowohl deren historische Einordnung als auch vor allem ihre zeitgemäße Aneignung einschließt. Die Rolle des Regisseurs in der Deutung und Auslegung einer Partitur wurde immer wichtiger und in einer ganz individuellen künstlerischen Handschrift sichtbar, wenn auch – wie besonders bei Felsenstein – mit dem immer zu vagen Begriff der »Werktreue« als Feigenblatt verbunden. Natürlich war das Phänomen »Regietheater« nicht voraussetzungslos in die Opernlandschaft der DDR gekommen. Berühmte Theaterleute und Regisseure vom Anfang des Jahrhunderts wie Otto Brahm, Max Reinhardt und Hans Gregor in Deutschland, Edward Gordon Craig in England oder Konstantin Stanislawski und Wsewolod Meyerhold in Russland bzw. der jungen Sowjetunion waren frühe und universelle Prototypen. Ihre Regiearbeiten setzten neue Maßstäbe. Auch die Oper wurde konsequent einer realistischen Darstellungsweise unterworfen. Rampensingen und bloße Zurschaustellung gesanglicher Vorzüge waren fortan verpönt, Oper als pures Stimmenfest war passé.

Walter Felsenstein, Götz Friedrich und Joachim Herz, dann auch Harry Kupfer und Ruth Berghaus standen in der DDR-Opernlandschaft beispielhaft für das, was gemeinhin als »Regietheater« verstanden wurde. Dabei prägten sie unverwechselbare Eigenarten aus, ihre Regiehandschriften waren sehr verschieden, wenn auch in einer Überzeugung fest verbunden: Unbedingte Grundvoraussetzung für alle fünf Regisseure war es, das jeweilige Werk in seiner künstlerischen Wesensart zu ergründen und die Szene wie auch die Darstellung durch die Sänger charakteristisch zu formen. Dabei galt zunächst, von Felsenstein apodiktisch vorgegeben, das Gebot der deutschen Sprache, also der möglichst adäquaten Übersetzung ausländischer Operntexte ins Deutsche als notwendiges Entgegenkommen dem einheimischen Publikum gegenüber. Erst allmählich wich dieses Diktum, was den Weg freimachte für originalsprachige Aufführungen. In den 1960er und 1970er Jahren, ja bis zum Ende der DDR, waren diese jedoch die Ausnahme und erschienen lange Zeit geradezu als Verrat an den Prinzipien eines realistischen Musiktheaters. Einen ersten Versuch gab es 1963 und 1965 mit den »Cosí fan tutte«-Einstudierungen an der Dresdner und der Berliner Staatsoper.

Felsenstein, Friedrich, Herz, Kupfer und Berghaus waren diejenigen DDR-Opernregisseure, die am nachhaltigsten das Gesicht der Musikbühnen des Landes bestimmten. Ihre Inszenierungen wurden von Publikum und Presse als etwas Besonderes, als große künstlerische Leistungen wahrgenommen. Sie beherrschten uneingeschränkt die Opernhäuser des Landes in Berlin, Dresden und Leipzig. Zugleich aber waren auch sie es, die ein Regietheater à la DDR in der Bundesrepublik und im westlichen europäischen Ausland, vornehmlich England, Frankreich, Skandinavien und Österreich, bekanntmachten und hier sehr bald als beispielgebende Künstler wirkten. Um ihre künstlerische Einzigartigkeit auszuleuchten, seien ihre Künstlerbiografien etwas näher beschrieben.

Walter Felsenstein (1901–1975)

»Das wirkliche musikalische Theatererlebnis kann vom Regisseur nur angeregt und durch Kunstgriffe der Inszenierung lediglich unterstützt werden. Getragen wird es ausschließlich vom musizierenden und darstellenden Menschen. Wenn ich Regie führe, musiziere ich mit meinen Sängern. Musik und Gesang müssen in ihrer dramatischen Funktion erkannt werden. Das ist Musiktheater. Das Musizieren und Singen auf der Bühne zu einer glaubwürdigen, überzeugenden, wahrhaftigen und unentbehrlichen menschlichen Äußerung zu machen – das ist die Kardinalaufgabe.« [222]

So formulierte Walter Felsenstein 1961, auf dem Höhepunkt seiner Laufbahn, sein künstlerisches Credo. Und im selben Zusammenhang benannte er auch den entscheidenden Anstoß für seine so einzigartige und neuartige Arbeitsweise auf der Musikbühne, nämlich das in Konvention und Unverbindlichkeit erstarrte überkommene Opernklischee, das er – wie Brecht – als »kulinarische Oper« charakterisierte:

»Das Hassenswerte an der kulinarischen Oper ist nicht die Tatsache, daß sie kulinarisch ist, sondern die Tatsache, daß sie das Theater

[222] Walter Felsenstein/Siegfried Melchinger. Musiktheater, S. 68.

zum Zweck der Befriedigung kulinarischer Genüsse mißbraucht und verfälscht.«[223]

Bei Brecht hieß es schon 1930 kritisch: »Die Oper, die wir haben, ist die ›kulinarische Oper‹.«[224] Hier war also, und gar nicht überraschend, ein gemeinsamer Ausgangspunkt für die beiden großen Kontrahenten des Theaters, Felsenstein und Brecht, auszumachen, von dem aus sie dann so verschiedene Wege gingen.

Walter Felsenstein war österreichischer Staatsbürger. Seit den 1920er Jahren wirkte er als Schauspiel- und Opernregisseur an kleineren und größeren Theatern in Deutschland und der Schweiz. Im Opernbereich verantwortete er damals eine immense Zahl von Inszenierungen, die alle dem knappen Zeitbudget des damaligen schnelllebigen Repertoirebetriebs unterworfen waren. Dabei gab es eine Reihe von Operntiteln, die wiederholt auftauchten und die dann später an der Komischen Oper auch seinen Weltruhm begründeten: »Die Fledermaus«, »La Traviata«, »Carmen« oder »Die Hochzeit des Figaro«. In diesen Jahren, vor allem in der Frankfurter Zeit von 1934 bis 1936, arbeitete er häufig mit dem Bühnenbildner Caspar Neher zusammen, dem Brecht-Freund und -Szenografen, z.B. bei Verdis »Traviata«, Wagners »Tannhäuser« und Strauß' »Fledermaus«. Obwohl von den Nazis 1936 aus der Reichstheaterkammer ausgeschlossen, holte ihn der Schauspieler Heinrich George 1940 nach Berlin an das von ihm geleitete Schiller-Theater. Dort inszenierte er ausschließlich Schauspiele. Daneben realisierte er als Gast Operninszenierungen in Aachen (1941 Verdis »Falstaff« mit Herbert von Karajan und 1943 Wagners »Tannhäuser mit Paul van Kempen) sowie bei den Salzburger Festspielen (1942 Mozarts »Figaro« mit Clemens Krauß). In diesen Berliner Jahren machte die Bekanntschaft mit den Regiearbeiten von Jürgen Fehling entscheidenden Eindruck auf ihn. Dadurch und natürlich durch seine langjährige eigene Arbeit als Schauspielregisseur entwickelte sich sein Inszenierungsstil, wie er ihn dann ab 1947 an der Komischen Oper immer deutlicher ausprägte: den Sänger auch schauspielerisch als glaubwürdigen Darsteller zu qualifizieren. Die so nach langen, mühsamen Probenphasen, wie sie an anderen Theatern weder üblich noch möglich waren, erzielten szenischen Realisierungen begründeten Felsensteins Ruf als Initiator eines ästhetisch profilierten realistischen Musiktheaters: beginnend 1947 mit der »Fledermaus«, fortgesetzt unter anderem mit Bizets »Carmen« (1949) und Mozarts »Figaro« (1950). Seine Komische Oper wurde zu einer Institution des Regietheaters, das entscheidend zur Modernisierung der nationalen und internationalen Opernbühne beitrug.

223 Ebd., S. 77.
224 Bertolt Brecht. Schriften. Über Theater, S. 110.

Ergänzend zu den bereits erwähnten Arbeiten und zitierten Äußerungen Felsensteins* zu seiner Regietätigkeit an der Komischen Oper soll hier sein Verständnis von realistischem Musiktheater noch etwas ausführlicher beleuchtet werden. Programmatisch meinte er in einer Ansprache an sein Hausensemble im Jahre 1949:

»*Theater heißt in erster Linie künstlerische Wahrheit. Wir wollen Unklarheit, Täuschung, Verstellungskunst beseitigen und den Ausdruck des Werks und den Ausdruck einer Rolle in der nacktesten Unmittelbarkeit und Gültigkeit zeigen [...]. Denn soweit es uns Ältere in diesem Beruf betrifft, so sind wir in einer Zeit erzogen worden, da man in erster Linie den Beifall des vorgebildeten Publikums und der Sachverständigen begehrte, da das Theater und die Kunst überhaupt sich an den sogenannten gebildeten Kreis wandte [...]. Wir haben uns heute an die Ganzheit des werktätigen Volkes zu wenden und können auch nicht befriedigt sein, wenn wir nicht gerade von diesem verstanden werden.*«[225]

Und 1951 äußerte er sich gegenüber einer belgischen Theaterzeitschrift explizit zu seiner Auffassung der Rolle des Opernregisseurs, die er – ganz im Sinne des Begriffs »Regietheater« – als zentral und »unentbehrlich« ansah:

»*Die Unentbehrlichkeit einer starken Regiepersönlichkeit ist erstens in der Notwendigkeit begründet, die einem Werke innewohnende originale Substanz mit den Mitteln und Methoden zum Ausdruck zu bringen, die das Werk dem zeitgenössischen Betrachter am unmißverständlichsten nahebringen. Zweitens ist der Regisseur unentbehrlich, um – ebenfalls mit seinen Mitteln und Methoden – die für das Werk geeigneten Sänger, aber auch den Dirigenten und Bühnenbildner, mit dem Werk zutiefst bekannt zu machen und sie zu einer eigenpersönlichen, jedoch völlig treuen Interpretation nach den Gesetzen des Theaters zu veranlassen. Keinesfalls kann sich der Regisseur auf die optisch-räumliche und choreographische Gestaltung beschränken, und keinesfalls ist es ihm gestattet, Sänger als bewegte Figurinen zu verwerten, statt sie zur schöpferischen Nachkomposition und Nachdichtung eines Werkes zu veranlassen.*«[226]

Walter Felsenstein

*Vgl. auch S. 55ff.

225 Walter Felsenstein. Schriften. Zum Musiktheater, S. 30; auch in: Walter Felsenstein/Götz Friedrich/Joachim Herz. Musiktheater. Beiträge zur Methodik und zu Inszenierungs-Konzeptionen, S. 22f.

226 Walter Felsenstein. Schriften. Zum Musiktheater, S. 37.

Der Sänger ist also der »Nachkomponist«, der erstens dem Publikum überzeugend vorspielt, er sei auf der Bühne im Augenblick der Darstellung ganz spontan der Schöpfer der Musik, und der zweitens zwingend glaubhaft machen muss, es gebe in erhöhter emotionaler Anspannung, wie sie von der dramatischen Situation bedingt ist, gar keine andere Möglichkeit, als sich singend zu äußern. Das war Felsensteins Kernthese und steter Inhalt seiner Regiearbeit mit den Sängern, den »Sängerdarstellern«, wie er sie nannte. Im selben Jahr, 1951, sprach Felsenstein in einer Diskussion der Volksbühne Berlin (gemeint ist die damals bestehende Besucherorganisation, nicht das Berliner Theater gleichen Namens) zum Thema »Ist das Musiktheater eine Angelegenheit des Volkes?« und führte dabei denselben Gedanken weiter aus:

»Eine Grundvoraussetzung für das reine und große Theatererlebnis ist die Einbeziehung des Zuschauers in die Dramatik und Poesie eines Bühnenvorganges durch Verständlichkeit, Glaubhaftigkeit und unbedingte Wahrheit einer schöpferischen Darstellungskunst [...]. Nun liegt aber jedem bedeutenden Werk der Opernliteratur fraglos und nachweislich eine echte theatralische Vision zugrunde. Komponist und Autor wollten nichts anderes bewirken als das menschlich wahrhafte Theatererlebnis und haben sich – jeweils auf ihre Art – die vielfältigen, aber auch strengen Gesetze der Bühnengestaltung erobert. Die Musik eines solchen Werkes dient ausschließlich der dramatischen Handlung und Situation, der Gesang ausschließlich dem Ausdruck des im dramatischen Vorgang befindlichen Menschen [...]. Der Darsteller darf nicht als Instrument, Figurine oder Bestandteil einer bereits vorhandenen Musik wirken, sondern als ihr schöpferischer Gestalter [...]. Der Zuschauer darf nicht mehr merken, daß der orchestrale und Sängerapparat dem Dirigenten gehorcht, sondern muß Zeuge werden, wie der Darsteller die gesamte instrumentale und vokale Musik – völlig partiturgetreu – dramatisch neu gebiert [...]. Damit verbietet sich das mehr oder weniger homogene Nebeneinanderwirken von Spiel, Gesang und Musik. Diese Elemente werden zur identischen Einheit. Dafür sind allerdings nur Darsteller brauchbar, die über die Fähigkeit zur schöpferischen Verwandlung und zum wahrhaften Ausdruck sowie über eine derart reife Gesangstechnik verfügen, daß beim Zuschauer der Eindruck des Kunstgesanges nicht mehr entstehen kann.«[227]

Da wurden also deutlich Grenzen gezogen, innerhalb derer realistisches Musiktheater nur stattfinden könne – und große Bereiche des Opernrepertoires damit ausgeschlossen. Zudem wäre nach Felsenstein Operndarstellung nur aufgrund einer totalen Illusion denkbar, denn der Zuschauer solle so gefangen sein von dem darstellerischen Handeln des Sängers, dass er glaubt, das Werk und die Musik würden eben erst in diesem Augenblick geboren.

Opentheater müsste also reale Illusion oder illusionistische Realität sein – ein ästhetisches Unding eigentlich, aber gerade nur so

---

227 Ebd., S. 41f., 45; auch in: Walter Felsenstein/Götz Friedrich/Joachim Herz. Musiktheater. Beiträge zur Methodik und zu Inszenierungs-Konzeptionen, S. 24f., 29f.

konnte Felsensteins realistisches Musiktheater funktionieren und zu derartig großartigen künstlerischen Ereignissen in seiner Komischen Oper in Berlin führen. Seinen auf diese Weise strukturierten ästhetischen Irrtum bzw. diese Eingrenzung aufzuheben oder zumindest zu erweitern, war dann die Aufgabe der nachkommenden Generation von Opernleuten – auch die der Felsenstein-Schüler Friedrich und Herz sowie des Felsenstein-Anhängers Kupfer, während Berghaus doch, aus dem Brecht-Theater kommend, einen anderen Zugang zum Musiktheater hatte.

In Felsensteins eben zitierten Ansichten tritt aber auch überraschend deutlich zutage, wie sehr seine Vorstellung von der »identischen Einheit« von Musik, Szene und Darstellung sich als Nachfolge Richard Wagners enttarnen lässt, der seinerzeit doch so sehr auf die »Verschmelzung der Elemente« – eben Musik und Szene im Fokus der überzeugenden Darstellung durch den Sänger – abgehoben und damit ein weitreichendes Synästhesieverständnis bekundet hatte. Bei Felsenstein tauchte in seinen Schriften zur Methodik eines realistischen Musiktheaters der Name Wagners bewusst nicht auf. Diese geistige Quelle war ihm wohl angesichts der jüngst erlebten Wagner-Vereinnahmung durch den Nationalsozialismus nicht geheuer. Aber bekannt, gar vertraut dürften ihm Wagners kunstästhetische Ansichten gewesen sein, sie gehörten zum allgemeinen bürgerlichen Kulturwissen und er hatte selbst seit den 1920er, 1930er und 1940er Jahren »Rienzi«, »Tannhäuser«, »Die Meistersinger« und »Parsifal« inszeniert. Und ein extremes Beispiel für ein episches, also Gesang und Darstellung ausstellendes und nicht »erlebendes« Musiktheater, durfte er kennenlernen, als er 1929 in Basel Strawinskys »Geschichte vom Soldaten« inszenierte.

Über die Arbeit Felsensteins an der Komischen Oper wurde bereits gesprochen;* in diesem Kontext soll noch einmal ein Licht auf seine umfangreiche Tätigkeit in nationalen und internationalen Gremien der Theater- und Kulturwelt und an anderen Theatern geworfen werden. Er war Vizepräsident der Akademie der Künste der DDR und Vizepräsident des Verbandes der Theaterschaffenden der DDR, wirkte leitend im DDR-Zentrum und Welt-Exekutivrat des Internationalen Theaterinstituts (ITI). Das stand jedoch einer Regiearbeit im westlichen Ausland nicht im Wege: Als Gast inszenierte er Opern – oftmals quasi als Repliken seiner Arbeiten an der Komischen Oper – an der Mailänder Scala (1958 »Das schlaue Füchslein«), an der Hamburger Staatsoper (1960 »La Traviata« und 1962 »Rigoletto«), in Frankfurt am Main (1965 »Ritter Blaubart«), an der Stuttgarter

*Vgl. auch S. 55f.

Staatsoper (1967 »Freischütz«) sowie am Moskauer Stanislawski-Nemirowitsch-Dantschenko-Musiktheater (1969 »Carmen«).

Auch Schauspielinszenierungen konnte er realisieren: am Westberliner Schloß-Theater (1949 »Torquato Tasso«), am Wiener Burgtheater (1950 »Der Widerspenstigen Zähmung«, 1974 »Das Käthchen von Heilbronn« und 1975 »Torquato Tasso«), am Düsseldorfer Schauspielhaus (1958 »Der Prinz von Homburg«) und am Münchner Staatstheater (1972 »Wallenstein«). Die DDR-Staatsführung feierte Felsenstein mit hohen Ehrungen und Auszeichnungen, so mehrfach mit dem Nationalpreis und auch mit dem Karl-Marx-Orden. Er war ein »Aushängeschild« und dennoch ein international respektierter und unabhängiger Künstler.

Felsensteins Arbeit an der Berliner Komischen Oper, seine Methodik eines realistischen Musiktheaters bleiben eine historische Einmaligkeit, eine große Leistung des Opern theaters nicht nur in der DDR. Unübersehbar hat in den 1950er und 1960er Jahren die ganze Theaterwelt gebannt und gespannt auf den Regisseur und seine beispielgebenden künstlerischen Produktionen geschaut. Sein Tod im Jahre 1975 war das Ende einer Ära, einer bereits zur Legende gewordenen Zeit, aber auch das Ende einer fast dreißigjährigen Periode eines identitären, allein in sich ruhenden Verständnisses von musiktheatralischer Wesenheit.

Götz Friedrich (1930–2000)

Götz Friedrich studierte 1949 bis 1953 am Deutschen Theaterinstitut Weimar. Dieses Institut, 1947 gegründet, war die erste Schauspiel-Hochschule auf deutschem Boden. An ihr wurden nicht nur Schauspieler ausgebildet und Regieseminare durchgeführt, sondern auch dramaturgische sowie (z. B. von Hans Mayer) literatur- und theaterwissenschaftliche Lehrveranstaltungen angeboten, also eine enge Verbindung von theaterpraktischer und theatertheoretischer Ausbildung angestrebt. Inhaltlicher Schwerpunkt dieser Ausbildung war die realistische Theaterkonzeption Konstantin Stanislawskis, und zwar so konsequent, dass den Studenten Prinzipien etwa des epischen Theaters Brechts jahrelang als völlig unsinnig und der sozialistischen Kulturauffassung nicht zuträglich dargestellt wurden. Direktor des Instituts war der Schauspieler und Regisseur Maxim Vallentin, der 1933 wegen seiner linken Überzeugungen in die Sowjetunion emigriert war und sich in Moskau intensiv mit Stanislawskis Theaterarbeit beschäftigt hatte. Später leitete er über viele Jahre das

Berliner Maxim-Gorki-Theater. Eine ganze Reihe bekannter Theaterleute der DDR waren Absolventen des Weimarer Instituts.

Die Stanislawski-Ausrichtung beförderte wohl auch 1953 das Engagement Friedrichs als Dramaturg und Regieassistent bei Felsenstein an der Komischen Oper in Berlin. Hier profilierte er sich als wissenschaftlicher Mitarbeiter Felsensteins wie auch als Regisseur. Und immer wieder äußerte er sich auch publizistisch zu Fragen des realistischen Musiktheaters, ja trug gemeinsam mit Joachim Herz Entscheidendes zur theoretischen Vertiefung und ästhetischen Ausweitung dieses Begriffs bei.

Es sei hier einigen weiteren Gedankengängen nachgespürt, die im Laufe der 1960er Jahre die sich immer mehr spezifizierende Theaterkonzeption Friedrichs deutlich machten. Programmatisch etwa waren seine Beschreibungen der an den Arbeiten Felsensteins orientierten »Ausgangssituation im Musiktheater«. Da hieß es gleich eingangs theoretisch strikt abstrahiert:

»*Das Musiktheater unterwirft sich den Grundgesetzen des Theaters, die auch für die Sprechbühne gelten, als da sind: dramaturgisch folgerichtige und gesellschaftlich beweiskräftige Darstellung einer Fabel als Summe glaubhafter Handlungen ablesbarer Charaktere, Übereinstimmung zwischen philosophischem Gehalt und psychologischer Motivierung, Wechsel-›Spiel‹ zwischen Bühne und Zuschauerraum im Interesse der gemeinsamen Schaffung der neuen ›Qualität‹ Theater, in der die Wirklichkeit wie die Künstlichkeit ›aufgehoben‹ und zu einer poetischen Wahrheit verdichtet wird, die die Wirklichkeit im Ausschnitt so komplex wie möglich widerspiegelt. Bevor die Bühne betreten wird, wird die Dramaturgie des Werkes so genau analysiert, wie es für die Fruchtbarkeit der ersten Probe nötig erscheint. Die ›Vorgeschichte‹ einer Rolle wird fixiert, damit die Bedingungen der Handlungsweise ihres Trägers erkannt werden können. Aus der im Moment des Bühnenauftritts gegebenen privaten und sozialen Situation einer Figur ergibt sich das Interesse, das die Figur vom Moment ihres Bühnendaseins an verfolgt.*«[228]

Das war Felsensteins Theorie pur. Und als ein Bekenntnis zu Felsenstein verstand sich grundsätzlich auch die programmatische Rede Friedrichs 1967 auf der Gründungsveranstaltung der Fachgruppe »Musiktheater« innerhalb des Verbandes der Theaterschaffenden der DDR. Gleich zu Beginn stellte er da existenzielle Fragen:

»*Ist innerhalb einer offenbar doch streng stilisierenden, lebensfremden oder zumindest lebensfernen, oft genug exklusiv gehandhabten Kunst wie der Oper das ästhetische Gesetz der Lebenswahrheit überhaupt auffindbar und tragbar? Anders: Ist die Opernkunst bereit, fähig und daran interessiert, die Wahrheit des Lebens künstlerisch*

228 Walter Felsenstein/ Götz Friedrich/Joachim Herz. Musiktheater. Beiträge zur Methodik und zu Inszenierungs-Konzeptionen, S. 71f.

Götz Friedrich

abzubilden und zu vollziehen, wo sie doch erwiesenermaßen oft genug Phantastik, Irrealität, selbst Alogik als künstlerische Elemente benutzt?

Können Kunstäußerungen, die wie Oper und Operette in so starkem Maße auf den Genuß für Auge und Ohr, auf Vergnügen und Unterhaltung bauen, also eine Menge kulinarischer Wirkungsmittel aktivieren, überhaupt das Ziel verfolgen oder für das Ziel genutzt werden, Erkenntnisse über Zustand und Entwicklung der Welt zu vermitteln?« [229]

Es wurde von Friedrich also gefragt nach dem gesellschaftlichen Sinn von Oper – in Anspielung auf Bertolt Brechts satirische Sicht auf das »Kulinarische« in der Oper (in den »Anmerkungen zur Oper ›Aufstieg und Fall der Stadt Mahagonny‹«) bereits Jahrzehnte zuvor. Damit gab er ein erstes Beispiel dafür, dass aus der Position des realistischen Musiktheaters die Antithese des epischen Musiktheaters (ohne jedoch den Namen Brecht zu erwähnen) anerkannt und ernsthaft über sie nachgedacht wurde. Diesen Gedanken fortführend meinte Friedrich, wiederum offensichtlich über die Verfechter des epischen Musiktheaters sprechend:

»Die, die gegen das Kulinarische kämpfen mittels der Aufwertung des Szenischen, belassen – oft ungewollt oder unüberlegt – die Musik gerade dann in einer kulinarischen Isolierung, wenn sie sie nicht als Aussagefaktor hinsichtlich der menschlichen Inhalte aktivieren und daraus die jeweilige Konsequenz ziehen [...].« [230]

Daraus resultierte auch eine Relativierung des ästhetischen Verhältnisses von Musik und Szene, das ja im Verständnis des realistischen Musiktheaters durchaus kongruent zu sein hatte, im epischen Musiktheater hingegen im Sinne einer »Trennung der Elemente« durchaus zweigleisig begriffen wurde. Friedrich suchte einen produktiven Ausweg:

»Hüten wir uns vor einer durchweg schematischen Kongruenz ebenso wie vor parallellaufender Dualität von Szene und Musik. Sie widerspräche dem Grundsatz der Verbindung von Musik und Theater [...].«

Und weiter: *»Die Eigenschaft des musikalischen Theaters, Unsichtbares, nicht durch logisch-poetische Wortfolgen allein Auszudrückendes*

[229] Ebd., S. 123f.
[230] Ebd., S. 127f.

hörbar zu machen, und das unterschiedliche Zeitempfinden, das Musik einerseits und der an die physische Realität des Körpers gebundene szenische Vorgang andererseits umschließen, führt Oper und Operette freilich immer zu ganz eigenen Wiedergaben der Wirklichkeit, zu einem Hervorkehren der inneren Triebkräfte einer Handlung, zu einer starken Aktivierung der Gefühlsinhalte in Beziehung zu den Gedankeninhalten und schließlich und nicht zuletzt zu einem bewußten Spielen mit realen und irrealen Zeitabläufen und Daseinsebenen.«[231]

Das war tatsächlich eine neue Qualität musiktheatralischen Denkens: eine »grandiose Kombination zwischen Phantastik und Logik«. Und Friedrich nannte neben zwei anderen Opern Paul Dessaus gerade ein Jahr zuvor an der Staatsoper uraufgeführten (und eigentlich für die Komische Oper gedachten) »Puntila«, als Paradebeispiel eben für das epische Musiktheater:

»Oft genug gestattet die realistische Funktion der Opernkunst nicht nur, sondern verlangt, daß wir bestimmte phantastische und irreale Gestaltungselemente (wie sie ja gerade auch die Fabel des ›Puntila‹ bestimmen) wahrnehmen – nicht um die musikalische Bühnenkunst von der Wirklichkeit wegzuführen, sondern um die ihr gemäße spezifische Form der Wirklichkeitsanalyse und der Wahrheitsfindung und -darstellung recht zu vollziehen.«

Nochmals, und das war nur zu verständlich, verteidigte Friedrich schließlich die Methode Felsensteins, aber er relativierte auch entscheidend:

»Solche Einsicht bedeutet nicht, die Arbeit Felsensteins als Muster dogmatisch zu verabsolutieren. Die rechte Definition der hohen Bedeutung der von ihm postulierten und praktizierten Methode zwingt gerade dazu, auch andere hervorragende Beispiele, Lösungen und Praktiken für den Weg heranzuziehen, den wir gehen wollen […]. Dann sollten wir uns innerhalb oder neben der schöpferischen Auseinandersetzung mit Felsensteins Methode auch genauer als bisher um die Hinweise kümmern, die auf der einen Seite Stanislawski und auf der anderen Seite Brecht für die Methoden und Praktiken einer menschlich wahren und der Wirklichkeit verpflichteten musikalischen Bühnenkunst geben.«[232]

So konnte auch ein Abschied aussehen, ein Abschied vom Alleinvertretungsanspruch der Felsenstein'schen Methodik, allerdings auch ein ganz behutsam und mit ehrfurchtsvoller Rücksichtnahme formulierter Abschied. Mit der nochmaligen und nachdrücklichen Bestätigung von Felsensteins Arbeitsmethodik gab Friedrich einen Ausblick auf neue Möglichkeiten, die sich ja schon allenthalben und unübersehbar im Lande ergeben hatten. Die Felsenstein-Methode war – jetzt auch deutlich ausgesprochen – ein bedeutendes Stück Vergangenheit, die einer entscheidenden ästhetischen Weiterung Raum

[231] Ebd., S. 134f.
[232] Ebd., S. 135, 137f.

geben musste. Und als Zeugen benannte Friedrich mit Heinz Arnold, Günter Rennert und Wieland Wagner namentlich große Männer der westdeutschen Opernwelt, aber auch – nun ohne Namen – »jüngere Regisseure, Dirigenten, Sänger und Bühnenbildner gerade auf den Bühnen der DDR«. Unausgesprochen, aber gemeint war auch der Name von Ruth Berghaus, die gerade in diesen Jahren mit den Aufführungen der Dessau-Opern oder der »Elektra« von Strauss und bald auch mit Rossinis »Barbier von Sevilla« genau in dem von Friedrich zum Schluss beschriebenen Sinne Furore machte.

Friedrichs Inszenierungen der 1960er und 1970er Jahre an der Komischen Oper – wie die von »Salome«, »Jenufa«, »Troubadour«, »Der letzte Schuss«, »Aida«, »Porgy und Bess« oder »Don Quichotte« – legen Zeugnis ab von den ästhetischen Weiterungen seines Regieverständnisses, gleichfalls auch seine zahlreichen Inszenierungen als Gast am Bremer Theater und an den Opernhäusern von Kopenhagen und Oslo. Ein immer stärker werdendes Prinzip war für ihn die »historische Konkretisierung« der jeweiligen Opernhandlungen, wie sie beispielsweise im »Troubadour« gar durch (im Brecht'schen Sinne durchaus episierend wirkende) Textprojektionen deutlich wurde, um geschichtliche Vorgänge, wie sie als Hintergrund der Handlung notwendig zu verstehen waren, zu schildern: »Aus dem Wissen um die ›Daten‹ der Geschichte werden ›Geschichten‹ von Menschen«, meinte Friedrich dazu und spitzte das mit der Feststellung noch zu, dass im »Troubadour« eine »Einheit von Politischem und Persönlichem« herrsche.[233]

In der »Jenufa« war der Regisseur bestrebt, die »Steigerung des Naturalismus zu einem expressiven Realismus« herauszuarbeiten. Die Handlung erinnere »in ihrem Pathos an die antike Tragödie«, sodass für Regisseur und Bühnenbildner nur »eine antinaturalistische und antiillusionistische Bühnengestaltung« infrage kam, in der – für das realistische Musiktheater ganz ungewöhnlich – das Orchester auch visuell einbezogen war »in den Spielraum eines Theaters, das dem Zuschauer vehement, ohne Guckkastenillusion, ›zu Leibe‹ rücken wollte«.[234] Bei der »Salome« wurde auch der bislang in der Behrenstraße heilige Begriff der »Werktreue« transformiert in eine andere Dimension, nämlich in eine »schöpferisch-kritische ›Treue‹ gegenüber der historisch-gesellschaftlichen Situation«. Und der Schluss der Oper enthob sich für Friedrich aller realistischen Konkretheit: »Das ›Szenische‹ wird aufgehoben in ›Total-Musik‹.«[235]

Die von Friedrich angestoßenen ästhetischen Wandlungen im Inszenatorischen wurden aufmerksam aufgenommen, registriert und im Lande viel diskutiert. Dazu trug auch seine öffentliche

---

[233] Ebd., S. 236f.
[234] Ebd., S. 306f.
[235] Ebd., S. 316, 321.

Präsenz als Mitglied der Akademie der Künste der DDR, als Leiter der Fachgruppe »Musiktheater« im Theaterverband oder als Regiedozent an der Berliner Musikhochschule »Hanns Eisler« bei. Durch seinen Weggang 1972 aus der DDR (er kehrte von einem Gastspiel in Stockholm nicht mehr zurück) waren dem DDR-Musiktheater wichtige weitere künstlerische Impulse verlorengegangen. Doch Friedrichs künftige Entwicklung und seine Karriere bis zur Intendanz der Westberliner Deutschen Oper belegen seine geistige und theaterpraktische Produktivität, die in vielen großartigen Inszenierungen ungebrochen bis zu seinem frühen Tod anhielt. Und er hatte innerlich und inoffiziell auch nie die Verbindung zur Opernszene der DDR aufgegeben, er begriff sich nach wie vor als ein Teil von ihr. Nicht zufällig hatte er gleich nach der Wende 1990 die Dresdner Staatsoper zu einem Gastspiel an sein Haus in der Bismarckstraße eingeladen. Und noch ein Jahr vor seinem Tod inszenierte er 1999 an der Rheinsberger Kammeroper die Uraufführung der Oper »Kronprinz Friedrich« seines Freundes Siegfried Matthus.

Einem Grundsatz – er kam von Felsenstein – war sich Friedrich immer treu geblieben:

»Wir, die wir Oper, die wir Musiktheater machen, müssen in jedem einzelnen Fall uns neu fragen, warum wird dieses Stück gespielt, wozu und für wen wird dieses Stück gespielt. Ohne diese Fragen ist die ästhetische Frage des ›Wie‹ nicht zu beantworten [...].«[236]

Joachim Herz (1924–2010)

Joachim Herz erhielt seine Ausbildung in seiner Heimatstadt Dresden zunächst als Kruzianer im Kreuzchor und dann an der Akademie für Musik und Theater (der heutigen Hochschule für Musik »Carl Maria von Weber«). Der für seine spätere berufliche Laufbahn wichtigste Lehrer wurde der Opernregisseur Heinz Arnold. Außerdem studierte Herz Musikwissenschaft an der Berliner Humboldt-Universität. 1951 trat er ein erstes Engagement an den Landesbühnen Sachsen in Radebeul bei Dresden an und inszenierte hier in den kommenden zwei Jahren allein neun Opern. 1953 ging er als Regieassistent zu Walter Felsenstein an die Komische Oper nach Berlin und wurde mit ersten Inszenierungen betraut: »Die Hochzeit des Jobs« von Joseph Haas (1953), »Manon Lescaut« von Puccini (1955), »Die Wirtin von Pinsk« von Mohaupt (1956), »Albert Herring« von Britten (1957) sowie »Turandot« von Puccini (1958). Es folgte eine relativ kurze Episode seiner weiteren Laufbahn als Opernregisseur an

236 Götz Friedrich. Wagner-Regie, S. 8.

der Kölner Oper mit zwei Inszenierungen: »Tobias Wunderlich« von Haas und »Pariser Leben« von Offenbach (beide 1956).

1957 wurde er schließlich Oberspielleiter und 1959 Operndirektor am Leipziger Theater. Das war ein entscheidender Schnitt in seiner weiteren künstlerischen Laufbahn. Bis 1976 legte er dort eine Vielzahl von Inszenierungen vor, die die Musiktheaterlandschaft der DDR nachhaltig prägten.

Wichtige Inszenierungen in Leipzig

Richard Wagner
»Die Meistersinger« (1960, zur Eröffnung des neuen Opernhauses)
»Der fliegende Holländer« (1962)
»Lohengrin« (1965)
»Der Ring des Nibelungen« (1973–1976, als Höhepunkt seiner Regielaufbahn anzusehen)

Sergei Prokofjew
»Krieg und Frieden« (1961)

Dmitri Schostakowitsch
»Katerina Ismailowa« (1965)

Leoš Janáček
»Katja Kabanowa« (1963)

Modest Mussorgski
»Boris Godunow« (1964)

Richard Strauss
»Frau ohne Schatten« (1965)

Wolfgang Amadeus Mozart
»Hochzeit des Figaro« (1966)
»Cosí fan tutte«
»Zauberflöte« (1975)

Bertolt Brecht und Kurt Weill
»Aufstieg und Fall der Stadt Mahagonny« (1967)

Robert Hanell
»Griechische Hochzeit« (1969, UA)

Georg Friedrich Händel
»Xerxes« (1972)

Giacomo Meyerbeer
»Hugenotten« (1974)

Das waren große Opernabende, gezeichnet von einer meisterhaften Regiehandschrift, von darstellerischer Intensität und faszinierender Bildkraft.

Gleichzeitig arbeitete Herz als gefragter Gast im In- und Ausland, so an der Komischen Oper (Henzes »Junger Lord« 1968), in Frankfurt am Main (Wagners »Tannhäuser« 1965), am Teatro Cólon in Buenos Aires (Rossinis »Wilhelm Tell« und Mozarts »Don Giovanni« 1966, Rossinis »Cenerentola« und Mozarts »Cosí fan tutte« 1967, Mozarts »Titus« und Rossinis »Barbier von Sevilla« 1969 sowie Mozarts »Figaro« und »Entführung« 1970), in Wien (Webers »Freischütz« 1966 an der Volksoper und Mozarts »Zauberflöte« 1974 sowie Wagners »Lohengrin« 1975 an der Staatsoper), an der English National Opera London (Strauss' »Salome« 1975 und Wagners »Parsifal« 1986), in Stockholm (Janáčeks »Katja Kabanowa« 1976), in München (Strauss' »Ägyptische Helena« 1981 an der Staatsoper und Brecht/Weills »Aufstieg und Fall der Stadt Mahagonny« 1984 am Gärtnerplatztheater).

Joachim Herz verfasste mehrere Publikationen zu den existenziellen Fragen des Musiktheaters, etwa die schon erwähnten Beiträge »Musiktheater – Versuch einer Definition« (gemeinsam mit Götz Friedrich, 1960), »Von der Realität des singenden Menschen« (1960)

und »Richard Wagner und das Erbe – Möglichkeiten des Musiktheaters an einer Repertoirebühne« (1965) oder »Klassiker-Rezeption und epische Spielweise auf der Musikbühne« (1971), »Erberezeption im Musiktheater« (1982) und »Mozart als Musikdramatiker« (1981).

Ist die Zeit seines Wirkens an der Leipziger Oper als seine produktivste und fruchtbarste anzusehen, so waren seine Jahre an der Komischen Oper als Intendant und Chefregisseur von 1976 bis 1982 und an der Semperoper Dresden (in der Nachfolge von Harry Kupfer) von 1981 bis 1991 dann nicht mehr die glücklichsten – zu viel berechtigter Widerstand regte sich da schon und zunehmend verbraucht wirkte auch der Regisseur. Dennoch sind auch in diesen Jahren anregende schöpferische Impulse von ihm ausgegangen.

Joachim Herz

Wichtige Inszenierungen in Berlin

Bertolt Brecht und Kurt Weill
»Aufstieg und Fall der Stadt Mahagonny« (1977)

Giacomo Puccini
»Madama Butterfly« (1978)

Georg Katzer
»Das Land Bum-Bum« (1979, UA)

Alban Berg
»Lulu« (1975 und 1980)

Benjamin Britten
»Peter Grimes« (1981)

Wichtige Inszenierungen in Dresden

Alban Berg
»Wozzeck« (1984)

Carl Maria von Weber
»Freischütz« (zur Wiedereröffnung der Semperoper 1985)

Richard Strauss
»Rosenkavalier« (ebenfalls zur Wiedereröffnung der Semperoper 1985)
»Salome« (1988)

Dmitri Schostakowitsch
»Die Nase« (1986)

Eckehard Mayer
»Der goldene Topf« (1989, UA)

Leoš Janáček
»Schicksal« (1990)

Die Vielfalt der Opern mit ihren ganz verschiedenen stilistischen und ästhetischen Prägungen forderte vom Regisseur von vornherein eine Flexibilität und Wandlungsfähigkeit, die mit der puren Lehre vom realistischen Musiktheater, wie sie von Felsenstein und der Komischen Oper ausging, nur schwer vereinbar war. Herz verstand es, klug und dialektisch mit dieser Herausforderung umzugehen, wie auch sein Kollege Götz Friedrich. Schon mit ihren frühen Arbeiten am Haus in der Behrenstraße begannen sie, sich vom »Meister« Felsenstein abzunabeln. Und das galt erst recht für die Zeit nach ihm. Das Opterntheater, nicht nur in der DDR, bedurfte einer Vielzahl von künstlerischen Handschriften, eines breit gefächerten ästhetischen Instrumentariums, das den verschiedensten Inszenierungen

Dmitri Schostakowitsch: »Die Nase«, Staatsoper Dresden, 1986

zugrunde gelegt werden konnte. In einem jedoch – und das war das originale Erbe Felsensteins – blieb sich Herz immer treu: Seine Operndeutungen stellten menschliche Wahrhaftigkeit und werkorientierte Phantasie in das Zentrum der szenischen Arbeit. Darüber hinaus gab es aber doch erkennbare Weiterentwicklungen und Neuakzentuierungen. Herz selbst meinte einmal:

»*Ich war mit Walter Felsenstein in einem Punkt nie einer Meinung: Er meinte, Theater sei eine schöpferische Kunst; ich meine, dies ist Theater mitnichten [...].*«[237]

Offen ließ Herz hier allerdings, was er denn im Gegenteil eigentlich meinte. Und er stellte in dem Zusammenhang dann auch den Begriff »Werktreue« in Frage:

»*Es darf als ausdiskutiert gelten [...], daß ›Werktreue‹ [jener sanktionierte, aber nie ganz zu fassende Zentralbegriff bei Felsenstein] für ein Bühnenwerk ein Phantom ist [...]. Ohne das ganz und gar heutige Bewußtsein der Produzenten entsteht kein Theater [...].*«[238]

Über Felsenstein hinaus wies auch seine folgende Aussage:

»*Eine Errungenschaft ist ganz bestimmt auch die Erweiterung der Spielweisen. Hier muß mal ein ganz kleines Stück Weges nachgezeichnet werden: Das Musiktheater* [gemeint ist das realistische Musiktheater Felsensteins] *fing ja nicht damit an, daß alle Hosianna geschrien haben. Es war etliches zu bewältigen an überkommener Hofoper. 1949 kam die erste ›Carmen‹ von Felsenstein heraus, und da fanden noch gar*

237 Joachim Herz. Theater – Kunst des erfüllten Augenblicks. Briefe, Vorträge, Notate, Gespräche, Essays, S. 321.

238 Ebd., S. 322.

Bertolt Brecht und Kurt Weill: »Aufstieg und Fall der Stadt Mahagonny«, Komische Oper Berlin, 1977

nicht alle, daß man Oper so spielen solle. Das ist durchgesetzt worden, drohte dann wieder zu einem neuen Dogma zu werden und wurde sehr effektiv gekontert von der Brecht-Richtung des Musiktheaters. Und es zeigten sich ausgeprägte Handschriften. Es sind weniger Methoden, die sich gegenüberstehen, sondern Künstlerpersönlichkeiten, und eben dadurch ist dafür gesorgt, daß es recht lebendig zugeht.«[239]

Mit den »Künstlerpersönlichkeiten« meinte Herz nicht nur sich selbst, sondern auch Friedrich, Kupfer, Berghaus, die seit den 1960er Jahren jeweils etwas unverwechselbar Eigenes in das Musiktheater der DDR eingebracht hatten. Herz formulierte für sich selbst – und zielte damit doch ins Allgemeine:

»Theater meint Wirklichkeit – und alles an ihm ist ganz und gar künstlich. Es bildet Wirklichkeit ab in deren eigenen Dimensionen – und pflanzt in den Lauf der Stunden eine Zeit, die ganz und gar etwas anderes ist als die reale Zeit, errichtet im wirklichen Raum einen Kunstraum, der ganz und gar etwas anderes ist als der reale; zu keinem anderen Behufe, als Aussagen zu machen über die Wirklichkeit, über die sie bewegenden Kräfte und die ihr innewohnenden Möglichkeiten, Wünsche und Ängste projizierend in Traum und Utopie [...].

Spielregeln werden nötig, deren Durchbrechen Vergnügen bereitet – sofern es sie zuvor gegeben hat. Meinungen werden relativiert – Manifeste töten das Theater. Das Gesetz des Widerspruchs duldet keine Eingleisigkeit, die das Theater erstarren ließe.«[240]

239 Ebd., S. 279.
240 Ebd., S. 294f.

III Die 1970er Jahre. Liberalisierung der Kulturpolitik?

In diesem Zusammenhang bezog sich Herz auch auf den Begriff »musizierendes Theater«, den Horst Seeger 1968 im »Jahrbuch der Komischen Oper« mit seinem »Entwurf eines Systems der Wissenschaft vom musizierenden Theater« kreiert hatte.[241] Dieser neu aufgekommene Begriff war sehr wohl als erweiternde Modifizierung des realistischen Musiktheaters gemeint, und Herz schrieb dazu:

»*Dieses musizierende Theater ist angetreten mit dem Postulat, nicht Theater zur Musik, nicht Theater trotz Musik, sondern Theater aus der Musik zu sein, Fabelführung und komödiantische Aktion eben dieser Musik scheinbar spontan hervorbringend, sei es als ein Klangwerden innerer Vorgänge der Acteure, die damit fixiert und kommunizierbar werden, sei es als ein Klangwerden der Fabelstruktur selbst und ihres rhythmischen Verlaufs. Für den hörenden Zuschauer bedeutet dies das Auftun einer neuen Dimension: der Vorgang selbst formuliert sich, der Zuschauer folgt einem Geschehen und wird sogleich eingeladen, dessen innerem Pulsschlag zu lauschen [...]. Der hörende Zuschauer wird in höherem Maße zum Demiurgos, der spielend eine Welt aufbaut, die, sich ineinander fügend, tönt.*«[242]

Bei der Konzeptionsvorstellung der »Zauberflöten«-Inszenierung 1975 in Leipzig erläuterte Herz seinen Interpreten exemplarisch und im Detail, wie sich seine Interpretationsweise von Felsensteins »Zauberflöte« aus dem Jahre 1954 fort- bzw. weiterentwickelt habe. Er nahm Bezug auf die legendäre »Bruch«-Theorie der originalen Handlungsführung bei Schikaneder und Mozart:

»*Es war die Absicht der berühmten Inszenierung der ›Zauberflöte‹ an der Komischen Oper, diese Ungereimtheiten und Widersprüche zu glätten, zu beseitigen und durch Interpretation dafür zu sorgen, daß es zum Schluß schließlich so herauskam, als sei das ganze Werk ohne Widersprüche, als stimme an dem Stück alles. Wir sind der umgekehrten Meinung, daß in dem Stück vieles gar nicht stimmt, daß dies aber eben das Schöne daran ist und nicht holder Unfug, weil diese Widersprüche den Kern, das Anliegen, die Aussage dieses Stückes ausmachen. Das heißt, das Stück beruht auf fundamentalen Widersprüchen, die das Stück konstituieren, die es überhaupt zum Theaterstück machen.*«[243]

Die Opernarbeit von Joachim Herz erfuhr nicht nur hohe Anerkennung in seiner Heimat, sondern auch im östlichen wie westlichen Ausland, was zahlreiche Gastspiele belegen. Er wurde mit dem Nationalpreis der DDR ausgezeichnet und war ordentliches Mitglied der Akademien der Künste in Berlin und in Hamburg. Nach seiner Entlassung als Operndirektor der Dresdner Semperoper im Jahr 1991 trat er als Regisseur kaum mehr hervor. Nur gelegentlich noch konnte er Musiktheater in seinem Sinne realisieren, wie er es jahrzehntelang in der DDR getan hatte, etwa mit Inszenierungen von

241 Horst Seeger. Entwurf eines Systems der Wissenschaft vom musizierenden Theater.

242 Joachim Herz. Theater – Kunst des erfüllten Augenblicks. Briefe, Vorträge, Notate, Gespräche, Essays, S. 300.

243 Ebd., S. 369.

Mozarts »Don Giovanni« 1990 in Salzburg oder mit György Ligetis »Le Grand Macabre« 1991 in Leipzig. Doch als Publizist und Referent auf zahlreichen Tagungen und Kongressen vertrat er europaweit seine gewachsenen und ausgereiften Ansichten über ein wahrhaftes realistisches Musiktheater. Seine Künstlerbiografie rundete sich am Ende symbolhaft: Nur wenige Tage vor seinem Tod konnte er anlässlich des 50. Jahrestages der Eröffnung der neuen Leipziger Oper – am 9. Oktober 1960 mit den von ihm so innovativ inszenierten »Meistersingern« – noch einmal eine »Meistersinger«-Premiere miterleben, inszeniert nun von einem jungen Kollegen.

Harry Kupfer (1935–2019)

»Meine Kunst ist mein Leben. Ich bin nur im Theater ich selbst«. Das ist ein Satz Harry Kupfers, der als sein Lebensmotto gelten kann.[244]

Kupfer studierte von 1953 bis 1957 Theaterwissenschaft an der Leipziger Theaterhochschule, der Nachfolgeeinrichtung des 1953 nach Leipzig verlegten Weimarer Deutschen Theaterinstituts. Danach wirkte er als Opernregisseur in Halle, als Oberspielleiter von 1958 bis 1962 in Stralsund und schließlich von 1962 bis 1966 in Karl-Marx-Stadt. 1966 wurde er Operndirektor in Weimar und wechselte 1972 in gleicher Position an das Staatstheater Dresden. Von 1981 bis 2002 war er als Nachfolger von Joachim Herz Chefregisseur an der Komischen Oper Berlin.

Schwerpunkte seiner Tätigkeit waren die Opern von Wagner, Strauss und Mozart sowie neue Werke. In Stralsund inszenierte Kupfer unter anderem drei Opern von Jean Kurt Forest: »Der arme Konrad« (1962) sowie die Uraufführungen von »Wie Tiere des Waldes« (1964) und »Die Passion des Johannes Hörder« (1965). Auch in Weimar setzte er sich erfolgreich für neue Werke ein, so etwa mit Forests »Blumen von Hiroshima« (1967) und Matthus' »Der letzte Schuss« (1971), eine Inszenierung, die dem Werk, nach der nicht sehr erfolgreichen Uraufführung an der Berliner Komischen Oper, erst den eigentlichen Durchbruch brachte. Und eindrucksvoll konnte er hier auch Klassiker präsentieren: Wagners »Tannhäuser« (1966), Strauss' »Salome« (1967) und »Rosenkavalier« (1969), Beethovens »Fidelio« (1969) oder Verdis »Falstaff« (1971).

Schon von Weimar aus gastierte Kupfer an der Berliner Staatsoper (1971 mit Strauss' »Frau ohne Schatten« und 1972 mit Verdis »Othello«). Erfolgreich waren hier dann auch seine Einstudierungen von Wagners »Parsifal« (1977) und Strauss' »Salome« (1979).

244 Harry Kupfer. Musiktheater, hrsg. im Auftrag der Komischen Oper von Hans-Jochen Genzel und Eberhardt Schmidt, S. 5.

Wichtige Inszenierungen in Dresden

Wolfgang Amadeus Mozart
»Hochzeit des Figaro« (1972)
»Zauberflöte« (1975 und 1979)

Ludwig van Beethoven
»Fidelio« (1973)

Udo Zimmermann
»Levins Mühle« (1973, UA)
»Der Schuhu und die fliegende Prinzessin« (1976, UA)

Rainer Kunad
»Vincent« (1979, UA)

Arnold Schönberg
»Moses und Aron« (1975)

Guiseppe Verdi
»Falstaff« (1974)

Richard Strauss
»Die schweigsame Frau« (1974)

Richard Wagner
»Tristan und Isolde« (1975)
»Tannhäuser« (1978)

Claude Debussy
»Pelléas und Mélisande« (1978)

Hector Berlioz
»Fausts Verdammung« (1982)

Wichtige Inszenierungen in Berlin

Richard Wagner
»Die Meistersinger« (1981)

Wolfgang Amadeus Mozart
»Entführung aus dem Serail« (1982)
»Cosí fan tutte« (1984)
»Zauberflöte« (1986)
»Figaros Hochzeit« (1986)
»Don Giovanni« (1987)
»Idomeneo« (1990)

Aribert Reimann
»Lear« (1983)

Modest Mussorgski
»Boris Godunow« (1983)

Georg Friedrich Händel
»Giustino« (1984)

Siegfried Matthus
»Judith« (1985, UA)

Gastinszenierungen im Ausland

Alban Berg
»Wozzeck« in Graz (1975)
»Lulu« in Frankfurt am Main (1979)

Alexander Borodin
»Fürst Igor« in Kopenhagen (1976)

Richard Strauss
»Elektra« in Amsterdam (1977), Cardiff (1978) und Wien (1989)

Leoš Janáček
»Jenufa« in Köln (1981)

Bernd Alois Zimmermann
»Soldaten« in Stuttgart (1987)

Krzysztof Penderecki
»Schwarze Maske« bei den Salzburger Festspielen (1986, UA)

Dmitri Schostakowitsch
»Lady Macbeth von Mzensk« in Köln (1988)

Richard Wagner
»Der fliegende Holländer« bei den Bayreuther Festspielen (1978)
»Der Ring des Nibelungen« (1988)

Mit dieser eindrucksvollen Liste an Inszenierungen avancierte Kupfer, neben Herz und Berghaus, zu den auch international erfolgreichsten und gefragtesten Opernregisseuren der DDR der 1970er und 1980er Jahre. Sein Regiestil – Regietheater im besten Sinne des Wortes – gründete sich streng auf der Partitur und dem Text des aufzuführenden Werkes. Die dramatischen Fabeln, die er auf dieser Basis herauskristallisierte, zeichneten sich durch Stringenz, Klarheit und oftmals ins Metaphorische reichende Phantasie aus. Man könnte Kupfers Regiearbeit auch als fantastisch-realistisches Musiktheater bezeichnen, das immer wieder deutlich machte, wie sehr es auch in der Felsenstein-Tradition seine Beglaubigung suchte und fand. Menschliche Wahrhaftigkeit in der Personenführung und Glaubwürdigkeit der dramaturgischen Sinnfindung verbanden sich bei Kupfer mit einem expressiven Ausdruckswillen, dessen Intensität für das Publikum oft überwältigend war, und auch

Harry Kupfer

mit einer immer wieder zu beobachtenden Näherung an das epische Theater Brechts.

Schon in der Kindheit und in Folge von ersten Opernbesuchen in seiner Heimatstadt Berlin hatte sich eine Idee, ein Lebensziel bei ihm festgesetzt:

»Ich muß Oper machen! [...] Wie das zu erreichen wäre, davon hatte ich zunächst keine Vorstellung. Denn alle, die ich danach fragte, gaben die Auskunft, Regie könne man nicht lernen. Damals gab es tatsächlich noch nicht die Möglichkeit, Opernregie zu studieren [...]. Mir blieb damals jedenfalls nur der Weg über die Wissenschaft, und so bewarb ich mich 1953 bei der Theaterhochschule Leipzig. Dort eignete ich mir solide Grundkenntnisse an, wobei die Praktika für mich besonders wichtig waren. Die absolvierte ich nämlich zumeist an Bühnen, an denen auch eine Sparte Musiktheater existierte.«[245]

War der junge Kupfer zunächst einzig an Musik und Gesang interessiert, öffneten sich ihm dann doch durch das Erlebnis Felsenstein'scher Aufführungen an der Komischen Oper neue Horizonte:

»In diese Zeit fällt mein großes Felsenstein-Erlebnis. Mehr und mehr interessierte und bewegte mich, wie es Felsenstein erreichte, daß Gesang und Darstellung zu gleichberechtigten Ausdrucksmitteln eines dramatischen Vorgangs wurden. Wir Studenten ließen keine Aufführung der Komischen Oper aus und waren alle irgendwie Felsensteins

[245] Dieter Kranz: Der Regisseur Harry Kupfer. »Ich muß Oper machen«. Kritiken, Beschreibungen, Gespräche, S. 13, 16 und: Dieter Kranz. Der Gegenwart auf der Spur. Der Opernregisseur Harry Kupfer, S. 13, 16f.

faszinierte Jünger. Heute bedaure ich einerseits und andererseits bin ich froh darüber, daß ich nie bei Felsenstein gearbeitet habe [...]. Ich lernte von ihm, worum es geht, mußte aber meinen eigenen Weg suchen.«[246]

Den »eigenen Weg« charakterisierte Kupfer später einmal, indem er künstlerische Partnerschaftlichkeit und subjektives Selbstbewusstsein gleichermaßen betonte:

»*Ich bemühe mich durchaus um Werktreue, aber ich meine auch, man darf keinen Fetisch aus diesem Begriff machen [...]. Wie jede Kunst braucht auch das Theater Subjektivität. Ich bin der Letzte, der sich gegen die gründliche wissenschaftliche Analyse als Vorarbeit einer Inszenierung wenden würde. Ich betreibe sie nach wie vor mit viel Fleiß und Ausdauer. Aber wenn ich das Ergebnis dieser wissenschaftlichen Beschäftigung direkt auf die Bühne übertragen wollte, käme nur steriler Unfug heraus, Aufführungen, die nur noch das Geschichtsbuch illustrieren, weil der unberechenbare Faktor Mensch darin keine oder nur eine untergeordnete Rolle spielt. ›Objektives Theater‹ wäre meiner Meinung nach ein Widerspruch in sich. Ich bin deshalb sehr für subjektive Inszenierungen [...]. Wichtigster Partner bei der Ideendiskussion ist natürlich der Dramaturg [...]. Aber, [...] die Inszenierung mache letztlich ich [...].*«[247]

Und ein gewichtiges Resümee Kupfers über seine Arbeitsweise soll an dieser Stelle auch zitiert sein:

»*Ich möchte alle Fragen der Welt in dieser schönen, totalen Kunstform der Oper durchspielen, um dabei Vorschläge zu machen für das Zusammenleben der Menschen. Es ist mein unmittelbares Bedürfnis, mich in dieser Kunstgattung zu äußern, eigentlich meine Lebensform.*«[248]

Eine andere Aussage von Kupfer zeigt rückblickend schlaglichtartig die vielseitige geistige Orientierung des Regisseurs auf:

»*So bin ich im Theatralischen damals Wieland Wagner zugefallen. Er vermittelte geistige Inhalte, die mit einem puren Realismusschema nicht mehr zu fassen waren. In der Auseinandersetzung mit seiner Kunst und der Kunst Felsensteins und Brechts kam ich dahinter, daß ich ohne Realitätsbezug keine Kunst machen kann. Aber es muß ein dialektischer Realitätsbezug sein, damit ist nicht das photographische Abbild, die primitive Vergegenständlichung in der ersten Dimension gemeint. Gerade wenn man Musik macht, wenn man musikalische Kunst macht, muß sich das Interesse auf das dahinter Verborgene orientieren.*«[249]

Das übergreifend Wichtige von Kupfers Opernarbeit wurde auch in zwei bemerkenswerten Statements von Politikern anlässlich von Kupfers Verabschiedung aus der Komischen Oper im Jahre 2002 deutlich. Der damalige Regierende Bürgermeister Klaus Wowereit:

246 Ebd., S. 16f. bzw. 17.
247 Ebd., S. 22f. bzw. 22ff.
248 Ebd., S. 28 bzw. 29.
249 Zit. nach: Michael Lewin. Harry Kupfer, S. 325.

»Sie haben durch Ihr berufliches Wirken auf beiden Seiten der Mauer auch in Zeiten der staatlichen Teilung dazu beigetragen, den kulturellen Zusammenhalt zwischen den beiden Teilen Deutschlands zu bewahren. Ihnen und Ihrem künstlerischen Wirken ist es zu verdanken, dass die Komische Oper in der Tradition Felsensteins ihr besonderes Profil im Dreiklang der Berliner Opernhäuser entwickelt hat.«

Und Alt-Bundespräsident Richard von Weizsäcker sagte bei dieser Verabschiedung:

»Ich habe nun schon seit Jahrzehnten seine Inszenierungen erlebt [...]. Das ist eben ein Zusammenwirken aller, die wissen, dass die Musik ein menschenverbindendes Gesamt-Kunstwerk ist, an dem man lernt, human zusammenzuleben; und dazu hat er eben so viel beigetragen. Er hat es ja nie mit lauten Tönen gemacht, aber mit viel Sensibilität und großer Intelligenz.«[250]

Kupfer erhielt den Nationalpreis der DDR und wurde Mitglied der Berliner und der Hamburger Akademie der Künste. Er hat auch nach seinem Abschied von der Komischen Oper bis kurz vor seinem Tod an großen europäischen Opernhäusern immer wieder anregende und geistig wie künstlerisch fundierte Inszenierungen gezeigt.

Ruth Berghaus (1927–1996)

Für das Regietheater, wie es sich in der DDR-Opernszene durch Felsenstein, Friedrich, Herz und Kupfer präsentierte, wäre also als gemeinsamer Nenner die Verbindung von Realismus und Humanität zu bezeichnen – und zwar von Humanität als sozialästhetischer Grund ihrer Arbeiten, gekoppelt mit unbeirrter Achtung vor dem Geist der Autorschaft der Werkvorlage und mit einer unverzichtbaren Individualität der jeweiligen Handschrift. Das muss ebenso für die Arbeiten von Ruth Berghaus gelten, wenn sie auch durch eine gänzlich andere künstlerische Herkunft und ästhetische Eigenart geprägt war: das epische Theater Brechts.

Sie hatte an der berühmten Dresdner Ballettschule von Gret Palucca, einer Hochburg des modernen Ausdruckstanzes (in der Nachfolge Mary Wigmans), ihre künstlerische Ausbildung als Tänzerin erhalten und konnte schon früh in Dresden, in Berlin und dann in Leipzig als Choreografin in Inszenierungen von Joachim Herz mitwirken (1950 in Mohaupts »Bremer Stadtmusikanten«, 1951 in Verdis »Rigoletto«, 1953 in Haas' »Hochzeit des Jobs«, 1958 in Mascagnis »Cavalleria rusticana« und in Leoncavallos »Bajazzo« und noch 1964 in der DEFA-Verfilmung von Wagners »Fliegendem Holländer«).

250 Zit. nach: Dieter Kranz. Der Gegenwart auf der Spur. Der Opernregisseur Harry Kupfer, S. 317f.

Ruth Berghaus

251 Sigrid Neef. Das Theater der Ruth Berghaus, S. 37.

In Berlin arbeitete Berghaus seit 1951, zunächst am Theater der Freundschaft, gastweise auch am Deutschen Theater. 1949 machte die legendäre Brecht-Aufführung von »Mutter Courage und ihre Kinder« am Berliner Ensemble einen tiefen Eindruck auf sie. 1950 lernte sie den Brecht-Freund Paul Dessau kennen, sie heirateten 1954. Die Welt des Brecht'schen Theaters war für sie das große, ungemein prägende Erlebnis der frühen 1950er Jahre.

Als Opernregisseurin debütierte sie 1960 mit »Lukullus« von Brecht und Dessau an der Berliner Staatsoper, nachdem sie 1951 die heftigen politischen Auseinandersetzungen um dieses Werk hautnah miterleben konnte. Von nun an häuften sich die eigenen Musiktheater-Regiearbeiten. 1960 und 1961 inszenierte sie den »Lukullus« auch in Mainz und Rostock. Daneben gab es am Berliner Ensemble noch ihre berühmt gewordene Choreographie der Schlachtszene in Brechts »Coriolan«-Bearbeitung zu sehen. 1966 folgten an der Berliner Staatsoper die Uraufführung von Dessaus »Puntila«, 1967 Strauss' »Elektra«, 1968 Rossinis »Barbier von Sevilla«, 1969 die Uraufführung von Dessaus »Lanzelot« und 1970 Webers »Freischütz« – alles Inszenierungen, die dank einer ungewohnten, unkonventionellen Lesart bewusst provozierten und sehr kontroverse Reaktionen hervorriefen.

Die »Elektra« wurde nach fünf Vorstellungen als kulturpolitisch zu konträr abgesetzt, der »Barbier« hingegen erlebte insgesamt über 350 Repertoireaufführungen. Der Gegensatz konnte nicht größer sein, Berghaus polarisierte. Ihre »Puntila«-Inszenierung – auch die keine leichte Kost – erfuhr allerdings im In- und Ausland uneingeschränkte Zustimmung, vom »Traum moderner Operninszenierungen« bzw. von einer »Lektion über die Möglichkeiten des modernen Theaters« war da in heller Begeisterung die Rede.[251]

Sie polarisierte auch in ihrer Position als Intendantin des Berliner Ensembles in der Nachfolge der Brecht-Witwe Helene Weigel. Ihre dortigen Schauspielinszenierungen (u.a. von Brecht, Peter Hacks und Heiner Müller) verärgerten die Brecht-Erben ebenso wie viele hohe Partei- und Staatsfunktionäre. 1977 wurde ihre Ablösung herbeigeführt. Sie erhielt dafür eine Festanstellung als Regisseurin

Weitere wichtige Inszenierungen an der Berliner Staatsoper

Gioacchino Rossini
»Cenerentola« (1983)

Paul Dessau
»Lukullus« (Neuinszenierung 1983)

Alban Berg
»Wozzeck« (1984)

Wolfgang Amadeus Mozart
»Don Giovanni« (1985)
»Cosí fan tutte« (1989)

Arnold Schönberg
»Moses und Aron« (1987; mit dem Komponisten Friedrich Goldmann als Dirigent)

Claude Debussy
»Pelléas et Mélisande« (1991)

Gastinszenierungen

Richard Strauss
»Elektra« (1980)
»Salome« (1982) in Mannheim

Wolfgang Amadeus Mozart
»La Clemenza di Tito« (1981) in Mannheim

Alban Berg
»Wozzeck« in Paris (1985)

Siegfried Matthus
»Weise von Liebe und Tod des Cornets Christoph Rilke« zur Eröffnung der wiederaufgebauten Semperoper in Dresden (1985, UA)

Richard Strauss
»Elektra« in Dresden (1986)

Alban Berg
»Lulu« in Brüssel (1988)

Richard Wagner
»Tristan und Isolde« in Hamburg (1988)

Franz Schubert
»Fierrabras« in Wien (1988)

Igor Strawinsky
»L'Histoire du Soldat« in St. Moritz (beide mit dem Dirigenten Claudio Abbado)

an der Staatsoper, wo sie 1974 bereits Dessaus »Einstein« uraufgeführt hatte. 1979 folgte noch die Uraufführung von »Leonce und Lena« ihres kurz zuvor verstorbenen Ehemannes. Ihre erfolgreiche »Barbier«-Produktion konnte sie in einer Adaption 1974 auch an der Münchner Staatsoper vorstellen. 1978 und 1981 bedeuteten ihre Inszenierungen der beiden Seria-Opern Mozarts »La Clemenza di Tito« und »Idomeneo« an der Staatsoper die eigentliche Wiederentdeckung dieses bislang total vergessenen Genres für die Opernbühnen der DDR. Dagegen endete eine »Ring«-Neuinszenierung 1979 bereits wieder, bevor sie richtig begonnen hatte: Die heftig umstrittene Inszenierung von »Rheingold« wurde nach drei Aufführungen abgesetzt. Berghaus wählte eine betont kritisch-sezierende Sicht auf Wagner, auch um der Oper innewohnende Widersprüche sichtbar und erlebbar zu machen. Doch das sorgte nur für Instanzen-Frust und ästhetische Verwirrung.

1980 begann für Berghaus am Opernhaus in Frankfurt am Main eine ungemein fruchtbare neue Phase ihrer Regielaufbahn. Gemeinsam mit dem dortigen Chefdirigenten Michael Gielen erarbeitete sie 1980 und 1981 Mozarts »Zauberflöte« und »Entführung«, 1982 Janáčeks »Sache Makropulos« und Wagners »Parsifal«, 1983 Berlioz' »Trojaner« sowie 1985 bis 1987 den – ihr in Berlin ja verwehrten – »Ring des Nibelungen« von Wagner. Auch als Gastregisseurin an vielen anderen auswärtigen Häusern sorgte sie für Furore.

Nach dem Ende der DDR bis zu ihrem Tod 1996 war Ruth Berghaus eine gefragte Regisseurin an europäischen Opernhäusern. So konnte sie noch 1993 in Leipzig die Uraufführung eines Werkes, das eigentlich schon 1990 an der Dresdner Semperoper das Licht der Welt erblicken sollte, realisieren: Jörg Herchets Opernerstling »Nachtwache«. 1995 folgte in Hamburg noch die Uraufführung von Rolf Liebermanns »Freispruch für Medea«.

Und auch Schauspiele hat sie inszeniert: so Büchners »Dantons Tod« in Hamburg (1989), Schillers »Braut von Messina« in Berlin (1990), Kleists »Penthesilea« in Wien (1991), Brechts »Im Dickicht der Städte« in Hamburg (1991), »Der kaukasische Kreidekreis« in Wien (1993) sowie »Die Heilige Johanna der Schlachthöfe« in Hamburg (1995).

Ihre letzten Lebensjahre aber waren nicht nur überschattet von einer unheilbaren Erkrankung, sondern auch von zunehmender künstlerischer und politischer Desillusionierung. Eine von ihr so vehement vertretene gesellschaftliche Verantwortung des Theatermachens war schlicht aus der Mode gekommen. Theater und Oper, so ihre enttäuschende Beobachtung, funktionierten mehr und mehr nur nach den Bedingungen des Kommerz, und Regietheater, wenn es denn überhaupt noch bestehen wollte, geriet in eine moderne Form von »L'art pour l'art«.

In der DDR umstritten, in der Welt gefragt, aber auch teilweise kontrovers aufgenommen, war Berghaus in den 1970er und 1980er Jahren in fulminanter Weise zu einer bedeutenden Musiktheater-Regisseurin geworden. Ihr Aufstieg war von Widerständen begleitet, aber gerade diese Widerstände befeuerten sie in ihrem unbändigen Streben nach künstlerischer Erhellung auf der Opernbühne. Um nichts anderes ging es ihr ja immer: das Stück, die Fabel in ihrem Innersten zu entdecken, indem man »fremd« an die Arbeit geht, das heißt, dass man als Regisseur das Werk und seine dramatischen Vorgänge »verfremdet« (im Brecht'schen Sinne) und so – durch Abstraktion, durch Assoziativität, durch phantasievolle Vision und fernab von einem einfachen Realismus-Verständnis – zum Kern der Sache gelangt. »Verschlüsselung« war ein durchaus bezeichnendes Kennwort dieser szenischen Erzählweise, »Verrätselung« hingegen eine kritisch abwertende Distanz dazu. Berghaus konnte gelassen damit umgehen. Für die Ausführenden war das nicht immer einfach (meist aber konnte Berghaus ihre Teams und ihre Sänger umgehend überzeugen, auch dank ihrer charismatischen Persönlichkeit), und noch mehr waren Publikum und Öffentlichkeit immer wieder schockiert, letztlich aber dann auch fasziniert.

Jörg Herchet: »Nachtwache«, Oper Leipzig, 1993

Ein Beispiel dafür: Ruth Berghaus inszenierte den »Lukullus« ihres Ehemanns Paul Dessau fünfmal: 1960 an der Berliner Staatsoper und in Mainz, 1961 in Rostock sowie 1965 und 1983 erneut an der Berliner Staatsoper. Dabei entdeckte und entwickelte sie immer wieder eine neue Sicht auf das Werk. Anlässlich dieser letzten Einstudierung fragte sie der Philosoph Wolfgang Heise bei einem Werkstattgespräch in der Akademie der Künste der DDR nach ihrem Werkverständnis und überhaupt ihrem Verständnis von Oper. Die Antwort von Berghaus war bezeichnend, erhellte sie doch in aller Dialektik ihre Arbeitsweise auf der Musikbühne:

»*Oper vereinigt unterschiedliche Künste. Das gibt Materialwiderstand, bringt die Elemente zur Reibung, und die vielfältigen Gestalten, Motive, Seiten, die in den Menschen und Dingen sind, können sich hervorkehren. Oper bedeutet, mit allen Sinnen und Gedanken dabeizusein, sich fortwährend auswählend, kombinierend zu verhalten [...]. Daher auch die Vielschichtigkeit der Inszenierung, die der Vielschichtigkeit von Text, Musik und Wirklichkeit entspricht. Das zu entdecken hat geholfen, den Dualismus der Handlung und den Glauben, mit einer bloßen Umkehr der Verhältnisse sei es getan, aufzuheben. Das war eine der Voraussetzungen, um diese Oper in dieser Zeit, in der Kriege sind auf der Welt und die Verurteilung eines Lukullus allein nicht ausreicht, zu inszenieren. Verschiedene, durch die Musik entdeckte – gleichzeitig, parallel und aufeinander bezogen erzählte – Fabeln geben eine Fülle von Zeichen und Angeboten, die man kombinieren kann.«* [252]

Den Vorwurf der »Verrätselung« ihrer Inszenierungen kehrte die Berghaus in produktiver Dialektik um, als sie einmal sagte, dass »jedes Kunstwerk ein Rätsel ist. Man versucht dann zwar, das Rätsel zu lösen«, aber: »Wenn man es gelöst hätte, ist es keine Kunst mehr.« Und weiter: »Es ist ein Unglück, daß die Anschauung, man müsse Kunst sofort und auf den ersten Blick verstehen, in die Welt gekommen ist.« [253]

Berghaus' Stil wäre wohl auch mit dem heute gängigen Begriff der Destruktion zu beschreiben. Sie nahm das Kunstwerk geistig auseinander und suchte durch verfremdende Koppelung verschiedener Sinnesebenen eine neue, erhellende Dimension im Rezeptionsvorgang beim Publikum zu erreichen. Und darin war sie unbeirrbar, bis ins Letzte konsequent. Dennoch oder gerade deswegen erfuhr Berghaus auch in der DDR staatliche Anerkennung, so etwa durch die zweimalige Verleihung des Nationalpreises oder durch die Wahl in die Akademie der Künste.

Zwei Sänger seien erwähnt, die ihre Zusammenarbeit mit Berghaus kontrovers beschrieben haben. Peter Schreier beispielsweise erinnerte sich an den »Barbier von Sevilla« (Staatsoper Berlin 1968), in dem er den Grafen Almaviva darstellte:

»Zu den angenehmen Erinnerungen an die Oper gehört auch die Zusammenarbeit mit der Regisseurin Ruth Berghaus. Bei den Proben zum ›Barbier von Sevilla‹ hat sie mich ständig herausgefordert, um ein Maximum an darstellerischem Ausdruck zu erreichen. Damals war ich mit Begeisterung und frischem Mut bei der Sache. Die ersten Probentage irritierten mich ein wenig, weil ich ihre Art zu inszenieren nicht gleich begriff. Aber dann spürte ich, wie sie auf meine persönlichen Eigenheiten einging, nicht versuchte mich umzukrempeln, sondern lediglich das herauslocken wollte, was in mir steckte. Sie nahm mich an, wie ich war, und paßte meinen Typ in ihre Konzeption ein [...]. Dabei wurde der leicht degenerierte Graf keineswegs grob karikiert, eher verfremdet und liebenswürdig ironisiert.« [254]

Ganz anders erinnerte sich der Countertenor Jochen Kowalski, der 1995 an der Hamburgischen Staatsoper in der Uraufführung von Rolf Liebermanns Oper »Freispruch für Medea« sang, inszeniert

252 Sigrid Neef. Das Theater der Ruth Berghaus, S. 34.

253 Ebd.: S. 165, 176.

254 Peter Schreier. Aus meiner Sicht. Gedanken und Erinnerungen, S. 67f.

von Berghaus in ihrer späten, schon von Verbitterung gezeichneten Schaffensphase:

»Mit ihrer Inszenierung der ›Medea‹ war ich nicht so zufrieden, unsere Vorstellungen von Ästhetik gingen doch weit auseinander. Um ehrlich zu sein: Den ganzen verquasten Kram von ihr konnte ich nie wirklich leiden. Sie war eine hochintelligente Frau, sie beherrschte ihr Handwerk und brachte auch schöne Bilder, aber kein Mensch verstand ihre Übersymbolik [...]. Sie mochte mich zwar, doch sie wollte mich ganz in ihr Schema passen.«[255]

Weitere Weggefährten und Bewunderer ihrer Arbeit haben mehrfach und anschaulich den Arbeitsstil, die Arbeitsweise von Ruth Berghaus beschrieben und damit doch viel zum Verständnis dieser Unbequemen beigetragen: so schon 1989 ihre langjährige dramaturgische Mitarbeiterin Sigrid Neef mit einem opulenten, reich bebilderten Band[256] oder die Musikjournalistin Corinne Holtz, die in ihrem Buch über Berghaus dankenswerterweise auch komplizierte innerhäusliche (teilweise von der Stasi gesteuerte) Politvorgänge an der Berliner Staatsoper bis hin zu intensivem Stasi-Filz offenlegte.[257] Holtz gab unter der Kapitelüberschrift »Metaphorisches Theater« eine interessante Beschreibung von Berghaus' Arbeitsmethode am Beispiel der »Elektra«:

»Sie legt die Eingeweide des Theaters offen, macht die Künstlichkeit von Ort und Zeit deutlich und stellt so die Distanz zur Tragödie sicher. Das Ich ihrer Darstellerinnen ist scharf von der Rolle getrennt, statt Einfühlungstheater, das die Elemente Musik, Handlung und Szene als Einheit begreift, führt sie deren Unabhängigkeit vor.«[258]

Auch von Irene Bazinger ist ein Buch erschienen:[259] Sie versammelt darin ungemein aussagekräftige Beiträge von ehemaligen Mitarbeitern und künstlerischen Kollegen, mit denen Berghaus auf der Bühne für Furore gesorgt hatte, unter anderem von dem Dirigenten Michael Gielen, den Bühnenbildnern Achim Freyer und Hans Dieter Schaal oder den Sängerinnen Anja Silja (»Die Sache Makropulos« und »Die Trojaner«, Frankfurt am Main 1982 und 1983) und Catarina Ligendza (Brünnhilde in der »Walküre«, Frankfurt am Main 1986). Achim Freyer, der in jungen Jahren schon mit Berghaus zusammengearbeitet hatte, geriet 1968 unerwartet – nach einem politästhetischen Streit – wieder in den Bannkreis der Regisseurin:

»Nach einer großen Funkstille kam dann ihre Anfrage, ob ich den ›Barbier von Sevilla‹ mit ihr arbeiten möchte. Ich fühlte in meiner Unbildung Spott in dieser Frage, weil ich nicht glaubte, dass diese ›Operette‹ unserem besessenen Avantgardismus entspräche. Für mich war dann diese erste Begegnung mit Oper eine Initialzündung für große theatralische Abstraktionen. Brecht war widerlegt, der ›Barbier‹ war

255 Der Countertenor Jochen Kowalski. Gespräche mit Susanne Stähr, S. 130f.

256 Sigrid Neef. Das Theater der Ruth Berghaus.

257 Corinne Holtz. Ruth Berghaus. Ein Porträt.

258 Ebd., S. 14f.

259 Irene Bazinger (Hrsg.). Regie: Ruth Berghaus. Geschichten aus der Produktion.

soziologisch und politisch bestes Theater aus genialischer Musik. Das hat jeder neue Probentag gezeigt, die Arbeit floss in großen Strömen, die Widersprüche waren die größten Funde. Hier verwirklichte sich die Sprache Brechts mit unseren jugendlichen Formulierungswünschen: antiillusionistisch, Musik als Sprachform mit Worten, Handlungszeit in musikalischer Zeit, nicht Imitation von Wirklichkeit, Gestus und Arrangement in strenger mathematischer, autarker Klarheit.«[260]

Und Michael Gielen schrieb beispielsweise:

»Hervorragend war in ihren Arbeiten natürlich die Präponderanz, die Vormachtstellung des Intellekts, das Denken kam vor allem Bildlichen.«[261]

Die Herausgeberin des Buches, Irene Bazinger, fand für Ruth Berghaus folgende sehr zutreffende Sätze:

»Wenn ich ein Wort wählen wollte, das Ruth Berghaus charakterisiert und an dem sie auch andere gleich wiedererkennen könnten, so wäre es dieses: Absolut. Sie sagte es gern und mit Nachdruck. Denn die Regisseurin und Choreografin Ruth Berghaus meinte es ernst mit ihrer Arbeit, der sie mit Leidenschaft und Unbedingtheit nachging. Das hing mit der Rolle zusammen, die der Kunst nach ihrer Auffassung in der Gesellschaft zustand, und mit der Gesellschaft, der sie durch ihre Inszenierungen einiges abverlangte – um sie zu verbessern. Ruth Berghaus war neben manchem anderen gewiss auch das: eine Weltverbesserin. Erst als sie kaum noch Feinde hatte, weil nach dem Ende der DDR respektive der Auflösung des Ostblocks die Kunst und die Künstler ihre politische Relevanz weitgehend verloren hatten und sie im öffentlichen Leben, das nun lediglich ein Geschäftsleben war, keine nennenswerte Größe mehr darstellten, verschwanden zunehmend auch ihr Mut, ihre Hoffnung.«[262]

---

260 Ebd., S. 14.
261 Ebd.
262 Ebd., S. 9.

Neue Trends.
Neue Ästhetiken

Vom »musizierenden Theater«.
Realität und Kunstrealität

Überblickt man das Opernleben der 1970er Jahre in der DDR, ergibt sich ein sehr lebendiges und vielgestaltiges Bild. Die Leistungsfähigkeit der Opernhäuser, ob nun Staatstheater oder »Provinz«-Bühne, hatte sich konsolidiert, es waren – bei allen bekannten Einschränkungen (Staats- bzw. Parteizensur, Abschottung von der westlichen Kulturszene, Personalmangel) – teilweise großartige künstlerische Ereignisse auf der Bühne zu erleben. Und das auch dank eines beispiellosen persönlichen Einsatzes aller Beteiligten – der alte »Ensemble«-Geist machte vieles möglich, was eigentlich unmöglich war. Die ästhetischen Grenzen hatten sich zunächst unter der zumindest zeitweiligen Liberalisierung der offiziellen Kulturpolitik entscheidend erweitert. Sie konnten, auch angesichts jäher politisch-ideologischer Wendungen, nicht mehr einfach zurückgeschraubt werden.

Ein weiteres positives Fazit für die 1970er Jahre: Der einstige moralisch-erzieherische und sozialistisch-läuternde Charakter des Operntheaters, wie er in den 1950er Jahren so vordringlich propagiert worden war, hatte einer neuen Kultur der Infragestellung Raum gegeben. Auch die Opernbühne war nun nicht mehr primär Ort der Affirmation, der Bestätigung und Beruhigung, sondern Forum von aufklärerischer Provokation, von individueller Selbstbehauptung, von antithetischer Verständigung mit der Gesellschaft. Diese Differenzierung fand natürlich vornehmlich auf der Bühne statt. Aber nicht nur. Öffentliche Foren boten relativ weiten Raum für neue Denkansätze und neue ästhetische Strategien, wie etwa die Fachorgane »Theater der Zeit« oder »Musik und Gesellschaft«, auch »Sinn und Form«, und weiterhin zahlreiche, thematisch weit gefächerte Kolloquien und Tagungen, wie sie vom Verband der Theaterschaffenden der DDR und vom Verband der Komponisten und Musikwissenschaftler der DDR veranstaltet wurden.

Hatten bis in die 1960er Jahre noch Diskussionen über die Begriffe »realistisches« versus »episches Musiktheater« und »Nationaloper« oder dann »Gegenwartsoper«, also quasi außenpolitische Fragestellungen bzw. Probleme des sozialistischen Opernschaffens eine zentrale Rolle gespielt, so wandelte sich die Themensetzung in den 1970er Jahren. Man begann, das Opernschaffen, wohlgemerkt ohne das Epitheton »sozialistisch« aufzugeben, nunmehr aus dem inneren Wesen des Genres, aus seiner ästhetischen Essentialität heraus zu diskutieren. Nicht mehr die gesellschaftspolitischen Ziele bestimmten die künstlerische Wesensart des Genres, sondern umgekehrt dessen ästhetische Eigenart und Unverwechselbarkeit suchte auch im Widerspruch eine Spiegelung im kulturellen und ideologischen Umfeld. Kurz gesagt: Die Dominanz des Politischen war der Dominanz des Ästhetischen gewichen.

Im Vorfeld dieser Entwicklungen stehen beispielsweise Beiträge von Horst Seeger, ehemals Chefredakteur der Zeitschrift »Musik und Gesellschaft«, Rezensent im »Neuen Deutschland« und seit 1960 Chefdramaturg der Komischen Oper. Er hatte in der Zeitschrift »Theater der Zeit« (1962) für die Oper die Bereitschaft gefordert, »ungewöhnlichen Lebenssituationen zu begegnen«, und weiter ausgeführt:

»Es geht um die Fähigkeit zur Tragik. Warum? Weil solche Fähigkeiten und Anlagen, die in allen Menschen ruhen, positiv hervortreten und entwickelt werden wollen, negativ ausbrechen und gebändigt werden müssen, weil sie zum Urgrund all unseres Empfindens und Denkens gehören! Und weil sie es sind, die nach Musik verlangen!«[263]

Hier war bereits ein geistiger Wandel zu erkennen, obwohl die offizielle Kulturpolitik noch bis in die 1970er Jahre weiterhin am Begriff »Gegenwartsoper« festhielt.* Bekanntestes Beispiel dafür war wohl die an der Berliner Staatsoper veranstaltete Konferenz »Zu Fragen des sozialistischen Opernschaffens« vom Februar 1971 und die in deren Folge an der Staatsoper uraufgeführten Werke von Kochan (»Karin Lenz«), Meyer (»Reiter der Nacht«), Kunad (»Sabellicus«) und Werzlau (»Meister Röckle«).

Noch ein weiterer wichtiger ästhetischer Aspekt war schon seit den 1960er Jahren in Bewegung geraten: die Frage nach der Wertigkeit des musikalischen Materials bzw. nach der Berechtigung avantgardistischer Kompositionstechniken (Stichwort: Zwölftonmusik), die bislang vorwiegend als »westlich dekadent« angesehen und abgelehnt worden waren. Ganz dezidiert hatte der Berliner Musikwissenschaftler Günter Mayer schon 1966 für eine entscheidende Weiterung des Begriffs von »sozialistischem Realismus« im Bereich der Musik plädiert, indem er schrieb, »daß hier die fortgeschrittenste, wissenschaftlich begründete Weltanschauung sich den historisch fortgeschrittensten Materialstand [der Musik] aneignet und ihn mehr und mehr selbständig bestimmt.«[264]

*Vgl. auch S. 130ff.

263 Horst Seeger. Provokationen zur Gegenwartsoper I und II, oder dann sein Beitrag: Dem Neuen aufgeschlossen. Gespräch am runden Tisch über Fragen der Gegenwartsoper. Vgl. auch: Heike Sauer. Traum – Wirklichkeit – Utopie. Das deutsche Musiktheater 1961–1971 als Spiegel politischer und gesellschaftlicher Aspekte seiner Zeit, S. 39.

264 Günter Mayer. Zur Dialektik des musikalischen Materials, S. 1367; vgl. auch ausführlicher dazu: Günter Mayer. Weltbild. Notenbild. Zur Dialektik des musikalischen Materials.

Seeger legte, wie schon erwähnt, dann 1968 im »Jahrbuch VIII« der Komischen Oper einen seinerzeit vieldiskutierten »Entwurf eines Systems der Wissenschaft vom musizierenden Theater« vor. Schon der Begriff »musizierendes Theater« war dezidiert eine ästhetische Verfeinerung bzw. Konkretisierung des bereits durch Pauschalisierung oder Verwässerung ausgehöhlten Begriffs »realistisches Musiktheater«. Seeger suchte nach »Definition und Anwendung der in der gegenwärtigen Entwicklungsstufe schlechthin zentralen Kategorie unseres Fachs, des Spezifischen«. Er beschrieb vier Regelkreise von Wissenschaft, Ästhetik, Komplettierung und Rezeption, deren Ineinander- und Miteinanderwirken das Phänomen eines »musizierenden Theaters« bestimmen, und gab dann folgende knappe Definition:

»Diese Anschauung faßt den Worttext, das Libretto, eines Werkes auf als das ›zu Musizierende‹ und gelangt zur Erfüllung ihres Zieles auf dem Wege über die methodisch-praktischen Stationen Fabel und Handlung; diese intendierte Aufgabe ist gegenüber der bloßen ›Musik‹ oder dem bloßen literarischen ›Text‹ primär, der Oberbegriff mehr als die Summe der Teile.«[265]

Seegers »Entwurf« entfachte unter den Theaterleuten in der DDR und auch im Ausland eine lebhafte Diskussion.[266]

»Das Historische und das Konkrete«

Im »Jahrbuch X« war auch ein gleichfalls anregender Beitrag zu lesen, ein kleiner Essay von Götz Friedrich, in dem er am Beispiel von Mozarts »Figaros Hochzeit« über »das Zeitlos-Zeitgemäße des ›Figaro‹« reflektierte, mit einem anschließenden ausführlicheren Disput zwischen Götz Friedrich und Horst Seeger, in dem es »um das Verhältnis der Opernkunst zum Historischen, genauer: um den ästhetischen wie den interpretatorischen Aspekt bei der Darstellung von Werken mit konkretem historischem Sujet auf unserer Bühne« ging. Da formulierte Friedrich, ausgehend vom Stichwort »historische Konkretheit«, beispielsweise folgende Einsichten:

»Der Begriff ist in zwei Bereichen anzusiedeln und zu handhaben. Einmal im Bereich der analytischen Arbeit, der Konzeptionsfindung als Feststellung der Realitätsbezüge eines Werkes in Inhalt und Form aus seiner Entstehungszeit heraus – und zum anderen im Bereich der künstlerischen Realisierung in einer heutigen Aufführung. Auf dieser zweiten Ebene wird das auf der ersten Ebene Festgestellte reguliert, ausgewählt, vertieft oder variiert [...]. Das Spezifische an der Oper scheint mir dadurch, daß Menschen nicht nur etwas sagen und

[265] Horst Seeger. Entwurf eines Systems der Wissenschaft vom musizierenden Theater, S. 11, 43.

[266] Vgl.: Jahrbuch der Komischen Oper Berlin X. Spielzeit 1969/70, S. 73ff.

nicht nur physisch etwas darstellen, sondern daß sie außerdem und zugleich singen, darin zu bestehen, daß Oper nicht nur zeigt, was ist, sondern – indem sie zeigt, was ist – zugleich zeigt, was sein könnte oder was sein müßte! Sie formuliert das oft in einer merkwürdigen Spannung zwischen Realität und Utopie. Das vermag – oder verschuldet? – der Bühnengesang. Er ist nicht eigentlich definitiv, sondern immer affinitiv [...]. Deshalb ist der singend-handelnde Mensch nicht etwas Absurdes, eher etwas Utopisches [...]. Natürlich bildet Kunst und auch die Oper die jeweilige Umwelt ab. Aber eben doch nicht in dem Sinne des dokumentarischen Abbildes, einer quasi photographischen Detailerfassung, sondern meistens im Sinne der Modellierung, der ›Verarbeitung‹ im spezifischen Modell [...]. Also ist der Begriff der historischen Konkretheit unserer Kunst förderlich, soweit wir ihn methodisch, prozeßhaft, dialektisch verstehen. Er hemmt unsere Kunst und musealisiert sie zusätzlich, sofern wir ihn als bloße Abbildung, statisch, schematisch anwenden. Historisch-konkret heißt in jeder Phase und auf jeder der von uns beschriebenen Ebenen: Aufdeckung der gesellschaftlichen Widersprüche als Bedingung der individuellen Geschichten und als Voraussetzung für die Herbeiführung von Verhältnissen, die die Utopien, von denen in den Opern gesungen wird, mehr und mehr realisieren.«[267]

Das waren entscheidende und vorwärtsweisende Überlegungen, die auf ein dialektisches Verständnis von Oper abzielten. Sie bewiesen, trotz theoretischer Überhöhung, die der Allgemeinverständlichkeit nicht unbedingt förderlich war, eine ungemein zeitgemäße Qualität der operntheoretischen und zugleich kulturpolitischen Diskussion in der DDR. Und sie wurden seinerzeit heftig diskutiert. Die Feststellung, »daß Oper nicht nur zeigt, was ist, sondern [...] zugleich zeigt, was sein könnte oder was sein müßte«, hat ja einen verblüffenden Bezug auf den Ausgangspunkt des Diskurses von Friedrich und Seeger, eben auf Mozarts »Figaro«. Man rufe sich in Erinnerung, was der Figaro im Beaumarchais-Text (2. Szene des 1. Aktes) sagt, nämlich: »Was in unsern Zeiten nicht erlaubt ist, gesagt zu werden, wird gesungen.« Und blickt man dann auf ein Opernprojekt, das damals an der Berliner Staatsoper zur Uraufführung kam, nämlich Dessaus »Lanzelot«-Oper mit dem Libretto von Heiner Müller, zu dem Müller 1970 seine schon zitierten »Sechs Punkte zur Oper« schrieb und in denen es fast wörtlich übereinstimmend hieß: »Was man noch nicht sagen kann, kann man vielleicht schon singen« – so wird die Doppelbödigkeit der Operndiskussion in der DDR um das Jahr 1970 bereits überdeutlich.

Es ging nicht mehr um die Bestätigung einer staatlich dekretierten Kulturpolitik, sondern um produktive Widerständigkeit, um

267 Götz Friedrich/Horst Seeger. Das Historische und das Konkrete. Ein Aufsatz von Götz Friedrich und ein Gespräch, S. 23f., 27, 32, 36, 43f.

Neue Trends. Neue Ästhetiken

eine in Utopie gefasste Hinaussicht über gegebene Realität. Auf einer solchen ästhetischen Ebene hatte die Oper in der DDR die Zeit nicht nur eingeholt, sondern auch bereits überholt.

Infolge des Beitrags von Friedrich und Seeger im »Jahrbuch X« der Komischen Oper fanden am 7. Dezember 1971 sowie am 29. Januar und 15. Mai 1972 Arbeitsgespräche im »Verband der Theaterschaffenden« in Berlin statt, die ausführlich und differenziert die neu aufgeschlagene Thematik reflektierten. Zu den Diskutanten gehörten – neben Friedrich und Seeger – unter anderem der Opernregisseur Harry Kupfer, die Musikwissenschaftler Gerd Rienäcker, Hans-Jochen Irmer und Eckart Kröplin, die Dramaturgen Sigrid Neef und Eberhard Schmidt, der Publizist Hans-Gerald Otto und der Philosoph Wolfgang Heise. Der Themenkreis war weit gefasst. Es ging sowohl um das neue Opernschaffen als auch besonders um Fragen der Erbe-Rezeption und des Handlungs- und Fabelbegriffs in der Oper, eben um das »Spezifische« sowie um die »Historizität und Aktualität« des Genres.

Die Zielstellung, eine neue Theorie des Musiktheaters zu formulieren, konnte zwar in der Folge nur zu annähernden Ergebnissen führen, hielt jedoch die Opernschaffenden in geistiger Bewegung. Sigrid Neef hat dankenswerterweise die Protokolle dieser Sitzungen ausgewertet und publiziert.[268] Ein erstes Diskussionsergebnis formulierte Götz Friedrich (nach der Feststellung, dass bisherige theoretische Überlegungen ja vornehmlich aus der Komischen Oper gekommen seien):

»*Das müßte doch – in der Perspektive eines Jahres etwa – mal eine Aufgabe sein (und nicht immer nur von uns), daß von einem, der außerhalb der Komischen Oper steht, eine Sichtung und Wertung der Dinge, die hier formuliert wurden, vorgenommen wird [...].*«

Und weiter forderte Friedrich ein, zu untersuchen,

»*[in] welchem Verhältnis die Äußerungen aus dem Hause der Komischen Oper zu methodischen und ästhetischen Fragen des Musiktheaters nun zum eigentlichen Stand der Ästhetik in der Kunsttheorie überhaupt stehen [...].*«[269]

Wie gesagt: Eine solche Theorie für das Musiktheater ist in der Folgezeit nicht erwachsen. Das war auch der Komplexität der Thematik geschuldet, und der Versuch, feste Definitionen für ständig im Wandel befindliche Dinge zu geben, musste vermutlich zwangsläufig in unwägbarer Fragilität befangen bleiben. Davon zeugen allein schon die protokollierten Aufzeichnungen dieser drei Arbeitsgespräche, denen keine greifbaren Ergebnisse zu entnehmen waren. Dennoch markierten sie eine bemerkenswerte Bewegung.

268 Zum Repertoire und zur Theorie des Musiktheaters, S. 47–90.

269 Ebd., S. 50.

Seit den 1970er Jahren waren in der DDR also Diskussionen über das Operntheater in praktisch-künstlerischen und ästhetisch-theoretischen Fragen heftig in Bewegung geraten. Debattiert wurde nicht nur im Rahmen der oben genannten Arbeitsgespräche, sondern auch in den Theatern, in den Künstlerverbänden, in den Fachorganen, in der Akademie der Künste. Zahlreiche Arbeitstreffen und Kolloquien widmeten sich verschiedensten Themen: etwa der Aufführungspraxis, der klassischen Erbe-Rezeption, immer wieder dem neuen Opernschaffen, nationalen Opernentwicklungen oder einzelnen Komponisten wie Mozart und Wagner.[270]

Die Verschränkung von realistischem und epischem Musiktheater

Nunmehr gab es verstärkte Bemühungen um theoretische Verallgemeinerungen, wie etwa für die allmähliche Annäherung der bislang für unvereinbar gehaltenen Positionen eines realistischen und eines epischen Musiktheaters. Es war in der Bühnenpraxis längst auffällig geworden, dass es in dieser Beziehung obsolet geworden war, auf strikte Trennung, ja ausschließende Gegenüberstellung zu bestehen.

Joachim Herz hielt zur selben Zeit, als die erwähnten Arbeitsgespräche im Verband der Theaterschaffenden stattfanden, am 12. Februar 1971 in der Akademie der Künste einen Vortrag zum Thema »Klassiker-Rezeption und epische Spielweise auf der Musikbühne«, der sich explizit mit dem Verhältnis von realistischem und epischem Musiktheater im Bereich des Opernerbes beschäftigte. Aktueller Anlass war die Berghaus-Inszenierung von Rossinis »Barbier von Sevilla« an der Berliner Staatsoper aus dem Jahre 1968, die sich nach wie vor eines außergewöhnlichen Publikumszuspruches erfreuen konnte und im Laufe der Zeit (bis zu ihrer Absetzung) über 350-mal gespielt wurde – ein einsamer Rekord. Herz bestätigte seiner Kollegin und ehemaligen Mitstreiterin aus Dresdner Jugend- und Studententagen, dass ihre »Barbier«-Einstudierung »eine der wichtigsten und anregendsten Inszenierungen der letzten Jahre« sei und meinte weiterhin:

»*Ich fände es schlimm, wenn wir alle miteinander, was die Wahl unserer Mittel betrifft, auf der gleichen Straße marschierten. Ich finde es sehr gut, daß es heute zwei ›Musiktheater‹ gibt, und ich meine, man sollte die Gegensätze nicht verkleistern. [...] Wir haben heute zwei, wie mir scheint, grundverschiedene Methoden, Oper zu spielen (wobei ich nur von den Methoden innerhalb unserer Republik spreche):*

270 Diese Diskussionen und Gedanken wurden umfangreich publiziert und dokumentiert in der Schriftenreihe »Material zum Theater«, die vom Verband der Theaterschaffenden der DDR herausgegeben wurde, sowie in den Arbeitsheften der Akademie der Künste etwa oder in den Fachorganen »Theater der Zeit«, »Musik und Gesellschaft« und »Sinn und Form«.

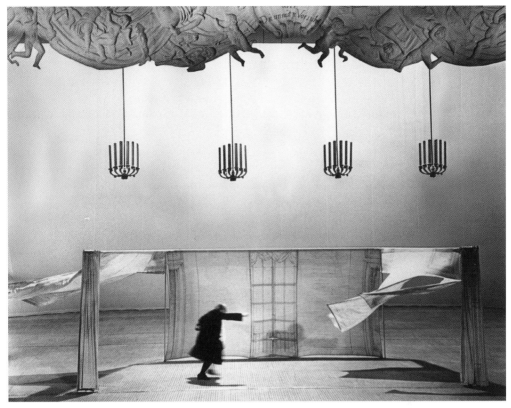

Gioacchino Rossini: »Der Barbier von Sevilla«, Staatsoper Berlin, 1968

Integration und Aufspaltung; Brüche und Widersprüche des Werkes ausstellen oder das Werk als Einheit ausgeben – selbst dort, wo die Analyse zutage gefördert hatte, daß da genaugenommen einiges nicht zusammenstimmt; dem Zuschauer als fertiges Ergebnis eine Ganzheit übermitteln oder ihn dazu provozieren, sich gerade aus den ungelösten Widersprüchen seinen Vers selbst zu machen; den Beweis antreten, daß die oft beschworene Unnatur der Oper in Wahrheit höhere Natur ist, oder gerade die vielberufenen Ungereimtheiten der Gattung als stilistisches Prinzip genußreicher theatralischer Darbietung ausstellen, als ›kulinarisch‹ auf höherer Stufe.« [271]

Sogar noch kurz vor seinem Tod gedachte Herz des »Barbier«-Phänomens:

»Ruth Berghaus' Berliner ›Barbier‹ (1968) wurde von mir, gleich als er herauskam, gepriesen und bis heute propagiert als der perfekte Anti-Felsenstein.« [272]

Noch beharrte Herz zwar auf der eigentlichen Unvereinbarkeit beider ästhetischen Prinzipien, doch er akzeptierte quasi die friedliche Koexistenz beider. Und für ihn galt es, beide Möglichkeiten

[271] Joachim Herz. Klassiker-Rezeption und epische Spielweise auf der Musikbühne, S. 27, 29, 32.

[272] Zit. nach: Irene Bazinger (Hrsg.). Regie: Ruth Berghaus. Geschichten aus der Produktion, S. 156.

säuberlich auseinanderzuhalten, so wie er es im Grunde selbst immer praktizierte. Die Anzahl seiner Inszenierungen in epischer Darstellungsweise ist übersichtlich geblieben. Erwähnt seien Brittens »Albert Herring« (Dresden 1955, Berlin 1957 und Leipzig 1968), Robert Kurkas »Der brave Soldat Schwejk« (Berlin 1960), Brecht/Weills »Mahagonny« (Leipzig 1967, Berlin 1977), Händels »Xerxes« (Leipzig 1972), Schostakowitschs »Nase« (Dresden 1986) oder Ligetis »Le Grand Macabre« (Leipzig 1991).

Die Krux dieser Diskussion, wie sie damals in der DDR stattfand, war der unübersehbare Umstand, dass es sich bei realistischer oder epischer Darstellungsweise nur um zwei Möglichkeiten, Oper zu machen, handelte, während es in Wahrheit weitere Ausprägungen gab und gibt, etwa die metaphorische eines Wieland Wagner im »Neu-Bayreuth« der 1950er und 1960er Jahre, oder die statuarischen Opernvisionen, wie sie Robert Wilson später auf vielen europäischen Bühnen realisierte. Und noch anderes ließe sich hinzufügen. Aber das, was Herz beschrieb, war konkret der Entwicklungsstand auf den Musikbühnen der DDR zur damaligen Zeit.

Andere Regisseure, etwa Friedrich noch in seinen letzten Jahren an der Komischen Oper oder dann Kupfer und Berghaus, gingen seit den 1970er Jahren sehr viel ungezwungener mit den Dogmen des realistischen oder epischen Musiktheaters um. Sie mischten beides, fanden weitere Lösungen, überschritten ungeniert scheinbar feste bzw. festgefahrene Grenzen. Eine Äußerung Kupfers aus den 1980er Jahren mag das anschaulich belegen. Befragt nach dem Einfluss der Ästhetik des Brecht-Theaters antwortete er:

»Erst in meiner Weimarer Zeit habe ich mich gründlicher mit Brechts Theater-Ästhetik beschäftigt und sie – hoffe ich – auch begriffen. Aufführungen wie mein ›Fidelio‹ von 1970 sind ohne Beschäftigung mit Brecht nicht zu denken. Heute wirft man mir mitunter vor, daß ich Mittel des Felsenstein-Theaters mit den Mitteln der Brecht-Ästhetik vermische und im Grunde genommen von beiden nichts verstehe. Ich akzeptiere diesen Vorwurf. Warum denn nicht, zum Teufel? Ich benutze schamlos alles, was meinem Zweck dient. Von einer nach normativen Kriterien urteilenden Ästhetik halte ich nichts. Wichtig ist mir einzig und allein, was unter dem Strich bei einer Inszenierung herauskommt. Biete ich dem Publikum Theater, das interessiert, aufregt, fesselt, oder gelingt mir das nicht? Das ist für mich die entscheidende Frage! Ich will, daß die Zuschauer im Theater mitgehen. Sie sollen lachen und weinen und dabei das Denken nicht vergessen.«[273]

273 Zit. nach: Dieter Kranz. Der Regisseur Harry Kupfer. »Ich muß Oper machen«. Kritiken, Beschreibungen, Gespräche, S. 27 und Dieter Kranz. Der Gegenwart auf der Spur. Der Opernregisseur Harry Kupfer, S. 28f.

Politische Brisanz in der Mozart-Rezeption

Als ein weiteres Beispiel für den Aufbruch in neue Sphären sei noch die veränderte Mozart-Rezeption genannt. Der Beitrag »Das Historische und das Konkrete« von Götz Friedrich und Horst Seeger im »Jahrbuch X« der Komischen Oper (1970) wirkte ganz offensichtlich als Auslöser sowohl einer bald regen theoretischen Diskussion als auch einer veränderten praktischen Opernarbeit im Land. Bislang war ein doch recht eingleisiges Bild Mozarts und seiner Opern verbreitet, etwa von der »Zauberflöte« als Inkarnation des musikalisierten Humanismus, des »Giovanni« als dämonischen Frauenverführers oder des »Figaro« gar als Revolutionärs. »Entführung« und »Cosí fan tutte« wurden hingegen als einfaches Singspiel bzw. bloße Buffa gewertet, während die Seria-Opern gar keine Rolle spielten. Friedrich provozierte nun mit der Feststellung, dass Mozarts »Opernfiguren nicht vornehmlich und auch nicht nur ›Ideologie‹-Träger oder ›-Verkünder« seien, denn:

»*Sie handeln aus persönlichstem Interesse und ureigenem Antrieb – sozial begründet und zugleich mit einer kreatürlichen Unmittelbarkeit, die das Menschliche so tief und weit erfaßt, daß es von unmittelbarer Wahrheit ist.*«

Vom »Figaro« meinte er, dass »dieses Stück im Theater spielt: heute und hier« und dass der Handlungsort, das Schloss, weniger ein Barockgebäude des 18. Jahrhunderts als vielmehr »Modell der Welt – Welttheater« sei. Fernab von vordergründiger Historisierung bzw. »historischer Konkretheit« müsse »ein heutiger, ein ganz aktueller Eindruck von dem erzielt werden können, was an Revolution im ›Figaro‹ steckt«.

Der »Hauptgegenstand der dramatischen Kunst überhaupt«, so folgerte Friedrich, sei die theatralische »*Aufschlüsselung [...] der Beziehungen zwischen dem Individuellen und dem Sozialen, zwischen dem Kreatürlichen und dem Gesellschaftlichen [...]. Historische Konkretheit also nicht als statische Abbildung oder Folie, sondern als Aktivierung und Determination der Widersprüche, die das Handeln der Figuren bestimmen.*«

Und weiter: »*Das Spezifische an der Oper scheint mir [...] darin zu bestehen, daß Oper nicht nur zeigt, was ist, sondern – indem sie zeigt, was ist – zugleich zeigt, was sein könnte oder was sein müßte! Sie formuliert das oft in einer merkwürdigen Spannung zwischen Realität und Utopie [...]. Deshalb ist der singend-handelnde Mensch nicht etwas Absurdes, eher etwas Utopisches.*«[274]

Wenn diese Überlegungen auch noch weitgehend dem Felsenstein'schen Opernverständnis verpflichtet sind, so gehen sie in der

274 Götz Friedrich/Horst Seeger. Das Historische und das Konkrete. Ein Aufsatz von Götz Friedrich und ein Gespräch, S. 20f., 23ff., 29, 32.

Dialektisierung des Begriffs der »historischen Konkretheit« in die Richtung einer metahistorischen, doch sozial verwurzelten »Utopie« auf dem »Welttheater«. In diesem Sinne ist Friedrichs Statement ein geistiges Pendant jener zur gleichen Zeit, auch im Jahre 1970, von Heiner Müller formulierten Opern-Maximen:

»*Realismus, auf dem Theater wie in allen Künsten, ist Übersetzung von Realität in eine andere Form [...]. Die Oper kann in höherem Grad als das Schauspiel ein operatives Genre sein: Was man noch nicht sagen kann, kann man vielleicht schon singen.*«[275]

Diese Enthebung der Kunstform Oper aus einer linearen Realitätsspiegelung in die Sphäre visionärer Utopie bedeutete, ob nun von Götz Friedrich ausgesprochen oder von Heiner Müller, für die mittlerweile herangewachsenen jungen Protagonisten der Felsenstein- und Brecht-Schule ein brisantes ästhetisches Gedankenspiel. Es wurde offiziell wahrgenommen, blieb, da in wohlabgewogene Worte gefasst, unwidersprochen und doch argwöhnisch betrachtet.

Für das Musiktheater der DDR, für die Oper, war dieses Gedankenspiel – und es war doch mehr als das – folgenreich. Es wirkte wie eine geistige Befreiung aus ideologischer Eingleisigkeit und Bevormundung, wie der Aufbruch zu neuen, noch nie betretenen Ufern. Viele Operninszenierungen in den folgenden Jahren zehrten von dieser geistigen Anregung. Und viele neue Opernwerke von jüngeren DDR-Komponisten in den kommenden Jahren wären in ihrem Avantgardismus ohne diese Inspiration wohl nicht denkbar gewesen.

Wohlgemerkt stammten die Auslassungen von Friedrich und Müller beide aus dem Jahr 1970, einer Zeit, die noch von den Nachwirkungen des 11. Plenums des ZK der SED von 1965 gezeichnet war. Daher mag dann die vom VIII. Parteitag der SED 1971 verkündete kulturpolitische Liberalisierung – »Weite und Vielfalt« ohne »Tabus« – als nachträgliche (und sicher zähneknirschende) Bestätigung dessen gelten, was schon längst von den Opernleuten, wie überhaupt von den Künstlern und Intellektuellen in der DDR, verinnerlicht worden war. Dieses Gedankengut war da, war nicht mehr aufzuhalten.

Aufschlussreich ist in diesem Zusammenhang die Bühnenrezeption der Mozart-Opern, wie sie während der 1970er Jahre in der DDR geradezu explosiv in Bewegung kam. Mozart galt bis dahin eigentlich als unumstrittenes klassisch-humanistisches Erbe auch für die sozialistische Theaterkultur. Seine Meisteropern von der »Entführung« bis zur »Zauberflöte« waren selbstverständlicher Bestandteil aller Spielpläne landauf und landab, gehörten zu den meistgespielten Opern. Namentlich der »Figaro« stand in hoher Gunst, meinte man

275 Heiner Müller. Sechs Punkte zur Oper, S. 117.

doch in diesem Titelhelden einen zünftigen Revolutionär zu erkennen. Und auch der Figur des Don Giovanni maß man eine besondere Bedeutung zu, weil sie dem rebellischen Sturm-und-Drang-Typus nahestand. Die »Zauberflöte« (auch in der berühmten Felsenstein-Inszenierung von 1954) wurde in eine allzu geradlinige Aufklärungs- und Humanismus-Pose transponiert.

Das Geschichtsbild der DDR, ihr historisches Verständnis basierte auf der bloßen Abfolge großer revolutionärer Bewegungen, die von Spartacus über Thomas Müntzer und den Bauernkrieg, über die Französische Revolution, die 1848er Revolution, die Pariser Commune und die russischen Revolutionen von 1905 und 1917 sowie die deutsche Novemberrevolution von 1918 geradewegs in den Sozialismus geführt hätten. Revolution und Widerständigkeit in den früheren Klassengesellschaften bis hin zum Widerstand gegen den Nationalsozialismus wurden zu den bevorzugten Themen der Kunst und des Theaters.

Mozart also als willkommener Revolutionär? Das war denn doch zu einfach. In dieser Sichtweise wäre der Umgang mit Mozart eben nur auf ein Format beschränkt geblieben, das den tatsächlichen Reichtum und die inneren Divergenzen seiner Opernwelten bei weitem nicht erfasste. Es kam nun notwendigerweise eine intensiv und konstruktiv geführte Diskussion um Mozart auf, deren erklärtes Ziel es war, den tatsächlichen geistigen Reichtum von Mozarts Opernpartituren aufzuspüren.

Das damals gern zitierte Wort Napoleons über das Beaumarchais-Stück »Der tolle Tag« (Dramenvorlage für Da Pontes »Figaro«-Libretto) – »Das ist die Revolution in Aktion« – konnte nicht einfach auf das Mozartwerk übertragen werden. Da Ponte hatte ja in seinem Libretto bewusst jenen revolutionären Impetus eliminiert, wie er bei Beaumarchais durchaus nachzulesen war, um in Wien, wo das Stück als Schauspiel von der Zensur nicht zugelassen (aber als gedruckter Text zu lesen) war, bei Kaiser Joseph II. als Operntext Anerkennung zu erfahren. Das war unter anderem an jener Stelle im vierten Akt der Oper auszumachen, wo Figaro singt: »[...] das Weitere, das Weitere, verschweig ich, es kennt doch die ganze Welt«. Es ist eine Anspielung auf Figaros große gesellschaftskritische Philippika im Beaumarchais-Text, die eben nicht ins Libretto aufgenommen wurde, von der aber Da Ponte – und wohl zu Recht – annehmen konnte, dass sie dem interessierten Opernpublikum bekannt sei: Das Beaumarchais-Stück gehörte damals europaweit zu den meistgelesenen Lektüren.

Da Pontes »Figaro«-Text ist gefühlsbetonter, emotionaler, gibt viel mehr Raum für Persönlichkeitsentfaltung, für Intensivierung der charakterlichen Beziehungen – und damit auch viel mehr Raum für die Musik, wie Mozart ihn benötigte und mit eindrucksvoller klanglicher Intensität ausfüllen konnte. Nicht Figaro war also der Revolutionär, sondern – zugespitzt gesagt – Mozarts Musik. Ihr Charakter ist so tragend, so vielschichtig, dass dazu die bereits zitierten Worte Figaros im Beaumarchais-Text (2. Szene des 1. Aktes) einfallen: »Was in unsern Zeiten nicht erlaubt ist, gesagt zu werden, wird gesungen«. Genau diese Worte sind übrigens bereits recht frech in einer Wiener Uraufführungskritik zum »Figaro« in eben diesem Sinne als Überschrift gebraucht worden[276] – und in gleichem Geiste, wie schon mehrfach erwähnt, 1970 von Heiner Müller apostrophiert worden.

Mozarts »Revolution«, wenn man denn bei diesem Begriff verharren will, war die Überführung der Handlung in einen gesellschaftlich und ästhetisch brisanten klanglichen Ereignisraum, auch und gerade in ausgefeilte Ensemblesituationen (man denke nur an das große Finale des 2. Aktes im »Figaro«, an das Sextett im 3. Akt und das Finale des 4. Aktes), in denen ein stürmisch bewegtes, doch ungemein differenziertes – und keineswegs in ein politisches oder klassenkämpferisches Schwarz-Weiß-Schema einzuengendes – Gesellschaftsbild aufscheint. Mozart war also gewissermaßen neu zu entdecken.

Begleitet von Kolloquien des Theaterverbandes[277] waren nun in den 1970er Jahren etliche interessante und geistig frische Mozart-Inszenierungen zu erleben, und zwar nicht primär und sofort auf den großen Bühnen des Landes, sondern eher peripher, aber dort umso auffälliger. Erinnert sei zunächst an den Mozart-Zyklus, den der Regisseur Peter Brähmig in Potsdam (unter anderem im Schlosstheater) vorstellte und der republikweit für Aufsehen sorgte. Auch die Produktionen Christian Pöppelreiters im Rostocker Barocksaal (einer Ausweichspielstätte des im Umbau befindlichen Volkstheaters) von der »Entführung aus dem Serail« und von »Cosí fan tutte« übten durch theatralische Virtuosität und gleichermaßen intime Publikumsnähe eine starke Wirkung aus. Mozart nicht als konventionelle Konserve, sondern, salopp ausgedrückt, als scharf gewürzte Frischware: Beide Regisseure, Brähmig und Pöppelreiter, haben ihre Arbeiten auch anschaulich vor anderen Theaterleuten des Landes erläutert.[278]

Auch Harry Kupfers Antrittsinszenierung in Dresden mit dem »Figaro« (1972) war ein produktiv-provozierendes Pendant zur gleichzeitigen Einstudierung des Werkes durch Theo Adam an der Berliner Staatsoper. Gleichzeitig war sie der Auftakt zu weiteren Mozart-Einstudierungen Kupfers am Dresdner Haus: 1976 die »Entführung aus dem Serail« und, gleich zweimal, 1975 und 1979, die »Zauberflöte«,

---

276 Zit. nach: Mozart. Die Dokumente seines Lebens. Gesammelt und erläutert von Otto Erich Deutsch, S. 243.

277 Vgl. dazu: Eckart Kröplin. Mozart-Rezeption heute und hier; ders., Mozart heute und das Volkstheater des 18. Jahrhunderts; ders., 10 Thesen zu Mozart.

278 Vgl.: Peter Brähmig. Erbe-Rezeption unter dem Aspekt des Volkstheaters und Christian Pöppelreiter. Zu Tradition und Neuerertum – Erfahrungswerte, In: Geschichtsbild und Erbeaneignung – Beiträge vom III. Kongreß des Verbandes der Theaterschaffenden der DDR. »Material zum Theater« Heft 80, hrsg. vom Verband der Theaterschaffenden der DDR, Berlin, 1976.

letztere besonders eindrucksvoll durch die Einbindung der Szenerie in das Bühnenbild der zerstörten Semperoper, wie sie sich jetzt noch in der Realität darbot. Kupfer hob dabei vor allem einen Zyklus-Charakter der fünf großen Mozartwerke hervor, d. h. eine innere geistige Verbundenheit dieser Werke bei aller Unterschiedlichkeit in Stoff, Dramaturgie und Musik.[279] Diesen Grundgedanken vertiefte er dann noch in seinem zweiten Mozart-Zyklus, den er in den 1980er Jahren an der Komischen Oper realisierte (1982 »Entführung«, 1984 »Cosí fan tutte«, 1986 »Zauberflöte« und »Figaro«, 1987 »Don Giovanni«, 1990 »Idomeneo«).[280]

Zudem müssen die Leipziger Mozart-Aufführungen von Joachim Herz genannt werden, vor allem die des »Figaro« (schon 1966, szenisch in leicht Brecht'scher Manier als »Theater auf dem Theater«), aber auch jene von »Cosí fan tutte« (1970), von der »Entführung aus dem Serail« (1972) oder der »Zauberflöte« (1975).

Viele andere Mozart-Einstudierungen an den Bühnen des Landes versuchten gleichfalls neue Sichten und belebten theatralisch die von Götz Friedrich angeregte Diskussion um den Kosmos der Opernwelt Mozarts.

Als späte, aber als überraschend aktuell und originell empfundene, bis dahin nicht für möglich gehaltene Aneignungen des Mozart-Stoffs sind schließlich die bereits erwähnten aufregenden Bühnenrealisierungen seiner großen Seria-Opern »La Clemenza di Tito« (1978) und »Idomeneo« (1981) durch Ruth Berghaus an der Berliner Staatsoper anzusehen. Sie bedeuteten auch in Hinsicht auf die traditionelle Dramaturgie der Seria-Oper einen Durchbruch, natürlich dank der visionären Exzentrik der Berghaus-Regie und dank exzellenter sängerischer Leistungen von Peter Schreier und Ute Trekel-Burckhardt, von Eberhard Büchner und Magdaléna Hajóssyová. In den 1980er Jahren konnte Ruth Berghaus ihre Mozart-Interpretationen an der Berliner Staatsoper dann noch mit »Don Giovanni« (1985) und »Cosí fan tutte« (1988) erweitern.

Mozart und das »Volkstheater«

Die Diskussionen um Mozart erreichten schließlich einen Höhepunkt 1975 auf einem Kolloquium des Theaterverbandes, das im November in Berlin stattfand. Der Theaterwissenschaftler Rudolf Münz und der Musikwissenschaftler Eckart Kröplin referierten über die Traditionen des Volkstheaters, namentlich des »teatro dell'arte« und seiner deutschen Entsprechung im »Harlekin-Theater«. Münz ging

279 Vgl. dazu auch Harry Kupfers Beitrag in: »Musikbühne 75«.

280 Vgl. dazu: Dieter Kranz. Der Gegenwart auf der Spur. Der Opernregisseur Harry Kupfer, S. 56-94.

Wolfgang Amadeus Mozart: »Così fan tutte«, Komische Oper Berlin, 1984

zurück auf das ursprüngliche »teatro dell'arte«, das in den Dramaturgien der Mozart-Opern keine Fortsetzung gefunden habe, Kröplin hingegen beschrieb Aspekte in den Mozart-Opern, die durchaus mit Traditionen des Volkstheaters in Verbindung standen. Beide betonten, dass es beim Volkstheater um ein Nicht-Identifikations-Theater gehandelt hat, um ein Theater, das sich gegenüber der gesellschaftlichen Realität des Publikums bewusst irreal gibt, eine kunstvolle eigene Realität bildet und eben nicht zur Identifikation einlädt. Bei Münz hieß es dazu, unter anderem mit Rückbezug auf den einflussreichen Theatertheoretiker des 18. Jahrhunderts Justus Möser [281]:

»Harlekins Theater dagegen hat diese Sorge nicht, weil es nicht in der realen Welt, sondern in einer grotesken, in einer ›chimärischen‹ Welt spielt, mit der sich der Zuschauer normalerweise auch nicht identifizieren kann. Vielmehr wird zwischen Harlekin und dem Publikum Distanz geschaffen, so daß der Zuschauer in Harlekins ›komischer Republik‹ Torheiten, Fehler etc. ›so recht im Vertrauen mit aller Bequemlichkeit des Geistes‹ besehen und belachen kann [...]. Und hier liegt der Bezugspunkt zur Verteidigung der Oper. Möser-Harlekin polemisiert heftig gegen die angebliche Unnatürlichkeit der Oper [wie sie seinerzeit von großen Teilen aufklärerischer und von wachsendem Nationalbewusstsein erfüllter Intellektueller, etwa Gottsched,

281 Justus Möser. Harlekin oder Vertheidigung des Groteske-Komischen.

Neue Trends. Neue Ästhetiken

immer wieder kritisiert worden war]. *Er unterscheidet eben auch hier, wie er sagt, zwischen der wirklichen und zwischen einer möglichen Welt [...]. Es wird als Schwäche bezeichnet, wenn Dichter und Komponist in der Oper die wirkliche Welt nachzuahmen suchten und die Oper wird am meisten gelobt, von der man sagen könne, daß sie ›in Vergleichung unserer Welt völlig unnatürlich ist‹. Das Wahrscheinlichkeitsprinzip dürfe keine Rolle spielen, denn: ›Die Opernbühne ist das Reich der Chimären: Sie eröffnet einen gezauberten Himmel.‹«* [282]

Kröplin verwies hingegen auf den in Mozarts Persönlichkeit selbst aufzufindenden Harlekin, auf Mozarts Vertrautheit mit der spezifischen Wiener Harlekin-Tradition. Und eben aus dieser Nähe habe sich »die Eigenart der Mozartdramaturgie« wesentlich mitbegründet:

»*Es ist die dialektische Zusammenführung von Volkstheatertraditionen einerseits und andererseits von Normen des regelmäßigen Dramas, von progressiv-aufklärerischen Idealen der großen Operntraditionen. Das, was Möser nicht für möglich hält, vollzieht Mozart [...]. Mozart bezieht aus dem Volkstheater eine wichtige Grundhaltung: Er verteilt keine Moral, auch nicht in den sogenannten Schlußmoralen, er kennt kein sittenpredigendes Pathos. Sein Grundthema Liebe ist ständig von sachlich objektivierender Rationalität der Volkstheaterebene kontrastiert [...]. Mozarts Beziehung zum Volkstheater bedeutet auch Heiterkeit, Ironie, Satire, auch bei ernsten Themen, sie ermöglicht ein genußvolles Produzieren und Rezipieren im Sinne Brechts.*« [283]

Hervorgehoben wurden jene ästhetischen Tangenten, die das Volkstheater des 18. Jahrhunderts und speziell auch die Mozart-Opern mit jüngsten Entwicklungen des Musiktheaters verbanden.[284] Kröplin stellte dementsprechend abschließend fest:

»*Nicht umsonst und zufällig sind auch heute wieder, vor allem seit Beginn der 70er Jahre, Opernkomponisten und -librettisten der DDR verstärkt dabei, Strukturelemente und geistiges Profil des alten Volkstheaters erneut zu überprüfen und zu nutzen (Dessau, Hacks, Matthus, auch Zimmermann). Die Vereinbarung des ›Wunderbar-Chimärischen‹ der Oper und des ›Grotesk-Komischen‹ des Volkstheaters ist nicht nur nicht unmöglich, sondern ungemein fruchtbar. Das zeigte uns am klassischen Beispiel Mozart.*« [285]

Wenn hier Dessau benannt wurde, so meinte das die Rolle des Hanswurst, der norddeutschen Variante des Arlecchino bzw. des Harlekins, im »Einstein«-Text, der für viel widerständigen Rumor in der Handlung des Werkes sorgte und dementsprechend der Zensurbehörde der DDR-Kulturpolitik gehöriges Kopfzerbrechen bereitete, so wie einst auch die Hanswurst-Szenen in Eislers geplanter »Faustus«-Oper. Dessaus Hanswurst war gewissermaßen die frech

282 Mozart auf den Bühnen der DDR – Zur Traditionspflege des volkstümlichen Musiktheaters, S. 25f.

283 Ebd., S. 48, 54f.

284 Münz hat wenige Jahre später seinen theoretischen Ansatz in einem anregenden Buch umfänglich und sehr überzeugend ausgearbeitet: Rudolf Münz. Das andere Theater. Studien über ein deutschsprachiges teatro dell'arte der Lessingzeit.

285 Mozart auf den Bühnen der DDR – Zur Traditionspflege des volkstümlichen Musiktheaters, S. 57.

installierte Rehabilitierung der zwanzig Jahre zuvor noch geschmähten Hanswurst-Figur von Hanns Eisler.

Die Mozart-Rezeption auf den Bühnen der DDR, provozierend angestoßen vom Beitrag Götz Friedrichs und Horst Seegers, war in eine neue Qualität umgeschlagen. Anregung und Provokation zu einem weitergreifenden Mozart-Verständnis hatte zudem unbestritten Wolfgang Hildesheimers seinerzeit großes Aufsehen erregendes und 1980 dann auch in der DDR erschienenes Buch »Mozart« geliefert.[286] Wichtige Beiträge zur Mozart-Rezeption leisteten zudem, sowohl auf den Komponisten als auch auf dessen Opern bezogen, die Musikwissenschaftler Georg Knepler und Frank Schneider, ersterer mit einem Mozart gewidmeten Kapitel in seiner geistig produktiven Studie »Geschichte als Weg zum Musikverständnis« aus dem Jahre 1977 und später, 1991, in seiner erhellenden Monografie »Wolfgang Amadé Mozart. Annäherungen«[287]. Schneider veröffentlichte 1981 seinen programmatischen Artikel »Wolfgang Amadeus Mozart – ein politisches Porträt« und stellte fest:

»Mozarts politische Impulse wurden abgedeckt durch jene breite progressive Geistesbewegung des 18. Jahrhunderts, die man ›Aufklärung‹ nennt. Doch inwieweit er sich ihr bewußt und aktiv zuordnete, bleibt trotzdem ungewiß. Aber allein schon mit der Themenwahl drei seiner bedeutendsten Opern, ›Figaros Hochzeit‹, ›Don Giovanni‹ und ›Zauberflöte‹, repräsentiert er sie an vorderster Front [...]. Eine musikalische Volksverbundenheit, die höchsten artifiziellen Ansprüchen in nichts nachgibt, die mit dem Volk nicht ›tümelt‹, ist Mozarts unnachahmlicher musikhistorischer und sozialgeschichtlicher Beitrag aus eigenem, genialen Vermögen wie aus der emanzipatorischen Perspektive der Epoche.«[288]

Mit einem auf diese Weise neu gefundenen Mozart-Verständnis behauptete sich ein gewachsenes Selbstbewusstsein im DDR-Musiktheater, das affirmative Ideologie in widerständige Ästhetik transferierte. Die gesellschaftliche Realität wurde von kunstvoller Utopie konterkariert – ganz im Sinne von Götz Friedrich, der meinte, »daß Oper nicht nur zeigt, was ist, sondern – indem sie zeigt, was ist – zugleich zeigt, was sein könnte oder was sein müßte.«[289] Oder im Sinne des schon mehrfach zitierten und auf Mozart zurückverweisenden Satzes von Heiner Müller: »Was man noch nicht sagen kann, kann man vielleicht schon singen.« Das Operntheater der DDR hatte sich – nun auch über das Medium Mozart – geistige Freiräume erobert, nutzte sie im eigenen neuen Opernschaffen und konnte sie bis zum Ende des Landes beharrlich und immer intensiver behaupten.

286 Wolfgang Hildesheimer. Mozart.

287 Georg Knepler. Geschichte als Weg zum Musikverständnis. Zur Theorie, Methode und Geschichte der Musikgeschichtsschreibung; ders., Wolfgang Amadé Mozart. Annäherungen.

288 Schneider, Frank. Wolfgang Amadeus Mozart – ein politisches Porträt, S. 11.

289 Vgl. weiterführend zu diesem Thema auch: Eckart Kröplin. Zum Spannungsverhältnis von Realität und Kunstrealität im Musiktheater, S. 27–44; weiterhin: Eckart Kröplin. Das Spannungsverhältnis von Realität und Kunstrealität in der Oper, S. 39–60.

Peter Hacks und Heiner Müller über die Oper

Bei den ästhetischen Neuansätzen im DDR-Musiktheater der 1970er Jahre gibt es noch einen weiteren wichtigen Aspekt. Die zwei bedeutendsten DDR-Dramatiker nach Brecht, der bekennende Klassizist Peter Hacks und der beharrliche Geschichten-Destrukteur Heiner Müller, vermittelten bedeutende Anregungen und beeinflussten die Szene nachdrücklich. Hacks verfasste, wie schon erwähnt, das Libretto zu Siegfried Matthus' Opern-Kriminalkomödie »Noch einen Löffel Gift, Liebling?« (Komische Oper Berlin 1972). Und in diesem Zusammenhang schrieb er auch eine phantasievoll fabulierende »Geschichte meiner Oper«. Hacks war auch Autor des Librettos zu Matthus' Oper »Omphale« (Weimar 1976) und lieferte mit seinem Stück »Der Schuhu und die fliegende Prinzessin« die Libretto-Vorlage für Udo Zimmermanns gleichnamige Oper (Dresden 1976). Ein weiteres Opernlibretto von ihm trug den Titel »Die Vögel. Komische Oper nach Aristophanes«, in dem, ironisch aufgehoben, auch die Herren Hacks und Matthus auftreten. Es wurde von dem jungen Komponisten Thomas Hertel als »Oper für Schauspieler« komponiert und vom Schauspielensemble am 3. Juni 1981 am Dresdner Staatstheater uraufgeführt, inszeniert von Klaus Dieter Kirst und mit Friedrich Wilhelm Junge in einer Hauptrolle. Von ästhetischem Gewicht war zudem Hacks' launige, dennoch ernst gemeinte Darstellung »Versuch über das Libretto« (1975). Längst scheinbar dem Vergessen anheimgefallen, sei hier erneut daran erinnert, was Hacks da über die Oper meinte:

»*Das Genre ist eine Mischung aus Bewilligung und Verbot. Es ermöglicht, eine bislang ungekannte Art von Kunst zu machen, indem es sofort festlegt, was alles innerhalb derselben nicht statthaft sei; diese beschränkende Seite ist natürlich die minder beliebte. Aber wenn wahr ist, daß Kunst eine Weise ist, uns und die Welt zu verstehen, und wenn fernerhin stimmt, daß Kunst sich nicht anders als unter bestimmten technischen und soziologischen Bedingungen verwirklichen kann, dann folgt doch nicht weniger als dies: jedes Genre ist, so wie es immer aussieht, ein seiner Fähigkeit nach einmaliges Werkzeug der künstlerischen Erkenntnis.*«

Ein grundsätzlich politischer Charakter der Oper war so eingangs beschrieben. Und es folgte sogleich die Differenzierung:

»*Das Genre hat sein Bewußtsein, die Zeit hat ihres. Sie können sich miteinander vertragen oder nicht; in der Tat spricht die Wahrscheinlichkeit eher dafür, daß sie sich nicht vertragen [...]. Dies sind keine behaglichen Orte, sondern Spannungszonen: Schlachtfelder zweier widerstreitender Gesetzeswelten.*«

Das war metaphorisch durchaus auch für die DDR gemeint. Die Oper hat sich hier immer wieder gegen die Zeit, die herrschende Ordnung behaupten müssen. Und Hacks hatte im weitesten Sinne wohl recht, wenn er provokant meinte:

»Im Streit zwischen der Zeit und dem Genre ist das Genre jedes Mal im Recht.«

Aber: »Wenn Kunst vorhanden sein muß, bevor politische Kunst sein kann, so muß ja doch Politik vorhanden sein, bevor Kunst sein kann. Politik ist allemal das erste [...]. Die sozialistische Oper, dies wird unterstellt, läßt sich auf keine bessere Weise abhandeln, als indem man die Oper abhandelt [...]. Eine Oper, die stofflastig, denklastig oder zwecklastig ist, ist falsch.«

Mit leichter Hand und geistvoll ironisierender Haltung hingeschrieben, sind die Überlegungen von Hacks heute noch nachdenkenswert, vor allem in seinen hintersinnigen Auslassungen zum Verhältnis von Kunst und Zeit, von Oper und Politik.

»So wahr es ist, daß die Verhältnisse im Sozialismus menschlich geworden sind, um den Künstler aus der abscheulichen Doppelwahl zu befreien, derzufolge er entweder das Bedürfnis des Genres und nicht das der Zeit befriedigen und so nutz- und beziehungslose Kunst, bestenfalls Arbeitslosenklassik, machen kann, oder aber das Bedürfnis der Zeit befriedigen und nicht das des Genres, woraus dann eben schlechte Mode, bestenfalls kurzatmige Aufklärung herauskommt, – so wahr das erfreulicherweise ist, so wahr ist auch, daß nicht jede Schicht des gegenwärtigen Gesellschaftszustandes mit gleicher Bereitwilligkeit mit den Forderungen des Poetischen sich decken möchte.«

Ganz eigen verwendete Hacks dann auch den schon von Brecht (und eine Polemik gegen diesen waren Hacks' Auslassungen allemal) verwandten Begriff des »Kulinarischen« für die Oper. Was jener aber als Negativum apostrophiert hatte, zog Hacks nun (unter der Kapitelunterschrift »Über das Kulinarische«) ins ironisch Positive:

»Der Begriff des Kulinarischen hat ebensoviel Anspruch, ernstgenommen zu werden, wie diejenige Kunst, durch deren ästhetisches System er das der Oper zu ersetzen vorschlägt, die Kochkunst [...]. Es wird also vorgeschlagen, den Begriff ›kulinarisch‹ auf die Oper nicht anzuwenden, jedenfalls dann nicht, wenn von der Oper als von einer großen Gattung geredet wird, auf welche Art von ihr zu reden ja aber allein lohnt. Die Oper ist wohlschmeckend [...]. Aber sie ist in der Tat mehr als das.«

Ein Fazit zog Hacks für sich und die Künstler seiner Zeit, als er auch den Begriff des Affirmativen und des Utopischen – beides ja der Oper doch immer wieder anhaftend – dialektisierte:

Neue Trends. Neue Ästhetiken

»Sie [die Oper] sollte sich zu ihrer durchgehenden, grundsätzlichen und gesamten Schönheit bekennen, welche ja auch Erscheinungsweise eines Inhalts ist, des Utopischen. Die Oper ist ihrem schönen Wesen nach affirmativ; das kann ihr nur verübeln, wer der Kunst übelnimmt, daß es sie gibt. Es ist in der Geschichte der Menschheit kein Kunstwerk gefunden worden, das nicht affirmativ gewesen wäre, nämlich in dem Sinne, daß es nicht das Recht des Menschen auf Verwirklichung seiner Möglichkeiten bejaht hätte. Es ist wahr, daß solche Bejahung teilweise sich auch in Form der Verneinung von Verneinenswertem vortragen läßt [...]. Wozu ist die Oper eine poetische Gattung? Schönheit ist das wesentliche Ergebnis der poetischen Anstrengung, und sie steht für das bezweckte Ergebnis der menschlichen Anstrengung überhaupt, jenen Zustand der Gesellschaft, der nicht ist, aber als Ziel jeglichen vernünftigen Handelns vorgestellt werden muß.«[290]

Peter Hacks

Mit diesem Fazit stand Hacks dann unversehens an der Seite von Götz Friedrichs und Heiner Müllers Gedanken zum widerständig Utopischen des Operngenres. Seine launigen, nichtsdestoweniger aber anregenden Auslassungen zur Oper wurden seinerzeit in der DDR mit großem Interesse aufgenommen und diskutiert, riefen auch manchen Widerspruch hervor. Herauszukeltern war doch aber etwas Überzeitliches, war die geistvolle Politisierung eben des Verständnisses vom Genre der Oper.

Anders, ganz ohne Ironie, aber gleichfalls hintersinnig, liest man es bei Heiner Müller. Als er für Paul Dessau das Libretto zu »Lanzelot« schrieb, war er offenbar gleichfalls zu weiterreichenden Überlegungen über Oper als zeitgenössischem Kunstgenre angeregt und notierte die erwähnten »Sechs Punkte zur Oper«. Geschickt vermied Müller dabei eine allzu direkte politische Deutbarkeit seiner durchaus widerständigen Ansichten, verbrämte sie gar mit einem Ulbricht-Zitat und Vergleichen mit der sozialistischen Produktionspraxis. Dann aber formulierte er einen ästhetisch bedeutsamen Gedanken:

»Jeder Gesang enthält ein utopisches Element [...]. Im Prozeß der Entwicklung des Theaters vom Laboratorium zum Instrument sozialer Fantasie kommt der Oper eine führende Rolle zu.«

290 Peter Hacks. Oper, S. 203f., 206ff. 229f., 253f., 256f.

Heiner Müller

291 Heiner Müller. Sechs Punkte zur Oper, S. 117f.

292 Alexander Kluge/Heiner Müller. »Ich bin ein Landvermesser«. Gespräche. Neue Folge, S. 123.

293 Heiner Müller. Sechs Punkte zur Oper, S. 118.

294 Alexander Kluge/Heiner Müller. »Ich bin ein Landvermesser«. Gespräche. Neue Folge, S. 128f.

Und ganz in Brecht'schem Sinne (man vergleiche dessen Ausführungen zu »Mahagonny«) fuhr Müller fort:

»*Es versteht sich, daß die Oper Neues nicht darstellen kann, ohne sich selbst zu erneuern. Aus dem aristokratischen wird ein demokratisches Genre. Die Musik diskutiert mit dem Publikum.*«[291]

Jahre später, 1993, relativierte er in Gesprächen mit Alexander Kluge seine Ansichten jedoch:

»*Ja, ich habe mich vor Jahrzehnten wegen eines Projekts, für das Paul Dessau ein Libretto geschrieben hatte, für Oper interessieren müssen, die mich ursprünglich nie interessiert hat. Und da hatte ich die Idee, daß die Oper ein Gefäß für Utopie sein könnte, mehr als das Drama. Daß man etwas noch nicht sagen kann, [...], aber man könnte es singen. Heute wäre ich da eher skeptisch. Heute würde ich sagen, daß, wenn alles gesagt ist, die Stimmen süß werden, und dann kommt die Oper.*«[292]

Müller nimmt auch Brechts Verständnis von der »Trennung der Elemente« auf (zunächst gegen die romantische Gesamtkunstwerk-Konzeption Wagners formuliert):

»*Damit das Ganze mehr als seine Teile, muß jeder Teil zunächst ein Ganzes sein [...]. Je stärker die Bauteile ihre Selbständigkeit behaupten, desto komplexer das Gesamtkunstwerk.*«[293]

Diese Gedanken, diese ästhetischen Grundansätze Heiner Müllers wurden damals wie jene von Hacks viel diskutiert, bedeuteten sie doch endlich ein Über-den-Tellerrand-Schauen, eine Befreiung aus allzu engem Genreverständnis und ein dialektisches Begreifen von ästhetischer Genrespezifik und ihrer gesellschaftspolitischen Determiniertheit.

Eine solche »Trennung der Elemente«, die letztlich aber doch »komplexer das Gesamtkunstwerk« ergeben, hat möglicherweise auch den Komponisten Wolfgang Rihm zu seiner Vertonung von Müllers Dramentext »Hamletmaschine« (Uraufführung am 30.3.1987 in Mannheim) angeregt. Der Komponist teilte später einmal darüber mit:

»*Ich hatte den Text der ›Hamletmaschine‹ gelesen und war sofort überzeugt, das ist es, das ist der Text, den ich jetzt für das Musiktheater brauche [...].*«[294]

Schließlich konnte Müller selbst mit seiner Inszenierung von »Tristan und Isolde« in Bayreuth 1993 exemplifizieren, wie er die »Trennung der Elemente« als dialektische Voraussetzung für ein theatralisches Gesamtkunstwerk begriff – nunmehr im Sinne Wagners als »Verschmelzung der Elemente«. Durch die Arbeit an »Tristan und Isolde« hatten sich Müllers Ansichten über die Wagner-Ästhetik gewandelt. In einem Gespräch mit dem Theatermann und Publizisten Siegfried Gerlich kurz nach der Bayreuther Inszenierung äußerte Heiner Müller, befragt nach dem Bezug zum Verfremdungsgedanken Brechts und dem Gesamtkunstwerk Wagners, ganz bezeichnend:

»Auf jeden Fall hat die Musik bei Wagner eine Kommentarfunktion, und sie ist auch Reflexion des Autors, des Komponisten über das, was passiert. Und das entspricht genau dem, was Brecht meinte mit ›epischem Theater‹, nämlich die Anwesenheit des Autors, das Nicht-Hermetische des Dramas.«[295]

Ähnlich hatte er ja zuvor schon in Gesprächen mit Alexander Kluge in Bezug auf seine »Tristan und Isolde«-Inszenierung von der »Trennung der Elemente« als einer »Zukunft, [...] in die man die Oper integrieren kann«, gesprochen, und da könnte Bayreuth als realitätsferne »Utopie« eine große Rolle spielen. In diesen Gesprächen hatte Müller auch vom gedanklichen »Segmentieren« von Teilen aus dem »Parsifal« gesprochen, die er sich als Grundlage eines neuen Musiktheaterstücks vorstellen könnte. Weiterhin erzählte er von seinem Vorhaben eines Opernlibrettos mit dem Herakles-Mythos für Pierre Boulez, das aber durch seinen frühen Tod nicht mehr realisiert werden konnte.[296]

Müllers Einladung zum »Tristan« nach Bayreuth hatte allerdings zuvor – und das muss bei den zitierten ästhetischen Bekundungen nicht verwundern – ein gewaltiges Rauschen, ein oft bösartiges Tönen im Feuilleton des vereinten Deutschlands hervorgerufen. Seine streng stilisierte »Tristan«-Inszenierung mit den Protagonisten als »tönenden Statuen« bzw. »tönenden Skulpturen« auf karger, illusionsloser, aber bildlich doch faszinierender Bühne, in zeitlich fast stillstehender Handlungsführung, erntete zunächst Buhrufe, wurde später jedoch als Regie-Meilenstein in der Bayreuth-Geschichte anerkannt. Die Müller-Inszenierung mag so auch als ein später Gruß subversiver DDR-Theaterästhetik in ihrem Verständnis von Oper und Politik an Bayreuth und den Westen angesehen werden.

295 Heiner Müller. Werke 12. Gespräche 3. 1991–1995, S. 377.

296 Alexander Kluge/ Heiner Müller. »Ich bin ein Landvermesser«. Gespräche. Neue Folge, S. 62ff., 69ff., 125ff.

Szenerie aus dem »Freischütz« von Carl Maria von Weber, Eröffnungspremiere der Dresdner Semperoper, 1985

IV Die 1980er Jahre
Ästhetisierung in einer Endzeit

Die Berliner Opernszene

Das System erodiert

Das letzte Jahrzehnt der DDR erscheint im Rückblick als eine Zeit des Stillstands, als eine bleierne Zeit. Die Idee einer gesellschaftlichen Entwicklung zum Sozialismus war innerlich erstarrt, ließ keinen lebensvollen Impuls mehr erkennen. Das Machtmonopol der SED war zementiert, die Partei beherrschte alles. Die beiden Parteitage in dieser Zeit, der X. im Jahre 1981 und der XI. – es war der letzte – dann 1986, bedeuteten eine zunehmende ideologische Verkrustung und ein geistiges Verharren in überholten Positionen. Die Partei- und Staatsführung war ins Greisenalter eingetreten. Unbewegt steuerten die alten Männer im Politbüro der SED, die »Ritter der Tafelrunde« (so der beziehungsreiche Titel eines provokanten Theaterstücks von Christoph Hein, das 1989 in Dresden uraufgeführt wurde), in eine mehr und mehr entschwindende Zukunft. Wohl hatte die DDR-Wirtschaft durch einen neuerlichen Milliardenkredit aus der Bundesrepublik, vermittelt durch Franz Josef Strauß, sich eine kleine Atempause verschaffen können, doch das gesamte ökonomische System des Landes war unheilbar verschlissen und befand sich in einem derart desolaten Zustand, wie er – zumindest intern – auch von führenden politischen Persönlichkeiten in Partei und Regierung nicht mehr übersehen werden konnte. Sicherlich hatte Erich Honecker 1987 mit seinem Besuch in der Bundesrepublik den Höhepunkt seiner politischen Laufbahn verzeichnen können, doch der tatsächliche politische Spielraum von Partei- und Staatsführung wurde immer geringer.

Die Bedrängnisse kamen aber weniger von innen oder aus westlicher Richtung, sondern eher unaufhaltsam zerstörerisch von östlicher Seite. Da war zunächst die polnische Solidarność-Bewegung, die in Polen das Machtmonopol der Partei gebrochen hatte. Ähnlich fragil zeigte sich auch die Situation in Ungarn. Zudem war die von Michail Gorbatschow seit 1985/1986 propagierte Politik von »Perestroika« und »Glasnost« ein Vorgang, der die DDR-Führung eklatant irritierte und zu internen Gegenmaßnahmen führte. Es wurde immer deutlicher, dass das sozialistische Weltsystem, wie es durch Stalin und – etwas verändert – von seinen Nachfolgern Chruschtschow und Breschnew weltpolitisch installiert worden war, in immer größerem Tempo seinem Ende zueilte, dass der »Ostblock«

von innen her erodierte. Der »real existierende Sozialismus« erlitt einen unheilbaren Sinnverlust. Der DDR-Publizist und SED-Genosse Rudolf Bahro steht mit seinem Buch »Die Alternative. Zur Kritik des real existierenden Sozialismus«[297], dessen Manuskript er heimlich in die Bundesrepublik bringen ließ und das dort 1977 veröffentlicht wurde, stellvertretend für den geistigen Widerstand in Kreisen der Partei, aber allgemein auch in der Kultur- und Kunstszene der DDR. Er wurde deswegen umgehend verhaftet und 1978 zu acht Jahren Zuchthaushaft verurteilt, durfte allerdings 1979 in die Bundesrepublik ausreisen.

Die Bahro-Affäre zeigte überdeutlich das Dilemma auf, in dem sich gerade auch Kultur- und Kunstschaffende der DDR seit den 1970er Jahren befanden, besonders sichtbar geworden auch an den Reaktionen auf die Biermann-Ausbürgerung 1976 und verstärkt noch in den 1980er Jahren. Sie empfanden schmerzlich den sich immer mehr vertiefenden Riss zwischen politischer Realität und geistiger Zukunftshoffnung. Die repräsentative Austragungsstätte dieses Konflikts war naturgemäß das Feld der Literatur, war das gedruckte und zu lesende Wort. Die Auseinandersetzungen im Schriftstellerverband der DDR, geführt von Hermann Kant, um Literaturveröffentlichungen etwa von Stefan Heym, Christa Wolf, Erwin Strittmatter, Christoph Hein und Volker Braun bis hin zu politisch motivierten Ausschlüssen aus dem Schriftstellerverband 1979 legten beredtes Zeugnis davon ab. Eher untergründig fanden diese Spannungen jedoch auch im Musikleben und im Opserntheater ihren Widerhall.[298]

Andererseits gab es aber auch noch einige Lichtblicke für das Kulturleben des Landes. So konnte am 8. Oktober 1981 am Leipziger Karl-Marx-Platz (heute wieder Augustusplatz) gegenüber der Oper das neu erbaute Gewandhaus seine festliche Einweihung erleben. Am 1. Oktober 1984 wurde das im Krieg schwer zerstörte, nunmehr aufwändig rekonstruierte, ehrwürdige Schauspielhaus am Berliner Gendarmenmarkt mit einem Festkonzert wiedereröffnet, ein Schinkel-Bau, der bis heute repräsentatives Konzerthaus ist. Und wenige Monate später, am 13. Februar 1985 (dem 40. Jahrestag der Zerstörung), erfolgte die feierliche Eröffnung der wiederaufgebauten Semperoper in Dresden. Diese denkwürdigen Ereignisse bescherten dem Land internationale Anerkennung und wurden dementsprechend auch in großer Geste von Partei- und Staatsführung der Weltöffentlichkeit präsentiert: Zur Eröffnung der Semperoper hatte Erich Honecker beispielsweise persönlich Altkanzler Helmut Schmidt eingeladen. Zwischen 1983 und 1988 wurde auch die Berliner Staatsoper

297 Rudolf Bahro. Die Alternative. Zur Kritik des real existierenden Sozialismus«.

298 Eine anschauliche und geistvolle Betrachtung all dieser politischen Vorgänge in der späten DDR lieferte u. a. der DDR-Historiker Stefan Wolle: Stefan Wolle. Die heile Welt der Diktatur. Alltag und Herrschaft in der DDR 1971–1989, vor allem darin Teil VII: Der Weg in den Zusammenbruch, S. 291ff.

einer notwendig gewordenen gründlichen Sanierung unterzogen, um Baumängel des Wiederaufbaus in den 1950er Jahren zu beheben und das Haus technisch neu auszurüsten. Auch in anderen Städten der DDR, so in Weimar, Schwerin oder Cottbus, waren in den 1980er Jahren die alten, doch sehr repräsentativen Theatergebäude kostenaufwändig restauriert worden.

Und »saniert« wurde auch ein bis dahin streng eingerüstetes und negativ kanonisiertes Geschichtsbild: Das bislang verschmähte »Preußentum« erfuhr eine merkwürdige Wiederauferstehung. Auf Veranlassung der Partei- und Staatsführung, von Erich Honecker persönlich befürwortet, wurde 1980 das bis dahin verdammte und im Abseits stehende Reiterstandbild von Friedrich II. (dem »Großen«) wieder an originaler Stelle aufgestellt, nämlich auf der staatsrepräsentativen Straße Unter den Linden schräg gegenüber der Staatsoper. Und parallel erschien auch eine umfangreiche Biografie des bislang zumeist negativ beschriebenen Preußenkönigs, die, natürlich in gebotener kritischer Haltung, sich durch eine objektive und recht ausführliche Darstellung auszeichnete.[299] Gleichfalls in den 1980er Jahren erfuhr der letzte große Preuße, Otto von Bismarck, eine Neubewertung.[300] »Preußen« war wieder da – ein historisch überfälliger, aber in der DDR bisher eigentlich nicht denkbarer Vorgang. Zur andeutungsweisen Erklärung dieses etwas rätselhaften Phänomens mag der Hinweis dienen, dass die Parteiführung der SED von Beginn an erklärtermaßen einen (vom »großen Bruder«, der Sowjetunion, auch immer argwöhnisch beobachteten bzw. strikt abgelehnten) national eigenständigen »deutschen Weg« zum Sozialismus im Auge hatte. Es war ein nie realisierter historischer Gang, der überraschend am Ende der 1980er Jahre, als sich die SED-Führung kritisch von Gorbatschows »Perestroika«- und »Glasnost«-Politik absetzte, nun aber historisch bereits überholt, Aufschwung erhielt.

Ein weiteres, ganz anderes Ereignis charakterisiert die brüchige politische Lage in der DDR in den 1980er Jahren. Am 27. August 1987 konnten die erstaunten DDR-Bürger eine umfangreiche Veröffentlichung im »Neuen Deutschland« lesen: »Der Streit der Ideologien und die gemeinsame Sicherheit«. Es war ein gemeinsames Dialogpapier von SPD und SED, zwischen denen jahrzehntelang eine Urfehde bestanden hatte, in dem nun bei aller politischen Gegensätzlichkeit ein künftiges Miteinander im Sinne friedlicher Koexistenz beschworen wurde. Allerdings war diesem Papier keine Weiterwirkung mehr beschieden. Nur zwei Jahre später brach das politische System der DDR zusammen.

299 Ingrid Mittenzwei. Friedrich II. von Preußen. Eine Biographie,.
300 Ernst Engelberg. Otto von Bismarck. Die Revolution von oben.

Der »Streit der Ideologien« mag 1989 durch die politische Realität entschieden worden sein, doch bis zu diesem Zeitpunkt bestimmte er innerhalb der DDR zwischen Intellektuellen und Künstlern auf der einen Seite und der Partei- und Staatsführung auf der anderen Seite – mehr unterschwellig, aber unüberhörbar und unübersehbar – das Kulturleben. Er dominierte – für alle sichtbar, die es sehen wollten – auch die Bühnen des Landes. Und das Operntheater hatte daran einen gewichtigen Anteil. Am Ende der DDR jedoch erodierte dieses Kulturleben zunehmend und die zu enge Ästhetik eines sozialistischen Realismus erlebte ihr finales Debakel.

Die Staatsoper. »Graf Mirabeau« und die Revolution als Irrläufer

Um die wichtige Rolle des Operntheaters in den 1980er Jahren zu begreifen, sei zunächst der Blick auf das Repertoire dieser Zeit – in der Hauptstadt und in der »Provinz« – gerichtet. Da zeigte sich immer deutlicher, wie sehr sich das Operntheater aus der politischen Realität abhob, wie sehr sich sein Profil, seine Geisteshaltung globalisierte und alte Frontstellungen nicht mehr zur Kenntnis nahm. Die Spielpläne entsprachen inhaltlich denen westlicher Bühnen, waren ideologisch geradezu wertneutral und suchten ihre Ästhetik allein in den spezifischen Eigenheiten der jeweiligen Opernpartituren. Das traf sowohl auf ältere als auch auf ganz neue Werke zu.

1984 gab es in der Leitung der Staatsoper Berlin einen Wechsel. Hans Pischner, der über zwanzig Jahre erfolgreich die Geschicke des Hauses geleitet hatte, trat aus Altersgründen zurück. Intendant wurde der bisherige Chefdramaturg Günter Rimkus, der das Amt bis 1991 bekleidete.

Dem Haus gehörte ein ungemein potentes Künstlerensemble – Sänger, Dirigenten, Regisseure, Bühnenbildner – an, darunter Eva-Maria Bundschuh, Celestina Casapietra, Magdaléna Hajóssyová, Ute Trekel-Burckhardt, Uta Priew oder Gisela Schröter, Theo Adam, Peter Schreier, Eberhard Büchner, Reiner Goldberg, Jürgen Freier, Siegfried Lorenz, René Pape, Peter-Jürgen Schmidt, Siegfried Vogel und Ekkehard Wlaschiha, die Hausdirigenten Otmar Suitner, Heinz Fricke und Siegfried Kurz, die Regisseure Erhard Fischer, Ruth Berghaus, Horst Bonnet und Christian Pöppelreiter sowie die Bühnenbildner Wilfried Werz und Peter Heilein.

Interessante Neuinszenierungen boten insgesamt ein farbenreiches Spektrum des internationalen Opernrepertoires.

Wichtige Neuinszenierungen an der Berliner Staatsoper in den 1980er Jahren

Richard Strauss
»Capriccio« (1981)

Franz Schreker
»Der Schmied von Gent« (1981)

Friedrich Cerha
»Baal« (1982)

Udo Zimmermann
»Die wundersame Schustersfrau« (1983)

Paul Dessau
»Verurteilung des Lukullus« (1983, wiederum von Ruth Berghaus inszeniert)

Hans Pfitzner
»Palestrina« (1983)

Alban Berg
»Wozzeck« (1984)

Richard Wagner
»Lohengrin« (1983)
»Tristan und Isolde« (1988)

Gioacchino Rossini
»La Cenerentola« (1983)

Eugen d'Albert
»Tiefland« (1983)

Georg Friedrich Händel
»Alcina« (1985)

Wolfgang Amadeus Mozart
»Idomeneo« (1981)
»Don Giovanni« (1985)
»Cosí fan tutte« (1988)
»Die Entführung aus dem Serail« (1989)

Leoš Janáček
»Jenufa« (1986)

Arnold Schönberg
»Moses und Aron« (1987)

Jaques Offenbach
»Hoffmanns Erzählungen« (1987)

Christoph Willibald Gluck
»Iphigenie in Aulis« (1987)

Giacomo Puccini
»Manon Lescaut« (1988)

Alexander Borodin
»Fürst Igor« (1989)

Giuseppe Verdi
»Don Carlos« (1981)
»Othello« (1982)
»Die Sizilianische Vesper« (1985)
»La Traviata« (1988)
»Der Troubadour« (1990)

In den ersten Jahrzehnten der DDR bemühte man sich an der Staatsoper, wie auch an den übrigen Musiktheatern des Landes, um neue Werke, die die nationale Identität – »Nationaloper« – oder dann das sozialistische Selbstverständnis des neuen Staates – »Gegenwartsoper« – repräsentieren wollten und sollten. Erinnert sei da an Werke von Forest, Hanell, Kochan, Meyer, Werzlau oder Kunad. Aus erklärlichen Gründen war diesen Bemühungen fast ausnahmslos kein großer Erfolg beschieden, da ideologiedominierte Vorgaben einer freien künstlerischen Entfaltung grundsätzlich entgegenwirkten. In den 1980er Jahren sind dagegen neue und großformatige Werke in dieser Richtung auch an der Berliner Staatsoper nicht mehr realisiert worden. Um dafür ein anderes seinerzeit beliebtes Schlagwort zu benutzen: »Der Zeitgenosse auf der Musikbühne« war dem DDR-Operntheater unversehens abhandengekommen.

Zwei Ausnahmen gibt es allerdings: Zunächst einmal 1984 die Uraufführung der Oper »Amphitryon« (zu einem Libretto von Ingo Zimmermann) von Rainer Kunad. Diese »musikalische Komödie«, ein Auftragswerk der Staatsoper, erlebte allerdings nur seine Premiere. Weitere Aufführungen unterblieben, da der Komponist sich anschickte, die DDR zu verlassen und in die Bundesrepublik überzusiedeln.

Hans Pfitzner: »Palestrina«, Staatsoper Berlin, 1983

Die zweite Ausnahme war ebenfalls keine »DDR-Oper« im engeren Sinne, aber künstlerisch sehr wichtig: Siegfried Matthus' »Graf Mirabeau« im Jahre 1989. Es war, nun eindeutig politische Grenzen überschreitend, eine Ring-Uraufführung in Berlin, Karlsruhe und Essen, also gleichzeitig in Ost und West. Und sie wurde im Westen zum Teil auch von DDR-Künstlern verantwortet, so am Aalto-Theater in Essen von Regisseur Detlef Rogge und von Dirigent Siegfried Kurz – ursprünglich war Johannes Winkler vorgesehen, der jedoch wenige Wochen vor der Premiere auf der Fahrt nach Essen tödlich verunglückte.

Nur drei Monate vor dem Mauerfall, also jenem die Welt bewegenden politischen Paukenschlag, der das Ende der DDR einleitete, erwies sich die Partitur von Matthus (er hatte auch selbst das Libretto geschrieben) als ein fatal beziehungsreiches Spiel über die Vergänglichkeit von sowohl restaurativen wie revolutionären gesellschaftlichen Vorgängen am Beispiel der großen Französischen Revolution von 1789. Es war ein – den meisten Beteiligten und Zuschauern in

Siegfried Matthus: »Graf Mirabeau«, Staatsoper Berlin, 1989

dieser Dimension gar nicht bewusstes – Gleichnis auf die Gegenwart, ein tragikomisches Menetekel. Mehrdeutig reflektierte auch ein umfangreicher Programmheft-Aufsatz in Essen über »Die Revolution als Theater«, über die letztliche Unvereinbarkeit von gewaltsamem sozialen und politischen Umbruch und dessen letztlich vergeblichen, eine humane Zukunft nicht findenden Fortgang.[301]

Von besonderem Interesse waren auch die Uraufführungen von eher kammermusikalischen Musiktheaterstücken von Friedrich Schenker, Georg Katzer und Paul-Heinz Dittrich. Mit der Uraufführung von Friedrich Goldmanns »R. Hot« 1977 war ja im Apollosaal der Staatsoper eine Experimentalreihe für neue Musik installiert worden, in deren Rahmen nun, 1987, Schenkers »Büchner«, eine »Oper in zehn Szenen«, ihre erste Aufführung erlebte. Es war ein eindrucksvolles Stück über Leben und Tod des rebellischen Dichters Georg Büchner, aufreizend und geistig provozierend und in dieser Eigenart auch wesensverwandt mit einem weiteren, wenige Monate später im Berliner Theater im Palast uraufgeführten Werk Schenkers: »Bettina«, untertitelt nach dem Vorbild der Florentiner Camerata als »Dramma per musica«, über die konfliktvolle Freundschaft der

301 Eckart Kröplin. Die Revolution als Theater, S. 24–61.

Friedrich Schenker: »Büchner«, Staatsoper Berlin, 1987

Dichterinnen Bettina Brentano und Karoline von Günderode und beider qualvoll ausgelebte seelische Traumata im Umkreis der Frühromantik bis hin zum Freitod der Günderode. Schenker war 1970 übrigens auch Gründungsmitglied der »Gruppe Neue Musik Hanns Eisler« in Leipzig, einer der renommiertesten Vereinigungen zur Propagierung der jungen Musik-Avantgarde der DDR.

Georg Katzers 1988 im Apollosaal uraufgeführte Kammeroper »Gastmahl oder Über die Liebe« war, stofflich angeregt von Platons »Gastmahl«, ein witzig hintergründiger Exkurs über die Utopie eines »Reiches der Vernunft«, eine Utopie, die vor den Augen und Ohren des Publikums zerplatzt – ein bewusster Querstand und ein gezielter Verfremdungseffekt gegenüber der gesellschaftlichen Realität in den Endjahren der DDR. Das Werk, entstanden im Auftrag der Schwetzinger Festspiele, wurde dort dann kurz nach der Berliner Premiere aufgeführt, war also auch ein »Grenzgänger«.

Mit drei Werken reihte sich auch Paul-Heinz Dittrich dem drangvollen Streben nach neuen Ausdrucksmöglichkeiten im Musiktheater ein – in kompositorischer und dramaturgischer Hinsicht. 1984 gab es, verantwortet von der Staatsoper, in der Akademie der Künste die Uraufführung (nach der konzertanten Uraufführung ein Jahr zuvor im französischen Metz) einer »szenischen Kammermusik« mit dem Titel »Die Verwandlung« (nach Franz Kafkas gleichnamiger Erzählung). Und im Berliner Ensemble konnte Dittrich zwei weitere Stücke experimentellen Charakters zur Uraufführung bringen: 1986 »Die Blinden« (»Kammermusik VII«) und 1987 »Spiel« (»Dramatisches Werk«; nach Samuel Beckett).

Udo Zimmermann

Mit den vorgestellten Produktionen von Schenker, Katzer und Dittrich erfuhr die avancierte Musiktheaterszene der DDR thematisch eine aufregende Belebung und Bereicherung, deren Fortbewegung allerdings nach der Wende von 1989/1990 ziemlich jäh abbrach. Das Operntheater hatte nun, unter den neuen politischen Verhältnissen, existenziell um eine neue Sinnfindung zu kämpfen. Die in Zeiten der DDR, vor allem in deren Spätphase vorherrschende geistige Haltung der avancierten Kunstszene und eben auch der bewusst Neues anstrebenden jüngeren Komponistengeneration hatte eine gemeinsame Grundlage in der kritisch opponierenden Sicht auf den »real existierenden Sozialismus«, die nun nach 1990 schmerzlich vermisst wurde. Nicht, dass sie den Sozialismus abschaffen wollten – das muss betont sein –, wohl aber, dass sie ihn kritisch befragten. Das kann auch durch aufschlussreiche Aussagen zweier Prominenter deutlich gemacht werden. In einer 1988 erschienenen Publikation sind sie – eher wie beiläufig dahingesagt – nachzulesen. So meinte beispielsweise Udo Zimmermann hellsichtig:

»Damit müssen wir uns alle abfinden, da wir ja alle davon leben, daß wir uns sagen, eines Tages wird es besser werden. Das muß kommen. Und wir wissen vielleicht im Innersten sicher, daß dies nie eintreten wird, und dennoch halten wir uns daran.«[302]

Und Siegfried Matthus äußerte:

»Ich möchte noch einen Aspekt zum Avantgardismus sagen, der in unserem Land eine Rolle spielte: daß sich mit der Durchsetzung avantgardistischer Positionen das Musikalische mit einer gewissen kulturpolitischen Opposition verbunden hat. Ich glaube, darüber können wir heute ganz nüchtern und sachlich reden.«[303]

302 Komponieren zur Zeit. Gespräche mit Komponisten der DDR, S. 331.

Ganz analog dazu war, um ein drittes Beispiel zu zitieren, die Aussage des westdeutschen Publizisten Gerhard Rohde 2005 in der »Neuen Zeitschrift für Musik« über Georg Katzer zu verstehen:

»Für Georg Katzer [...] bedeutete Komponieren stets auch eine Möglichkeit des stillen ästhetischen Widerstands. Dieser Widerstand wurde nicht als lautstarke Opposition hinausposaunt, geschah vielmehr subversiv: Die überlieferten musikalischen Gattungen und Genres erfuhren in der kompositorischen Umsetzung entsprechende Veränderungen und Verformungen, die gleichsam als Konterbande in den politisch gewünschten ästhetischen Kodex eingeschmuggelt wurden.«[304]

Im Nachtrag sei noch ein bezeichnender Vorgang erwähnt. Die Staatsoper Berlin hatte bei Gerhard Rosenfeld ein neues Werk in Auftrag gegeben. Die Oper »Friedrich und Montezuma« – eine Handlung über Friedrich II. und seine Opernmanie – mit deutlichem Bezug auch auf die Geschichte des Berliner Opernhauses, sollte am 25. Februar 1990 uraufgeführt werden. Offenbar aber den Verwerfungen der Wende-Zeit geschuldet, sagte die Staatsoper die Uraufführung ab. Das Werk kam nie auf die Bühne – gewissermaßen eine letzte »DDR-Opernleiche«.

Die Komische Oper. »Judith« und der Untergang

1981 wurde Joachim Herz, seit dem Tode Felsensteins Leiter der Komischen Oper, abgelöst, nachdem er noch eine sehr eindrucksvolle Inszenierung von Benjamin Brittens »Peter Grimes« gezeigt hatte. Neuer Chef wurde der bisherige stellvertretende Kulturminister Werner Rackwitz (wie ja auch Hans Pischner, der Intendant der Berliner Staatsoper, zuvor diesen Posten bekleidet hatte). Rackwitz war Musikwissenschaftler und insbesondere der Händel-Forschung in Halle verbunden. Er installierte ein neues Leitungsteam mit Harry Kupfer (aus Dresden kommend) als Chefregisseur und Rolf Reuter (bislang Generalmusikdirektor in Leipzig und Weimar), denen in vielen Produktionen die Bühnenbildner Reinhart Zimmermann, Wilfried Werz und Hans Schavernoch zur Seite standen.

Programmatisch richtungsweisend war bereits die erste Neuinszenierung unter der Leitung von Rackwitz, denn mit Wagners »Die Meistersinger von Nürnberg« kam ein Werk auf die Bühne des Hauses, das zu Felsensteins und auch zu Herz' Zeiten dort nie zur Debatte gestanden hatte. Es war ein Zeichen für eine inhaltliche Erweiterung des bislang doch etwas eingeschränkten Opernrepertoires. Inszeniert von Harry Kupfer im Bühnenbild von Wilfried Werz, mit

303 Ebd., S. 166.

304 Zit. nach: Ekkehard Klemm. Balance zwischen Avantgarde und lustvollem Musizieren.

Richard Wagner: »Die Meistersinger von Nürnberg«, Komische Oper Berlin, 1981

Rolf Reuter am Pult und Siegfried Vogel in der Partie des Hans Sachs fand am 3. Oktober 1981 die Premiere statt – ein großer künstlerischer Erfolg.

Unter Kupfers und Reuters Leitung gab es in den 1980er Jahren eine beeindruckende Reihe von Neuinszenierungen. Die wesentlichen seien an dieser Stelle aufgeführt: Mozarts »Entführung aus dem Serail« (1982), nach den »Meistersingern« Kupfers zweite Inszenierung am Hause und Auftakt für einen Mozart-Zyklus, der sich im Laufe der nächsten Jahre noch mit »Cosí fan tutte« (1984), »Die Zauberflöte« (1986), »Figaros Hochzeit« (1986), »Don Giovanni« (1987) und schließlich, kurz nach der Wiedervereinigung, mit »Idomeneo« (1990) rundete. Weiterhin: Giacomo Puccinis »La Bohème« (1982), dann – ein Paukenschlag! – Aribert Reimanns 1978 in München uraufgeführter »Lear« (1983) als DDR-Erstaufführung. Damit kam eines der damals avanciertesten Musiktheaterwerke aus der Bundesrepublik ins Land: ein größte Aufmerksamkeit hervorrufender »Grenzgänger« von westlicher Seite.

Genannt werden müssen auch Verdis »Rigoletto« (1983), Mussorgskis »Boris Godunow« (1983), Händels »Giustino« (1984; mit dem

Aribert Reimann: »Lear«, Komische Oper Berlin, 1989

jungen, an der Komischen Oper entdeckten Countertenor Jochen Kowalski in der Titelpartie – eine außergewöhnlich erfolgreiche und auch auf Gastspielreisen mehrfach gezeigte Aufführung), Smetanas »Verkaufte Braut« (1985), Glucks »Orpheus und Eurydike« (1987) und auch Dargomyshskis »Steinerner Gast« in ungewöhnlicher Kopplung mit Schönbergs »Erwartung« (1988).

Kupfers künstlerische Handschrift prägte sich nicht nur in der DDR aus: Bereits seit den 1970er Jahren gastierte er vielerorts im westlichen Ausland und gehörte schließlich in den 1980er Jahren neben Herz und Berghaus zu den begehrteste DDR-Opernregisseuren, die im westlichen Ausland arbeiteten. Damit vertiefte er international die Wertschätzung des DDR-Musiktheaters entscheidend – und hat sicherlich auch Impulse wiederum für seine Arbeit in Berlin erhalten. Zu den wichtigsten Stationen zählen Graz, Köln, Amsterdam, London, Stuttgart, Mannheim, Wien, Hamburg, Kopenhagen, Zürich sowie die Salzburger und die Bayreuther Festspiele. Neben den Inszenierungen an der Komischen Oper bedeutete das ein unglaublich großes und vielfältiges Arbeitspensum für Harry Kupfer, und auffällig dabei ist auch die zunehmende Konzentration

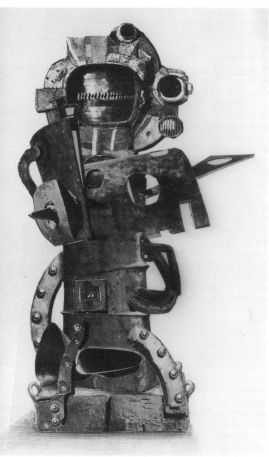

Siegfried Matthus: »Judith«, Bühnenbildentwurf der Statue von Reinhart Zimmermann, Komische Oper Berlin, 1985

305 Zit. nach: Sigrid und Hermann Neef. Deutsche Oper im 20. Jahrhundert. DDR 1949–1989, S. 355.

auf exemplarische Werke von großer geistiger Dimension wie eben Wagners »Ring«, Mussorgskis »Boris Godunow«, Strauss' »Elektra«, Bergs »Wozzeck«, Zimmermanns »Soldaten« oder Reimanns »Lear«. Kupfer setzte damit europaweit auf den Opernbühnen künstlerische Maßstäbe.

Dazwischen wurde – als einziges neues Werk aus der Feder eines DDR-Komponisten während der 1980er Jahre – am 28. September 1985 an der Komischen Oper die Oper »Judith« von Siegfried Matthus uraufgeführt. Der Komponist hatte sich das Libretto nach dem gleichnamigen Drama von Friedrich Hebbel und mit Texten aus dem Alten Testament selbst eingerichtet. Der Opernpartitur vorausgegangen war eine Komposition »Holofernes« für Bariton und Orchester, die 1981 im Leipziger Gewandhaus unter der Leitung von Kurt Masur mit Dietrich Fischer-Dieskau uraufgeführt worden war. Matthus komponierte das tragische Schicksal zweier großer Charaktere, die aufgrund religiöser bzw. weltanschaulicher Unversöhnlichkeit unweigerlich zugrunde gehen müssen. Die Partitur der »Judith« lebt von polystilistischer musikalischer Schichtung und Tönung, von dramaturgischer Simultanität und handlungsmäßiger Stringenz gleichermaßen wie von einer überraschenden Großformatigkeit im orchestralen wie im szenischen Bereich. Nicht der alte historische Stoff hatte Matthus interessiert, sondern der Reflex der Gegenwart, wenn er zu Beginn der Komposition meinte: »Eine ewig gültige Geschichte mit ahnungsvollen Bezügen zur Gegenwart«.[305] Matthus war sich und seiner künstlerischen Eigenart treu geblieben.

Ein solch »ahnungsvolles« Gefühl beschlich Mitte der 1980er Jahre, wie kurz zuvor schon bei Reimanns »Lear«, wohl auch die überwältigten und tief betroffenen Zuschauer bei der Uraufführung der »Judith«.

Die DDR, eigentlich die ganze Welt, sah sich der unauflösbar scheinenden und bedrohlichen Konfliktsituation zwischen Ost und West ausgeliefert. Die Komische Oper hatte sich mit der Aufführung solcher Werke, wie den beiden Opern von Reimann und Matthus, kritisch und aufrüttelnd der Gegenwart gestellt.

Opernereignisse im Land

Dresden. »Nachtstücke« am Ende

Auch an der Dresdner Staatsoper gab es zu Beginn der 1980er Jahre wichtige, nicht nur personelle Veränderungen. Horst Seeger, der bereits seit September 1973 als Leiter der Oper wirkte, wurde am 1. September 1979 in der Nachfolge von Alfred Larondelle zum Generalintendanten der Staatstheater berufen. Zwei Jahre später, am 1. August 1981, trat Joachim Herz, aus Berlin von der Komischen Oper kommend, sein Amt als Chefregisseur in Dresden an.

Mit Wirkung zum Januar 1983 wurde der Verbund der Dresdner Staatstheater, wie er seit den 1940er Jahren bestand, aufgelöst. Staatsoper und Staatsschauspiel erhielten ihre institutionelle Eigenständigkeit, Seeger wurde Intendant der Staatsoper. Das war ein Schritt hin zur von der Dresdner Öffentlichkeit mit größter Spannung erwarteten Wiedereröffnung der Semperoper. Am 31. Januar 1984 trat Horst Seeger krankheitsbedingt von seinem Leitungsposten zurück. Zu seinem Nachfolger wurde der Komponist und bisherige Rektor der Dresdner Musikhochschule Siegfried Köhler berufen, der jedoch überraschend bereits im Sommer 1984 verstarb. Daraufhin wurde am 4. Dezember 1984 der Musikwissenschaftler Gerd Schönfelder zum Chef des Hauses berufen. Und die Nachfolge von Herbert Blomstedt als Chefdirigent der Staatskapelle und Generalmusikdirektor der Staatsoper trat ab dem 1. August 1985 der Holländer Hans Vonk an, der zuvor schon als Gast verpflichtet worden war.

Die Eröffnung der Semperoper 1985

Noch aber bespielten Staatsopern- und Staatsschauspiel-Ensemble gemeinsam das Große Haus und das Kleine Haus. Das Solistenensemble hatte seit den 1970er Jahren durch den Zuwachs etlicher jüngerer Kräfte stark an künstlerischem Profil gewonnen: unter anderem mit Birgit Fandrey, Christiane Hossfeld, Annette Jahns, Angela Liebold, Helga Thiede, Ute Selbig, Ute Walther, Elisabeth

Wilke, Olaf Bär, Hans-Joachim Ketelsen, Klaus König und Andreas Scheibner. Etliche von ihnen traten bald auch eine beachtliche internationale Karriere an. Mit Hans-E. Zimmer wurde ein weiterer Dirigent neben Chef Hans Vonk und dem ständigen Gastdirigenten Siegfried Kurz Mitglied des Opernensembles.

Signifikante Opernpremieren der ersten 1980er Jahre in Dresden waren Händels »Xerxes« (1981), die szenische DDR-Erstaufführung von Berlioz' »Fausts Verdammung« (1982), dann als Antrittsinszenierung des neuen Chefregisseurs Joachim Herz und als Beitrag zu den Dresdner Musikfestspielen Strauss' »Ariadne auf Naxos« (1982), weiterhin als Beitrag zum Wagner-Jubiläumsjahr dessen »Lohengrin« (1983), zu den Dresdner Musikfestspielen 1983 »Così fan tutte« (1983) und wieder als Premiere anlässlich der Dresdner Musikfestspiele 1984 nun Bergs »Wozzeck«.

Überhaupt waren die 1978 begründeten Dresdner Musikfestspiele zu einem beliebten und weithin beachteten ein Forum des nationalen und internationalen Musiklebens und Operntheaters herangewachsen.*

Die Staatsoper und die Staatskapelle beteiligten sich daran mit Konzerten und jeweils auch mit einer großen Opernproduktion. Zudem gab es Gastspiele von auswärtigen renommierten Orchestern und Opernhäusern. So konnte das Dresdner Festspielpublikum während der 1980er Jahre glanzvolle Aufführungen der Berliner Staatsoper und der Berliner Komischen Oper, weiterhin der Leipziger Oper, der Opernensembles aus Moskau, Leningrad, Kiew, Warschau, Łódź, Prag, Budapest, Antwerpen, Cardiff, Göteborg, Venedig, Neapel, Rom, Genua, Zürich, Hamburg, Stuttgart, Karlsruhe und Köln mit einem insgesamt weitgefächerten Programm erleben. Im Kleinen Haus der Staatstheater gab es, jährlich zumeist auch auf die Musikfestspiele fokussiert, neue Werke für das Kammermusiktheater zu sehen.

Gesellschaftlicher und künstlerischer Höhepunkt des Dresdner Musik- und Opernlebens war jedoch zweifelsfrei die Eröffnung der wiederaufgebauten Semperoper. Das eigene Ensemble hatte gleich drei Opern- und eine Ballettpremiere vorbereitet. Am 13. Februar 1985, dem 40. Jahrestag der schrecklichen Bombennacht von 1945, in der auch das berühmte Opernhaus zerstört worden war, kam Webers »Freischütz« zur Premiere (die Oper stand auch über vierzig Jahre zuvor als letzte Opernaufführung vor der Zerstörung auf dem Spielplan des Hauses). Gleich einen Tag später, am 14. Februar, folgte Strauss' »Rosenkavalier«. Beide Inszenierungen besorgte Joachim

*Vgl. S. 219f.

Carl Maria von Weber: »Der Freischütz«, Semperoper Dresden, 1985

Richard Strauss: »Der Rosenkavalier«, Semperoper Dresden, 1985

Siegfried Matthus: »Cornet«, Semperoper Dresden, 1985

Herz. Am 15. Februar gab es eine Ballettpremiere: Harald Wandtkes Choreografie »Brennender Friede« zu Musik von Udo Zimmermann. Die vierte Premiere der Wiederöffnungstage am 16. Februar war eine Uraufführung: Matthus' Oper »Die Weise von Liebe und Tod des Cornets Christoph Rilke« in der Inszenierung von Ruth Berghaus. Matthus deutete den berühmten Rilke-Text in klarsichtiger und auch lyrisch weit ausschwingender Tonalität, unter anderem – wie schon in seiner Oper »Der letzte Schuss« von 1967 – mit dem Einsatz von sich doppelnden Gedankenstimmen für die beiden Hauptfiguren. Ein erstaunlich junges Sängerensemble, zumeist hervorgegangen aus dem Opernstudio des Hauses, konnte in beeindruckender Weise das schicksalhafte Spiel um jugendliche Verblendung, traumhafte Verwirrung, um Liebe, Krieg und Tod dank einer farbig schillernden Partitur und einer oft visionär verfremdenden Regie szenisch und musikalisch glaubhaft machen. Der Komponist beschrieb einmal aufschlussreich seine Lesart des »Cornet«-Stoffes und begründete auch deren beabsichtigte Gegenwärtigkeit:

»Die Benennung ›Opernvision‹ ist nicht etwa nur die Erfindung eines schönen Titels von mir, sondern bezeichnet real das, was in *der Partitur steht. Ich habe [...] eine Werther-Geschichte unseres Jahrhunderts herausgelesen [...]. Damit niemand im Nachhinein etwas Falsches in meine Oper hineindeuten kann, habe ich ein Dies irae (Tag des Zorns) komponiert. Das Stück beginnt und endet damit. Ich komponierte die Tragödie eines jungen Mannes und nicht die Glorifizierung des Heldentodes [...]. Ich habe sehr sparsam noch einige Gedichte mit in die Oper aufgenommen. Dabei habe ich einen Text gefunden, der heißt: ›In solchen Nächten war einmal Feuer in der Oper‹. Die Eröffnung der neuen Semperoper findet am 40. Jahrestag ihrer Zerstörung statt. Dieses Gedicht hat mich so fasziniert, daß ich es einfach komponieren mußte [...]. Der Brand der Dresdner Oper ist ja nicht nur ein zufälliger Fakt gewesen, es war ein Kriegsereignis. Das Dies irae, das gleich danach kommt, bezieht sich nun auf den Brand der Oper wie auch auf die Tragödie des Cornets.«* [306]

Probe zu »Cornet«: Siegfried Matthus, Ruth Berghaus und Hartmut Haenchen, 1985

In den Wochen nach der Wiedereröffnung gastierten auch die Berliner Staatsoper, die Leningrader Kirow-Oper und die Wiener Staatsoper mit mehreren gewichtigen Produktionen im neuen Haus. Und in den kommenden Jahren gab es eine Reihe bemerkenswerter eigener Operninszenierungen: Verdis »La Traviata« (1985), »Otello« (erstmals in der Originalsprache; 1986) und »Falstaff« (1987), Wagners »Die Meistersinger von Nürnberg« (1985), »Parsifal« (1988) und »Der fliegende Holländer« (1988), Strauss' »Elektra« (1986) und »Salome« (1988), Schostakowitschs »Die Nase« (1986), Mozarts »Don Giovanni« (1986), »Die Hochzeit des Figaro« (1988) und »Die Zauberflöte« (1989), Glucks »Orpheus und Eurydike« (1987), Eckehard Mayers »Der Goldene Topf« als Uraufführung (1989), Beethovens »Fidelio« (1989) und Prokofjews »Die Liebe zu drei Orangen« (1990) – es wurde die letzte Opernpremiere an der Semperoper vor dem Ende der DDR.

Die »Fidelio«-Premiere wirkte, wie oben schon beschrieben, in den Tagen der beginnenden politischen Wende geradezu als ein Menetekel, als beklemmendes, aktuell betroffen machendes Schlaglicht auch auf den untergehenden »real existierenden Sozialismus«. Christine Mielitz berichtete Jahre später einmal von der aufgeheizten Situation zur Zeit der Premiere des »Fidelio«, als sich im Lande die Endzeit ankündigte. Sie sei während der Proben zum Bezirkssekretär der SED Hans Modrow bestellt worden, der von den Stacheldrahtverhauen im Bühnenbild ihrer Inszenierung gehört hatte und

306 Komponieren zur Zeit. Gespräche mit Komponisten der DDR, S. 183f. »Der ›Cornet‹ war international die erfolgreichste Oper von Matthus. Sie erlebte nach ihrer Dresdner Uraufführung weitere Einstudierungen an der Deutschen Oper Berlin sowie in in New York, London, Wien, Turin, Hagen, Kaliningrad und St. Petersburg.«

Ludwig van Beethoven: »Fidelio«, Semperoper Dresden, 1989

sehr wohl um die Doppeldeutigkeit dieses visuellen Symbols wusste. Mit dem lapidaren Hinweis, dass das Stück schließlich in einem Gefängnis spiele, ließ Modrow sie aber wieder ziehen. Es gab kein Eingreifen von Seiten der Partei oder des Staates mehr. Und Mielitz resümierte dann rückblickend zu Recht: »›Fidelio‹ ist nichts für bequeme Zeiten, weil es den Widerstand, die Rebellion braucht.«[307] Die Rebellion fand auch auf den Dresdner Straßen in den Tagen der »Fidelio«-Premiere statt. Die Premierenbesucher kamen aus der Semperoper und wurden unaufhaltsam vom Sog dieser Rebellion mitgerissen.

307 Christine Mielitz. »Fidelio«« 1989 und 2009. »Wann endlich werden wir die nicht Angekommenen erlösen!«, S. 232–237.

Benannt werden müssen zudem auch interessante Novitäten, die das Opernensemble u.a. im Kleinen Haus realisierte. So als Uraufführungen die Kinderopern »Abu Said, der Sohn des Kalifen« von Eberhard Eyser (1980), »Der Schweinehirt« von Gerhard Schedl (1981) und, als Erstaufführung, »Der 35. Mai oder Konrad reitet in die Südsee« von Violeta Dinescu (1990), weiterhin die Uraufführungen der Kammeropern »Meister Mateh« von Jan Trieder (1983) und »Marsyas oder Der Preis sei nichts Drittes« (Neufassung) von Thomas Heyn (1989) sowie als Neueinstudierungen Friedrich Goldmanns »R. Hot bzw. Die Hitze« (1986) und Udo Zimmermanns »Die weiße Rose« (1987).

Zwei »Jahrbücher der Semperoper« geben einen guten Überblick über das künstlerische Geschehen von der Wiedereröffnung 1985 bis in das Jahr 1988. Wichtige Künstler des Hauses werden darin vorgestellt und die inszenatorischen Aktivitäten dokumentiert, zudem in verschiedenen Aufsätzen auch rückblickend Dresdner Operngeschichte reflektiert.[308] Mit der Wende erfuhr diese interessante Publikation, wie sie auch an anderen großen Opernhäusern gang und gäbe war, leider keine Fortsetzung.

Als ein besonderes und, wie sich bald herausstellte, sehr heikles Projekt erwies sich ein neues Musiktheaterwerk des Dresdner Komponisten Jörg Herchet (Schüler u.a. von Rudolf Wagner-Régeny und Paul Dessau) mit dem Titel »Nachtwache«. Es war ein Auftragswerk der Dresdner Staatsoper. Der Komponist hatte die Partitur bereits 1986 fertiggestellt.

Im Frühjahr 1990 sollte die »Nachtwache« ihre Uraufführung erleben. Wirren der Wende und Widerstände im Hause (vornehmlich durch den Chor, der seinen Part als unsingbar ablehnte) verhinderten die Einstudierung der anspruchsvollen Partitur. Sie lag auf Eis. Erst 1993 erlebte sie dann, nicht in Dresden, sondern an der Leipziger Oper, inszeniert von Ruth Berghaus, ihre erfolgreiche Premiere. Das Libretto basiert auf einer Dichtung von Nelly Sachs und behandelt am Schicksal der Hauptfigur Heinz, immer tiefer in Schuld und Fluchtbewegungen gefangen, alptraumartige Ereignisse, die existenziell zwischen Liebe, Hoffnung, Verzweiflung und Tod pendeln. Es war, wie auch Matthus' »Cornet«, ein »Nachtstück« im wahrsten Sinne des Wortes und als solches aufreizend repräsentativ für die kulturpolitische Befindlichkeit der DDR-Gesellschaft am Ende der 1980er Jahre. Herchet charakterisierte 1989 einmal seine Haltung als Künstler:

»Nichts Wünschenswerteres erkenne ich, als die Welt, so wie ich sie erlebe, zu gestalten: den Menschen von heute – jeden von uns – und natürlich mich selber auch, in meiner ganzen Fragwürdigkeit!« [309]

Ein weiteres Musiktheaterwerk von Herchet trägt den Titel »Abraum« und spielt, basierend auf Handlungsmotiven von Gerhart Hauptmanns Drama »Und Pippa tanzt«, im Jahre 1987 beziehungsreich im Lausitzer Braunkohlenrevier mit seinen verwüsteten

308 »Jahrbuch der Staatsoper Dresden«, 1 (1985/86) und 2 (1987/88).

309 Zit. aus einem Diskussionsbeitrag Herchets auf dem Kolloquium »Die Dresdner Oper und ihre Beziehungen zum neuen Werk in Geschichte und Gegenwart« anlässlich der »Tage des DDR-Musiktheaters an der Staatsoper Dresden« am 18.9.1989, Masch.-Ms., S. 4.

Landschaften, zeigte sich also stofflich noch durchaus dem Leben in der DDR und seinen existenziellen Verwerfungen verhaftet. Es war ein bitterer Nachruf auf das Land. Die Komposition entstand erst nach der Wende von 1989/90. Das Werk erlebte seine Uraufführung in der Inszenierung von Peter Konwitschny und dirigiert von Lothar Zagrosek erst 1997, wiederum an der Leipziger Oper.

Herchet war ein unangepasster Künstler und Christ. »Nachtwache« und auch »Abraum« zeigten »Zeitgenossen« auf der Bühne, die sich in ihrer unbeirrten Selbstbehauptung als Querläufer zur gesellschaftlichen Realität erwiesen. Und seine eigene Haltung als auch die seiner Opernfiguren waren der Grund dafür, dass Herchet bis zur Wende kaum Gelegenheit erhielt, im Musikleben des Landes öffentlich wirksam zu werden. Tatkräftige Unterstützung erhielt er jedoch von seinem Lehrer Paul Dessau. Friedrich Goldmann, ebenfalls Dessau-Schüler, erinnerte sich später einmal in einem Gespräch:

»Ohne Dessau, den ich ja sehr früh kennenlernte und der mir sehr geholfen hat, hätte ich es sehr viel schwerer in der DDR gehabt. Da bin ich nicht der einzige, der hat vielen in meiner Generation geholfen. Übrigens, das nur am Rande, es ist wirklich interessant, welchen Leuten Dessau geholfen hat. Er hat sich grundsätzlich nur interessiert für Leute, die ästhetisch irgendwie zu dem, was offiziell lief, querstanden. Welche Überzeugungen sie hatten, war ihm zwar nicht vollkommen egal, aber sein letzter Lieblingsschüler war der christliche Jörg Herchet aus Dresden. Der alte Hirt und der christliche Jüngling, das paßt! Herchet wollte doch von allem etwas wissen, nur nicht von der SED. Das interessierte Dessau überhaupt nicht, Herchet lag quer, also war er ihm hochwillkommen [...].«[310]

Leipzig. »Der Idiot« und die »Überfahrt ins unbekannte Land«

Seit dem Weggang von Joachim Herz im Jahre 1976 hat sich die Leipziger Oper in erstaunlichem Maße künstlerisch behaupten können. Dirigenten wie André Rieu, Gert Bahner, Kurt Masur, Hans-Jörg Leipold oder der junge Johannes Winkler waren Garanten für musikalisch qualitätvolle Aufführungen. Die Hausregisseure Günter Lohse und Uwe Wand oder als wiederkehrender Gast Boris Pokrowski, der Chefregisseur des Moskauer Bolschoi-Theaters, sowie Bühnenbildner wie Bernhard Schröter, Gunter Kaiser und Jochen Schube prägten das szenische Profil des Hauses. Zum

310 Albrecht von Massow/Friedrich Goldmann. Gespräch, S. 172f.

Sängerensemble gehörten Sigrid Kehl, Venčeslava Hruba-Freiberger, Jitka Kovaříková, Gertrud Oertel, Ruth Asmus, Rolf Apreck, Klaus König, Edgar Wählte, Günther Kurth, Dieter Schwartner, Konrad Rupf, Rudolf Riemer und Jürgen Kurth.

Eine Reihe eindrucksvoller Inszenierungen bestimmte das Repertoire der 1980er Jahre, zu dem sowohl große Opern des nationalen und internationalen Repertoires wie auch neue Werke gehörten. Die wichtigsten Produktionen waren mehrere Wagner-Inszenierungen mit »Tristan und Isolde« (1981), »Tannhäuser« (1981), »Parsifal« (1982) und »Der fliegende Holländer« (1986); in der Fortschreibung des Mozart-Repertoires folgten »Don Giovanni« (1983), »Idomeneo« (1987), »Die Entführung aus dem Serail« (1988) und »Die Zauberflöte« (1989), Prokofjews »Die Liebe zu den drei Orangen« (1982), Webers »Freischütz« (1982), Sergei Slonimskis »Maria Stuart« (1984), Strauss' »Die schweigsame Frau« (1984), Bergs »Wozzeck« (1985), Beethovens »Fidelio« (1985), Janáčeks »Jenufa« (1986) und Bizets »Carmen« (1987).

Auch neue kammermusikalische Werke gab es zu sehen, so Gerhard Rosenfelds »Das Spiel von Liebe und Zufall« (1983) und Wolfgang Rihms »Jacob Lenz« (1987), beides auf der Drehscheibe der Opernbühne, sowie Udo Zimmermanns »Weiße Rose« (1987) im Kellertheater des Opernhauses.

Als Uraufführung präsentierten die Leipziger 1988 die Dostojewski-Oper »Der Idiot« von Karl Ottomar Treibmann, einem Meisterschüler von Paul Dessau. Der Poet Harald Gerlach hatte das Libretto geschrieben und dabei, ganz im Sinne des Komponisten, das besondere Augenmerk auf Existenzielles, auf die den Helden des Romans, Fürst Myschkin, umtreibende Frage nach dem Sinn des Lebens gerichtet. Der kompositorische Stil der Partitur war weit gefächert, bezog vielfältige Einflüsse der Moderne ein und hatte dennoch eine ganz eigene Handschrift. Im Uraufführungs-Programmheft schrieb der Komponist:

»Ich strebe nach übersichtlicher und plastischer Klangsprache. Ich strebe nach übersichtlicher Architektur, nach geschlossener Form. In der Verbindung serieller und tonaler Tonsatzweisen sehe ich keinen Widerspruch. Meine künstlerischen Absichten verlangen vielfältigen Ausdruck, den ich durch Handhabung vielfältigen Klangmaterials anstrebe.«

Und den ideellen Anspruch seiner Oper charakterisierte Treibmann, indem er – natürlich zunächst die Welt Myschkins im 19. Jahrhundert meinend – auch und gerade den miserablen gesellschaftlichen Zustand des gegenwärtigen »Systems« in der DDR zwischen den Zeilen anspricht:

Karl Ottomar Treibmann: »Der Idiot«, Oper Leipzig, 1988

311 Programmheft der Leipziger Uraufführung.

»*In dieser Oper werden zwischenmenschliche Beziehungen in einer Gesellschaft, wo Käuflichkeit zum Prinzip erklärt ist, vorgestellt und auf ihre moralischen Qualitäten hin untersucht. Ein Einzelner, durch Erfahrung im Ausland zu kritischer Sicht befähigt und mit besonderer Sensibilität ausgestattet außerdem, befragt dieses System mit dem Ergebnis, daß er vernichtet wird [...]. Im übrigen funktioniert das System lethargisch. Vieles hat Platz, von Duldsamkeit bis Brutalität. Nur nicht Befragung und schon gar nicht Veränderung.*«[311]

Einen solchen kritisch aufmerkenden Geist spürten offensichtlich die Zuschauer des Werkes in Leipzig. Die Oper hatte Erfolg, stand bis in die Wende-Zeit im Repertoire (und erlebte 1989 noch eine weitere Inszenierung am Volkstheater Rostock). Auch sie – wie »Judith« und »Mirabeau« in Berlin, wie der »Cornet« in Dresden – war ein Warnzeichen, war ein Menetekel, vornehmlich auch in jenen Herbsttagen 1989, als der Leipziger Opernplatz (damals noch Karl-Marx-Platz) zur Stätte machtvoller Protestdemonstrationen hunderttausender Bürger wurde.

Im Herbst 1989 hatte der langjährige Generalintendant Karl Kayser seinen Hut nehmen müssen. Oper und Schauspiel gingen von nun an, wie seit Jahren ja auch in Dresden schon, ihre eigenen Wege. Im Frühjahr 1990 wurde Udo Zimmermann zum neuen Leipziger Opernintendanten berufen. Und eine erste von ihm initiierte Inszenierung – es war zugleich die letzte Leipziger Opernneueinstudierung zu DDR-Zeiten – war Ernst Kreneks »Jonny spielt auf«. Das war eine bewusste Berufung auf avantgardistische Traditionen der Leipziger Oper während der 1920er Jahre unter ihrem Chef Gustav Brecher, der damals Brecht/Weills »Aufstieg und Fall der Stadt Mahagonny« und eben auch Kreneks Oper »Jonny spielt auf« zur Uraufführung gebracht hatte. Dem Leipziger Operntheater war somit ein relativ geordneter Übergang in eine neue Zeit und eine neue programmatische Ausrichtung gelungen. In »Jonny spielt auf« heißt es:

»*Die Stunde schlägt der alten Zeit, die neue Zeit bricht jetzt an. Die Überfahrt beginnt ins unbekannte Land der Freiheit.*«

Da klang große Hoffnung auf, aber wohl auch große Illusion.

Ernst Krenek: »Jonny spielt auf«, Oper Leipzig, 1990

Die »Provinz«. Neues landauf und landab

Um gleich bei Treibmann zu bleiben: Er hatte vor dem »Idiot« bereits zwei Opern komponiert. Da wäre zunächst »Der Preis« zu nennen. Auch hier stammte das Libretto von Harald Gerlach. Das Erfurter Theater hatte das Werk zur Uraufführung angenommen. Doch das Stück besaß eine nicht ungefährliche ideologische Brisanz – ein erfolgreicher Ingenieur in der DDR, selbst befangen im herrschenden System, muss angesichts des nahenden Todes die Schuldhaftigkeit seines Tuns einsehen und wehrt die Auszeichnung mit einem Staatspreis ab.

Ein solch unerhörter Widerstand war politisch natürlich nicht konform. Die Konsequenz und die höchst gespannte Intensität, mit der das Problem dargestellt und komponiert war, ließen das Theater zurückschrecken und der Oper nur einige als »Werkstattinszenierung« bezeichnete Aufführungen vor teilweise ausgelesenem Publikum zubilligen. Die Diskussionen, halb öffentlich auch mit Hilfe des Theaterverbandes ausgetragen, schlugen hohe Wellen. Treibmann schrieb zu dieser von ihm bewusst auf- und angenommenen Thematik im Programmheft der Uraufführung (Dirigent: Ulrich Faust, Inszenierung: Günther Imbiel, Bühnenbild: Siegfried Bach, Solisten: Klaus-Dieter Butzeck und Marlott Gerlach; Premiere: 1. März 1980):

»*Ich komponierte meine Oper ›Der Preis‹ als mir Jos [die männliche Hauptrolle] begegnet war und mir versichern konnte, daß es viele Menschen gibt, die trotz der Vorzüge der Gesellschaft Selbstkritik sehr ernst nehmen und dadurch ihre eigenen Reserven mobilisieren. Jos erzählte mir seine Geschichte. Sie ist erregend. Nicht nur, weil Selbstüberwindung Kampf kostet, sondern auch, weil sie in turbulent unruhvoller Zeit spielt.*«[312]

In der Schlussszene vom »Preis« standen verräterisch hellsichtige Worte von Jos:

»*Endgültig soll also sein, was als ungültig erkannt ist. Abgeschlossen das Buch, das neu zu schreiben wäre.*«

Sein Widersacher Gabriel daraufhin: »Es ist gefährlich, Bestätigtes in Frage zu stellen.« Gerade indem diese Oper als kulturpolitischer Querstand begriffen wurde, konnte sie sich als gelungenes Beispiel einer Gegenwartsoper mit einem echten »Zeitgenossen« in der Hauptrolle darstellen – ein Phänomen, das bislang im DDR-Operntheater doch noch nie überzeugend Bühnenrealität geworden war. Zudem erwies sich Treibmanns Musik als unkonventionell und ausgesprochen avanciert. Der Komponist meinte dazu:

»*In neuerer Zeit nun haben die Komponisten vielfach auch ametrische, amorphe Zeit für die Gestaltung ihrer Musik entdeckt. Diese ist vergleichbar mit einem Feld, in das beliebiges Klangmaterial in beliebigen Abständen ›hineinfällt‹: Geräusche, Töne, Klänge, Triller, Glissandi, Motive, hektische Figuren. Gleichsam willkürlich scheint das Klangmaterial geordnet zu sein, denn kein pulsierender Taktschlag, kein Metrum verbindet es.*«[313]

Die Opernszene der DDR hat den »Preis« mit gespannter Erwartung und heftigem Interesse aufgenommen. Die offizielle Meinung schwieg bis auf wenige Pressereaktionen, die allerdings sehr zustimmend waren. Die großen Opernzentren Berlin, Dresden oder Leipzig bekundeten keinerlei Absichten, sich mit diesem Ausnahmewerk auseinanderzusetzen. Dennoch gab es 1981 in Plauen (Regie: Karl Heinz Erkrath) und 1984 in Halle zwei weitere und sehr anspruchsvolle Inszenierungen.

Inhaltlich in eine Gegenrichtung pendelten Treibmann und Gerlach mit ihrem nächsten Opernprojekt: »Scherz, Satire, Ironie und tiefere

312 Programmheft der Erfurter Uraufführung.
313 Ebd.

Bedeutung« nach dem gleichnamigen hintergründigen Lustspiel von Christian Dietrich Grabbe, jenem aufmüpfigen Dramatiker der Restaurationszeit nach 1815. Auch hier – im Alten – wieder doppelgesichtige Gegenwärtigkeit, wie Gerlach es beschrieb:

»*Die Zeit: Restauration. Die großen Hoffnungen werden in kleine Zufriedenheiten umgegossen. Auf den Resten der Lehre Aufklärung installiert sich das Bestehende auf lange Sicht, rechtfertigt sich durch das, von dem es einst in Frage gestellt werden sollte, behauptet, das beste Denkbare zu sein.*«[314]

Der Erfurter Uraufführung (Dirigent: Ulrich Faust, Regie: Manfred Straube, Bühnenbild: Siegfried Bach; Premiere: 14. März 1987) war allerdings – vielleicht wegen einer allzu leichtfüßigen bzw. oberflächlichen Bühnenrealisierung – kein Erfolg beschieden.

Und unglücklich endete auch ein weiteres Opernprojekt von Treibmann und Gerlach: »Reigen« (nach dem bekannten Bühnenstück von Arthur Schnitzler). Das Libretto wurde fertiggestellt, die Komposition nicht mehr, denn die Dresdner Semperoper, die das Werk noch vor der Wende Ende der 1980er Jahre in Auftrag gegeben hatte, zog im Frühjahr 1991 die Aufführungszusage zurück – insofern ein Vergleichsfall zu Herchets »Nachtwache« in Dresden und Rosenfelds »Friedrich und Montezuma« in Berlin. Wieder eine vertane Chance, eine erneute DDR-Opernleiche, ein »Wende-Opfer«.

Karl Ottomar Treibmann

Es bleibt also zu vermerken, dass in der »Provinz« während der 1980er Jahre nicht nur das Erbe intensiv gepflegt wurde, sondern es auch vielerlei Aktivitäten in Richtung eines neuen Musiktheaters gab. Dafür stand eine junge Generation von Regisseuren, die an den größeren und kleineren Theatern des Landes unermüdlich auf der Suche nach Neuem waren. Ihnen allen – einige wie Peter Konwitschny und Detlef Rogge waren auch als Gastregisseure in der Bundesrepublik und im westlichen Ausland tätig – verdankte das Operntheater der DDR wichtige Impulse und interessante Neuentdeckungen, so auch mit etlichen Ur- bzw. Erstaufführungen. Erwähnt seien Friedrich Goldmanns »R.Hot bzw. Die Hitze« 1979 in Schwerin, Gerhard Rosenfelds »Spiel von Liebe und Zufall« in Potsdam und

314 Programmheft der Erfurter Uraufführung.

an den Landesbühnen Dresden-Radebeul (beide 1980), Fritz Geißlers »Das Chagrinleder« in Weimar (1981), Thomas Hertels »Leonce und Lena« in Stralsund (1981), Reiner Bredemeyers »Candide« in Halle (1986), Thomas Heyns »Marsyas oder Der Preis sei nichts Drittes« (Erstfassung) in Weimar (1986) und »Krischans Ende« in Stralsund (1987) oder auch die DDR-Erstaufführung von Wolfgang Rihms »Jacob Lenz« in Schwerin (1982).

Stellvertretend für viele andere gelungene Inszenierungen in der »Provinz« aus dem klassisch-romantischen Opernerbe sei beispielsweise an Detlef Rogges scharf konturierte Interpretation von Tschaikowskys »Pique Dame« in Schwerin erinnert (1982), an Peter Konwitschnys republikweit Aufsehen erregende »Freischütz«-Deutung in Altenburg (1983) und an seine Händel-Inszenierungen in Halle (»Floridante« 1984, »Rinaldo« 1987 und »Tamerlan« 1990). Wichtig waren auch die beiden begonnenen »Ring«-Zyklen – als keines der großen Häuser im Land einen »Ring« im Repertoire hatte – in Schwerin (Regie: Detlef Rogge) mit »Rheingold« (1983) und »Walküre« (1984) sowie in Magdeburg (Regie: Dieter Reuscher) mit »Rheingold« (1988), »Walküre« (1989) und »Siegfried« (1990). Vollendet werden konnten diese ambitionierten Wagner-Unternehmungen aus unterschiedlichen Gründen leider nicht: Intendantenwechsel in Schwerin, Theaterbrand in Magdeburg.

Hinderliche Umstände für die Opernarbeit im Lande, wie überhaupt für das Theaterleben, hatten sich in den 1980er Jahren zunehmend verfestigt. Es fehlte, da ein gesamteuropäischer Austausch (außer mit einigen osteuropäischen Ländern) nicht möglich war, einfach an genügend qualifiziertem Nachwuchs für die Sängerensembles und für die Orchester. Der heimische Nachwuchs, ausgebildet an den DDR-Musikhochschulen in Berlin, Dresden, Leipzig und Weimar, konnte den großen Bedarf bei der Vielzahl von Opernensembles und Orchestern nicht ausreichend decken. Und wenn dann doch gut ausgebildete junge Leute in den Startlöchern standen, waren aufgrund des geltenden Arbeitsrechts Engagements nicht möglich, weil die Stellenpläne der Theater durch gesetzlich verankerte Unkündbarkeit blockiert waren. Das bedeutete vor allem für die kleineren Häuser des Landes zunehmend ein erschwerendes Problem, zumal auch die finanziellen Rahmenbedingungen zwar kontinuierlich abgesichert, aber doch äußerst knapp gehalten waren. Grundsätzliche Änderungen oder Abhilfen staatlicherseits waren nicht zu erwarten, obwohl der Theaterverband in den 1980er Jahren gerade auch in dieser Hinsicht immer wieder Vorstöße unternommen hatte.

Richard Wagner in der DDR. Ungeliebte Aneignung

Ein Beginn mit Vorbehalten

Exemplarisch für die widerspruchsvollen Wege der Erbe-Rezeption auf den Opernbühnen der DDR mag der Umgang mit dem Werk Richard Wagners gelten. Scheinbar unvoreingenommen erschienen seine Opern nach 1945 wieder im Repertoire vieler Opernhäuser, obwohl auf dem Komponisten wegen seiner Vereinnahmung durch den Nationalsozialismus eigentlich ein Bannfluch lag. Man spielte Wagner, eigentlich aber mit schlechtem Gewissen. Bald jedoch schon, gegen Ende der 1950er Jahre, entbrannten heftige Kontroversen um ihn. Erst wieder in den 1970er und 1980er Jahren war ein relativ entspannter Umgang mit seinen Werken möglich, nunmehr auch mit neuer Sicht auf die Persönlichkeit des Komponisten und auf seine komplizierte Rezeptionsgeschichte vom Kaiserreich über den Nationalsozialismus bis in die Gegenwart.

Waren auch Wagners historisches Bild, sein politischer Charakter und die Außergewöhnlichkeit seiner Dramaturgien oft Grund für Stirnrunzeln bei den Parteioberen und Ideologen der SED, so ist doch die erstaunlich hohe Zahl von Wagner-Aufführungen in der DDR unübersehbar.[315] So wurden von 1945 bis 1990 an 37 Theatern des Landes (von fast 50 Häusern mit Opernproduktionen) Wagner-Werke aufgeführt, natürlich an den großen Häusern wie Berlin, Dresden und Leipzig, ebenso häufig aber auch an mittleren wie Chemnitz, Weimar, Halle, Magdeburg, Schwerin, Rostock und kleinen wie Wismar, Quedlinburg, Wittenberg, Zeitz, Greiz und Annaberg-Buchholz, von denen man aus heutiger Sicht, sofern sie denn überhaupt noch bestehen, gar nicht glauben kann, dass dort eine Wagner-Oper zu bewältigen gewesen sei. Von 1945 bis 1949, also in der Sowjetischen Besatzungszone, gab es bereits 36 Wagner-Inszenierungen mit ca. 550 Aufführungen. Im ersten DDR-Jahrzehnt bis 1960 war dann eine wahre »Wagner-Schwemme« mit rund 140 Neuinszenierungen (eine unglaubliche Zahl) und über 3 000 Aufführungen zu verzeichnen. Das halbierte sich nach dem Mauerbau bis 1970 auf knapp 60 Inszenierungen mit über 1 600 Aufführungen. Im dritten Jahrzehnt bis 1980 halbierte sich die Anzahl von Inszenierungen und Aufführungen noch einmal auf reichlich 30 Produktionen

315 Die Zahlen sind der akribischen Dokumentation von Werner P. Seiferth zu entnehmen: Werner P. Seiferth. Richard Wagner in der DDR – Versuch einer Bilanz.

und ca. 730 Vorstellungen. Von 1980 bis 1990 ergibt sich ein ähnliches Bild: etwa 40 Inszenierungen mit ca. 670 Aufführungen. Daraus lässt sich, grob geschätzt schließen, dass über zwei Millionen Besucher die Wagner-Aufführungen erlebt haben.

Als sich nach 1945 allmählich wieder Opernensembles zusammengefunden hatten, gab es bereits am 24. Februar 1946 in Chemnitz mit dem »Tannhäuser« eine erste Wagner-Aufführung, es folgten am 22. Oktober 1946 Schwerin und am 5. Februar 1947 Rostock mit dem »Fliegenden Holländer«. An den großen Häusern in Berlin, Dresden und Leipzig begann die Wagner-Aufführungspraxis zögerlicher, da die Spielstätten alle zerstört waren. Leipzig führte seinen ersten Nachkriegs-Wagner mit »Tristan und Isolde« am 1. Juni 1947 auf, Berlin folgte am 29. Juli 1947 mit dem »Fliegenden Holländer« und Dresden gar erst am 24. April 1949 mit dem »Tannhäuser«.

Auffallend ist, dass mit »Tannhäuser« und »Der fliegende Holländer« vor allem frühe Wagner-Werke, quasi aus seiner revolutionären Sturm-und-Drang-Periode, auf die Bühne kamen, die großen Opern wie »Tristan und Isolde« und »Die Meistersinger« (Berlin, 19. Dezember 1948) erst später. An »Ring«-Gesamtaufführungen war noch nicht zu denken, außer zweimal »Walküre« (11. September 1948 in Chemnitz und 25. Dezember 1948 in Weimar). Auch »Lohengrin« wurde noch nicht berücksichtigt (erstmals am 18. Februar 1950 in Chemnitz).

Während der 1950er Jahre erschienen dann alle Wagner-Werke, vom »Rienzi« bis zum »Parsifal«, im Repertoire der DDR-Opernhäuser, so allein »Die Meistersinger« 23-mal, »Parsifal« 3-mal, »Rienzi« 5-mal und »Tristan und Isolde« 7-mal. Die meisten Inszenierungen konnte natürlich die frühe Trias »Der fliegende Holländer« (29), »Tannhäuser« (18) und »Lohengrin« (15) verbuchen. Bemerkenswert, ja, außergewöhnlich in diesem Zeitraum war allerdings der Boom von »Ring«-Zyklen, vollendeten oder angefangenen. Es waren insgesamt acht Projekte. So viel »Ring« war nie in der DDR: Gera brachte im Herbst 1952 – ein Gewaltakt – innerhalb eines Monats »Rheingold«, »Walküre« und »Götterdämmerung«. Mit denselben Werken folgte Schwerin von 1952 bis 1954. Die erste Abrundung eines »Ring«-Zyklus gelang in Rostock von 1952 bis 1954, dicht gefolgt von Dessau im Rahmen der Richard-Wagner-Festwochen 1953 bis 1954 (Neuinszenierung 1958). 1954 bis 1956 schloss sich Weimar mit »Walküre«, »Siegfried« und »Götterdämmerung« an, mit denselben Werken 1957 bis 1959 Altenburg, bis schließlich auch die wiederaufgebaute Berliner Staatsoper 1956/1957 einen neuen »Ring« präsentieren konnte. Daneben gab es in den 1950er Jahren auch Einzelinszenierungen der

Richard Wagner: »Walküre«, Landestheater Dessau, 1958 (Bühnenbildentwurf von Wolf Hochheim)

»Walküre« in Plauen, Cottbus, Chemnitz, Zwickau, Zittau, Erfurt, Dresden und Magdeburg.

Vor allem die von Intendant Willy Bodenstein seit 1953 in Dessau installierten und alljährlich im Frühjahr stattfindenden Richard-Wagner-Festwochen, musikalisch vom Dirigenten Heinz Röttger inspiriert, hatten in diesem ersten DDR-Jahrzehnt eine große Ausstrahlung. Im Lauf der Jahre wurde das Gesamtwerk Wagners in einem Inszenierungsstil präsentiert, der sich erkennbar dem Neu-Bayreuth Wieland Wagners zuwandte, d. h. mit einer radikalen Entrümpelung der Szene arbeitete. Namhafte Wagner-Sänger aus dem Inland, aus der BRD und dem östlichen Ausland konnten als Gäste verpflichtet werden. Unterstützt wurde das Unternehmen kulturpolitisch auch ganz entschieden von der Kulturpolitik der Partei, vom Kulturministerium in Berlin, galt Dessau doch als das »Bayreuth des Nordens« und sollte nunmehr das DDR-Pendant zum neuen Bayreuth darstellen. Das gelang jedoch nur ansatzweise. Hatte Bayreuth Weltstars zur Verfügung und war geprägt durch die avancierte Regiehandschrift des Wagner-Enkels Wieland, so waren die Dessauer Sängerdarsteller ein wenig provinzieller und Willy Bodenstein als Regisseur eben kein Wieland Wagner. 1960 fanden offiziell die letzten Richard-Wagner-Festwochen in Dessau statt, auch da es mittlerweile die wiederaufgebauten Opernhäuser in Berlin und

Richard Wagner: »Rheingold«, Oper Leipzig, 1973

nun auch in Leipzig gab, die Wagner jetzt mehr oder weniger für sich beanspruchten, also eine zentral anerkannte DDR-Wagner-Aneignung in der »Provinz« nicht mehr zulassen wollten. Ein später Ausläufer der Dessauer Wagner-Bemühungen war 1963 die nochmalige und letzte Aufführung des »Ring«.

Der Neubau der Leipziger Oper, wiedereröffnet am 9. Oktober 1960 mit Joachim Herz' Inszenierung der »Meistersinger von Nürnberg«, läutete eine neue Phase der Wagner-Rezeption in der DDR ein. Herz dialektisierte in ungemein produktiver Weise den Umgang mit Wagner in der DDR, auch mit seinen folgenden Inszenierungen des »Fliegenden Holländer« (Komische Oper Berlin und Leipziger Oper 1962, Bolschoi-Theater Moskau und die DEFA-Verfilmung 1964) und »Lohengrin« (Leipzig 1965). Es wurde damit eine, um es bewusst kontrovers zu formulieren, kritische Positivierung des Wagner-Bildes in der DDR eingeleitet. Das erscheint umso bedeutsamer, als gerade in den 1960er Jahren eine zunehmende Distanzierung der DDR-Theater gegenüber

Wagner festzustellen war. Und Wagner war ja auch nie – wie anderen deutschen musikalischen Geistesgrößen, ob nun Bach, Händel, Beethoven oder auch den Dichtern Goethe und Schiller – eine nationale, mit staatlichem Festakt verbundene Ehrung vergönnt. Die Wagner-Gedenktage 1963 wie 1983 wurden zwar mit Festtagen begangen, aber eine Staatsehrung wurde ihm nicht zuteil. Dennoch waren gerade diese Wagner-Jubiläen Kristallisationspunkte einer erweiterten und vertieften Aneignung der Werke des Komponisten, wie sie in erster Linie Joachim Herz' mit seinen großen Leipziger Wagner-Inszenierungen der 1960er Jahre und dann mit der epochalen »Ring«-Inszenierung von 1973 bis 1976 realisieren konnte.

Revolutionär. Reaktionär?

Doch noch einmal ein Blick zurück. Angesichts der Flut von Wagner-Inszenierungen in den 1950er Jahren verwundert es nicht, dass auch sehr bald eine rege, ja bisweilen ausartende Diskussion um Wagners künstlerisches und geistiges Erbe aufkam. Und da waren verschiedene Aspekte gleichzeitig wirksam. Kulturpolitisch galt Wagner eher als Unperson, durch seine Vereinnahmung in der Zeit des Nationalsozialismus als unheilbar diskreditiert. Ihm haftete der Ruch des politischen Renegaten an, der, infiziert von Schopenhauers Weltpessimismus, vom Revolutionär zum Reaktionär mutiert sei – eine Legende übrigens, die einst von Friedrich Nietzsche begründet und schließlich von der frühen sowjetischen Kulturpolitik aufgegriffen worden war: etwa von Anatoli Lunatscharski, dem Publizisten und ehemaligen Volksbildungskommissar in Moskau, in seinem Aufsatz »Der Weg Richard Wagners« anlässlich von Wagners 50. Todestag 1933. Diese Legende wurde allzu bereitwillig von der DDR-Kulturpolitik übernommen – und wirkte im Grunde unhinterfragt und unreflektiert weiter.[316] Doch Lunatscharski, und das war der ermutigende Ansatz, hatte auch dafür plädiert, Wagner keineswegs aus dem Kanon einer sozialistischen Kulturpolitik auszuschließen, zu groß sei doch seine künstlerische und geistige Bedeutung. Diese Deutung also übernahm die DDR-Musikwissenschaft, namentlich in Gestalt des Musikwissenschaftlers Georg Knepler. Dieser publizierte – auch im Geiste des Wagner-Artikels in der »Großen Sowjetischen Enzyklopädie« des Moskauer Musikwissenschaftlers Roman Gruber (der seinerseits auf Lunatscharski fußte und 1934 in Moskau bereits eine Wagner-Biografie veröffentlicht hatte)[317] – 1953 einen grundsätzlichen Artikel: »Zu Richard Wagners 70. Todestag«[318].

316 Anatoli Lunatscharski. Das Erbe. Essays, Reden, Notizen, S. 45ff.; vgl. ausführlicher dazu: Eckart Kröplin. Aufhaltsame Ankunft und ahnungsvoller Abschied. Der »Ring« in der DDR, S. 66ff.

317 Der Artikel wurde auszugsweise veröffentlicht in: »National-Zeitung«, Berlin, 22.5.1953.

318 »Neues Deutschland«, Berlin, 13.2.1953.

Nur kurz zuvor hatte am 22. April 1952 ein interessantes Kolloquium in der Berliner Akademie der Künste stattgefunden, auf der unter dem unscheinbaren Titel »Selbstverständigung zu künstlerischen Fragen« ausführlich und kontrovers über Wagner diskutiert wurde. Teilnehmer waren unter anderem Hanns Eisler, Georg Knepler, Bertolt Brecht, der in Berlin wirkende österreichische marxistische Philosoph Walter Hollitscher, der Bildhauer Fritz Cremer und die Komponisten Leo Spies und Andre Asriel. Eisler hatte dabei das Thesenpapier »Was kann der Opernkomponist von Richard Wagner lernen« vorgelegt, in dem er einerseits eine dezidierte ideelle Distanz zu Wagner markierte, andererseits aber einen produktiv-vernunftvollen Umgang mit ihm einforderte und sich in diesem Sinne gegen Brechts Meinung stellte, man solle einstweilen Wagner mit einem kulturpolitischen Bann belegen. Die Betonung liegt auf »einstweilen«: Eisler sagte voraus – und diese Zukunftsaussicht wollte Brecht nicht verstellen –, dass eine Zeit zu erwarten wäre, in der das »Nationalbewußtsein« so entwickelt sei, dass »man endlich zu Wagner kommen kann«.[319] Gerade Eisler hatte noch in seiner Exilzeit äußerst kritisch und ablehnend über Wagner geurteilt, indem er ihn als faschistoid charakterisierte. Und noch 1958 lehnte auch der andere frühe Avantgardist der DDR-Musik, Paul Dessau, Wagner ab, denn sein Werk sei »angefüllt mit Rauschgiften«.[320] Wohl aber wusste Dessau doch auch den meisterlichen Komponisten Wagner zu schätzen.

1953 meldete sich auch der in Leipzig wirkende Literaturwissenschaftler Hans Mayer mit einem gewichtigen Beitrag zur Wagner-Debatte zu Wort. In seinem umfangreichen Aufsatz »Richard Wagners geistige Entwicklung«, die er kritisch als »Übergang [...] von Fortschritt zu Reaktion, vom revolutionären Optimismus zum Kulturpessimismus«[321] definierte, gab er insgesamt eine sehr differenzierte Einschätzung Wagners als Künstler und politische Persönlichkeit. Wenngleich auch Mayer an der grundsätzlichen Lunatscharski-Gruber-Einschätzung vom zunächst Revolutionär und dann Reaktionär Wagner ausdrücklich festhielt[322], so fand er im späten Wagner ungemein anziehende und bedeutsame Schaffenszüge, die es zu betonen gälte. Er sah da Wagner »noch lange nach 1949 als einen keineswegs reuigen Revoluzzer, sondern als einen nach wie vor leidenschaftlich politischen bürgerlichen Menschen«. Mayer fragte: »Wie also sollte eine wissenschaftliche Wagner-Deutung verfahren?« – und gab darauf sogleich die Antwort: »Sie wird nicht darauf verzichten können, Wagner in den Zusammenhang seiner Epoche zu stellen [...]«, da der Komponist doch so intensiv »in aller Bewußtheit nach der Einheit aus künstlerischer Form

319 Vgl. dazu: Hanns Eisler. Musik und Politik. Schriften 1948–1962, S. 230–244; weiterhin: Eckart Kröplin. Aufhaltsame Ankunft und ahnungsvoller Abschied. Der »Ring« in der DDR, S. 86–93; Fabian Bien. Oper im Schaufenster. Die Berliner Opernbühnen in den 1950-er Jahren als Orte nationaler kultureller Repräsentation, S. 202ff.; Marion Benz. Die Wagner-Inszenierungen von Joachim Herz. Studie zur theatralen Wagner-Rezeption in der DDR, S. 26–45; Matthias Duncker. Richard-Wagner-Rezeption in der Sowjetischen Besatzungszone (SBZ) und der Deutschen Demokratischen Republik (DDR), S. 16–26.

320 Paul Dessau. Notizen zu Noten, S. 170f.

321 Hans Mayer. Richard Wagners geistige Entwicklung, S. 147.

322 Vgl. ebd.: S. 147ff.

und weltanschaulichem Gehalt« gestrebt habe. Die These Mayers, dass der späte Wagner durch den Einfluss Schopenhauers einer kulturpessimistischen Weltsicht unterlegen sei, aufgrund derer er »in den letzten zwanzig Jahren seines Lebens den Weg fortschrittlicher Entwicklung verlassen habe«, erscheint fragwürdig angesichts des Umstands, dass Mayer noch einen Satz zuvor betont hatte, dass Wagner »in allen Wandlungen doch niemals völlig mit seinen früheren fortschrittlichen Anschauungen zu brechen vermag; daß immer wieder auch der Revolutionär Wagner auflebt und an einzelnen Stellen siegreich durchbricht.« Mayers Resümee lautete:

»Wagner und kein Ende. Siebzig Jahre sind seit dem Tode des großen deutschen Künstlers vergangen, aber die Auseinandersetzung um ihn und sein Werk wird nach wie vor mit unverminderter Heftigkeit geführt.«[323]

Mit diesem widerspruchsvollen Befund bezeichnete Mayer aber auch und gerade den Ansatz für eine ideologisch erweiterte Wagner-Rezeption in der DDR, wie sie sich dann in den 1970er und 1980er Jahren Bahn brach.

»Wahllose Wagnerei«?

Eine zweite, ungemein öffentlichkeitswirksame Welle der Kritik an Wagner rollte 1958/1959 über das Opernland DDR, als in der Fachzeitschrift »Theater der Zeit« anlässlich der Neuinszenierung des »Lohengrin« an der Berliner Staatsoper (der ersten übrigens nach 1945) eine erbitterte, ja radikale Diskussion losbrach. Sie entzündete sich nicht zufällig gerade an diesem Werk, das dank einer mystischen Gralswelt und eines wundertätigen Ritters so weitab von jeglichem Realismus-Verständnis lag. Drei Rezensenten, Heinz Bär, P. Witzmann und Erika Wilde, meldeten sich mit Schlagworten wie »Wahllose Wagnerei« oder gar »Tönende Vorhalle des Faschismus« zu Wort[324]. Gemeinsamer Grundtenor ihrer Polemiken war, dass Wagner für die DDR und ihre Staatsoper untragbar wäre und daher aus dem Repertoire eliminiert werden müsste.[325] Damit wurde eine aufgeregte Debatte losgetreten, die nicht ergebnislos blieb. Denn trotz einer schwindenden Quantität von Wagner-Aufführungen war seit den 1960er Jahren eine geistig vertiefte Wagner-Diskussion und eine sich künstlerisch qualifizierende Wagner-Aufführungspraxis auf den Bühnen der DDR zu beobachten.

Während der 1960er Jahre waren einerseits »Tristan und Isolde«, »Parsifal« und der »Ring« (außer einer matten Wiederbelebung des

323 Ebd., S. 116f., 131, 157 und 161.

324 Heinz Bär. »Wahllose Wagnerei?«, P. Witzmann. »Tönende Vorhalle des Faschismus« und Erika Wilde. »Der mystische Gral deutscher Kunst« sowie »Die Wunde ist's, die sich nie schließt«.

325 Vgl. auch: Werner P. Seiferth. Richard Wagner in der DDR – Versuch einer Bilanz, S. 110ff.; Marion Benz. Die Wagner-Inszenierungen von Joachim Herz. Studie zur theatralen Wagner-Rezeption in der DDR, S. 32ff.; Matthias Duncker. Richard-Wagner-Rezeption in der Sowjetischen Besatzungszone (SBZ) und der Deutschen Demokratischen Republik (DDR), S. 46ff.

Zyklus an der Berliner Staatsoper von 1962 bis 1966 und einem alsbald abgebrochenen Schweriner Zyklus-Versuch im Jahre 1962) quasi von den Spielplänen verbannt, d.h. sie erlebten keine Neuinszenierungen, andererseits aber waren die Werke der frühen Trias »Holländer«, »Tannhäuser« und »Lohengrin« sowie die »Meistersinger«, konzentriert im Wagner-Jubiläumsjahr 1963, Anlass für künstlerisch und ideell anspruchsvolle Neuinszenierungen im ganzen Land. 1963 gab es allein fünf Inszenierungen von »Tannhäuser« (Leipzig, Dresden, Rostock, Gera/Jena und Halberstadt/Bergtheater Thale) sowie vier der »Meistersinger« (Berlin, Halberstadt, Erfurt und Magdeburg).

Eine zentrale Wagner-Ehrung zu seinem 150. Geburtstag fand nicht statt, wohl aber wurde eine kleine Dokumentation vom Deutschen Kulturbund (nicht aber von staatlicher Seite) über den Komponisten herausgegeben. Eingeleitet wurde diese mit einer kurzen »Erklärung« des »Richard-Wagner-Komitees der Deutschen Demokratischen Republik«, in der Wagner als »einer der interessantesten und eindrucksvollsten Persönlichkeiten des vorigen Jahrhunderts« beschrieben und dann empfohlen wird, »den Gegensatz von Wagnerpolemik und blinder Wagnerverehrung« aufzugeben. Wagners angebliche Wandlung vom Revolutionär zum Reaktionär wurde noch einmal betont:

»Zu klug, um den sich neu entfaltenden Glanz der Bürgerwelt mit ihrer Heuchelei und ihrer Seichtheit vorbehaltlos zu bejahen, andererseits zu tief in ihr verstrickt, um sie vorbehaltlos zu bekämpfen, verfiel Wagner einer geistigen Haltung, die für das Bürgertum seiner Zeit überhaupt charakteristisch wurde: Er machte dem reaktionären Pessimismus Konzessionen, der die Möglichkeit, die Gesellschaft zu erneuern, prinzipiell leugnet [...].«[326]

Um den 22. Mai 1963 herum fanden, dezentral und nicht vom Staat ausgerichtet, Richard-Wagner-Festwochen statt: an der Berliner Staatsoper mit dem vorhandenen Wagner-Repertoire, an der Leipziger Oper (mit einer Neuinszenierung des »Tannhäuser«), an der Dresdner Staatsoper (gleichfalls mit einer »Tannhäuser«-Premiere und den Repertoire-Stücken »Der fliegende Holländer«, »Lohengrin«, »Rheingold«, »Walküre« und »Meistersinger«) und in Dessau (noch einmal mit einem kompletten »Ring« als Ausklang der seit 1953 alljährlich ausgerichteten Wagner-Festwochen). Bei diesen Jubiläumsveranstaltungen hielten Hans Mayer (kurz bevor er wegen heftiger ideologischer Kontroversen die DDR verließ) in Dresden und Georg Knepler in Leipzig Festvorträge über Wagner und befestigten darin noch einmal den mittlerweile in der DDR erreichten Stand der Wagner-Diskussion.

326 Richard Wagner. 1813–1883. Dokumentation, S. 5ff.

Neues war da nicht zu erfahren, wie auch die Wagner-Inszenierungen von 1963 und in den Folgejahren nur die Bestätigung eines erreichten künstlerischen und geistigen Niveaus, nicht aber den Aufbruch zu neuen Ufern bedeuteten. Wenngleich Knepler ganz wichtige Anregungen zu einer vertieften und objektivierenden Aneignung Wagners gegeben hatte,[327] zeigten sie doch im Vergleich zu der Mayerschen Wagner-Deutung von 1953, auf die Knepler sich ausdrücklich bezog (so wie er zur Absicherung auch nicht vergaß, Roman Gruber als sowjetischen Kronzeugen zu benennen), keinen eigentlich neuen geistigen Aspekt auf.

Als Fazit des Jubiläumsjahres 1963 blieb ein ambivalenter Zustand der Wagner-Rezeption in der DDR: Dem Komponisten war – salopp gesagt – eine Teilamnestie erteilt worden mit der Freigabe des rebellischen Frühwerks, aber mit der Warnung vor dem pessimistisch-reaktionär infizierten Spätwerk, eine Teilamnestie, wie sie genau hundert Jahre zuvor der Komponist schon einmal, allerdings mit umgekehrten Vorzeichen erfahren hatte, denn damals galt es doch, den frühen, revolutionären Wagner teilweise zu entschulden.

Wichtig für die Wagner-Rezeption und auch zukünftige Inszenierungen Wagners in der DDR war zweifelsfrei die Briefedition, deren Herausgabe im Jahr 1967 begonnen wurde. Sämtliche Briefe Wagners, ediert zunächst von Gertrud Strobel und Werner Wolf, erschienen bis zum Ende der DDR in acht Bänden – eine Mammutaufgabe, die bis heute nicht abgeschlossen ist. Mittlerweile vermitteln 25 Bände (bis in das Jahr 1873 reichend) dank akribischer Quellenstudien und ausführlicher biografischer Kommentare ein differenziertes Bild des Komponisten als Person und Künstler wie auch in seiner vielfältigen und oft widerspruchsvollen Einbindung in geistige und politische Entwicklungen seiner Zeit.[328]

»Realistisch-komödiantisches Musiktheater«

Ein Aufbruch zu einer neuen Wahrnehmung Wagners fand wesentlich erst in den 1970er Jahren statt, begünstigt durch eine gewisse Liberalisierung der Kulturpolitik, und wurde vor allem repräsentiert durch Joachim Herz' Leipziger Inszenierung vom »Ring des Nibelungen« in den Jahren 1973 bis 1976. Vorausgegangen waren dem, wie schon erwähnt, Herz' Maßstäbe setzende Aufführungen der »Meistersinger«, des »Fliegenden Holländer« und des »Lohengrin« in den 1960er Jahren. Damit war ein entscheidendes neues Kapitel der

327 Georg Knepler. Musikgeschichte des 19. Jahrhunderts, Bd. II, S. 843–894.; ders. Richard Wagners musikalische Gestaltungsprinzipien, S. 33–43; ders. Geschichte als Weg zum Musikverständnis, S. 440–449.

328 Richard Wagner. Sämtliche Briefe.

szenischen Wagner-Rezeption in der DDR aufgeschlagen. Herz hatte dazu ja auf dem internationalen ITI-Kolloquium vom November 1965 ein beeindruckendes Statement abgegeben. Später, 1983, charakterisierte der Regisseur rückschauend seine Wagner-Arbeiten, nun vor allem wohl den »Ring« meinend, als »realistisch-komödiantisch«.[329] Das war ein Überbegriff, der theatralisch-szenische, kritisch-historische und geistig-ästhetische Aspekte vereinigen wollte. Da spielten einerseits Erfahrungen des von Felsenstein geprägten realistischen Musiktheaters eine entscheidende Rolle, konterkariert von Erfahrungen des epischen Musiktheaters Brechts. Herz konnte virtuos mit dem Mittel szenischer Verfremdung umgehen, wie er – in Bezug auf den »Ring« – ja auch generell Wagners »Wahl nordischer Mythen [...] als eine echte Verfremdung« ansah, »um in diesem Gewande Probleme der eigenen Zeit darstellen zu können [...]«.[330] Fußend unter anderem auf »Ring«-Einsichten von George Bernard Shaw oder Thomas Mann, vermittelte der Leipziger »Ring« ein sensationell aufgefächertes Handlungs- und Bild-Panorama des 19. Jahrhunderts mit dem Fluch des Goldes als Allegorie auf die zerstörende Allmacht des Kapitals.

Der Leipziger »Ring« ist relativ gut dokumentiert.[331] Herz hat seine Regiekonzeption mehrfach erläutert. Grundsätzlich verstand er die Tetralogie als »Theater auf dem Theater«:

»*Der Schauplatz des Stückes ist das Theater [...]. Der Schauplatz des Stückes ist eine Phantasiewelt. Es ist unsere Phantasie über das 19. Jahrhundert.*«[332]

Und Jahre später noch meinte Herz rückblickend:

»*Beim ›Nibelungenring‹ gewannen wir die Überzeugung, daß Wagner hier eine echte Verfremdung vorgenommen hat: im Gewand nordischer Mythen meinte er Probleme und Konflikte seiner Zeit, offene Fragen, die ihre Wurzeln tief in der Vergangenheit haben und deren Lösung der Zukunft aufgegeben blieb [...]. Daß Wagner seine Zeit gemeint hat und nach Lösungen für Probleme suchte, die über diese Zeit hinausführen, darüber hat er sich unmißverständlich geäußert.*

Wie sonst, wenn nicht im Bilde des Mythos, hätte er die Mächte seiner Zeit sich begegnen lassen können, ohne durch tausend kleine Rücksichtnahmen auf Wirklichkeit und Wahrscheinlichkeit behindert zu sein? Wie sonst hätte er Zusammenbruch und neue Hoffnung zeigen sollen, im einzelnen das Allgemeine, wenn er anstatt eines Gleichnisses ein Abbild hätte geben wollen?«[333]

Das 19. Jahrhundert als Spiegelbild, als eigentlicher Tatort der »Ring«-Handlung war der zündende Funke der Leipziger Interpretation. Erst danach kam die kongeniale Bayreuther Inszenierung von Patrice Chéreau von 1976, die allerdings wegen ihrer so

329 Joachim Herz. Theater – Kunst des erfüllten Augenblicks. Briefe, Vorträge, Notate, Gespräche, Essays, S. 186ff.

330 Ebd., S. 152.

331 Ebd., S. 138–205; weiterhin: Joachim Herz inszeniert Richard Wagners »Ring des Nibelungen« am Opernhaus Leipzig. Akademie der Künste der DDR. Arbeitshefte Nr. 21 und 29, I. Das Rheingold. Die Walküre, II. Siegfried. Götterdämmerung, Berlin 1975 und 1979.

332 Joachim Herz inszeniert Richard Wagners »Ring des Nibelungen« am Opernhaus Leipzig. Arbeitsheft Nr. 21, S. 35.

333 Joachim Herz. Theater – Kunst des erfüllten Augenblicks. Briefe, Vorträge, Notate, Gespräche, Essays, S. 195.

symbolträchtigen Verortung im Bayreuther »Ring«-Jubiläumsjahr und natürlich wegen ihrer Weltklasse-Besetzung dann weitaus mehr Furore machte als das Leipziger Urbild – eigentlich zu Unrecht.

Die mit Herz' »Ring« in Leipzig so exemplarische Rehabilitation des späten Wagner in den 1970er Jahren hatte ihre Parallele in zwei anderen wichtigen Theaterereignissen – in Harry Kupfers Inszenierungen von »Tristan und Isolde« 1975 in Dresden und »Parsifal« 1977 an der Berliner Staatsoper. Es waren fast zwei Jahrzehnte vergangen, seit diese beiden Werke eine Neuinszenierung auf den Bühnen der DDR erlebt hatten. Den »Parsifal« gab es gar nicht mehr, und den »Tristan« nur in gelegentlichen Leipziger, Dresdner und Berliner Repertoirevorstellungen von älteren Inszenierungen. Die zweite Hälfte der 1970er Jahre brachte dann erste Annäherungen an den »Parsifal« mit konzertanten Aufführungen: am 11. Januar 1975 mit dem Leipziger Rundfunk-Sinfonieorchester unter Herbert Kegel, am 25. März 1978 unter Hartmut Haenchen in Schwerin sowie am 19. und 20. Mai 1979 anlässlich der Dresdner Musikfestspiele mit der Dresdner Philharmonie unter Herbert Kegel. Die Dresdner und die Berliner Staatsoper also waren nun ausersehen, beiden Werken – dem »Tristan« und dem »Parsifal« – eine zeitgemäße szenische Deutung angedeihen zu lassen. In beiden Inszenierungen standen Kupfer hervorragende Künstler zur Verfügung, und er hatte mit Peter Sykora auch einen ungemein phantasievollen Partner als Bühnenbildner an der Seite. Die Aufführungen hatten einen sensationellen Publikumserfolg. Ein Bann war endlich gebrochen.

Was auf den Opernbühnen der DDR an neuen Einsichten in das Werk Wagners Realität geworden war, musste sich notgedrungen auch im Bereich der wissenschaftlichen Aufarbeitung des Wagner-Erbes manifestieren. Im Frühjahr 1978 bemühte sich der Theaterverband in Berlin in einem Kolloquium ganz dezidiert um erweiterte Aspekte in der Auseinandersetzung mit Wagner und seiner zeitgemäßen Aneignung. Dabei wurde bewusst der späte Wagner beleuchtet und über ästhetische, biografische und kompositorische Themen referiert.[334]

1983, anlässlich des 100. Todestages von Wagner, erfuhr der Komponist endlich auch eine öffentliche Ehrung. Vom 7. bis 13. Februar fanden vor allem in seiner Geburtsstadt Leipzig (mit einigen Parallel-Veranstaltungen auch in Berlin und Dresden) zentral vom Ministerium für Kultur geplante »Richard-Wagner-Tage der DDR« statt. Und dennoch: Wagner war zwar nun als ganzheitliche Kunsterscheinung anerkannt, die Bruchtheorie »Revolutionär – Reaktionär« endlich ad acta gelegt. Aber staatlicherseits, also im Banne der offiziellen

[334] Vgl. dazu: Werner Wolf/Eckart Kröplin/Christian Kaden/Gerd Rienäcker. Richard Wagners Werke – Heute. Ergebnisse eines Kolloquiums.

Kulturpolitik, blieb ein Unbehagen, ein stets wieder aufkommender Vorbehalt.

Zu den Leipziger »Richard-Wagner-Tagen der DDR« versammelten sich aus dem In- und dem Ausland zahlreiche Theaterleute, Regisseure, Dirigenten, Sänger, Bühnenbildner und Musikwissenschaftler aus der Sowjetunion, aus Polen, der Tschechoslowakei, Ungarn und natürlich aus der Bundesrepublik, wie etwa Martin Gregor-Dellin, Peter Wapnewski, Hans-Joachim Bauer und Hubert Kolland. Es wurde diskutiert[335] – und damit auch musiktheoretisch die Weichen für die weitere Wagner-Rezeption in der DDR gestellt. Es war ein Befreiungsschlag gegenüber den bislang eifrig gehegten ideologischen und ästhetischen Vorurteilen.[336]

Die 1980er Jahre zeigten so tatsächlich ein spannungsvoll farbigeres Wagner-Bild auf den Bühnen des Landes. Die wichtigsten Ereignisse und Inszenierungen sind bereits erwähnt, erinnert sei darüber hinaus weiterhin an einige herausragende Inszenierungen, so an Uwe Wands »Tristan« und »Parsifal« 1981 und 1982 in Leipzig, an den konzertanten »Ring«-Zyklus (anlässlich von Schallplattenaufnahmen) 1980 bis 1983 im Dresdner Kulturpalast unter Marek Janowski, an Wolfgang Wagners »Meistersinger« 1985 und »Fliegenden Holländer« 1988 sowie Theo Adams »Parsifal« 1988 in Dresden und schließlich an die beiden unvollendeten »Ring«-Zyklen 1983/1984 in Schwerin und 1988 bis 1990 in Magdeburg. Der ganze, vielschichtige, komplexe Wagner war nun also endlich in der DDR angekommen.

Wagner wandert aus der DDR aus

Kaum war er endlich angekommen, ging er schon wieder: Die Wagner-Inszenierungen in der DDR strahlten jetzt auch weit über die Grenzen des Landes hinaus in die Bundesrepublik und nach Westeuropa. Wagner wanderte gewissermaßen aus bzw. wurde exportiert. Diese »Exporte«, frei von jeglicher Einflussnahme durch staatliche oder parteiliche Instanzen, präsentierten sich als magische Anziehungspunkte für Publikum, Presse und Öffentlichkeit. Wagner folgte – in übertragenem Sinne – einem Trend der Kulturszene der DDR, als seit den 1970er Jahren, auch infolge der Biermann-Affäre, immer mehr Künstler die DDR verließen. Es war fast ein Kuriosum: Die eigentlichen Wagner-Ereignisse, wie sie von DDR-Regisseuren realisiert wurden, fanden nicht mehr im eigenen Land statt, sondern im Ausland, vornehmlich in der Bundesrepublik.

---

335 In drei Arbeitsgruppen wurde diskutiert: unter der Leitung von Werner Wolf über »Biographie und Werk«, unter Leitung von Gerd Rienäcker über »Dramaturgie und Komposition« und am dritten Tag, unter Leitung von Eckart Kröplin, über »Szenische und musikalische Interpretation«. Vgl.: Internationales Kolloquium 1983 in Leipzig. Richard Wagner – Leben, Werk und Interpretation.

336 Nachklang dieser »Richard-Wagner-Tage der DDR« im Jahre 1983 waren zudem einige wissenschaftliche Publikationen von Wagnerforschern der DDR, die in den Folgejahren erschienen: Eckart Kröplin. »Das ist mein Erzeuger gewesen«. Wagners Verhältnis zu Weber; derS. »Die zinnoberrothe Republik«. Dresden. »Lohengrin« und Richard Wagner; ders. Richard Wagner im theatralischen Jahrhundert; »Lohengrin« und die »Romantische Schule«. Richard Wagner und Dresden (1842–1849); ders., Richard Wagner. Theatralisches Leben und lebendiges Theater; Eckhard Roch. Psychodrama. Richard Wagner im Symbol; Gerd Rienäcker. Richard Wagner. Nachdenken über sein »Gewebe«.

Richard Wagner in der DDR. Ungeliebte Aneignung

Richard Wagner: »Walküre«, Staatstheater Schwerin, 1984

Richard Wagner: »Walküre«, Theater Magdeburg, 1989

Erinnert sei an Joachim Herz' »Tannhäuser«-Inszenierung 1965 in Frankfurt am Main, an seinen »Lohengrin« 1975 an der Wiener Staatsoper und an seinen »Parsifal« 1988 an der English National Opera in London. Oder Götz Friedrich: Dessen Theaterästhetik wurde in der DDR geprägt und offenbarte sich in dieser Weise, etwa in seinem »Tannhäuser« 1972, »Lohengrin« 1979 und »Parsifal« 1982 bei den Bayreuther Festspielen, in seinen »Ring«-Deutungen in London 1974-1976 und 1984-1985 an der Deutschen Oper Berlin. Gedacht werden muss an Harry Kupfers »Parsifal« 1977 in Kopenhagen, »Fliegender Holländer« 1978 und »Ring« 1988 in Bayreuth, »Tristan und Isolde« 1982 in Mannheim oder »Tannhäuser« 1990 in Hamburg. Oder auch an Ruth Berghaus mit dem »Parsifal« 1982 und ihrer exemplarischen »Ring«-Inszenierung 1985 bis 1987 in Frankfurt am Main (gewissermaßen als Revanche für ihre Ende der 1970er Jahre an der Berliner Staatsoper verhinderte »Ring«-Interpretation) sowie an ihren »Tristan« 1988 in Hamburg. Und erinnert sei schließlich auch an Christian Pöppelreiters »Ring« in Graz und Salzburg 1987-1990 sowie an den »Ring« von Adolf Dresen an der Wiener Staatsoper 1992/1993 – der Theaterregisseur hatte 1977 die DDR verlassen. Außer Dresen waren jedoch alle hier genannten Regisseure keine DDR-Dissidenten, aber längst Wanderer zwischen zwei Welten.

Auffällig bei diesen Inszenierungen war immer wieder – bei aller Unterschiedlichkeit der Handschriften – eine werkkritische ästhetische Analyse, verbunden mit einer sozialkritischen und historisch differenzierten Lesart der jeweiligen Wagner-Werke. Es war ein erfrischender Wind, der da die bundesdeutschen und westeuropäischen Bühnen erreichte, ein Wind, der keine Miefigkeit und keine Unverbindlichkeit mehr zuließ, ein Wind, der doch auch realistisches Musiktheater – um bei diesem Begriff einmal zu bleiben – in höchst qualifizierter und weitgreifender Ausdeutung repräsentierte. Es ging um ein teilweise provokant zugespitztes Verhältnis von Historizität und Aktualität, das der Zuschauer selbst zu enträtseln hatte. Es ging um einen Humanismus-Kern, der den Werken immanent ist und vermittelt werden wollte. Theater also in humanistischer Verantwortung, wie das in der DDR selbstverständlich war, in der BRD jedoch zumeist mit großem Erstaunen und oft auch mit Befremden aufgenommen wurde.

Solcherart erfolgreiche Gastinszenierungen von DDR-Regisseuren erregten also immer wieder Aufsehen und lassen sich auch einem politischen Trend der 1970er Jahre zuordnen, der – ausgelöst etwa von den Studentenunruhen in Paris und Berlin Ende der 1960er Jahre – eine Rebellion war gegen die geistige Verdrängung des Nationalsozialismus, aber auch gegen eine saturierte, selbstgefällige

Befindlichkeit der BRD-Wohlstandsrealität. Die Musikbühne schloss sich – eher unterschwellig zwar – diesem Trend an, ohne ihn aber thematisch direkt zu übernehmen. Ein solcher Tatbestand, eher noch als furchtbarer Verdacht befunden, schreckte seinerzeit auch konservative Kreise des Opern- und des Wagner-Publikums auf. Ausgehend von Friedrichs Bayreuther »Tannhäuser«-Inszenierung von 1972 wurde eine geradezu kurios anmutende Hetz-Kampagne in Gang gesetzt. Von »kommunistischer Unterwanderung« war da die Rede und dass »das verehrungswürdige Werk des Meisters den Propagandisten sowjetischer Ideen« ausgeliefert sei. Und es wurde konsterniert »die rote Flut ostdeutscher Exzesse an westdeutschen Wagnerbühnen« festgestellt. »Durch diesen ideologischen Mißbrauch stünden nicht nur die Werke Wagners, sondern die geistige Freiheit auf dem Spiel, denn man ginge – zunehmend manipuliert – einer sicheren Entmündigung entgegen, bis zur völligen Knebelung unseres Denkens und Fühlens durch das Diktat einer politisierten und kollektivierten Kunstpflege – nach gesellschaftsbedingten sozialistischen Einheits-Direktiven.«[337] Ein kritischer Kommentar zu diesen Äußerungen erübrigt sich.

337 Zit. nach: Marion Benz. Die Wagner-Inszenierungen von Herz. Studie zur theatralen Wagner-Rezeption in der DDR, S. 9; vgl. auch: Hartmut Zelinsky. Richard Wagner – Ein deutsches Thema. Eine Dokumentation zur Wirkungsgeschichte Richard Wagners 1876–1976, S. 262f.; vgl. auch: Uwe Färber. »Werkschutz für Wotan«. Einspruch gegen den ideologischen Mißbrauch der Musikdramen Richard Wagners, S. 74–96.

Endspiele. Der Vorhang fällt

Kulturpolitik in finaler Agonie. Parteitag und Theaterkongress

Ein letzter Ausflug in kulturpolitische Vorgänge des Landes muss an dieser Stelle unternommen werden. Im Vorfeld des XI. Parteitags der SED (17. bis 22. April 1986) fand vom 11. bis 13. November 1985 der V. Kongress des Verbandes der Theaterschaffenden statt. Was man hier aber noch nicht wusste, war der mit dem SED-Parteitag offen zutage tretende Umstand, dass sich die Parteiführung entschieden gegen die neue »Perestroika«- und »Glasnost«-Politik wandte, wie sie von dem neu gewählten KPdSU-Generalsekretär Michail Gorbatschow in der Sowjetunion eingeleitet worden war. Die kulturpolitische Grundlinie der SED wurde auf dem Parteitag als sakrosankt und unabänderlich festgeschrieben. Der Theaterverband hatte zuvor noch Hoffnungen geweckt auf Wandlungen und Lockerungen, auf neue Leitlinien. Das wurde deutlich in den langen Debatten auf dem Kongress, wie sie in aller Ausführlichkeit in mehreren Heften der Verbandspublikation »Material zum Theater« publiziert wurden.

Der Generaltitel des Kongresses lautete relativ unverbindlich und allgemein »Theater für Frieden und Sozialismus«. Das war auch der Titel des Hauptreferats des Präsidenten des Verbandes, des Schauspielers Hans-Peter Minetti, dem Nachfolger des langjährigen Präsidenten Wolfgang Heinz. Natürlich waren die gängigen Bekenntnisse zur Politik der SED, zur führenden Rolle der Partei und zur unverbrüchlichen Verbundenheit mit der Sowjetunion zu hören. Aber dann formulierte Minetti auch zweifelnde Bedenken über die Rolle des Theaters in der Politik des Landes und in der Weltpolitik – Fragen, die zum Nachdenken aufforderten. Angesichts der neuerlichen Zuspitzung des Kalten Krieges zwischen West und Ost zu Beginn der 1980er Jahre, verbunden mit gefährlicher Anspannung der Rüstungsspirale, hieß es da zur gesellschaftlichen Rolle des Theaters:

»*Wie haben wir uns in den 50er, 60er und 70er Jahren auseinandergesetzt mit politischen, kulturpolitischen, auch ästhetischen Intentionen und Strategien unserer Widersacher!? Wie haben wir dadurch eigene Meinungs-Verschiedenheiten und Differenzen produktiver austragen gelernt, um so zu der lebendigen Geschlossenheit zu gelangen, die die Partei von uns fordert, weil sie eine Bedingung ist, von der die erfolgreiche Verteidigung des Friedens abhängt [...]? Wir sollten* uns fragen, wie wir dem spätbürgerlichen Kult der Ängste künstlerisch offensiv und streitbar entgegentreten, einmal um uns und unser Publikum demgegenüber allergisch, sensibel und widerstandsfähig zu machen und zum anderen, um gerade auch den vielen tatsächlichen oder potentiellen Verbündeten unter den Künstlern und Schriftstellern in den Ländern des Kapitals unseren Respekt, unsere Hochachtung zu bezeugen.«

Noch einmal betonte Minetti die »Weltgeltung« des DDR-Theaters, die »auf dem politisch-methodischen Fundament, [...] von Brecht, Felsenstein, Langhoff, Eisler, Dessau, Ernst Busch, Fritz Wisten, Hans Rodenberg, Max Burghardt, Karl von Appen, Helene Weigel und Wolfgang Heinz konstituiert worden ist«, und beschwor damit die großen Meister des DDR-Theaters, um ein gemeinschaftliches ideologisches und künstlerisches Miteinander wiederherzustellen, das doch mittlerweile angesichts aktueller Widersprüche längst infrage gestellt war. Es war eine gut gemeinte Ahnenbeschwörung als Reaktion auf nicht mehr zu übersehende inländische Konfrontationen und politästhetische Konfliktsituationen. Weiter sagte er:

»Wenn wir unsere Position des ›aktiven Mitstreiters‹ verantwortlich wahrnehmen, dann müssen wir das einbringen in den gemeinsamen Kampf, was eben nur die Kunst einbringen, was nur sie schaffen kann und darum muß. Wenn sich das Bündnis der Partei der Arbeiterklasse in den 70er und 80er Jahren gerade auch in Bewährungs-Proben zu einem beispielhaft engen Vertrauens-Verhältnis qualifiziert und kultiviert hat, muß dies logischerweise seinen Niederschlag finden in unseren neuen Werken, in den Gestalten dieser Werke.«

Gerade diese Beschwörungen lassen zwischen den Zeilen überdeutlich erkennen, dass es an einer Gemeinsamkeit zwischen Partei und Staat auf der einen und Kunst und Theater auf der anderen Seite fehlte, dass da ein großes Misstrauen eingezogen war, sich eine tiefe Kluft aufgetan hatte. Und in diesem Sinne hieß es wenig später dann auch:

»Gerade in diesen Prozessen des Miteinanders von Theaterleuten und ihren Partnern (in staatlichen Einrichtungen und gesellschaftlichen Organisationen) muß es uns gelingen, die politischen und künstlerischen, nicht-normativen Kriterien für die Beurteilung neuer Werke zu finden und gleichzeitig qualifizierend auf die Werke und ihre Interpretationen einzuwirken. Das setzt zweifellos einen Lern-Prozeß auf beiden, auf allen Seiten voraus.«

Auch in diesen vorsichtigen Formulierungen war doch die Konstatierung eines immer größer gewordenen Defizits klar ablesbar.

Zum Musiktheater formulierte Minetti sehr anerkennende Einschätzungen, indem er jüngste Werke und Produktionen hervorhob, die jedoch tatsächlich gerade die Antagonismen zu herrschenden ästhetischen und ideologischen Maximen auf die Opernbühnen gebracht hatten. Er führte explizit Matthus' »Cornet« und »Judith«, Zimmermanns »Schustersfrau«, Rosenfelds »Mantel« und »Das Spiel von Liebe und Zufall«, Treibmanns »Preis« und andere Werke an. Das war schon bemerkenswert.

Zum Schluss jedoch war eine Ergebenheitsadresse zu hören, die auch vorauseilende Gefügigkeit ankündigte:

»*Weil wir nicht uns selbst, sondern uns als ›Teil der allgemeinen proletarischen Sache‹ verwirklichen wollen, gilt unser Salut der Arbeiterklasse unseres Landes und ihrer Avantgarde, der Sozialistischen Einheitspartei Deutschlands. Ihre Ideale sind unsere Ideale. Ihre Politik zur Verlebendigung dieser Ideale ist unsere Politik. Die Beschlüsse des XI. Parteitags werden von uns angenommen und mit all unserem Können realisiert werden.*«[338]

Im weiteren Verlauf des Kongresses tagten fünf Arbeitsgruppen zu ganz unterschiedlichen Themenbereichen. In einer Arbeitsgruppe kamen auch Vertreter des Musiktheaters zu Wort: der Regisseur Joachim Herz, der Dramaturg Horst Seeger und der Musikwissenschaftler Gerd Rienäcker. Gemeinsam sprachen sie über Fragen der zeitgenössischen Werkinterpretation, also aktuelle Tendenzen des Regietheaters, etwa auch mit Bezug zum Begriff »Werktreue«, der ja in seiner zeitweilig sehr eng gefassten Form inzwischen als obsolet abgetan sei, auf die Beziehung zwischen Interpretationsweisen und dem Auffassungsvermögen bzw. -wollen von Zuschauern, vom Publikum, von der Gesellschaft letztlich.

Noch einmal wurde der alte Gegensatz von realistischem Theaterverständnis und epischem Musiktheater deutlich, wenn Herz beispielsweise auf seine alten Lehrer Heinz Arnold und Walter Felsenstein pochte und neueste Tendenzen etwa eines metaphorisch geprägten Theaterverständnisses – er meinte da eindeutig Ruth Berghaus, ohne ihren Namen zu nennen – höchst kritisch desavouierte. Auch Seeger, weitaus objektiver allerdings, bewegte der Umgang mit dem Begriff »Werktreue«, war jedoch zu weit mehr Offenheit und produktiv veränderter Auffassung bereit, die sich grundsätzlich von Felsensteins Positionen distanzierte. Die »Glaubhaftigkeit« einer musiktheatralischen Aktion als zentrale ästhetische Kategorie zu behaupten, sei eben jenes Kriterium gewesen, an dem Felsenstein festgefahren und gescheitert sei – ungeachtet seiner großartigen Regietaten. Seeger insistierte daher auf weiterführender intensiver Forschung in Richtung einer methodischen Aufarbeitung ästhetischer Strategien des Musiktheaters in der Vergangenheit und

338 V. Kongreß des Verbandes der Theaterschaffenden der DDR. Theater für Frieden und Sozialismus (I), »Material zum Theater« Heft 192, hrsg. vom Verband der Theaterschaffenden der DDR, S. 13f., 17f., 25f., 65.

in der Gegenwart. Ähnliche Fragestellungen bewegten auch Gerd Rienäcker, als er etwa über intendierte »Konfrontation« bei einer bzw. durch eine Opernaufführung reflektierte und dabei, als Widerrede zu Herz, eben auf das Theater der Ruth Berghaus Bezug nahm.[339]

Als Fazit lässt sich sagen: Die Theaterleute auf diesem Verbandskongress, vier Jahre vor der Friedlichen Revolution, haben lebhafte Diskussionen über das Musiktheater und damit auch über sie umtreibende und längst nicht ausgetragene ästhetische Widersprüche geführt. Den meisten Beteiligten war klar: Dahinter standen unausgesprochen politisch-ideologische Kontroversen, die von vielen Künstlern als zunehmend belastend und hemmend empfunden wurden.

Die Kulissen stürzen ein. Die Oper in der Wende

Hatte sich der Kongress also als künstlerische Adresse an den bevorstehenden XI. SED-Parteitag verstanden und sich damit zugleich von diesem auch weiterführende kulturpolitische Weichenstellungen erhofft, so hat der tatsächliche Verlauf des Parteitags solche Hoffnungen im Keim erstickt. Nicht ein Nachdenken über Zweifel und Widersprüche, wie sie die Künstler des Landes und weite Teile der gesellschaftlichen Öffentlichkeit beschäftigten, war auf dem Parteitag zu spüren, sondern ein Beharren auf festgefahrenen Positionen und versteinerten Dogmen in Kunst und Kultur.

Dieser Parteitag war nicht nur der letzte vor dem Ende der DDR, sondern hat auch das Ende eingeläutet. Viel zu sehr war die Partei damit beschäftigt, sich selbst zu bestätigen und jegliche Anregung zu Veränderung abzuwehren, wie sie doch auch durch die neue Gorbatschow-Politik ins Land wehte. Erinnert sei hier nur an die unerwartet brüske Feststellung des SED-Chefideologen Kurt Hager in einem Interview mit der bundesdeutschen Zeitschrift »Stern«, dass die DDR angesichts der neuen Gorbatschow-Politik keinen »Tapetenwechsel« brauche[340], oder an das Publikationsverbot des wegen seiner Offenheit immer beliebteren sowjetischen Kulturmagazins »Sputnik« Ende 1988.

Der Kongress war der letzte, vonseiten der Künstler fast verzweifelte Versuch, einen neuen vorwärtsweisenden Konsens mit der Partei- und Staatsführung zu finden. Es war ein vergeblicher Versuch. Die Kunst, das Theater, die Oper in der DDR sahen sich alleingelassen. Und so bestimmte in den nächsten Jahren eine immer verbitterter

339 V. Kongreß des Verbandes der Theaterschaffenden der DDR. Theater für Frieden und Sozialismus (V), »Material zum Theater« Heft 196, hrsg. vom Verband der Theaterschaffenden der DDR S. 10ff., 40ff., 48ff.

340 Veröffentlicht in »Neues Deutschland« am 10.4.1987, S. 3.

Demonstration von Kulturschaffenden auf dem Platz vor der Semperoper viereinhalb Jahre nach der Wiedereröffnung

geführte Konfrontation mit der morbiden sozialistischen Realität die Atmosphäre der öffentlichen Kulturpolitik. Man fand dabei aber auch zu ganz eigenen neuen Wegen, um dieses Dilemma zu bewältigen. Man fand ganz zu sich selbst und behauptete sich so. Eine unübersehbare Entpolitisierung hatte ihre folgerichtige Entsprechung in der Hinwendung zu immer stärker betonter Ästhetisierung künstlerischer Tätigkeit auch im Bereich des Opterntheaters.

1990 sollten ein weiterer Theaterverbands-Kongress und ein nächster Parteitag der SED stattfinden. Doch sowohl die Partei in ihrer bisherigen Grundform wie auch der Theaterverband lösten sich vorher in der Wende-Zeit auf, verschwanden von der Bildfläche. Die politische Realität hatte sie überholt und überflüssig gemacht. Machtvolle Volksdemonstrationen bereiteten der DDR ein Ende.

Die Künstler hatten wohl noch eine Stimme – so zum Beispiel auf der großen Berliner Massendemonstration vom 4. November 1989, bei der etliche von ihnen demokratische Erneuerung, nicht aber Auflösung der DDR forderten, oder auch in dem Aufruf »Für unser Land« von Künstlern und Intellektuellen vom 26. November, schriftführend unter ihnen Christa Wolf und Stefan Heym, der in die gleiche Richtung zielte. Diese Aktionen ließen noch im Hinblick auf einen menschlichen, demokratischen Sozialismus vorübergehend Visionen aufscheinen, die aber im Laufe des folgenden Jahres als Utopien untergingen. Die Stimmen wurden leiser. Es kam 1990 zum für viele Künstler desillusionierenden, aber bei großen Teilen der Bevölkerung Euphorie hervorrufenden Beitritt der DDR zur politischen und wirtschaftlichen Verfasstheit der Bundesrepublik. Der demokratische Aufbruch vom Herbst 1989 hatte sich allzu schnell in den Westmark-Rausch verflüchtigt.

Das Operntheater der DDR war jedoch bereits vor dem Ende der DDR im Geiste aus dem Land geflohen. Es hatte seine eigene ästhetische Welt gefunden. Und diese war nach wie vor von tiefem Humanismus und der Hoffnung auf eine wahre Demokratie jenseits aller kulturpolitischen Barrieren erfüllt. Von Erich Honeckers unumstößlicher Prämisse von 1971, dass die DDR-Kunst »von festen Positionen des Sozialismus« ausgehen müsse, konnte am Ende der 1980er Jahre keine Rede mehr sein.

Ob Treibmanns »Preis« und »Idiot«, Matthus' »Cornet«, »Judith« und »Mirabeau«, Kunads »Vincent«, Zimmermanns »Schuhu«, Katzers »Land Bum-Bum« und »Gastmahl« oder Herchets »Nachtwache« und »Abraum« – diese Opern waren alle Austrittserklärungen aus einem verordneten »sozialistischen Realismus«, es waren künstlerische und geistige Unabhängigkeitserklärungen.

Mit der Wende 1989/1990 stürzten die Kulissen endgültig ein. Das DDR-Operntheater hatte unumkehrbar die Grenzen des Landes überschritten – politisch und ästhetisch. Das war ein durchaus auch schmerzlicher Prozess einer Entgrenzung, der zugleich doch den Verlust der bisherigen Heimat bedeutete. Ein wenig breitete sich ein Gefühl von Heimatlosigkeit aus. Es fehlte plötzlich die politische Reibungsfläche, die bislang den Grund von produktiv-provokanter Opernkunst und innovativer Theaterästhetik ausgemacht und den ganz eigenen Avantgardismus der DDR-Oper dargestellt hatte. Es gab den zu bestreitenden Gegenpart nicht mehr.

Doch hatten längst namhafte Opernkünstler, vornehmlich Regisseure und Sänger, die seit den 1970er und 1980er Jahren oftmals bereits häufiger im Westen als in der DDR tätig waren, in aller geistigen Freiheit den unbestrittenen Reichtum des DDR-Musiktheaters in die Welt exportiert. Und so lebte diese einmalige Opernkunst unübersehbar weiter – bis heute, über drei Jahrzehnte nach dem Untergang der DDR. Sie sind von Schülern der Altmeister und wiederum deren Schülern von der DDR-Opernbühne in alle Welt getragen worden. Das Land hatte sich überlebt, nicht aber seine Opernkunst.

Paul Dessau nach der Premiere seiner Oper »Puntila« an der Berliner Staatsoper vor dem sogenannten »Brecht-Vorhang«, 1966

Anhang

Wichtige Operninszenierungen in Berlin, Dresden und Leipzig

Die folgenden Angaben – es ist bewusst nur eine Auswahl – vermitteln eine Übersicht über das Gesamtrepertoire der drei Opernmetropolen der DDR. Sie stellen einen repräsentativen Querschnitt dar und geben ein schlüssiges Bild von Spielplanpolitik und Repertoireentwicklungen.

Die Daten- und Titelangaben sind jeweils mit den Namen der Dirigenten, Regisseure und Bühnenbildner ergänzt, teilweise auch mit den Besetzungen der Hauptpartien. Eine Erweiterung dieser Übersicht um Angaben von den übrigen Opernbühnen der DDR hätte quantitativ den Rahmen dieser Darstellung gesprengt, aber die vorliegende Auswahl aus den Spielplänen der großen Opernhäuser lässt auch adäquate Rückschlüsse auf die Opernrepertoires im ganzen Land zu.

Abkürzungen
D=Dirigent
R=Regisseur
B=Bühnenbildner
S=Sänger

Staatsoper Berlin (Aufführungen bis 1955 im »Admiralspalast«)

8.9.1945
C. W. Gluck »Orpheus und Eurydike« (D: Karl Schmidt, R: Wolf Völker, B: Robert Herlth, S: Anneliese Müller, Tiana Lemnitz)

20.9.1945
G. Verdi »Rigoletto« (D: Johannes Schüler, R: Wolf Völker, B: Lothar Schenk von Trapp, S: Peter Anders, Josef Burgwinkel, Erna Berger, Josef Greindl)

7.11.1945
P. Tschaikowsky »Eugen Onegin« (D: Johannes Schüler, R: Wolf Völker, B: Karl Doll, S: Helene Wlaschek, Anneliese Müller, Willi Domgraf-Faßbaender, Erich Witte)

26.1.1946
G. Puccini »Madama Butterfly« (D: Richard Jäger, R: Wolf Völker, B: Lothar Schenk von Trapp, S: Erna Berger, Erich Witte, Josef Greindl)

10.4.1946
J. Offenbach »Hoffmanns Erzählungen« (D: Johannes Schüler, R: Ernst Legal, B: Lothar Schenk von Trapp, S: Erich Witte, Rita Streich, Anneliese Müller, Tiana Lemnitz, Jaro Prohaska)

8.6.1946
W. A. Mozart »Die Entführung aus dem Serail« (D: Karl Schmidt, R: Karl August Neumann, B: Karl Doll, S: Fritz Soot, Erna Berger, Rita Streich, Peter Anders, Ludwig Hofmann)

23.11.1946
G. Verdi »La Traviata« (D: Johannes Schüler, R: Wolf Völker, B: Paul Strecker, S: Erna Berger, Peter Anders, Josef Metternich)

10.4.1947
N. Rimski-Korsakow »Sadko« (D: Johannes Schüler, R: Ernst Legal, B: Lothar Schenk von Trapp, S: Ludwig Suthaus, Anneliese Müller, Margarete Klose, Fritz Soot, Jaro Prohaska)

29.7.1947
R. Wagner »Der fliegende Holländer« (D: Johannes Schüler, R: Wolf Völker, B: Kurt Palm, S: Jaro Prohaska, Paula Buchner, Gottlob Frick, Erich Witte)

3.10.1947
R. Wagner »Tristan und Isolde« (D: Wilhelm Furtwängler, R: Frida Leider, B: Lothar Schenk von Trapp, S: Erna Schlüter, Margarete Klose, Ludwig Suthaus, Gottlob Frick, Jaro Prohaska)

8.11.1947
P. Tschaikowsky »Pique Dame« (D: Johannes Schüler, R: Wolf Völker, B: Lothar Schenk von Trapp, S: Erich Witte, Christel Goltz, Margarete Klose, Josef Metternich)

5.3.1948
R. Strauss »Der Rosenkavalier« (D: Leopold Ludwig, R: Wolf Völker, B: Lothar Schenk von Trapp, S: Paula Buchner, Anneliese Müller, Erna Berger, Jaro Prohaska)

22.5.1948
P. Hindemith »Mathis der Maler« (D: Johannes Schüler, R: Wolf Völker, B: Heinrich Kilger, S: Erich Witte, Jaro Prohaska, Irmgard Klein, Irma Beilke)

Anhang

20.6.1948
W. A. Mozart »Don Giovanni«
(D: Joseph Keilberth, R: Ernst Legal,
B: Kurt Palm, S: Karl Schmitt-Walter,
Eugenie Emmerich-Conrads,
Irmgard Klein, Rudolf Schock,
Gottlob Frick, Heinrich Pflanzl)

6.10.1948
C. Saint-Saëns »Samson und
Dalila« (D: Karl Fischer, R: Paul
Schmidtmann, B: Bernhard Kücken,
S: Margarete Klose, Ludwig
Suthaus, Jaro Prohaska)

19.11.1948
N. Rimski-Korsakow »Die
Zarenbraut« (D: Leopold Ludwig,
R: Wolf Völker, B: Lothar Schenk
von Trapp, S: Ludwig Hofmann,
Elisabeth Grümmer, Josef
Metternich)

19.12.1948
R. Wagner »Die Meistersinger von
Nürnberg« (D: Joseph Keilberth,
R: Wolf Völker, B: Lothar Schenk
von Trapp, S: Jaro Prohaska, Ludwig
Hofmann, Heinrich Pflanzl, Tiana
Lemnitz, Ludwig Suthaus, Helmut
Krebs)

14.2.1949
L. Janáček »Jenufa« (D: Joseph
Keilberth, R: Wolf Völker, B: Heinz
Pfeiffenberger, S: Christel Goltz,
Margarete Klose, Erich Witte, Julius
Katona)

3.5.1949
R. Strauss »Ariadne auf Naxos«
(D: Artur Rother, R: Werner Kelch,
B: Lothar Schenk von Trapp, S: Ernst
Legal, Paula Buchner, Rita Streich,
Erich Witte)

17.6.1949
G. von Einem »Dantons Tod«
(D: Leopold Ludwig, R: Werner
Kelch, B: Paul Strecker, S: Anneliese
Müller, Elisabeth Grümmer, Hans
Reinmar, Erich Witte, Alfred
Hülgert)

22.12.1949
M. Mussorgski »Boris Godunow«
(D: Leopold Ludwig, R: Wolf Völker,
B: Heinz Pfeiffenberger, S: Hans
Reinmar, Anneliese Müller, Anny
Schlemm, Sigrid Ekkehard, Alfred
Hülgert)

7.2.1950
H. Sutermeister »Romeo und Julia«
(D: Arnold Quennet, R: Werner
Kelch, B: Gerd Richter, S: Erich
Witte, Elisabeth Grümmer, Fritz
Soot, Gottlob Frick)

7.4.1950
R. Wagner »Parsifal« (D: Joseph
Keilberth, R: Wolf Völker, B: Lothar
Schenk von Trapp, S: Erich Witte,
Jaro Prohaska, Gottlob Frick,
Heinrich Pflanzl, Martha Mödl)

19.12.1950
R. Strauss »Arabella« (D: Joseph
Keilberth, R: Ernst Legal, B: Heinz
Gerhard Zircher, S: Christel Goltz,
Anny Schlemm, Josef Metternich,
Erich Witte)

17.3.1951
P. Dessau »Das Verhör des
Lukullus« (Uraufführung, D.
Hermann Scherchen, R: Wolf
Völker, B: Caspar Neher, S: Alfred
Hülgert, Willi Heyer-Krämer, Fritz
Soot, Karola Goerlich)

20.5.1951
M. Glinka »Ruslan und Ludmilla«
(D: Arnold Quennet, R: Paul
Schmidtmann, B: Hans-René
Conrad, S: Ruth Keplinger, Sigrid
Ekkehard, Karl Wolfram)

12.10.1951
P. Dessau »Die Verurteilung
des Lukullus« (Uraufführung,
D: Hermann Scherchen, R: Wolf
Völker, B: Caspar Neher, S: Alfred
Hülgert, Willi Heyer-Krämer, Fritz
Soot, Karola Goerlich)

30.3.1952
L. van Beethoven »Fidelio«
(D: Hermann Abendroth, R und
B: Werner Kelch, S: Hedwig Müller-
Bütow, Helge Roswaenge, Jaro
Prohaska, Heinrich Pflanzl, Ruth
Keplinger, Gerhard Unger)

18.3.1953
S. Moniuszko »Halka«
(D: Mieczysław Mierzejewski,
R: Leon Schiller, B: Hainer Hill,
S: Liselott Losch, Erich Witte,
Kurt Rehm)

20.5.1953
R. Wagner-Régeny »Der Günstling«
(D: Karl Egon Glückselig, R: Carl-
Heinrich Kreith, B: Hainer Hill,
S: Irmgard Klein, Alfred Hülgert,
Ruth Keplinger, Gerhard Niese,
Heinrich Pflanzl)

8.11.1953
D. F. E. Auber »Die Stumme von
Portici« (D: Hans Löwlein, R: Hans-
Erich Korbschmitt, B: Hainer Hill,
S: Eleonore Vesco, Gerhard Stolze,
Gerhard Frei, Julius Katona)

4.9.1955
Eröffnung der wiederaufgebauten
Staatsoper »Unter den Linden«
R. Wagner »Die Meistersinger von
Nürnberg« (D: Franz Konwitschny,
R: Max Burghardt, B: Ludwig
Sievert, S: Josef Herrmann, Theo
Adam, Heinrich Pflanzl, Ruth
Keplinger, Erich Witte, Gerhard
Unger, Anneliese Müller)

18.9.1955
W. A. Mozart »Don Giovanni«
(D: Horst Stein, R: Heinz Arnold,
B: Gerd Richter, S: Karl Schmitt-
Walter, Clara Ebers, Liselotte
Losch, Gerhard Stolze, Theo Adam,
Heinrich Pflanzl)

28.9.1955
L. van Beethoven »Fidelio« (D: Franz
Konwitschny, R: Erich-Alexander
Winds, B: Hainer Hill, S: Gertrude
Grob-Prandl, Helge Roswaenge,
Josef Hemann, Gerhard Frei)

14.12.1955
A. Berg »Wozzeck« (D: Johannes
Schüler, R: Werner Kelch, B: Hainer
Hill, S: Kurt Rehm, Sigrid Ekkehard,
Günther Treptow, Gerhard Stolze)

18.1.1956
R. Wagner »Tristan und Isolde«
(D: Franz Konwitschny, R: Erich
Witte, B: Heinz Pfeiffenberger,

S: Günter Treptow, Gertrude Grob-Prandl, Gottlob Frick, Margarete Klose, Rudolf Gonszar)

20.10.1956
R. Strauss »Die Frau ohne Schatten« (D: Franz Konwitschny, R: Heinz Arnold, B: Ludwig Sievert, S: Erich Witte, Clara Ebers, Gertrud Stilo, Christel Goltz, Gerhard Niese)

17.11.1956
R. Wagner »Die Walküre« (D: Franz Konwitschny, R: Erich Witte, B: Heinz Pfeiffenberger, S: Günther Treptow, Sigrid Ekkehard, Gertrude Grob-Prandl, Margarete Klose, Gerhard Frei, Condi Siegmund)

12.1.1957
A. Borodin »Fürst Igor« (D: Lovro von Matačić, R: Erich-Alexander Winds, B: Hainer Hill, S: Jovan Gligor, Gisela Behm, Frans Andersson, Gerhard Stolze)

9.2.1957
C. Monteverdi »Die Krönung der Poppea« (D: Lovro von Matačić, R: Carl-Heinrich Kreith, B: Hainer Hill, S: Diana Eustrati, Gerhard Stolze, Liselotte Losch, Robert Lauhöfer, Heinrich Pflanzl)

14.4.1957
R. Wagner »Das Rheingold« (D: Franz Konwitschny, R: Erich Witte, B: Heinz Pfeiffenberger, S: Rudolf Gonszar, Margarete Klose, Erich Witte, Ruth Keplinger, Gertrud Stilo, Theo Adam, Gerhard Frei)

26.5.1957
R. Wagner »Siegfried« (D: Franz Konwitschny, R: Erich Witte, B: Heinz Pfeiffenberger, S: Günther Treptow, Gerhard Stolze, Rudolf Gonszar, Gertrude Grob-Prandl, Margarete Klose)

22.6.1957
O. Gerster »Die Hexe von Passau« (D: Hans Löwlein, R: Carl-Heinrich Kreith, B: Hainer Hill, S: Hedwig Müller-Bütow, Kurt Rehm, Heinrich Pflanzl, Gerhard Niese)

21.7.1957
R. Wagner »Götterdämmerung« (D: Franz Konwitschny, R: Erich Witte, B: Heinz Pfeiffenberger, S: Günther Treptow, Gertrude Grob-Prandl, Margarete Klose, Ludwig Hofmann, Gerhard Niese, Sigrid Ekkehard)

3.10.1957
R. Strauss »Elektra« (D: Lovro von Matačić, R: Werner Kelch, B: Hainer Hill, S: Christel Goltz, Margarete Klose, Hedwig Müller-Bütow, Günther Treptow, Gerhard Niese)

25.12.1957
W. Egk »Der Revisor« (D: Franz Konwitschny, R: Werner Kelch, B: Hainer Hill, S: Gerhard Stolze, Gertrud Stilo, Ingeborg Wenglor)

7.2.1958
E. Suchoň »Krútňava« (D: Hans Löwlein, R: Erich-Alexander Winds, B: Heinz Pfeiffenberger, S: Anny Schlemm, Erich Witte, Gerhard Frei)

25.6.1958
R. Wagner »Lohengrin« (D: Franz Konwitschny, R: Erich Witte, B: Heinz Pfeiffenberger, S: Josef Traxel, Theo Adam, Brünnhilde Friedland, Irmgard Klein, Frans Andersson)

17.11.1958
M. Mussorgski »Chowanstschina« (D: Assen Naidenoff, R: Hinko Leskovsek, B: Hainer Hill, S: Frans Andersson, Martin Ritzmann, Erich Witte, Theo Adam, Margarete Klose)

19.6.1959
J. Kosma »Die Weber von Lyon« (Uraufführung, D: Hans Löwlein, R: Wilhelm Neef, B: Marc Saint-Saëns, S: Gerhard Frei, Gertraud Prenzlow, Sylvia Pawlik)

4.10.1959
J. K. Forest »Der arme Konrad« (Uraufführung, D: Horst Stein, R: Erich-Alexander Winds, B: Hainer Hill, S: Kurt Rehm, Reiner Süß, Gerhard Frei, Robert Lauhöfer, Ingeborg Wenglor)

10.2.1960
P. Dessau »Die Verurteilung des Lukullus« (D: Hans Löwlein, R: Ruth Berghaus/Erhard Fischer, B: Hainer Hill, S: Erich Witte, Gerhard Frei, Katrin Wölzl)

11.10.1960
G. Verdi »Don Carlos« (D: Franz Konwitschny, R: Erich-Alexander Winds, B: Heinz Pfeiffenberger, S: Ludmila Dvořáková, Hedwig Müller-Bütow, Martin Ritzmann, Theo Adam, Rudolf Jedlička)

11.11.1960
J. K. Forest »Tai Yang erwacht« (D: Hans Löwlein, R: Josef Adolf Weindich/Jean Kurt Forest, B: Hainer Hill, S: Soňa Červená, Sylvia Pawlik, Karl Wüstemann, Werner Müller, Gerhard Niese)

2.7.1961
G. F. Händel »Ezio« (D: Helmut Koch, R: Heinz Rückert, B: Rudolf Heinrich, S: Reiner Süß, Soňa Červená, Theo Adam, Gerhard Stolze, Jutta Vulpius)

3.10.1962
R. Wagner »Tannhäuser« (D: Heinz Fricke, R: Erich-Alexander Winds, B: Hainer Hill, S: Ernst Gruber, Elisabeth Rose, Ludmila Dvořáková, Theo Adam, Rudolf Jedlička)

10.10.1963
G. Verdi »Nabucco« (D: Heinz Rögner, R: Emil F. Vokalek, B: Miroslav Kouřil, S: Rolf Kühne, Maria Corelli, Annelies Burmeister, Theo Adam)

7.2.1964
S. Prokofjew »Die Geschichte eines wahren Menschen« (D: Heinz Fricke, R: Erich-Alexander Winds, B: Heinrich Kilger, S: Rolf Kühne, Maria Croonen, Annelies Burmeister, Antonín Švorc, Reiner Süß)

26.3.1964
G. Bizet »Carmen« (D: Heinz Fricke, R: Heinz Rückert, B: Paul Pilowski, S: Ivana Mixová)

2.5.1964
K. Weill »Aufstieg und Fall der Stadt Mahagonny« (D: Heinz Fricke, R: Fritz Bennewitz, B: Horst Sagert, S: Gertrud Stilo, Irmgard Arnold, Erich Witte, Gerhard Frei, Peter Schreier)

21.6.1964
R. Strauss »Ariadne auf Naxos« (D: Arthur Apelt, R: Erhard Fischer, B: Wilfried Werz, S: Ludmila Dvořáková, Sylvia Geszty, Jola Koziel, Martin Ritzmann)

3.10.1964
G. Verdi »Macbeth« (D: Lamberto Gardelli, R: Erich-Alexander Winds, B: Paul Pilowski, S: Hanne-Lore Kuhse, Kurt Rehm, Gerhard Frei, Martin Ritzmann)

20.2.1965
W. A. Mozart »Cosí fan tutte« (Apollo-Saal, D: Otmar Suitner, R: Erich-Alexander Winds, B: Paul Pilowski, S: Celestina Casapietra, Annelies Burmeister, Sylvia Geszty, Peter Schreier, Robert Lauhöfer, Theo Adam)

13.9.1965
P. Dessau »Die Verurteilung des Lukullus« (D: Herbert Kegel, R: Ruth Berghaus, B: Gustav Hoffmann, S: John Moulson, Gertraud Prenzlow, Gerhard Frei, Reiner Süß, Annelies Burmeister)

6.11.1965
S. Prokofjew »Der feurige Engel« (D: Heinz Fricke, R: Heinz Rückert, B: Paul Pilowski, S: Ruth Asmus, Rudolf Jedlička, Erich Witte)

10.10.1966
R. Hanell »Esther« (Uraufführung, Apollo-Saal, D: Robert Hanell, R: Heinz Rückert, B: Wilfried Werz, S: Edda Schaller, Ilona Papentin, Horst Lunow, Heinz Reeh, Horst Hiestermann)

15.11.1966
P. Dessau »Puntila« (Uraufführung, D: Otmar Suitner, R: Ruth Berghaus, B: Andreas Reinhardt, S: Reiner Süß, Kurt Rehm, Irmgard Arnold)

17.2.1967
R. Strauss »Elektra« (D: Otmar Suitner, R: Ruth Berghaus, B: Andreas Reinhardt, S: Ingrid Steger, Martha Mödl, Ludmila Dvořáková, Ernst Gruber, Theo Adam)

27.5.1967
G. Puccini »Turandot« (D: Heinz Fricke, R: László Vámos, B: Paul Pilowski, S: Hanne-Lore Kuhse, Martin Ritzmann, Celestina Casapietra)

11.10.1967
R. Keiser »Masaniello« (D: Helmut Koch, R: Heinz Rückert, B: Heinrich Kilger, S: Rolf Kühne, Günter Leib, Peter Schreier, Rosemarie Rönisch, Theo Adam, Reiner Süß)

8.5.1968
R. Wagner »Die Meistersinger von Nürnberg« (D: Otmar Suitner, R: Werner Kelch, B: Paul Pilowski, S: Theo Adam, Wilma Lipp, Annelies Burmeister, Martin Ritzmann, Siegfried Vogel, Günther Leib, Peter Schreier)

12.7.1968
N. Rimski-Korsakow »Der goldene Hahn« (D: Heinz Fricke, R: Erhard Fischer, B: Wilfried Werz, S: Reiner Süß, Peter Bindszus, Siegfried Vogel)

3.10.1968
R. Wagner »Der fliegende Holländer« (D: Heinz Fricke, R: Erhard Fischer, B: Wilfried Werz, S: Theo Adam, Liane Synek, Kurt Moll, Martin Ritzmann)

21.11.1968
G. Rossini »Der Barbier von Sevilla« (D: Otmar Suitner, R: Ruth Berghaus, B: Achim Freyer, S: Sylvia Geszty, Wolfgang Anheisser, Peter Schreier, Reiner Süß)

23.2.1969
D. Schostakowitsch »Die Nase« (D: Heinz Fricke, R: Erhard Fischer, B: Wilfried Werz, S: Reiner Süß, Jutta Vulpius, Erich Witte, Horst Hiestermann)

10.5.1969
R. Strauss »Daphne« (D: Otmar Suitner, R: Erich Witte, B: Gustav Hoffmann, S: Celestina Casapietra, Annelies Burmeister, Peter Schreier, Theo Adam, Martin Ritzmann)

19.12.1969
P. Dessau »Lanzelot« (Uraufführung, D: Herbert Kegel, R: Ruth Berghaus, B: Andreas Reinhardt, S: Siegfried Vogel, Reiner Süß, Renate Krahmer, Horst Hiestermann)

9.5.1970
G. F. Händel »Julius Caesar« (D: Helmut Koch, R: Erhard Fischer, B: Wilfried Werz, S: Theo Adam, Sylvia Geszty, Annelies Burmeister, Peter Schreier)

4.7.1970
C. M. von Weber »Der Freischütz« (D: Otmar Suitner, R: Ruth Berghaus, B: Andreas Reinhardt, S: Jola Koziel, Renate Hoff, Martin Ritzmann, Kurt Moll, Theo Adam)

29.9.1970
A. Bush »Joe Hill« (Uraufführung, D: Heinz Fricke, R: Erhard Fischer, B: Wilfried Werz, S: Erich Siebenschuh, Annelies Burmeister, Herbert Rössler, Eduardo Castellanos)

16.12.1970
L. van Beethoven »Fidelio« (D: Otmar Suitner, R: Erhard Fischer, B: Wilfried Werz, S: Ludmila Dvořáková, Martin Ritzmann, Theo Adam, Siegfried Vogel)

21.3.1971
R. Strauss »Die Frau ohne Schatten« (D: Otmar Suitner, R: Harry Kupfer, B: Wilfried Werz, S: Enriqueta Tarres, Ludmila Dvořáková, Sigrid Kehl, Martin Ritzmann, Antonín Švorc)

2.10.1971
G. Kochan »Karin Lenz« (Uraufführung, D: Heinz Fricke, R: Erhard Fischer, B: Willi Sitte/ Dieter Rex, S: Gisela Schröter, Martin Ritzmann, Siegfried Vogel)

3.12.1972
G. Verdi »Othello« (D: Wolfgang Rennert, R: Harry Kupfer, B: Wilfried Werz, S: Martin Ritzmann, Anna Tomowa-Sintow, Karl-Heinz Stryczek, Eberhard Büchner)

24.2.1973
D. Schostakowitsch »Katerina Ismailowa« (D: Heinz Fricke, R: Erhard Fischer, B: Falk von Wangelin, S: Eva-Maria Straussová, Peter Gugalow, Reiner Süß, Peter Bindszus)

8.7.1973
R. Strauss »Der Rosenkavalier« (D: Otmar Suitner, R: Erhard Fischer, B: Wilfried Werz, S: Ludmila Dvořáková, Ingeborg Springer, Isabella Nawe, Reiner Süß)

17.11.1973
E. H. Meyer »Reiter der Nacht« (Uraufführung, D: Heinz Fricke, R: Joachim Herz, B: Bernhard Schröter, S: Siegfried Vogel, Gisela Schröter Fritz Hübner, Reiner Goldberg)

16.2.1974
P. Dessau »Einstein« (Uraufführung, D: Otmar Suitner, R: Ruth Berghaus, B: Andreas Reinhardt, S: Theo Adam, Peter Schreier, Reiner Süß, Horst Hiestermann)

21.7.1974
G. Verdi »Aida« (D: Wolfgang Rennert, R: Erhard Fischer, B: Wilfried Werz, S: Anna Tomowa-Sintow, Gisela Schröter, Ruggiero Orofino, Siegfried Vogel, Karl-Heinz Stryczek)

21.12.1974
R. Kunad »Sabellicus« (Uraufführung, D: Wolfgang Rennert, R: Harry Kupfer, B: Peter Sykora, S: Karl-Heinz Stryczek, Edda Schaller, Carolyn Smith-Meyer, Werner Haseleu)

4.10.1975
K. Penderecki »Die Teufel von Loudun« (D: Wolfgang Rennert, R: Erhard Fischer, B: Wilfried Werz, S: Krystyna Szostek-Radkowa, Ingeborg Springer, Frank-Peter Späthe, Fritz Hübner)

23.5.1976
C. M. von Weber »Oberon« (D: Wolfgang Rennert, R: Luca Ronconi, B: Pier Luigi Pizzi, S: Eberhard Büchner, Celestina Casapietra, Ursula Fischer, Reiner Goldberg)

3.10.1976
J. Werzlau »Meister Röckle« (Uraufführung, D: Ernst Stoy, R: Erhard Fischer, B: Peter Sykora, S: Rudolf Asmus, Carola Nossek, Reiner Süß)

25.12.1976
R. Strauss »Arabella« (D: Otmar Suitner, R: Erich Witte, B: Wilfried Werz, S: Anna Tomowa-Sintow, Magdalena Falewicz, Franz-Ferdinand Nentwig, Eberhard Büchner)

27.2.1977
F. Goldmann »R. Hot bzw. Die Hitze« (Uraufführung, Apollo-Saal, D: Friedrich Goldmann, R: Peter Konwitschny, B: Karl-Heinz Schäfer, S: Peter Menzel, Peter Olesch, Peter Bindszus, Brigitte Eisenfeld)

10.7.1977
R. Wagner »Parsifal« (D: Otmar Suitner, R: Harry Kupfer, B: Peter Sykora, S: Spas Wenkoff, Theo Adam, Siegfried Vogel, Ludmila Dvořáková, Karl-Heinz Stryczek)

22.12.1977
R. Wagner »Tannhäuser« (D: Otmar Suitner, R: Erhard Fischer, B: Wilfried Werz, S: Spas Wenkoff, Celestina Casapietra, Gisela Schröter, Siegfried Vogel, Siegfried Lorenz)

28.5.1978
W. A. Mozart »La Clemenza di Tito« (D: Wolfgang Rennert, R: Ruth Berghaus, B: Marie-Luise Strandt, S: Peter Schreier, Celestina Casapietra, Ute Trekel-Burckhardt, Ingeborg Springer, Carola Nossek, Siegfried Vogel)

30.9.1978
A. Borodin »Fürst Igor« (D: Rolf Reuter, R: Boris Pokrowski, B: Ilja Glasunow, S: Bernd Zettisch, Magdaléna Hajóssyová, Reiner Goldberg)

24.6.1979
R. Strauss »Salome« (D: Wolfgang Rennert, R: Harry Kupfer, B: Wilfried Werz, S: Josephine Barstow, Ludmila Dvořáková, Günther Kurth, Theo Adam, Eberhard Büchner)

23.9.1979
R. Wagner »Das Rheingold« (D: Otmar Suitner, R: Ruth Berghaus, B: Marie-Luise Strandt, S: Siegfried Vogel, Eberhard Büchner, Peter Olesch, Peter Menzel, Ute Trekel-Burckhardt, Eva-Maria Bundschuh, Annelies Burmeister)

24.11.1979
P. Dessau »Leonce und Lena« (Uraufführung, D: Otmar Suitner, R: Ruth Berghaus, B: Marie-Luise Strandt, S: Eberhard Büchner, Carola Nossek, Reiner Süß, Brigitte Eisenfeld, Peter Menzel)

17.2.1980
R. Strauss »Capriccio« (D: Otmar Suitner, R: Theo Adam, B: Wilfried Werz, S: Magdaléna Hajóssyová, Gisela Schröter, Siegfried Lorenz, Eberhard Büchner)

5.5.1981
W. A. Mozart »Idomeneo« (D: Peter Schreier, R: Ruth Berghaus, B: Marie-Luise Strandt, S: Eberhard Büchner, Uta Priew, Magdaléna Hajóssyová, Carola Nossek)

5.7.1981
F. Schreker »Der Schmied von Gent« (D: Rolf Reuter, R: Erhard Fischer, B: Valeri Lewental, S: Jürgen Freier, Uta Priew, Bernd Zettisch, Frank-Peter Späthe, Carola Nossek)

28.11.1982
F. Cerha »Baal« (D: Heinz Fricke, R: Otto Schenk, B: Rolf Langenfass, S: Theo Adam, Uta Priew, Carola Nossek)

Anhang

5.2.1983
G. Rossini »Aschenputtel«
(»La Cenerentola«) (D: Ernst
Märzendorfer, R: Ruth Berghaus,
B: Marie-Luise Strandt, S: Uta
Priew, Isabella Nawe, Jürgen Freier,
Reiner Süß, Siegfried Lorenz)

26.2.1983
U. Zimmermann »Die wundersame
Schustersfrau« (D: Gert Bahner,
R: Erhard Fischer, B: Wilfried
Werz, S: Helena Holmberg, Rolf
Haunstein)

30.4.1983
R. Wagner »Lohengrin« (D: Wolf-
Dieter Hauschild, R: Theo Adam,
B: Wilfried Werz, S: Eberhard
Büchner, Magdaléna Hajóssyová,
Gisela Schröter, Siegfried Vogel,
Ekkehard Wlaschiha)

11.9.1983
P. Dessau »Die Verurteilung des
Lukullus« (D: Hartmut Haenchen,
R: Ruth Berghaus, B: Hans-Joachim
Schlieker, S: Reiner Goldberg,
Isabella Nawe, Uta Priew, Fritz
Hübner, Konrad Rupf)

25.12.1983
H. Pfitzner »Palestrina« (D: Otmar
Suitner, R: Erhard Fischer, B: Peter
Heilein, S: Peter Schreier, Jürgen
Freier, Fritz Hübner, Reiner Süß,
Carola Nossek)

26.5.1984
R. Kunad »Amphitryon«
(Uraufführung, D: Siegfried Kurz,
R: Klaus Dieter Kirst, B: Henning
Schaller, S: Peter-Jürgen Schmidt,
Magdalena Falewicz, Barbara
Bornemann, Jürgen Freier, Stephan
Spiewok)

15.9.1984
A. Berg »Wozzeck« (D: Siegfried
Kurz, R: Ruth Berghaus, B: Hans-
Dieter Schaal, S: Siegfried Lorenz,
Uta Priew, Reiner Goldberg)

13.10.1985
W. A. Mozart »Don Giovanni«
(D: Otmar Suitner, R: Ruth
Berghaus, B: Marie-Luise Strandt,
S: Siegfried Vogel, Gerd Wolf, Fritz

Hübner, Magdaléna Hajóssyová,
Celestina Casapietra, Carola
Nossek, Eberhard Büchner)

15.11.1986
C. M. von Weber »Euryanthe«
(D: Siegfried Kurz, R: Christian
Pöppelreiter, B: Wilfried Werz,
S: Magdaléna Hajóssyová, Hanna
Lisowska, Eberhard Büchner, Jürgen
Freier)

25.12.1986
L. Janáček »Jenufa« (D: Heinz
Fricke, R: Erhard Fischer, B: Peter
Heilein, S: Eva-Maria Bundschuh,
Ute Trekel-Burckhardt, Reiner
Goldberg, Peter-Jürgen Schmidt)

21.2.1987
F. Schenker »Büchner«
(Uraufführung, Apollo-Saal,
D: Christian Ehwald, R: Christian
Pöppelreiter, B: Nancy Torres,
S: Andreas Schmidt, Elvira Dreßen,
Heinz Reeh, Roman Trekel)

14.6.1987
C. W. Gluck, »Iphigenie in Aulis«
(D: Peter Schreier, R: Christian
Pöppelreiter, B: Wilfried Werz,
S: Magdaléna Hajóssyová,
Rosemarie Lang, Siegfried Lorenz,
Eberhard Büchner)

13.12.1987
A. Schönberg »Moses und Aron«
(D: Friedrich Goldmann, R: Ruth
Berghaus, B: Hans-Dieter Schaal,
S: Theo Adam, Reiner Goldberg)

30.4.1988
G. Katzer »Gastmahl oder Über die
Liebe« (Uraufführung, Apollo-Saal,
D: Siegfried Kurz, R: Erhard Fischer,
B: Peter Heilein, S: Bernd Zettisch,
Dagmar Pecková, Gisela Schröter,
Reiner Süß)

18.12.1988
R. Wagner »Tristan und Isolde«
(D: Heinz Fricke, R: Erhard Fischer,
B: Peter Heilein, S: Heikki Siukola,
Eva-Maria Bundschuh, Rosemarie
Lang, Siegfried Vogel, Knut Skram)

23.5.1989
W. A. Mozart »Cosí fan tutte«
(D: Olaf Henzold, R: Ruth Berghaus,
B: Peter Schubert, S: Toril Carlsen,

Dagmar Pecková, Ralph Eschrig,
Roman Trekel, Yvonn Füssel, René
Pape)

14.7.1989
S. Matthus »Graf Mirabeau«
(Uraufführung, D: Heinz Fricke,
R: Erhard Fischer, B: Peter Heilein,
S: Jürgen Freier, Peter-Jürgen
Schmidt, Carola Höhn)

21.12.1989
A. Borodin »Füst Igor« (D: Walter
Weller, R: Christian Pöppelreiter,
B: Wilfried Werz, S: Jürgen Freier,
Magdaléna Hajóssyová, Dagmar
Pecková, René Pape, Fritz Hübner)

16.6.1990
W. A. Mozart »Die Zauberflöte«
(D: Siegfried Kurz, R: Erhard
Fischer, B: Peter Heilein, S: Fritz
Hübner, Kirsten Blanck, Carola
Höhn, Wolfgang Millgramm, René
Pape)

23.9.1990
G. Verdi »Il Trovatore« (D: Wolfgang
Rennert, R: Michael Heinicke,
B: Stefan Weil, S: Monica Pick-
Hieronimi, Rosemarie Lang,
Vincenzo Bello, Hans-Joachim
Ketelsen)

Komische Oper Berlin

23.12.1947
J. Strauß »Die Fledermaus«
(D: Berthold Lehmann, R: Walter
Felsenstein, B: Heinz Pfeiffenberger,
S: Margarete Katz, Annemarie
Jürgens, Ruth Gerntholtz, Alfred
Hülgert, Hans Busch, Rudolf
Drexler)

25.5.1948
C. Orff »Die Kluge« (D: Paul
Schmitz, R: Walter Felsenstein,
B: Heinz Pfeiffenberger, S: Elisabeth
Grümmer, Josef Herrmann)

22.8.1948
J. Offenbach »Orpheus in der
Unterwelt« (D: Leo Spies, R: Walter
Felsenstein, B: Heinz Pfeiffenberger,
S: Elfride Trötschel, Rudolf Drexler,
Ralph Lothar, Aribert Wäscher)

4.1.1949
G. Bizet »Carmen« (D: Otto Klemperer, R: Walter Felsenstein, B: Josef Fenneker, S: Lieselotte Enck, Elfride Trötschel, Heinz Sauerbaum, Gerhard Niese)

14.4.1949
J. Strauß »Der Zigeunerbaron« (D: Rudolf Kempe, R: Walter Felsenstein, B: Josef Fenneker, S: Gudrun Wuestemann, Sonja Schöner, Margarete Klose, Gert Rainer, Jaro Prohaska)

8.12.1949
C. Zeller »Der Vogelhändler« (D: Wolf-Dietrich von Winterfeld, R: Walter Felsenstein, B: Heinz Pfeiffenberger, S: Irmgard Armgart, Sonja Schöner, Hugo Mayer-Gänsbacher, Gert Rainer, Josef Burgwinkel)

24.1.1950
W. A. Mozart »Figaros Hochzeit« (D: Hans Löwlein, R: Walter Felsenstein, B: Josef Fenneker, S: Gudrun Wuestemann, Elfride Trötschel, Anny Schlemm, Fritz Reinhardt, Mathieu Ahlersmeyer)

9.9.1950
B. Smetana »Die verkaufte Braut« (D: Arthur Grüber, R: Walter Felsenstein, B: Heinz Pfeiffenberger, S: Anny Schlemm, Rudolf Schock, Ralph Peters, Heinrich Pflanzl)

10.2.1951
J. Offenbach »Pariser Leben« (D: Leo Spies, R: Walter Felsenstein, B: Heinz Pfeiffenberger, S: Sonja Schöner, Jarmila Ksirová, Irmgard Arnold, Hermann Lenschau, Alfred Hülgert, Josef Burgwinkel)

9.4.1951
C. M. von Weber »Der Freischütz« (D: Hans Gahlenbeck, R: Walter Felsenstein, B: Caspar Neher, S: Elfride Trötschel, Sonja Schöner, Walter Geisler, Gerhard Frei, Herbert Rössler)

13.3.1952
G. Verdi »Falstaff« (D: Arthur Grüber, R: Walter Felsenstein, B: Heinz Pfeiffenberger, S: Irmgard Armgart, Sonja Schöner, Gertrud Stilo, Diana Eustrati, Hans Reinmar, Gerhard Niese, Ralph Peters)

1.11.1952
A. Lortzing »Zar und Zimmermann« (D: Erich Wittmann, R: Walter Felsenstein, B: Heinz Pfeiffenberger, S: Sonja Schöner, Ralph Peters, Gerhard Niese, Willy Sahler, Ernst Kozub)

26.10.1953
J. Haas »Die Hochzeit des Jobs« (D: Meinhard von Zallinger, R: Joachim Herz, B: Sandberg-Kollektiv, S: Karl Paul, Sonja Schöner, Gerhard Frei)

25.2.1954
W. A. Mozart »Die Zauberflöte« (D: Meinhard von Zallinger, R: Walter Felsenstein, B: Rudolf Heinrich, S: Sonja Schöner, Jutta Vulpius, Irmgard Armgart, Richard Holm, Sigmund Roth, Benno Kusche, Hans Reinmar)

5.9.1954
J. Strauß »Eine Nacht in Venedig« (D: Meinhard von Zallinger, R: Walter Felsenstein, B: Jost Bednar, S: Annemarie Jürgens, Anna Maria Sawade, Erich Arnold, Ralph Peters)

30.12.1954
R. Strauss »Die schweigsame Frau« (D: Meinhard von Zallinger, R: Walter Felsenstein, B: Heinz Pfeiffenberger, S: Irmgard Arnold, Hans Reinmar, Karl-Friedrich Hölzke)

11.7.1955
G. Puccini »Manon Lescaut« (D: Meinhard von Zallinger, R: Joachim Herz, B: Rudolf Heinrich, S: Melitta Muszely, Karl-Friedrich Hölzke)

15.1.1956
R. Mohaupt »Die Wirtin von Pinsk« (D: Robert Hanell, R: Joachim Herz, B: Rudolf Heinrich, S: Hedwig Müller-Bütow, Hanns Nocker, Frans Andersson)

30.5.1956
L. Janáček »Das schlaue Füchslein« (D: Václav Neumann, R: Walter Felsenstein, B: Rudolf Heinrich, S: Irmgard Arnold, Georg Baumgartner, Rudolf Asmus)

10.9.1956
A. Dvořák »Katinka und der Teufel« (D: Robert Hanell, R: Hans Reinmar, B: Heinz Pfeiffenberger)

15.10.1956
E. d'Albert »Tiefland« (D: Robert Hanell, R: Heinz Rückert, B: Rudolf Heinrich)

13.4.1957
E. Wolf-Ferrari »Die neugierigen Frauen« (D: Robert Hanell, R: Heinz Rückert, B: Rudolf Heinrich)

8.11.1957
W. A. Mozart »Die Entführung aus dem Serail« (D: Harold Byrns, R: Heinz Rückert, B: Rudolf Heinrich)

22.12.1957
B. Britten »Albert Herring« (D: Walter Knör, R: Joachim Herz, B: Rudolf Heinrich, S: Erwin Wohlfahrt, Lydia Dertil, Hanna Schmook, Margarete Klose, Werner Enders)

25.1.1958
J. Offenbach »Hoffmanns Erzählungen« (D: Václav Neumann, R: Walter Felsenstein, B: Rudolf Heinrich, S: Melitta Muszely, Hanns Nocker, Rudolf Asmus, Werner Enders)

18.11.1958
G. Puccini »Turandot« (D: Robert Hanell, R: Joachim Herz, B: Rudolf Heinrich, S: Sigrid Ekkehard, Irmgard Arnold, Hermin Esser)

15.9.1959
G. Puccini »La Bohème« (D: Harold Byrns, R: Götz Friedrich, B: Rudolf Heinrich)

11.10.1959
G. Verdi »Othello« (D: Václav Neumann, R: Walter Felsenstein, B: Rudolf Heinrich, S: Anny

Schlemm, Hanna Schmook, Hanns Nocker, Ernst Gutstein, Hermin Esser)

6.3.1960
R. Kurka »Der brave Soldat Schwejk« (D: Robert Hanell, R: Joachim Herz, B: Rudolf Heinrich, S: Werner Enders, Rudolf Asmus, Irmgard Armgart)

22.5.1960
G. Paisiello »Der Barbier von Sevilla« (D: Robert Hanell, R: Walter Felsenstein, B: Rudolf Heinrich, S: Gertrud Freedmann, Hanns Nocker, Rudolf Asmus, Vladimír Bauer)

7.7.1960
D. F. E. Auber »Fra Diavolo« (D: Václav Neumann, R: Götz Friedrich, B: Heinrich Kilger)

16.10.1960
G. Verdi »La Traviata« (D: Kurt Masur, R: Walter Felsenstein, B: Rudolf Heinrich, S: Irmgard Arnold, Hermin Esser, Ernst Gutstein)

4.7.1961
B. Britten »Ein Sommernachtstraum« (D: Kurt Masur, R: Walter Felsenstein, B: Rudolf Heinrich, S: Ella Lee, Gabriele Schubert, Ingrid Czerny, William Ray, Rudolf Asmus)

16.11.1961
G. Puccini »Tosca« (D: Robert Hanell, R: Götz Friedrich, B: Rudolf Heinrich)

9.2.1962
R. Wagner »Der fliegende Holländer« (D: Robert Hanell, R: Joachim Herz, B: Rudolf Heinrich/Reinhart Zimmermann, S: Vladimír Bauer, Christa-Maria Ziese, Herbert Rössler, Oldřich Spisar)

8.9.1962
W. A. Mozart »Così fan tutte« (D: Kurt Masur, R: Götz Friedrich, B: Reinhart Zimmermann, S: Ingrid Czerny, Gabriele Schubert, Christel Oehlmann, Manfred Hopp, Uwe Kreyssig, Rudolf Asmus)

13.4.1963
R. Strauss »Salome« (D: Kurt Masur, R: Götz Friedrich, B: Jiří Procházka, S: Jarmila Rudolfová, Ruth Schob-Lipka, Hanns Nocker, Vladimír Bauer, Manfred Hopp)

24.9.1963
J. Offenbach »Ritter Blaubart« (D: Karl-Fritz Voigtmann, R: Walter Felsenstein, B: Wilfried Werz, S: Anny Schlemm, Ingrid Czerny, Hanns Nocker, Manfred Hopp, Werner Enders, Rudolf Asmus)

7.12.1963
P. Tschaikowsky »Pique Dame« (D: Kurt Masur, R: Wolfgang Kersten, B: Reinhart Zimmermann, S: Jaroslav Kachel, Christa Noack, Hanna Schmook)

17.2.1964
J. Gay/B. Britten »Die Bettleroper« (D: Robert Hanell, R: Horst Bonnet, B: Reinhart Zimmermann, S: Uwe Kreyssig, Vladimír Bauer, Frank Bauer, Werner Enders, Jarmila Ksirová, Ingrid Czerny)

15.9.1964
L. Janáček »Jenufa« (D: Rudolf Vasata, R: Götz Friedrich, B: Reinhart Zimmermann, S: Jarmila Rudolfová, Ruth Schob-Lipka, John Moulson, Jaroslav Kachel)

19.4.1966
C. Monteverdi/S. Matthus »Die Heimkehr des Odysseus« (Kammerspiele des Deutschen Theaters, D: Gert Bahner, R: Götz Friedrich, B: Reinhart Zimmermann, S: John Moulson, Sigrid Kehl)

4.12.1966
W. A. Mozart »Don Giovanni« (D: Zdeněk Košler, R: Walter Felsenstein, B: Reinhart Zimmermann, S: Klara Barlow, Anny Schlemm, Eva-Maria Baum, György Melis, John Moulson, Rudolf Asmus, Herbert Rössler, Fritz Hübner)

6.12.1966
G. Verdi »Der Troubadour« (D: Gert Bahner, R: Götz Friedrich, B: Josef Svoboda)

5.11.1967
S. Matthus »Der letzte Schuss (Uraufführung, D: Gert Bahner, R: Götz Friedrich, B: Reinhart Zimmermann, S: Lydia Sacharenko, Renate Krahmer, Jaroslav Kachel, Uwe Kreyssig)

26.3.1968
H. W. Henze »Der junge Lord« (D: Gert Bahner, R: Joachim Herz, B: Reinhart Zimmermann, S: Werner Enders)

22.12.1968
S. Prokofjew »Die Liebe zu drei Orangen« (D: Gert Bahner, R: Walter Felsenstein, B: Valeri Lewental, S: Ruth Schob-Lipka, Ingrid Czerny, Friederike Wulff-Apelt, Amalie Braunová, Hans-Otto Rogge, Rudolf Asmus)

6.3.1969
G. Verdi »Aida« (D: Gert Bahner, R: Götz Friedrich, B: Reinhart Zimmermann, S: Zisana Tatischwili, Gisela Pohl, Nodar Andguladse, Herbert Rössler, Ronald Dutro)

21.9.1969
G. F. Händel »Deidamia« (D: Winfried Müller, R: Wolfgang Kersten, B: Reinhart Zimmermann, S. Elisabeth Breul, Eva-Maria Baum, Günter Neumann)

24.1.1970
G. Gershwin »Porgy und Bess« (D: Gert Bahner, R: Götz Friedrich, B: Reinhart Zimmermann, S: Fritz Hübner, Carolyn Smith-Meyer)

23.1.1971
J. Bock »Der Fiedler auf dem Dach« (D: Karl-Fritz Voigtmann, R: Walter Felsenstein, B: Valeri Lewental, S: Irmgard Arnold, Rudolf Asmus, Werner Enders, Hanns Nocker)

28.3.1971
G. Verdi »Die Macht des Schicksals« (D: Gert Bahner, R: Joachim Herz, B: Reinhart Zimmermann, S: Els Bolkestein, Alexandra Imalska, Günter Neumann, Fritz Hübner, Vasile Martinoiu)

3.10.1971
J. Massenet »Don Quichotte«
(D: Karl-Fritz Voigtmann, R: Götz
Friedrich, B: Reinhart Zimmermann,
S: Ulrik Cold, Rudolf Asmus, Libuše
Márová)

1.3.1972
G. Bizet »Carmen« (D: Dmitri
Kitajenko, R: Walter Felsenstein,
B: Wilfried Werz, S: Emma
Sarkissjan, Galina Pissarenko,
Wjatscheslaw Ossipow, Siegfried
Vogel)

16.4.1972
S. Matthus »Noch einen Löffel
Gift, Liebling?« (Uraufführung,
D: Gert Bahner, R: Götz Friedrich,
B: Reinhard Zimmermann, S: Rudolf
Asmus, Hanns Nocker, Jutta
Vulpius, Gisela Pohl)

2.7.1972
L. Janáček »Katja Kabanowa«
(D: Gert Bahner, R: Joachim
Herz, B: Rudolf Heinrich, S: Jana
Smitková, Ruth Schob-Lipka,
Jaroslav Kachel, Vladimír Bauer,
Günter Neumann)

21.4.1974
S. Prokofjew »Krieg und Frieden«
(D: Gert Bahner, R: Lew Michailow,
B: Valeri Lewental)

26.2.1975
W. A. Mozart »Die Hochzeit des
Figaro« (D: Géza Oberfrank,
R: Walter Felsenstein, B: Reinhart
Zimmermann, S: Magdalena
Falewicz, Ursula Reinhardt-Kiss,
Ute Trekel-Burckhardt, Uwe
Kreyssig, Joszef Dene)

28.6.1975
A. Berg »Lulu« (2 Akte) (D: Joachim
Willert, R: Joachim Herz,
B: Reinhart Zimmermann, S: Ursula
Reinhardt-Kiss, Vladimír Bauer,
Willi Nett, Hans-Otto Rogge, Ruth
Asmus, John Moulson)

2.1.1977
B. Smetana »Das Geheimnis«
(D: Václav Neumann, R: Rudolf
Asmus, B: Ladislav Vychodil)

30.4.1977
K. Weill »Aufstieg und Fall der Stadt
Mahagonny« (D: Robert Hanell,
R: Joachim Herz, B: Reinhart
Zimmermann, S: Elliot Palay,
Tamara Lind, Maria Zahlten-
Hall, Werner Enders, Herbert
Rössler, Klement Slowioczek, Willi
Schwabe)

1.10.1977
C. W. Gluck »Iphigenie auf Tauris«
(D: Kurt Masur, R: Wolfgang
Kersten, B: Karl von Appen, S: Els
Bolkestein)

3.1.1978
G. Puccini »Madama Butterfly«
(D: Mark Elder, R: Joachim
Herz, B: Reinhart Zimmermann,
S: Magdalena Falewicz, Dimitra
Pitsilou, Günter Neumann, Rolf
Haunstein)

30.9.1978
G. Katzer »Das Land Bum-
Bum« (»Der lustige Musikant«)
(Uraufführung, D: Joachim Willert,
R: Joachim Herz, B: Reinhart
Zimmermann, S: Dorothée
Reingart/Mariana Slavová, Uwe
Peper, Rudolf Asmus)

29.1.1979
I. Strawinsky »The Rake's Progress«
(D: Jiří Bélohlavek, R: Friedo Solter,
B: Lothar Scharsich)

20.1.1980
A. Berg »Lulu« (3 Akte) (D: Joachim
Willert, R: Joachim Herz,
B: Reinhart Zimmermann, S: Ursula
Reinhardt-Kiss, Vladimír Bauer,
George Ionescu, Günter Neumann,
Suzanne Brenning, John Moulson)

11.1.1981
B. Britten »Peter Grimes«
(D: Richard Armstrong, R: Joachim
Herz, B: Reinhart Zimmermann,
S: John Moulson, Jana Smitková,
Werner Haseleu)

3.10.1981
R. Wagner »Die Meistersinger
von Nürnberg« (D: Rolf Reuter,
R: Harry Kupfer, B: Wilfried Werz,
S: Siegfried Vogel, Jana Smitková,
Günter Neumann, Uwe Peper, Rolf
Tomaszewski, Wolfgang Hellmich)

31.3.1982
W. A. Mozart »Die Entführung
aus dem Serail« (D: Rolf Reuter,
R: Harry Kupfer, B: Marco Arturo
Marelli)

1982
G: Puccini »La Bohème« (D: Rolf
Reuter, R: Harry Kupfer, B: Reinhart
Zimmermann)

15.1.1983
A. Reimann »Lear« (D: Hartmut
Haenchen, R: Harry Kupfer,
B: Reinhart Zimmermann)

10.9.1983
G. Verdi »Rigoletto« (D: Rolf Reuter,
R: Harry Kupfer, B: Ezio Toffolutti)

20.11.1983
M. Mussorgski »Boris Godunow«
(D: Rolf Reuter, R: Harry Kupfer,
B: Reinhart Zimmermann)

13.4.1984
W. A. Mozart »Cosí fan tutte«
(D: Joachim Willert, R: Harry
Kupfer, B: Reinhart Zimmerman)

4.12.1984
G. F. Händel »Giustino« (D: Hartmut
Haenchen, R: Harry Kupfer,
B: Valeri Lewental, S: Jochen
Kowalski)

2.6.1985
B. Smetana »Die verkaufte Braut«
(D: Rolf Reuter, R: Harry Kupfer,
B: Reinhart Zimmermann)

28.9.1985
S. Matthus »Judith« (Uraufführung,
D: Rolf Reuter, R: Harry Kupfer,
B: Reinhart Zimmermann, S: Eva-
Maria Bundschuh, Werner Haseleu)

30.3.1986
W. A. Mozart »Die Zauberflöte«
(D: Rolf Reuter, R: Harry Kupfer,
B: Hans Schavernoch, S: Bernd
Grabowski, Magda Nador, Beatrice
Niehoff, Donald George, Werner
Haseleu, Ute Selbig, Maarten
Flipse)

12.12.1986
W. A. Mozart »Die Hochzeit des
Figaro« (D: Rolf Reuter, R: Harry
Kupfer, B: Reinhard Heinrich)

Anhang

3.10.1987
W. A. Mozart »Don Giovanni«
(D: Rolf Reuter, R: Harry Kupfer,
B: Valeri Lewental)

19.12.1987
C. W. Gluck »Orpheus und
Eurydike« (D: Hartmut Haenchen,
R: Harry Kupfer, B: Hans
Schavernoch, S: Jochen Kowalski)

29.10.1988
A. Dargomyshski »Der steinerne
Gast« / A. Schönberg »Erwartung«
(D: Rolf Reuter, R: Harry Kupfer,
B: Hans Schavernoch)

10.2.1989
J. Offenbach »Die Banditen«
(D: Robert Hanell, R: Harry Kupfer,
B: Reinhart Zimmermann)

24.11.1990
W. A. Mozart »Idomeneo« (D: Rolf
Reuter, R: Harry Kupfer, B: Reinhart
Zimmermann)

Staatsoper Dresden
(Aufführungen bis 1948
im Kurhaus Bühlau und
in der »Tonhalle«/»Kleines
Haus«)

10.8.1945
W. A. Mozart »Die Hochzeit des
Figaro« (»Tonhalle«, D: Joseph
Keilberth, R: Heinz Arnold, B: Karl
von Appen)

14.9.1945
L. van Beethoven »Fidelio« (kon-
zertante Aufführung im Kurhaus
Bühlau, D: Joseph Keilberth)

12.10.1945
R. Strauss »Ariadne auf Naxos«
(Kurhaus Bühlau, D: Joseph
Keilberth, R: Heinz Arnold, B: Karl
von Appen)

13.3.1946
J. Offenbach »Hoffmanns
Erzählungen« (»Tonhalle«,
D: Joseph Keilberth, R: Heinz
Arnold, B: Karl von Appen)

20.7.1946
W. A. Mozart »Die Zauberflöte«
(Kurhaus Bühlau, D: Joseph
Keilberth, R: Heinz Arnold,
B: Karl von Appen)

23.11.1946
R. Strauss »Die schweigsame
Frau« (Kurhaus Bühlau, D: Joseph
Keilberth, R: Heinz Arnold, B: Karl
von Appen)

4.3.1947
B. Blacher »Die Flut« (Uraufführung)
/ C. Orff »Die Kluge« (Kurhaus
Bühlau, D: Joseph Keilberth,
R: Heinz Arnold, B: Karl von Appen,
S: Hans Löbel, Elfride Trötschel,
Manfred Huebner, Gottlob Frick,
Christel Goltz)

14.9.1947
R. Strauss »Salome« (Kurhaus
Bühlau, D: Joseph Keilberth,
R: Heinz Arnold, B: Karl von Appen,
S: Christel Goltz)

30.1.1948
A. Dvořák »Rusalka« (Kurhaus
Bühlau, D: Joseph Keilberth,
R: Heinz Arnold, B: Karl von Appen)

22.9.1948
Eröffnung des wiederaufgebauten
»Großen Hauses«
L. van Beethoven »Fidelio«
(D: Joseph Keilberth, R: Heinz
Arnold, B: Karl von Appen,
S: Christel Goltz, Bernd Aldenhoff,
Josef Herrmann, Gottlob Frick)

24.4.1949
R. Wagner »Tannhäuser«
(D: Joseph Keilberth, R: Heinrich
Tessmer, B: Karl von Appen,
S: Bernd Aldenhoff, Christel Goltz,
Inger Karén, Kurt Böhme, Arno
Schellenberg)

4.6.1949
N. Rimski-Korsakow »Mozart und
Salieri« (D: Hans Löwlein, R: Heinz
Arnold, B: Karl von Appen)

14.8.1949
L. Janáček »Katja Kabanowa«
(D: Richter, R: Heinz Arnold, B: Karl
von Appen, S: Elfride Trötschel,
Ruth Lange, Helena Rott, Helmut
Schindler, Heinrich Pflanzl)

18.9.1949
M. Mussorgski »Boris Godunow«
(D: Joseph Keilberth, R: Heinz
Arnold, B: Karl von Appen,
S: Manfred Huebner, Ruth Lange,
Bernd Aldenhoff)

27.1.1950
C. Orff »Antigonae« (Uraufführung,
D: Joseph Keilberth, R: Heinz
Arnold, B: Karl von Appen,
S: Christel Goltz)

9.4.1950
R. Wagner »Die Meistersinger
von Nürnberg« (D: Rudolf Kempe,
R: Heinz Arnold, B: Karl von
Appen, S: Carl Cronenberg,
Elfride Trötschel, Bernd Aldenhoff,
Gerhard Unger, Kurt Böhme,
Heinrich Pflanzl)

11.6.1950
R. Strauss »Daphne« (D: Rudolf
Kempe, R: Heinz Arnold, B: Karl von
Appen, S: Gudrun Wuestemann,
Helmut Schindler)

25.11.1950
K. A. Hartmann »Des Simplicius
Simplicissimus Jugend« (D: Erich
Riede, R: Sauer, B: Karl von Appen)

7.4.1951
R. Wagner »Der fliegende
Holländer« (D: Erich Riede, R: Carl-
Heinrich Kreith, B: Karl von Appen,
S: Manfred Huebner, Dora Zschille,
Wolfgang Markgraf, Kurt Schüffler)

21.10.1951
C. M. von Weber »Der Freischütz«
(D: Rudolf Kempe, R: Hager, B: Karl
von Appen)

26.10.1952
T. Szeligowski »Die Scholaren von
Krakau« (D: Görzynski, R: Alfred
Eichhorn, B: Karl von Appen)

13.4.1953
R. Wagner »Lohengrin« (D: Rudolf
Kempe, R: Hansjacob Kröber,
B: Ulrich Damrau, S: Helmut
Schindler, Brünnhilde Friedland,
Dora Zschille, Theo Adam, Manfred
Huebner)

23.12.1953
R. Strauss »Die Liebe der Danae«
(D: Rudolf Kempe, R: Alfred
Eichhorn, B: Karl von Appen)

14.2.1954
R. Wagner »Die Walküre« (D: Franz
Konwitschny, R: Alfred Eichhorn,
B: Gerhard Schade, S: Dora
Zschille, Brünnhilde Friedland, Ruth
Lange, Manfred Huebner, Helmut
Schindler, Wolfgang Markgraf)

19.9.1954
R. Wagner »Tannhäuser« (D: Franz
Konwitschny, R: Heinrich Tessmer,
B: Karl von Appen, S: Helmut
Schindler, Brünnhilde Friedland,
Dora Zschille, Wolfgang Markgraf,
Arno Schellenberg)

23.4.1955
B. Britten »Albert Herring«
(D: Walter Knör, R: Joachim
Herz, B: Gerhard Schade, S: Karl-
Friedrich Hölzke)

25.9.1955
W. A. Mozart »Lucius Sulla«
(D: Rudolf Neuhaus, R: Erich Geiger,
B: Gerhard Schade)

7.6.1956
T. Chrennikow »Im Sturm«
(D: Rudolf Neuhaus, R: Alfred
Eichhorn, B: Otto Gröllmann,
S: Manfred Huebner, Ruth Glowa-
Burkhardt)

12.5.1957
R. Wagner »Tristan und Isolde«
(D: Lovro von Matačić, R: Alfred
Eichhorn, B: Otto Gröllmann,
S: Max Lorenz, Dora Zschille, Ruth
Lange, Theo Adam, Hans Löbel)

25.12.1957
R. Wagner »Das Rheingold«
(D: Lovro von Matačić, R: Alfred
Eichhorn, B: Hainer Hill, S: Theo
Adam, Ruth Lange, Sieglinde
Feise, Marianne Rade, Helmut
Schindler, Johannes Kemter, Anton
Metternich)

16.3.1958
S. Prokofjew »Die Liebe zu den
drei Orangen« (D: Rudolf Neuhaus,
R: Leskovšek, B: Gerhard Schade)

4.6.1958
S. Moniuszko »Halka« (D: Wilhelm
Schleuning, R: Erich Geiger, B: Otto
Gröllmann)

29.6.1958
W. Egk »Der Revisor« (D: Rudolf
Neuhaus, R: Erhard Fischer,
B: Gerhard Schade)

18.1.1959
J. Cikker »Fürst Bajazid« (D: Rudolf
Neuhaus, R: Erhard Fischer,
B: Gerhard Schade)

31.5.1959
M. Glinka »Iwan Sussanin«
(D: Wilhelm Schleuning, R: Alfred
Eichhorn, B: Jochen Hasselwander)

10.11.1959
R. Kurka »Der brave Soldat
Schwejk« (D: Rudolf Neuhaus,
R: Erich Geiger, B: Gerhard Schade)

29.1.1960
L. Janáček »Aus einem Totenhaus«
(D: Václav Neumann, R: Erich
Geiger, B: Otto Gröllmann)

3.6.1960
F. F. Finke »Der Zauberfisch«
(Uraufführung, D: Rudolf Neuhaus,
R: Erhard Fischer, B: Gerhard
Schade)

25.12.1960
G. Verdi »Nabucco« (D: Rudolf
Neuhaus, R: Erich Geiger, B: Jochen
Hasselwander)

1.10.1961
J. K. Forest »Tai Yang erwacht«
(D: Jean Kurt Forest, R: Johannes
Wieke, B: Otto Gröllmann)

9.6.1962
R. Hanell »Dorian Gray«
(Uraufführung, D: Rudolf Neuhaus,
R: Johannes Wieke, B: Jochen
Hasselwander, S: Karl-Friedrich
Hölzke, Hermi Ambros, Hellmut
Kaphahn)

6.11.1962
S. Prokofjew »Semjon Kotko«
(D: Rudolf Neuhaus, R: Johannes
Wieke, B: Otto Gröllmann)

22.5.1963
R. Wagner »Tannhäuser« (D: Otmar
Suitner, R: Johannes Wieke,
B: Jochen Hasselwander, S: Wilfried
Krug, Brünnhilde Friedland, Gisela
Schröter, Hellmuth Kaphahn,
Günter Leib)

25.8.1963
W. A. Mozart »Cosí fan tutte«
(D: Otmar Suitner, R: Erich Geiger,
B: Jochen Hasselwander)

1.11.1963
G. Verdi »Ein Maskenball«
(D: Rudolf Neuhaus, R: Johannes
Wieke, B: Rolf Döge)

8.12.1963
K. R. Griesbach »Der Schwarze, der
Weiße und die Frau« (Uraufführung,
D: Siegfried Kurz, R: Erich
Geiger, B: Jochen Hasselwander,
S: Friederike Apelt, Fred Teschler,
Hans Georg Nowotny)

3.2.1964
K. Friedrich »Tartuffe«
(Uraufführung, D: Siegfried
Kurz, R: Klaus Kahl, B: Jochen
Hasselwander, S: Günther Leib,
Renate Frank-Reinecke)

6.6.1964
R. Strauss »Capriccio« (D: Otmar
Suitner, R: Erich Witte, B: Jochen
Hasselwander)

27.3.1965
O. Gerster »Die Hexe von Passau«
(D: Rudolf Neuhaus, R: Johannes
Wieke, B: Jochen Hasselwander)

3.12.1965
W. Egk »Die Zaubergeige«
(D: Rudolf Neuhaus, R: Klaus Kahl,
B: Jochen Hasselwander)

3.7.1966
G. Puccini »Turandot« (D: Kurt
Sanderling, R: Dieter Bülter-Marell,
B: Otto Gröllmann, S: Eva Maria
Straussová, Jindřich Čapek)

14.1.1967
H. W. Henze »Der junge Lord«
(D: Martin Turnovský, R: Dieter
Bülter-Marell, B: Söhnel, S: Horst
Hiestermann)

4.11.1967
M. Mussorgski »Boris Godunow«
(D: Siegfried Kurz, R: Dieter Bülter-Marell, B: Peter Friede)

1.9.1968
P. Dessau »Die Verurteilung des Lukullus« (D: Siegfried Kurz, R: Dieter Bülter-Marell, B: Peter Friede, S: Wilfried Krug)

7.2.1968
C. Monteverdi/S. Matthus »Die Heimkehr des Odysseus« (D: Rudolf Neuhaus, R: Christian Pöppelreiter, B: Peter Friede, S: Ilse Ludwig, Wilfried Krug)

8.3.1969
R. Wagner »Die Walküre«
(D: Rudolf Neuhaus, R: Dieter Bülter-Marell, B: Peter Friede, S: Hajo Müller, Gisela Schröter, Brigitte Pfretzschner, Wilfried Krug, Fred Teschler)

30.4.1969
R. Kunad »Maître Pathelin«
(Uraufführung, D: Rudolf Neuhaus, R: Hanns Matz, B: Peter Friede, S: Renate Biskup, Johannes Kemter, Karl-Friedrich Hölzke)

18.10.1969
S. Matthus »Der letzte Schuss«
(»Kleines Haus«, D: Wolfgang Bothe, R: Christian Pöppelreiter, B: Gerhard Schade, S: Gisela Schröter, Wilfried Krug)

23.3.1970
S. Prokofjew »Die Verlobung im Kloster« (D: Rudolf Neuhaus, R: Dieter Bülter-Marell, B: Peter Friede)

27.9.1970
A. Berg »Wozzeck« (D: Siegfried Kurz, R: Christian Pöppelreiter, B: Falk von Wangelin, S: Theo Adam, Gisela Schröter)

15.11.1970
R. Liebermann »Die Schule der Frauen« (D: Wolfgang Bothe, R: Hanns Matz, B: Falk von Wangelin)

22.12.1971
P. Dessau »Lanzelot« (D: Siegfried Kurz, R: Hanns Matz, B: Gerhard Wüstner, S: Hajo Müller)

21.9.1972
W. A. Mozart »Die Hochzeit des Figaro« (D: Siegfried Kurz, R: Harry Kupfer, B: Peter Friede)

27.3.1973
U. Zimmermann »Levins Mühle«
(Uraufführung, D: Siegfried Kurz, R: Harry Kupfer, B: Peter Friede, S: Wolfgang Hellmich, Helga Termer, Karl-Heinz Stryczek)

15.9.1973
J. Buzko »Weiße Nächte«
(Uraufführung, D: Gert Bahner, R: Harry Kupfer, B: Peter Sykora)

27.3.1974
G. Verdi »Falstaff« (D: Siegfried Kurz, R: Harry Kupfer, B: Peter Friede, S: Werner Haseleu)

30.6.1974
R. Strauss »Die schweigsame Frau« (D: Wolfgang Rennert, R: Harry Kupfer, B: Peter Friede, S: Theo Adam)

17.11.1974
B. Bartók »Herzog Blaubarts Burg«
(D: Siegfried Kurz, R: Harry Kupfer, B: Peter Friede, S: Ingeborg Zobel, Werner Haseleu)

26.4.1975
A. Schönberg »Moses und Aron«
(D: Siegfried Kurz, R: Harry Kupfer, B: Reinhart Zimmermann, S: Werner Haseleu, Reiner Goldberg)

18.9.1975
W. A. Mozart »Die Zauberflöte«
(D: Siegfried Kurz, R: Harry Kupfer, B: Peter Sykora)

12.10.1975
R. Wagner »Tristan und Isolde«
(D: Marek Janowski, R: Harry Kupfer, B: Peter Sykora, S: Ingeborg Zobel, Spas Wenkoff, Theo Adam)

26.9.1976
W. A. Mozart »Die Entführung aus dem Serail« (D: Herbert Blomstedt, R: Harry Kupfer, B: Peter Sykora)

4.11.1976
R. Kunad »Litauische Klaviere«
(»Oper für Schauspieler«)
(Uraufführung, R: Klaus Dieter Kirst, Schauspieler: Friedrich Wilhelm Junge, Rolf Hoppe)

30.12.1976
U. Zimmermann »Der Schuhu und die fliegende Prinzessin« (Uraufführung, D: Max Pommer, R: Harry Kupfer, B: Peter Sykora, S: Jürgen Freier, Helga Termer)

20.4.1977
J. Offenbach »Hoffmanns Erzählungen« (D: Siegfried Kurz, R: Harry Kupfer, B: Peter Sykora)

6.10.1977
N. Rimski-Korsakow »Das Märchen vom Zaren Saltan« (D: Siegfried Kurz, R: Harry Kupfer, B: Peter Sykora, S: Rolf Wollrad, Nelly Ailakowa)

20.5.1978
C. Debussy »Pelléas und Mélisande« (D: Herbert Blomstedt, R: Harry Kupfer, B: Peter Sykora, S: Nelly Ailakowa, Reiner Goldberg, Werner Haseleu, Rolf Tomaszewski)

10.12.1978
R. Wagner »Tannhäuser«
(D: Siegfried Kurz, R: Harry Kupfer, B: Peter Sykora, S: Reiner Goldberg, Lisbeth Balslew, Ingeborg Zobel, Rolf Tomaszewski, Wolfgang Hellmich)

22.2.1979
R. Kunad »Vincent« (Uraufführung, D: Peter Gülke, R: Harry Kupfer, B: Peter Sykora, S: Werner Haseleu, Gabriele Auenmüller, Hajo Müller)

27.4.1979
W. A. Mozart »Die Zauberflöte«
(D: Siegfried Kurz, R: Harry Kupfer, B: Peter Sykora)

18.1.1980
G. Verdi »Simone Boccanegra«
(D: Siegfried Kurz, R: Harry Kupfer,
B: Peter Sykora)

9.11.1980
P. Tschaikowsky »Eugen Onegin«
(D: Herbert Blomstedt, R: Harry
Kupfer, B: Peter Sykora, S: Wolfgang
Hellmich, Nelly Ailakowa, Armin
Ude, Rolf Tomaszewski)

25.10.1981
G. F. Händel »Xerxes« (D: Peter
Gülke, R: Christine Mielitz, B: Peter
Heilein)

28.1.1982
H. Berlioz »Fausts Verdammung«
(D: Robert Hanell, R: Harry Kupfer,
B: Wolfgang Gussmann, S: Reiner
Goldberg)

26.5.1982
R. Strauss »Ariadne auf Naxos«
(D: Siegfried Kurz, R: Joachim
Herz, B: Bernhard Schröter, S: Ana
Pusar, Ulrike Joannou, Klaus König,
Elisabeth Hornung)

21.1.1983
R. Wagner »Lohengrin«
(D: Siegfried Kurz, R: Christine
Mielitz, B: Peter Heilein, S: Klaus
König, Ana Pusar, Ingeborg Zobel,
Rolf Tomaszewski)

28.5.1983
W. A. Mozart »Cosí fan tutte«
(D: Hans Vonk, R: Joachim Herz,
B: Bernhard Schröter, S: Ana
Pusar, Elisabeth Wilke, Armin
Ude, Andreas Scheibner, Cornelia
Wosnitza, Werner Haseleu)

27.5.1984
A. Berg »Wozzeck« (D: Hiroshi
Wakasugi, R: Joachim Herz,
B: Bernhard Schröter, S: Karl-Heinz
Stryczek, Agnes Habereder, Peter
Menzel, Elliot Palay, Hajo Müller)

13.2.1985
Wiedereröffnung der Semperoper
C. M. von Weber »Der Freischütz«
(D: Wolf-Dieter Hauschild,
R: Joachim Herz, B: Bernhard
Schröter, S: Jana Smitková, Andrea
Ihle, Klaus König, Ekkehard
Wlaschiha)

14.2.1985
R. Strauss »Der Rosenkavalier«
(D: Hans Vonk, R: Joachim Herz,
B: Rudolf Heinrich, S: Ana Pusar,
Ute Walther, Margot Stejskal, Theo
Adam, Klaus König, Rolf Haunstein)

16.2.1985
S. Matthus »Die Weise von Liebe
und Tod des Cornets Christoph
Rilke« (Uraufführung, D: Hartmut
Haenchen, R: Ruth Berghaus,
B: Hans-Joachim Schlieker,
S: Angela Liebold, Annette Jahns,
Olaf Bär, Hajo Müller)

28.5.1985
G. Verdi »La Traviata« (D: Hans-E.
Zimmer, R: Christine Mielitz,
B: Andreas Reinhardt, S: Sylvia
Voinea, Krzysztof Molęda, Rolf
Haunstein)

19.12.1985
R. Wagner »Die Meistersinger von
Nürnberg« (D: Siegfried Kurz, R
und B: Wolfgang Wagner, S: Theo
Adam, Lucia Popp, Ute Walther,
Klaus König, Peter Schreier, Rolf
Haunstein, Rolf Tomaszewski)

16.3.1986
W. A. Mozart »Don Giovanni«
(D: Hans Vonk, R: Christine Mielitz,
B: Peter Heilein, S: Olaf Bär, Swetla
Tenewa, Barbara Hoene, Armin
Ude, Rolf Tomaszewski)

25.5.1986
F. Goldmann »R. Hot bzw. Die
Hitze« (»Kleines Haus«, D: Hans-E.
Zimmer, R: Arnold Schrem,
B: Jochen-P. Heite, S: Helmut
Henschel)

27.5.1986
G. Verdi »Otello« (D: Hans Vonk,
R: Detlef Rogge, B: Bernd Leistner,
S: Alexander Lomonossow, Maria
Temesi, Rolf Haunstein)

15.7.1986
R. Strauss »Elektra« (D: Hartmut
Haenchen, R: Ruth Berghaus,
B: Hans Dieter Schaal, S: Lia Frey-
Rabine, Helga Thiede, Gisela
Schröter, Theo Adam, Günter
Neumann)

23.10.1986
D. Schostakowitsch »Die Nase«
(D: Hans-E. Zimmer, R: Joachim
Herz, B: Bernhard Schröter, S: Karl-
Heinz Stryczek)

26.5.1987
G. Verdi »Falstaff« (D: Hans Vonk,
R: Joachim Herz, B: Bernhard
Schröter, S: Karl-Heinz Stryczek,
Andrea Ihle, Annette Jahns,
Christiane Hossfeld, Krzysztof
Molęda, Hans-Joachim Ketelsen)

3.6.1987
U. Zimmermann »Die weiße Rose«
(»Kleines Haus«, D: Jörg Krüger,
R: Arnold Schrem, B: Jochen-P.
Heite, S: Birgit Fandrey, Frank
Schiller)

24.10.1987
C. W. Gluck »Orpheus und
Eurydike« (D: Hans-E. Zimmer,
R: Christine Mielitz, B: Peter
Heilein, S: Olaf Bär, Birgit Fandrey)

19.3.1988
R. Strauss »Salome« (D: Hans
Vonck, R: Joachim Herz. B: Reinhart
Zimmermann, S: Lise Karlsson,
Sigrid Kehl, Hermin Esser, Karl-
Heinz Stryczek)

21.5.1988
R. Wagner »Parsifal« (D: Hans
Vonk, R: Theo Adam, B: Rolf
Langenfass, S: Eberhard Büchner,
Uta Priew, Hans-Joachim Ketelsen,
Siegfried Vogel, Karl-Heinz
Stryczek)

23.10.1988
W. A. Mozart »Die Hochzeit
des Figaro« (D: Peter Schreier,
R: Christine Mielitz. B: Ulrich
Schreiber, S: Magdalena Falewicz,
Sabine Brohm, Dagmar Pecková,
Olaf Bär, Hans-Joachim Ketelsen)

19.12.1988
R. Wagner »Der fliegende
Holländer« (D: Johannes Winkler,
R und B: Wolfgang Wagner,
S: Ekkehard Wlaschiha, Lia Frey-
Rabine, Klaus König, Rainer
Büsching)

Anhang

28.1.1989
T. Heyn »Marsyas oder Der Preis sei nichts Drittes« (Uraufführung, »Kleines Haus«, D: Thomas Wicklein)

20.5.1989
E. Mayer »Der goldene Topf« (Uraufführung, D: Hans-E. Zimmer, R: Joachim Herz, B: Bernhard Schröter, S: Kerstin Witt, Christiane Hossfeld, Olaf Bär, Hans-Joachim Ketelsen)

7.10.1989
L. van Beethoven »Fidelio« (D: Siegfried Kurz, R: Christine Mielitz, B: Peter Heilein, S: Helga Thiede, Klaus König)

21.12.1989
W. A. Mozart »Die Zauberflöte« (D: Johannes Fritzsch, R: Klaus Dieter Kirst, B: Reinhart Zimmermann, S: Siegfried Vogel, Birgit Fandrey, Roxana Incontrera, Horst Gebhardt, Olaf Bär)

28.5.1990
S. Prokofjew »Die Liebe zu drei Orangen« (D: Hans-E. Zimmer, R: Joachim Herz, B: Ella Späte)

Oper Leipzig (Aufführungen bis 1960 im Haus »Dreilinden«)

29.7.1945
L. van Beethoven »Fidelio« (D: Paul Schmitz, R: Hanns Niedecken-Gebhard, B: Max Elten, S: Margarete Bäumer, Heinrich Allmeroth, Josef Olbertz, Walter Streckfuß)

22.3.1947
C. W. Gluck »Orpheus und Eurydike« (R: Mary Wigman)

1.6.1947
R. Wagner »Tristan und Isolde« (D: Paul Schmitz, R: Curt Haug, B: Max Elten, S: Margarete Bäumer, August Seider, Johanna Blatter, Walter Streckfuß, Willi Schwenkreis)

22.2.1948
B. Blacher »Die Nachtschwalbe« (Uraufführung)

1.7.1948
R. Wagner »Der fliegende Holländer« (D: Helmut Leo, R: Heinz Rückert, B: Max Elten, S: Willi Schwenkreis, Hedwig Müller, Hanns Heinz Wunderlich, Ferdinand Bürgmann)

26.6.1949
R. Wagner »Die Walküre« (D: Paul Schmitz, R: Walter Soomer, B: Max Elten, S: Hedwig Müller, Margarete Bäumer, Erna Westenberger, Willi Schwenkreis, Bernd Aldenhoff, Hans Krämer)

25.12.1952
R. Wagner »Die Meistersinger von Nürnberg« (D: Helmut Seydelmann, R: Friedrich Ammermann, B: Max Elten, S: Willi Schwenkreis, Maria Lenz, Ferdinand Bürgmann, Hans Krämer, Georg Hruschka)

6.9.1953
A. Bush »Wat Tyler« (Uraufführung)

12.9.1954
R. Wagner »Tannhäuser« (D: Helmut Seydelmann, R: Friedrich Ammermann, B: Max Elten, S: Ferdinand Bürgmann, Christa-Maria Ziese, Elisabeth Rose, Hans Krämer, Theodor Horand)

14.5.1955
R. Wagner »Siegfried« (D: Franz Konwitschny, R: Heinrich Voigt, B: Max Elten, S: Elisabeth Rose, Elise Bey, Ferdinand Bürgmann, Willi Schwenkreis, Paul Reinecke, Wilhelm Klemm)

10.3.1957
P. Dessau »Die Verurteilung des Lukullus« (D: Helmut Seydelmann, R: Heinrich Voigt, S: Ferdinand Bürgmann)

9.9.1957
R. Strauss »Der Rosenkavalier« (D: Helmut Seydelmann, R: Joachim Herz, B: Max Elten, S: Elisabeth Rose, Ingeborg Kollmann, Elsie Hesse, Hans Krämer, Theodor Horand)

26.3.1958
P. Mascagni »Cavalleria rusticana« / R. Leoncavallo »Der Bajazzo« (D: Heinz Fricke, R: Joachim Herz, B: Max Elten, S: Elisabeth Rose, Ursula Eggert, Hermin Esser, Ferdinand Bürgmann)

17.8.1958
R. Wagner »Lohengrin« (D: Helmut Seydelmann, R: Heinrich Voigt, B: Max Elten, S: Ernst Gruber, Christa-Maria Ziese, Elisabeth Rose, Hans Krämer, Wolf Eckert)

18.1.1959
A. Borodin »Fürst Igor« (D: Helmut Seydelmann, R: Joachim Herz, B: Max Elten, S: Wolf Eckert, Elisabeth Rose, Ingeborg Kollmann, Walter Schmidt, Hans Krämer)

8.3.1959
W. Egk »Der Revisor« (D: Hans Wallat, R: Joachim Herz, B: Max Elten, S: Lothar Anders, Katrin Wölzl, Wilhelm Klemm)

3.10.1959
M. Butting »Plautus im Nonnenkloster« (Uraufführung, S: Maria Croonen, Erna Roscher, Lothar Anders)

6.12.1959
G. Verdi »Falstaff« (D: Helmut Seydelmann, R: Joachim Herz, B: Max Elten, S: Kurt Rösinger, Ursula Brömme, Katrin Wölzl, Ursula Eggert, Walter Schmidt, Bruno Aderhold)

9.10.1960
Zur Eröffnung des neuen Opernhauses
R. Wagner »Die Meistersinger von Nürnberg« (D: Helmut Seydelmann, R: Joachim Herz, B: Rudolf Heinrich, S: Ladislav Mráz, Ursula Brömme, Gustav Papp, Lothar Anders, Hans Krämer, Wilhelm Klemm)

11.10.1960
G. F. Händel »Radamisto« (D: Hans Wallat, R: Heinz Rückert, B: Paul Pilowski, S: Hanne-Lore Kuhse, Sigrid Kehl)

15.10.1960
L. van Beethoven »Fidelio« (D: Franz Konwitschny, R: Erhard Fischer, B: Max Elten, S: Hanne-Lore Kuhse, Ernst Gruber)

30.4.1961
R. Strauss »Salome« (D: Helmut Seydelmann, R: Heinz Arnold, B: Paul Pilowski, S: Christa-Maria Ziese)

8.10.1961
S. Prokofjew »Krieg und Frieden« (D: Hans-Jörg Leipold, R: Joachim Herz, B: Heinrich Kilger, S: Maria Croonen, Bruno Aderhold, Rolf Apreck, Hans Krämer)

25.2.1962
R. Wagner »Rienzi, der letzte der Tribunen« (D: Rolf Reuter, R: Heinrich Voigt, B: Max Elten, S: Gustav Papp, Elisabeth Rose, Ursula Brömme, Hans Krämer)

19.2.1962
W. A. Mozart »Don Giovanni« (D: Rolf Reuter, R: Joachim Herz, B: Jochen Schube, S: Rainer Lüdeke, Hanne-Lore Kuhse, Elisabeth Breul, Lothar Anders, Kurt Rösinger)

14.10.1962
R. Wagner »Der fliegende Holländer« (D: Rolf Reuter, R: Joachim Herz, B: Reinhart Zimmermann, S: Vladimír Bauer, Hanne-Lore Kuhse, Lothar Anders, Hans Krämer)

17.2.1963
L. Janáček »Katja Kabanowa« (D: Václav Neumann, R: Joachim Herz, B: Max Elten, S: Maria Croonen, Katrin Wölzl, Guntfried Speck, Rolf Apreck)

12.5.1963
R. Wagner »Tannhäuser« (D: Herbert Kegel, R: Erhard Fischer, B: Wilfried Werz, S: Ernst Gruber, Ursula Brömme, Christa-Maria Ziese, Bruno Aderhold, Hans Krämer)

6.10.1963
G. Verdi »Die Macht des Schicksals« (D: Rolf Reuter, R: Miloš Wasserbauer, B: Max Elten, S: Hanne-Lore Kuhse)

23.11.1963
O. Gerster »Der fröhliche Sünder« (»Kleines Haus«, D: Walter Hessel, R: Wolfgang Weit, B: Max Elten)

15.3.1964
P. Tschaikowsky »Pique Dame« (D: Boris Chaikin, R: Boris Pokrowski, B: Boris Messerer)

3.7.1964
W. A. Mozart »Die Zauberflöte« (D: Paul Schmitz, R: Heinz Rückert, B: Bernhard Schröter)

4.10.1964
M. Mussorgski »Boris Godunow« (D: Václav Neumann, R: Joachim Herz, B: Reinhart Zimmermann, S: Karel Berman, Sigrid Kehl, Guntfried Speck, Alfred Wroblewski)

21.2.1965
R. Strauss »Die Frau ohne Schatten« (D: Paul Schmitz, R: Joachim Herz, B: Max Elten, S: Christa-Maria Ziese, Ursula Brömme, Sigrid Kehl, Rolf Apreck, Manfred Huebner)

28.9.1965
R. Wagner »Lohengrin« (D: Paul Schmitz, R: Joachim Herz, B: Reinhart Zimmermann, S: Egil Frostmann, Christa-Maria Ziese, Sigrid Kehl, Rainer Lüdeke)

1.10.1965
D. Schostakowitsch »Katerina Ismailowa« (D: Václav Neumann, R: Joachim Herz, B: Gerhard Schade, S: Ursula Brömme, Walter Schmidt, Guntfried Speck, Karel Berman)

18.5.1966
W. A. Mozart »Die Hochzeit des Figaro« (D: Václav Neumann, R: Joachim Herz, B: Karl von Appen, S: Paul Glahn, Elisabeth Breul, Maria Croonen, Rainer Lüdeke)

6.10.1966
C. M. von Weber »Oberon« (D: Hans-Jörg Leipold, R: Horst Seeger, B: Max Elten)

11.12.1966
A. Bush »Guayana Johnny« (Uraufführung, D: Rolf Reuter, R: Fritz Bennewitz, B: Bernhard Schröter)

12.2.1967
G. Verdi »Don Carlos« (D: Ogan Durjan, R: Joachim Herz, B: Jochen Schube, S: Irene Tzschoppe, Sigrid Kehl, Günther Kurth, Bruno Aderhold)

22.6.1967
K. Weill »Aufstieg und Fall der Stadt Mahagonny« (»Kleines Haus«, D: Walter Hessel, R: Joachim Herz, B: Hans-Ulrich Schmückle, S: Edgar Wählte, Helga-Marlies Karhan, Ruth Asmus)

5.11.1967
A. Borodin »Fürst Igor« (D: Ogan Durjan, R: Joachim Herz, B: Gerhard Schade, S: Rainer Lüdeke, Irene Tzschoppe, Sigrid Kehl, Rolf Apreck)

10.11.1967
S. Matthus »Der letzte Schuss« (»Kleines Haus«, D: Hans-Jörg Leipold, R: Wolfgang Weit, B: Bernhard Schröter)

23.12.1967
G. Puccini »Madama Butterfly« (D: Rolf Reuter, R: Heinz Rückert, B: Max Elten, S: Anna Tomowa-Sintow)

29.2.1968
N. Rimski-Korsakow »Der goldene Hahn« (D: Boris Chaikin, R: Boris Pokrowski, B: Bernhard Schröter)

Anhang

1.9.1968
L. Janáček »Jenufa« (D: Václav Neumann, R: Karel Bermann, B: Bernhard Schröter)

15.9.1968
B. Britten »Albert Herring« (»Musikalische Komödie«, D: Walter Hessel, R: Joachim Herz, B: Rudolf Heinrich, S: Edgar Wählte, Renate Fude, Renate Härtel, Lothar Anders)

18.1.1969
R. Strauss »Arabella« (D: Rolf Reuter, R: Karl-Heinz Viertel, B: Jochen Schube, S: Anna Tomowa-Sintow)

31.5.1969
R. Hanell »Griechische Hochzeit« (Uraufführung, D: Robert Hanell, R: Joachim Herz, B: Max Elten, S: Stefanoff Petroff, Ursula Brömme, Michael Ludwig)

26.10.1969
P. Hindemith »Cardillac« (D: Paul Schmitz, R: Wolfgang Weit, B: Bernhard Schröter)

27.3.1970
P. Tschaikowsky »Die Jungfrau von Orleans« (D: Hans-Jörg Leipold, R: Joachim Herz, B: Bernhard Schröter, S: Ruth Asmus, Elisabeth Breul, Rolf Apreck, Rudolf Riemer)

31.5.1970
W. A. Mozart »Cosí fan tutte« (D: Gert Bahner, R: Joachim Herz, B: Alfred Siercke, S: Elisabeth Breul, Ruth Asmus, Ute Mai, Edgar Wählte, Rudolf Riemer, Klaus Buron)

26.9.1970
L. van Beethoven »Fidelio« (D: Paul Schmitz, R: Günter Lohse, B: Bernhard Schröter)

19.11.1970
W. Egk »Die Zaubergeige« (D: Hans-Jörg Leipold, R: Joachim Herz, B: Bernhard Schröter, S: Ekkehard Wlaschiha, Margret Grund, Anna Tomowa-Sintow, Rolf Apreck)

28.8.1971
F. Geißler »Der zerbrochene Krug« (Uraufführung, »Kellertheater« im Opernhaus, D. Hans-Jörg Leipold, R: Günter Lohse, B: Joachim Köhn, S: Renate Fude, Michael Ludwig, Guntfried Speck)

3.9.1971
R. Strauss »Ariadne auf Naxos« (D: Paul Schmitz, R: Joachim Herz, B: Falk von Wangelin, S: Sigrid Kehl, Ute Mai, Ursula Brömme, Rolf Apreck)

15.1.1972
G. Puccini »Manon Lescaut« (D: Hans-Jörg Leipold, R: Joachim Herz, B: Rudolf Heinrich, S: Anna Tomowa-Sintow)

1.4.1972
W. A. Mozart »Die Entführung aus dem Serail« (D: Paul Schmitz, R: Joachim Herz, B: Bernhard Schröter, S: Hildegard Bondzio, Heidrun Halx, Walter Schmidt, Edgar Wählte, Michael Ludwig)

10.6.1972
G. Gershwin »Porgy und Bess« (D: Robert Hanell, R: Günter Lohse, B: Bernhard Schröter)

15.10.1972
S. Prokofjew »Der Spieler« (D: Hans-Jörg Leipold, R: Boris Pokrowski, B: Valeri Lewental, S: Günther Kurth)

10.12.1972
G. F. Händel »Xerxes« (D: Horst Gurgel, R: Joachim Herz, B: Bernhard Schröter, S: Edgar Wählte, Liliana Nejtschewa, Elisabeth Breul)

28.1.1973
F. Geißler »Der verrückte Jourdain« (»Musikalische Komödie«, Uraufführung, D: Hans-Jörg Leipold, R: Günter Lohse, B: Gunter Kaiser)

7.4.1973
R. Wagner »Das Rheingold« (D: Gert Bahner, R: Joachim Herz, B: Rudolf Heinrich, S: Reiner Lüdeke, Sigrid Kehl, Jitka Kovaříková, Karel Berman, Guntfried Speck)

23.11.1973
L. Janáček »Das schlaue Füchslein« (D: František Jílek, R: Günter Lohse, B: Ladislav Vychodil)

9.2.1974
R. Wagner »Die Walküre« (D: Gert Bahner, R: Joachim Herz, B: Rudolf Heinrich, S: András Farago, Renate Härtel, Els Bolkestein, Sigrid Kehl, Günther Kurth, Fritz Hübner)

21.9.1974
G. Meyerbeer »Die Hugenotten« (D: Hans-Jörg Leipold, R: Joachim Herz, B: Bernhard Schröter, S: Hildegard Bondzio, Jitka Kovaříková, Armin Ude, Rolf Tomaszewski)

5.4.1975
W. A. Mozart »Die Zauberflöte« (D: Gert Bahner, R: Joachim Herz, B: Rudolf Heinrich, S: Inge Uibel, Elisabeth Breul, Thomas M. Thomaschke, Dieter Weimann, Dieter Scholz)

31.8.1975
F. Geißler »Der Schatten« (Uraufführung, D: Gert Bahner, R: Günter Lohse, B: Bernhard Schröter, S: Ekkehard Wlaschiha)

25.10.1975
R. Wagner »Siegfried« (D: Gert Bahner, R: Joachim Herz, B: Rudolf Heinrich, S: Jon Weaving, Sigrid Kehl, Renate Härtel, Rainer Lüdeke, Guntfried Speck)

28.3.1976
R. Wagner »Die Götterdämmerung« (D: Gert Bahner, R: Joachim Herz, B: Rudolf Heinrich, S: Sigrid Kehl, Hanna Lisowska, Gertrud Oertel, Jon Weaving, Ekkehard Wlaschiha, Fritz Hübner, Karel Berman)

29.8.1976
G. Puccini »Turandot« (D: Rolf Reuter, R: Günter Lohse, B: Bernhard Schröter)

27.3.1977
R. Strauss »Elektra« (D: Gert Bahner, R: Günter Lohse, B: Bernhard Schröter, S: Sigrid Kehl)

25.6.1977
G. Verdi »Aida« (D: Gert Bahner, R: Günter Lohse, B: Bernhard Schröter)

23.10.1977
J. Werzlau »Meister Röckle« (D: Hans-Jörg Leipold, R: Erhard Fischer, B: Peter Sykora)

12.3.1978
L. Janáček »Die Sache Makropulos« (D: Rolf Reuter, R: Günter Lohse, B: Ladislav Vychodil)

29.9.1978
G. Verdi »Macbeth« (D: Gert Bahner, R: Günter Lohse, B: Bernhard Schröter)

25.12.1978
R. Strauss »Der Rosenkavalier« (D: Kurt Masur, R: Uwe Wand, B: Jochen Schube)

22.4.1979
W. A. Mozart »Titus« (D: Gert Bahner, R: Uwe Wand, B: Bernhard Schröter)

30.9.1979
R. Wagner »Die Meistersinger von Nürnberg« (D: André Rieu, R: Günter Lohse, B: Bernhard Schröter, S: Konrad Rupf, Edith Chmiel, Klaus König)

19.4.1980
P. Dessau »Die Verurteilung des Lukullus« (D: Gert Bahner, R: Uwe Wand, B: Bernhard Schröter, S: Günther Kurth)

5.10.1980
M. Glinka »Ruslan und Ludmila« (D: Juri Simonow, R: Günter Lohse, B: Jochen Schube)

4.1.1981
R. Wagner »Tristan und Isolde« (D: Kurt Masur, R: Uwe Wand, B: Bernhard Schröter, S: Sigrid Kehl, Gertrud Oertel, Klaus König, Rainer Lüdeke, Ekkehard Wlaschiha)

10.9.1981
R. Wagner »Tannhäuser« (D: André Rieu, R: Günter Lohse, B: Gunter Kaiser, S: Klaus König, Hanna Lisowska, Konrad Rupf)

21.2.1982
S. Prokofjew »Die Liebe zu den drei Orangen« (D: Hans-Jörg Leipold, R: Boris Pokrowski, B: Jochen Schube)

25.9.1982
U. Zimmermann »Die wundersame Schustersfrau« (D: Gert Bahner, R: Günter Lohse, B: Bernhard Schröter)

5.12.1982
R. Wagner »Parsifal« (D: Wolf-Dieter Hauschild, R: Uwe Wand, B: Bernhard Schröter, S: Klaus König, Sigrid Kehl, Ekkehard Wlaschiha, Konrad Rupf)

5.9.1983
G. Rosenfeld »Das Spiel von Liebe und Zufall« (Drehscheibe der Opernbühne, D: Wolfgang Hoyer, R: Gert Bahner, B: Jochen Schube)

25.12.1983
G. Donizetti »Lucia di Lammermoor« (D: Horst Gurgel, R: Günter Lohse, B: Gunter Kaiser, S: Jitka Kovaříková)

26.5.1984
S. Slonimski »Maria Stuart« (D: Hans-Jörg Leipold, R: Boris Pokrowski, B: Jochen Schube)

27.4.1985
A. Berg »Wozzeck« (D: Gert Bahner, R: Erhard Fischer, B: Peter Heilein, S: Jürgen Freier, Helena Holmberg)

7.10.1985
L. van Beethoven »Fidelio« (D: Johannes Winkler, R: Uwe Wand, B: Bernhard Schröter)

9.2.1986
R. Wagner »Der fliegende Holländer« (D: Ude Nissen, R: Günter Lohse, B: Bernhard Schröter, S: Rainer Lüdeke, Eva-Maria Bundschuh, Dieter Schwartner, Konrad Rupf)

19.4.1986
L. Janáček »Jenufa« (D: Johannes Winkler, R: Uwe Wand, B: Jochen Schube, S: Barbara Hoene, Sigrid Kehl)

25.12.1986
G. Rossini »La Cenerentola« (D: Horst Gurgel, R: Uwe Wand, B: Bernhard Schröter)

7.9.1987
W. Rihm »Jakob Lenz« (Drehscheibe der Opernbühne, D: Jörg Krüger, R: Uwe Wand, B: Gerhard Roch)

16.10.1987
W. A. Mozart »Idomeneo« (D: Gert Bahner, R: Uwe Wand, B: Bernhard Schröter)

15.9.1988
U. Zimmermann »Die weiße Rose« (Kellertheater im Opernhaus, D: Jörg Krüger, R: Uwe Wand, B: Gerhard Roch)

1.10.1988
K. O. Treibmann »Der Idiot« (Uraufführung, D: Johannes Winkler, R: Günter Lohse, B: Axel Pfefferkorn, S: Jürgen Kurth)

1.10.1989
W. A. Mozart »Die Zauberflöte« (D: Roland Wambeck, R: Günter Lohse, B: Axel Pfefferkorn)

14.1.1990
B. Britten »Ein Sommernachtstraum« (D: Jörg Krüger, R: Uwe Wand, B: Bernhard Schröter)

27.9.1990
E. Krenek »Jonny spielt auf« (D: Lothar Zagrosek, R: Uwe Wand, B: Bernhard Schröter)

Literaturverzeichnis

Einzeldarstellungen und Monografien

Adam, Theo. Seht, hier ist Tinte, Feder, Papier … Aus der Werkstatt eines Sängers, hrsg. von Hans-Peter Müller, Berlin: Henschelverlag Kunst und Gesellschaft, 1980.

Adam, Theo. Die hundertste Rolle oder »Ich mache einen neuen Adam«. Sängerwerkstatt II, hrsg. von Hans-Peter Müller, Berlin: Henschelverlag Kunst und Gesellschaft, 1986.

Adam, Theo: Ein Sängerleben in Begegnungen und Verwandlungen, Berlin: Henschelverlag, 1996.

Adam, Theo. Vom Sachs zum Ochs. Meine Festspieljahre, Berlin: Parthas Verlag, 2001.

Agde, Günter (Hrsg.). Kahlschlag. Das 11. Plenum des ZK der SED 1965. Studien und Dokumente, Berlin: Aufbau Taschenbuch Verlag, 1991, 2. erw. Aufl. 2000.

Bär, Heinz. Wahllose Wagnerei, In: Zs. »Theater der Zeit«, Berlin: 7/1958, S. 20–22.

Bahro, Rudolf. Die Alternative. Zur Kritik des real existierenden Sozialismus, Köln (u. a.): Europäische Verlagsanstalt, 1977.

Becher, Johannes R. Festrede aus Anlaß der Wiedereröffnung der Deutschen Staatsoper, Berlin: Sonderdruck unter der Lizenz-Nummer (125) 143411 IX. 55 Liz. 1403.

Becher, Johannes R. Gedichte, Briefe, Dokumente, Berlin: Aufbau-Verlag, 1988.

Benz, Marion. Die Wagner-Inszenierungen von Joachim Herz. Studie zur theatralen Wagner-Rezeption in der DDR, Hochschulschrift (Dissertation) Universität Erlangen-Nürnberg 1998.

Bazinger, Irene (Hrsg.). Regie: Ruth Berghaus. Geschichten aus der Produktion, Berlin: Rotbuch Verlag, 2010.

Bermbach, Udo/Konold, Wulf (Hrsg.). Der schöne Abglanz. Stationen der Operngeschichte. Oper als Spiegel gesellschaftlicher Veränderung, Berlin/Hamburg: Dietrich Reimer Verlag, 1992.

Bermbach, Udo. Wo Macht ganz auf Verbrechen ruht. Politik und Gesellschaft in der Oper, Hamburg: Europäische Verlagsgesellschaft, 1997.

Bermbach, Udo (Hrsg.). Oper im 20. Jahrhundert. Entwicklungstendenzen und Komponisten, Stuttgart/Weimar: Verlag J. B. Metzler, 2000.

Bien, Fabian. Oper im Schaufenster. Die Berliner Opernbühnen in den 1950-er Jahren als Orte nationaler kultureller Repräsentation, Wien/Köln/Weimar: Böhlau Verlag, 2011.

Böhm, Guido. Vorwärts zu Goethe? Faust-Aufführungen im DDR-Theater, Berlin: Verlag Theater der Zeit, 2018.

Brecht, Bertolt. Schriften. Über Theater, hrsg. von Werner Hecht, Berlin: Henschelverlag Kunst und Gesellschaft, 1977.

Brecht, Bertolt. Schriften zur Literatur und Kunst, 2 Bde., Berlin und Weimar: Aufbau-Verlag, 1966.

Bunge, Hans. Die Debatte um Eislers »Johann Faustus«. Eine Dokumentation, hrsg. vom Brecht-Zentrum Berlin, Berlin: BasisDruck Verlag, 1991.

Dessau, Paul. Notizen zu Noten, hrsg. von Fritz Hennenberg, Leipzig: Verlag Philipp Reclam jun., 1974.

Dibelius, Ulrich/Schneider, Frank (Hrsg.). Neue Musik im geteilten Deutschland, Bde. 1–4, Berlin: Henschelverlag, 1993, 1995, 1997 und 1999.

Dieckmann, Friedrich. Tannhäuser und der geschlossene Raum, In: Zs. »Sinn und Form«. Beiträge zur Literatur, 1.–2. Heft, Berlin: Rütten & Loening, 1953, S. 268–282.

Dümling, Albrecht. Zwischen Engagement und Formalismus. Zur west-östlichen Rezeption von Brecht-Dessaus zwei »Lukullus«-Fassungen, In: Hanns-Werner Heister und Dietrich Stern (Hrsg.). Musik der 50er Jahre, Berlin: Argument-Verlag, 1980, S. 172–189.

Duncker, Matthias. Richard-Wagner-Rezeption in der Sowjetischen Besatzungszone (SBZ) und der Deutschen Demokratischen Republik (DDR), Hamburg: Verlag Dr. Kovač, 2009.

Eisler, Hanns. Johann Faustus. Oper, Berlin: Aufbau-Verlag, 1952.

Eisler, Hanns. »Johann Faustus«. Fassung letzter Hand, hrsg. von Hans Bunge, Leipzig: Verlag Faber und Faber, 1996.

Eisler, Hanns. Musik und Politik. Schriften 1924–1948, Gesammelte Werke, Serie III, Bd. 1, hrsg. von Günter Mayer, Leipzig: VEB Deutscher Verlag für Musik, 1973.

Eisler, Hanns. Musik und Politik. Schriften 1948–1962, Gesammelte Werke, Serie III, Bd. 2, hrsg. von Günter Mayer, Leipzig: VEB Deutscher Verlag für Musik, 1982.

Eisler, Hanns. Gespräche mit Hans Bunge. Fragen Sie mehr über Brecht, Gesammelte Werke, Serie III, Bd. 7, Leipzig: VEB Deutscher Verlag für Musik, 1975.

Eisler, Hanns. »s'müßt dem Himmel Höllenangst werden«, hrsg. von Maren Köster, Hofheim: Wolke Verlag, 1998.

Engelberg, Ernst. Otto von Bismarck. Die Revolution von oben, Berlin: Akademie-Verlag, 1987.

Erbe, Günther. Die verfemte Moderne. Die Auseinandersetzung mit dem »Modernismus« in Kulturpolitik, Literaturwissenschaft und Literatur in der DDR, Opladen: Westdeutscher Verlag, 1993.

Färber, Uwe. »Werkschutz für Wotan«. Einspruch gegen den ideologischen Mißbrauch der Musikdramen Richard Wagners, In: Klaus Umbach (Hrsg.). Richard Wagner: Ein deutsches Ärgernis, Reinbek bei Hamburg: Rowohlt, 1982, S. 74–96.

Felsenstein, Walter/Melchinger, Siegfried. Musiktheater, Bremen: Carl Schünemann Verlag, 1961.

Felsenstein, Walter/Friedrich, Götz/Herz, Joachim. Musiktheater. Beiträge zur Methodik und zu Inszenierungskonzeptionen, hrsg. von Stephan Stompor, Leipzig: Verlag Philipp Reclam jun., 1970.

Felsenstein Walter. Ist das Musiktheater eine Angelegenheit des Volkes?, In: Walter Felsenstein. Schriften. Zum Musiktheater, hrsg. von Stephan Stompor/Ilse Kobán, Berlin: Henschelverlag Kunst und Gesellschaft, 1976, S. 41ff.

Felsenstein, Walter. Schriften. Zum Musiktheater, hrsg. von Stephan Stompor/Ilse Kobán, Berlin: Henschelverlag Kunst und Gesellschaft, 1976.

Fischer, Ernst. Doktor Faustus und der deutsche Bauernkrieg, In: Zs. »Sinn und Form«. Beiträge zur Literatur, Heft 6, Berlin: Rütten & Loening, 1952.

Friedrich, Götz. Die humanistische Idee in der »Zauberflöte«. Ein Beitrag zur Dramaturgie, Dresden: VEB Verlag der Kunst, 1954.

Friedrich, Götz: Walter Felsenstein. Weg und Werk. Berlin: Henschelverlag Kunst und Gesellschaft, 1961.

Friedrich, Götz. Abenteuer Musiktheater. Konzepte, Versuche, Erfahrungen, Bonn: Keil Verlag, 1978.

Friedrich, Götz. Wagner-Regie, hrsg. von Stefan Jäger, Zürich: Atlantis Musikbuch-Verlag, 1983.

Friedrich, Götz/Seeger, Horst. Das Historische und das Konkrete. Ein Aufsatz von Götz Friedrich und ein Gespräch, In: Jahrbuch der Komischen Oper X. Spielzeit 1969/70, hrsg. von Horst Seeger, Berlin: Henschelverlag Kunst und Gesellschaft, 1970.

Gerlach, Katrin/Klingberg, Lars/Riepe, Juliane. Parameter politischer Instrumentalisierung von Musik der Vergangenheit im Deutschaland des 20. Jahrhunderts am Beispiel Georg Friedrich Händels. Beitrag zur Jahrestagung der Gesellschaft für Musikforschung Halle/Saale 2015, Mainz: Schott Music GmbH & Co. KG, 2016, Creativ-Commons-Lizenz CC-BY-NC-ND 4.0.

Grabs, Manfred. Hanns Eislers Versuche um die Oper, In: Zs. »Sinn und Form«. Beiträge zur Literatur, Heft 3, Berlin: Rütten & Loening, 1981.

Gransow, Volker. Kulturpolitik in der DDR, Berlin: Verlag Volker Spiess, 1975.

Gruhl, Boris. Von Adam bis Zobel. Ein Wagnersänger-Alphabet, Dresden: Verlag der Kunstagentur, 2013.

Hacks, Peter. Oper, Berlin und Weimar: Aufbau-Verlag, 1975 und München: Deutscher Taschenbuch Verlag, 1980; Teilabdruck: Oper und Drama, In: Zs. »Sinn und Form«. Beiträge zur Literatur, Heft 6, Berlin: Rütten & Loening, 1973, S. 1236–1255; Teilabdruck: Die Opernreformer, In: Zs. »Theater der Zeit« 8/1973, Berlin, S. 35–39.

Hager, Kurt. Die entwickelte sozialistische Gesellschaft, Berlin: Dietz Verlag, 1971.

Hager, Kurt. Zu Fragen der Kulturpolitik der SED. 6. Tagung des ZK der SED, 6./7. Juli 1972, Berlin: Dietz Verlag, 1972.

Heinemann, Michael. Musiktheater für ein sozialistisches Deutschland. Die Dresdner Oper in den Anfangsjahren der DDR, In: Kompositorische und soziokulturelle Aspekte der Musikgeschichte zwischen Ost- und Westeuropa. Konferenzbericht Leipzig 2002, hrsg. von Helmut Loos und Stefan Keym, Leipzig: Gudrun Schröder Verlag, 2004, S. 504–520.

Heinemann, Michael und Pappel-Herz, Kristel (Hrsg.). Oper mit Herz. Das Musiktheater des Joachim Herz, Bd. 1: Von der Barockoper zum Musikdrama, Bd. 2: Zwischen Romantik und Realismus, Bd. 3: Musiktheater in der Gegenwart, Köln: Verlag Dohr, 2010, 2011 und 2012.

Heister, Hanns-Werner und Stern, Dietrich (Hrsg.). Musik der 50er Jahre, Berlin: Argument-Verlag, 1980.

Heister, Hanns-Werner (Hrsg.). Geschichte der Musik im 20. Jahrhundert. 1945–1975 (Handbuch der Musik im 20. Jahrhundert, Bd. 3), Laaber: Laaber-Verlag, 2005.

Hennenberg, Fritz. Dessau-Brecht. Musikalische Arbeiten, Berlin: Henschelverlag Kunst und Gesellschaft, 1963.

Hennenberg, Fritz. 300 Jahre Leipziger Oper. Geschichte und Gegenwart, München: Verlag Langen Müller, 1993.

Henze, Hans Werner. Reiselieder mit böhmischen Quinten. Autobiographische Mitteilungen 1926–1995, Frankfurt am Main: Fischer Taschenbuch Verlag, 2001.

Herrmann, Mathias (Hrsg.). Dresden und die avancierte Musik im 20. Jahrhundert, 3 Bde. Laaber: Laaber-Verlag, 1999, 2002 und 2004.

Herz, Joachim. Klassiker-Rezeption und epische Spielweise auf der Musikbühne, In: Jahrbuch der Komischen Oper XII. Spielzeit 1971/72, hrsg. von Horst Seeger, Berlin: Henschelverlag Kunst und Gesellschaft, 1973, S. 27–34; auch in: Joachim Herz. Theater – Kunst des erfüllten Augenblicks. Briefe, Vorträge, Notate, Gespräche, Essays, hrsg. von Ilse Kobán, Berlin: Henschelverlag Kunst und Gesellschaft, 1989, S. 281–291.

Herz, Joachim. Theater – Kunst des erfüllten Augenblicks. Briefe, Vorträge, Notate, Gespräche, Essays, hrsg. von Ilse Kobán, Berlin: Henschelverlag Kunst und Gesellschaft, 1989.

Herz, Joachim. Suchend nach Wahrheit in der Scheinwelt des Theaters. Vor hundert Jahren wurde Walter Felsenstein geboren, Dresden: »Sächsische Zeitung«, 30.5.2001.

Hildesheimer, Wolfgang. Mozart, Berlin: Verlag Volk und Welt, 1980.

Hintze, Werner (Hrsg.), Realistisches Musiktheater. Walter Felsenstein. Geschichte, Erben, Gegenpositionen, Berlin: Verlag Theater der Zeit, 2008.

Holtz, Corinne. Ruth Berghaus. Ein Porträt, Hamburg: Europäische Verlagsanstalt, 2005.

Höntsch, Winfried. Opernmetropole Dresden. Von der Festa Teatrale zum modernen Musikdrama, Dresden: Verlag der Kunst, 1996.

Honecker, Erich. Bericht des Politbüros an die 11. Tagung des Zentralkomitees der Sozialistischen Einheitspartei Deutschlands vom 15.–18. Dezember 1965, Berlin: Dietz Verlag, 1966.

Honecker, Erich. Bericht des Zentralkomitees an den VIII. Parteitag der SED, Berlin: Dietz Verlag, 1971.

Jäger, Manfred. Kultur und Politik in der DDR, Köln: Verlag Wissenschaft und Politik, 1994.

Jaldati, Lin/Rebling, Eberhard. Sag nie, du gehst den letzten Weg. Lebenserinnerungen 1911–1988, Berlin: Buchverlag Der Morgen (2. Aufl.), 1988.

Jungheinrich, Hans-Klaus. Politische und gesellschaftliche Aspekte der Oper seit 1945, In: Udo Bermbach/Wulf Konold (Hrsg.). Der schöne Abglanz. Stationen der Operngeschichte. Oper als Spiegel gesellschaftlicher Veränderung, Berlin/Hamburg: Dietrich Reimer Verlag, 1992, S. 243–262.

Jungheinrich, Hans-Klaus und Lombardi, Luca (Hrsg.). Musik im Übergang. Von der bürgerlichen zur sozialistischen Musikkultur, München: Damnitz Verlag GmbH, 1977.

Kämpfer, Frank. Sehnsucht nach unentfremdeter Produktion. Der Regisseur Peter Konwitschny. Ein Materialbuch, Berlin: Zentrum für Theaterdokumentation und -information Berlin, 1992.

Klemm, Ekkehard. Balance zwischen Avantgarde und lustvollem Musizieren. Der Komponist Georg Katzer ist mit 84 Jahren gestorben. Ein Nachruf, Dresden: »Dresdner Neueste Nachrichten«, 9.5.2019, S. 9.

Klingberg, Lars. »Politisch fest in unseren Händen«. Musikalische und musikwissenschaftliche Gesellschaften in der DDR. Dokumente und Analysen, Kassel: Bärenreiter-Verlag, 1997.

Klingberg, Lars. Die Debatte um Eisler und die Zwölftontechnik in der DDR in den 1960er Jahren, In: Zwischen Macht und Freiheit. Neue Musik in der DDR, hrsg. von Michael Berg u. a., Köln/Weimar/Wien: Böhlau Verlag, 2004, S. 39–62.

Kluge, Alexander/Müller, Heiner. »Ich bin ein Landvermesser«. Gespräche. Neue Folge, Hamburg: Rotbuch Verlag, 1996.

Knepler, Georg. Musikgeschichte des 19. Jahrhunderts, Bd. II: Österreich – Deutschland, Berlin: Henschelverlag Kunst und Gesellschaft, 1961.

Knepler, Georg. Richard Wagners musikalische Gestaltungsprinzipien, In: Zs. »Beiträge zur Musikwissenschaft«, hrsg. vom Verband Deutscher Komponisten und Musikwissenschaftler, Berlin: Heft 1/1963, S. 33–43.

Knepler, Georg. Geschichte als Weg zum Musikverständnis. Zur Theorie, Methode und Geschichte der Musikgeschichtsschreibung, Leipzig: Verlag Philipp Reclam jun., 1977.

Knepler, Georg. Wolfgang Amadé Mozart. Annäherungen, Berlin: Henschel Verlag 1991, 2. Aufl. 2005.

Kranz, Dieter. Der Gegenwart auf der Spur. Der Opernregisseur Harry Kupfer, Berlin: Henschel Verlag, 2005.

Kranz, Dieter. Der Regisseur Harry Kupfer. »Ich muß Oper machen«. Kritiken, Beschreibungen, Gespräche, Berlin: Henschelverlag Kunst und Gesellschaft, 1988.

Kraus, Michael. Die musikalische Moderne an den Staatsopern und Berlin und Wien 1945–1989. Paradigmen nationaler Kulturidentitäten im Kalten Krieg, Stuttgart: J. B. Metzler Verlag, 2017.

Kröplin, Eckart. Mozart-Rezeption heute und hier (»Material zum Theater« Heft 22, hrsg. vom Verband der Theaterschaffenden der DDR), Berlin, 1973.

Kröplin, Eckart. Musiktheater im Prozeß dialektischer Entwicklung (»Material zum Theater« Heft 67, hrsg. vom Verband der Theaterschaffenden der DDR), Berlin, 1975.

Kröplin, Eckart. Mozart und das Volkstheater des 18. Jahrhunderts und 10 Thesen zu Mozart, In: Mozart auf den Bühnen der DDR – Zur Traditionspflege des volkstümlichen Musiktheaters, In: »Material zum Theater« Heft 82, hrsg. vom Verband der Theaterschaffenden der DDR, Berlin, 1976, S. 32–57 und 101–106.

Kröplin, Eckart. Zum Spannungsverhältnis von Realität und Kunstrealität im Musiktheater, In: »Material zum Theater« Heft 93, hrsg. vom Verband der Theaterschaffenden der DDR, Berlin, 1977, S. 27–44.

Kröplin, Eckart. Das Spannungsverhältnis von Realität und Kunstrealität in der Oper, In: Oper heute. Ein Almanach der Musikbühne 2, hrsg. von Horst Seeger, Berlin: Henschelverlag Kunst und Gesellschaft, 1979, S. 39–60.

Kröplin, Eckart. »Das ist mein Erzeuger gewesen«. Wagners Verhältnis zu Weber, In: Programmbuch »Tannhäuser« Bayreuther Festspiele, Bayreuth, 1986, S. 1–16.

Kröplin, Eckart. »Die zinnoberrothe Republik«. Dresden, »Lohengrin« und Richard Wagner, In: Jahresbroschüre Bayreuther Festspiele, Bayreuth, 1987, S. 6–10.

Kröplin, Eckart. Richard Wagner im theatralischen Jahrhundert, In: Programmbuch »Parsifal« Bayreuther Festspiele, Bayreuth, 1988, S. 1–46.

Kröplin, Eckart. »Lohengrin« und die »Romantische Schule«. Richard Wagner und Dresden (1842–1849), In: Jahrbuch der Deutschen Oper. Spielzeit 1989/90. Beiträge zum Musiktheater IX, Berlin, 1990, S. 221–231.

Kröplin, Eckart. Richard Wagner. Theatralisches Leben und lebendiges Theater, Leipzig: VEB Deutscher Verlag für Musik, 1989.

Kröplin, Eckart: Aufhaltsame Ankunft und ahnungsvoller Abschied. Der »Ring« in der DDR, In: wagnerspectrum Heft 1/2006, hrsg. von Udo Bermbach u. a. , Würzburg: Verlag Königshausen & Neumann, 2006, S. 63–110.

Kröplin, Eckart. Die Revolution als Theater, In: Programmbuch »Graf Mirabeau«. Oper von Siegfried Matthus (Uraufführung), Aalto-Theater Essen, 1989, S. 24–61.

Kunad, Rainer. Realismusprobleme in der zeitgenössischen Oper, In: Sammelbände zur Musikgeschichte der Deutschen Demokratischen Republik, Bd. II, hrsg. von Heinz Alfred Brockhaus und Konrad Niemann, Berlin: Verlag Neue Musik, 1971.

Lemke, Michael (Hrsg.). Konfrontation und Wettbewerb. Wissenschaft, Technik und Kultur im geteilten Berliner Alltag (1948–1973), Berlin: Metropol-Verlag, 2008.

Lemke, Michael. Vor der Mauer. Berlin in der Ost-West-Konkurrenz 1948–1961, Köln/Weimar/Wien: Böhlau Verlag, 2011.

Lewin, Michael. Harry Kupfer, Wien/Zürich: Europa Verlag, 1988.

Lucchesi, Joachim (Hrsg.). Das Verhör in der Oper. Die Debatte um Brecht/Dessaus »Lukullus« 1951, Berlin: BasisDruck Verlag, 1993.

Lübbe, Peter (Hrsg.). Dokumente zur Kunst-, Literatur und Kulturpolitik der SED 1975–1980, Stuttgart: Seewald Verlag, 1984.

Lunatscharski, Anatoli. Das Erbe. Essays, Reden, Notizen, hrsg. von Franz Leschnitzer, Dresden: Verlag der Kunst, 1965.

Massow, Albrecht von/Goldmann, Friedrich. Gespräch, In: Zwischen Macht und Freiheit. Neue Musik in der DDR, hrsg. von Michael Berg u. a. , Köln/Weimar/Wien: Böhlau Verlag, 2004, S. 165–176.

Matthus, Siegfried. Warum komponiere ich heute Opern?, In: Udo Bermbach (Hrsg.). Oper im 20. Jahrhundert. Entwicklungstendenzen und Komponisten, Stuttgart/Weimar, Verlag J. B. Metzler, 2000, S. 640–646.

Mayer, Günter. Zur Dialektik des musikalischen Materials, In: »Deutsche Zeitschrift für Philosophie« 11/1966, Berlin.

Mayer, Günter. Weltbild. Notenbild. Zur Dialektik des musikalischen Materials, Leipzig: Verlag Philipp Reclam jun., 1978.

Mayer, Hans. Richard Wagners geistige Entwicklung, In: Zs. »Sinn und Form«. Beiträge zur Literatur, 3. und 4. Heft, Berlin: Rütten & Loening, 1953, S. 111–162.

Mayer, Hans. Tannhäuser und die künstlichen Paradiese, In: Zs. »Beiträge zur Musikwissenschaft« 1/1963, hrsg. vom Verband Deutscher Komponisten und Musikwissenschaftler, Berlin: Verlag Neue Musik, 1963, S. 3–10 (Erstdruck: Programmheft »Tannhäuser« Bayreuther Festspiele 1962).

Menschenin, Maxim. Geschichtsklitterung. Die Vorwürfe gegen das Libretto zu Hanns Eislers Oper »Johann Faustus« und ihr Hintergrund, München: GRIN Verlag, 2012.

Meyer, Ernst Hermann. Musik im Zeitgeschehen, Berlin: Henschelverlag Kunst und Gesellschaft, 1952.

Mielitz, Christine. »Fidelio« 1989 und 2009. »Wann endlich werden wir die nicht Angekommenen erlösen!«, In: Beständig ist nur der Wandel. Über-Regionale Ermunterungen aus der Semperoper. Intendanz Gerd Uecker 2003 bis 2010, hrsg. von der Stiftung zur Förderung der Semperoper, Dresden, 2010, S. 232–237.

Mittenzwei, Ingrid. Friedrich II. von Preußen. Eine Biographie, Berlin: Deutscher Verlag der Wissenschaften, 1979.

Möser, Justus. Harlekin oder Vertheidigung des Groteske-Komischen, Bremen: Cramer-Verlag, 1977 (2. Aufl.).

Müller, Heiner. Sechs Punkte zur Oper, In: Zs. »Theater der Zeit«, Berlin, 12/1970, S. 18; auch in: Heiner Müller. Theater-Arbeit, Berlin: Rotbuch Verlag, 1975, S. 117–118.

Müller, Heiner: Theater-Arbeit, Berlin: Rotbuch-Verlag, 1975.

Müller, Heiner. Werke 12. Gespräche 3. 1991–1995, hrsg. von Frank Hörnigk, Frankfurt am Main: Suhrkamp Verlag, 2008.

Münz, Rudolf. Das andere Theater. Studien über ein deutschsprachiges teatro dell'arte der Lessingzeit, Berlin: Henschelverlag Kunst und Gesellschaft, 1979.

Neef, Sigrid. Das Theater der Ruth Berghaus, Berlin/Frankfurt am Main: Henschelverlag Kunst und Gesellschaft/S. Fischer Verlag, 1989.

Neef, Sigrid und Hermann. Deutsche Oper im 20. Jahrhundert. DDR 1949–1989, Berlin: Verlag Peter Lang, 1992.

Neef, Sigrid. Oper in der DDR. Offenes Kunstwerk bei geschlossener Grenze, In: Udo Bermbach (Hrsg.). Oper im 20. Jahrhundert. Entwicklungstendenzen und Komponisten, Stuttgart/Weimar: Verlag J. B. Metzler, 2000, S. 237–254.

Neumann, Oskar. Gespräch mit Udo Zimmermann und den Kernbauern über das Dresdner Studio Neue Musik, In: Hans-Klaus Jungheinrich und Luca Lombardi (Hrsg.). Musik im Übergang. Von der bürgerlichen zur sozialistischen Musikkultur, München: Damnitz Verlag GmbH, 1977.

Preuß, Thorsten. Brechts »Lukullus« und seine Vertonungen durch Paul Dessau und Roger Sessions. Werk und Ideologie, Würzburg: Ergon-Verlag, 2007.

Prieberg, Fred K. Musik im anderen Deutschland, Köln: Verlag Wissenschaft und Politik, 1968.

Quander, Georg (Hrsg.). Apollini et Musis. 250 Jahre Opernhaus Unter den Linden, Frankfurt a. M./Berlin: Verlag Ullstein GmbH/Propyläen Verlag, 1992.

Rienäcker, Gerd. Zu einigen Gestaltungsproblemen im Opernschaffen von Paul Dessau, In: Sammelbände zur Musikgeschichte der Deutschen Demokratischen Republik Bd. II, hrsg. von Heinz Alfred Brockhaus und Konrad Niemann, Berlin: Verlag Neue Musik, 1971, S. 100–143.

Rienäcker, Gerd. Zur Entwicklung des Opernschaffens der Deutschen Demokratischen Republik, In: Sammelbände zur Musikgeschichte der Deutschen Demokratischen Republik Bd. IV, hrsg. von Heinz Alfred Brockhaus und Konrad Niemann, Berlin: Verlag Neue Musik, 1975, S. 9–41.

Rienäcker, Gerd. Der Zeitgenosse auf der Musikbühne, In: »Material zum Theater« Heft 93, hrsg. vom Verband der Theaterschaffenden der DDR, Berlin, 1977, S. 3–26.

Rienäcker, Gerd. Brechts Einfluß auf das Opernschaffen. Gestaltungsprobleme in Bühnenwerken Paul Dessaus, In: Zs. »Musik und Gesellschaft«, Heft 4, Berlin, 1979.

Rienäcker, Gerd. Richard Wagner. Nachdenken über sein »Gewebe«, Lukas Verlag: Berlin, 2001.

Roch, Eckhard. Psychodrama. Richard Wagner im Symbol, Stuttgart/Weimar: Verlag J. B. Metzler, 1995.

Rudolph, Johanna. Händel-Renaissance, 2 Bde., Berlin: Aufbau-Verlag, 1960.

Rülicke-Weiler, Käthe. Die »Lukullus«-Diskussion 1951, In: Zs. »Sinn und Form«. Beiträge zur Literatur, Heft 1, Berlin: Verlag Rütten & Loening, 1988.

Rüss, Gisela (Hrsg.). Dokumente zur Kunst-, Literatur- und Kulturpolitik der SED 1971–1974, Stuttgart: Seewald Verlag, 1976.

Sauer, Heike. Traum – Wirklichkeit – Utopie. Das deutsche Musiktheater 1961–1971 als Spiegel gesellschaftlicher Aspekte seiner Zeit, Münster/New York: Waxmann Verlag, 1994.

Schartner, Irmgard. Hanns Eisler. »Johann Faustus«. Das Werk und seine Aufführungsgeschichte, Frankfurt/Main: Peter Lang Verlag, 1998.

Schlegel, Klaus. Opernspielpläne in der DDR 1965–1970, In: »Material zum Theater« Heft 14, hrsg. vom Verband der Theaterschaffenden der DDR, Berlin, 1971, S. 3–16.

Schlenker, Wolfram. Das »Kulturelle Erbe« in der DDR. Gesellschaftspolitische Entwicklung und Kulturpolitik 1945–1965, Stuttgart: Verlag J. B. Metzler, 1977.

Schmiedel, Gottfried. Peter Schreier. Eine Bildbiographie, Berlin: Henschelverlag Kunst und Gesellschaft, 1979.

Schneider, Frank. Wolfgang Amadeus Mozart – ein politisches Porträt, In: Zs. »Musik und Gesellschaft«, Berlin, Heft 1, 1981, S. 3–12.

Schneider, Frank. »Westwärts schweift der Blick, ostwärts treibt das Schiff« – Die Neue Musik in der DDR im Kontext der internationalen Musikgeschichte, In: Zwischen Macht und Freiheit. Neue Musik in der DDR, hrsg. von Michael Berg u. a., Köln/Weimar/Wien: Böhlau Verlag, 2004, S. 89–106.

Schneider, Frank. Durchlässige Zonen. Über Verbindungen deutscher Komponisten zwischen Ost und West, In: Kultur und Musik. Ästhetik im Zeichen des Kalten Krieges nach 1945. Kongressbericht Hambacher Schloss 11.–12. März 2013, hrsg. von Ulrich J. Blomann, Saarbrücken: PFAU-Verlag, 2015, S. 329–338.

Schönewolf, Karl. »Die Zauberflöte« auf dem Barocktheater. Eine ungewöhnliche Mozart-Inszenierung

Felsensteins, In: Wochen-Zs. »Der Sonntag«, Berlin, 7.3.1954.

Schreier, Peter. Aus meiner Sicht. Gedanken und Erinnerungen, hrsg. von Manfred Meier, Berlin: Union Verlag, 1983.

Schubbe, Elimar (Hrsg.). Dokumente zur Kunst-, Literatur- und Kulturpolitik der SED 1946–1970, Stuttgart: Seewald Verlag, 1972.

Seeger, Horst. Provokationen zur Gegenwartsoper I und II, In: Zs. »Theater der Zeit«, Hefte 3 und 4, Berlin, 1962, S. 27–31 bzw. S. 44–47.

Seeger, Horst. Dem Neuen aufgeschlossen. Gespräch am runden Tisch über Fragen der Gegenwartsoper, In: Zs. »Theater der Zeit«, Heft 11, Berlin, 1962, S. 35–39.

Seeger, Horst. Entwurf eines Systems der Wissenschaft vom musizierenden Theater, In: Jahrbuch der Komischen Oper VIII. Spielzeit 1967/68, hrsg. von Horst Seeger, Berlin: Henschelverlag Kunst und Gesellschaft, 1968, S. 7–50.

Seeger, Horst. Opernlexikon, Berlin: Henschelverlag Kunst und Gesellschaft, 1986.

Seiferth, Werner P. Richard Wagner in der DDR – Versuch einer Bilanz (Leipziger Beiträge zur Wagner-Forschung 4, hrsg. vom Richard-Wagner-Verband Leipzig e.V.), Beucha/Markkleeberg: Sax-Verlag, 2012.

Schdanow, Andrei. Über Kunst und Wissenschaft, Berlin: Dietz Verlag, 1951.

Spiegler, Susanne. Georg Friedrich Händel im Fadenkreuz der SED. Zur Instrumentalisierung seiner Musik in der DDR (Studien der Stiftung Händel-Haus, Bd. 5), Beeskow: Ortus Musikverlag Krüger & Schwinger OHG, 2018.

Staadt, Jochen (Hrsg.). »Die Eroberung der Kultur beginnt!« Die Staatliche Kommission für Kunstangelegenheiten der DDR (1951–1953) und die Kulturpolitik der SED. Studien des Forschungsverbundes SED-Staat an der Freien Universität Berlin, Frankfurt am Main: Verlag Peter Lang, 2011.

Steffen, Helmut. Musikland DDR, Berlin: Verlag Neue Musik, 1977.

Stöck, Katrin. Die Nationalopern-debatte in der DDR der 1950-er und 1960-er Jahre als Instrument zur Ausbildung einer sozialistischen deutschen Nationalkultur, In: Nationale Musik im 20. Jahrhundert. Kompositorische und soziokulturelle Aspekte der Musikgeschichte zwischen Ost- und Westeuropa. Konferenzbericht Leipzig 2002, hrsg. von Helmut Loos und Stefan Keym, Leipzig: Gudrun Schröder Verlag, 2004, S. 521–540.

Stöve, Dirk. »Meine herrliche Kapelle«. Otmar Suitner und die Staatskapelle Berlin, Berlin: Henschel-Verlag, 2002.

Strawinsky, Igor. Mein Leben, München: Paul List Verlag, 1958.

Strawinsky, Igor. Oedipus Rex. Textbuchausgabe, Bonn: Boosey & Hawkes, o.J.

Streller, Friedbert. Der Fall Antigonae. Akzente einer Orffschen Erstaufführung, In: Höhepunkte der Dresdner Operngeschichte im 20. Jahrhundert unter besonderer Berücksichtigung bedeutender Ur- und Erstaufführungen. Wissenschaftliche Konferenz im Rahmen der Dresdner Musikfestspiele 1989 (Sonderheft der Schriftenreihe der Hochschule für Musik, Heft 13) Dresden, 1989, S. 1004–1019.

Stuber, Petra. Spielräume und Grenzen. Studien zum DDR-Theater, Berlin: Christoph Links Verlag, 2000, 2. Aufl.

Stürzbecher, Ursula (Hrsg.). Komponisten in der DDR. 17 Gespräche, Hildesheim: Verlag Gerstenberg, 1979.

Tischer, Mathias (Hrsg. und Autor). Musik in der DDR. Beiträge zu den Musikverhältnissen eines verschwundenen Staates, Berlin: Verlag Ernst Kuhn, 2005.

Trilse-Finkelstein, Jochanan Ch./Hammer, Klaus. Lexikon Theater International, Berlin: Henschel Verlag, 1995.

Tschulik, Norbert. Musiktheater in Deutschland. Die Oper im 20. Jahrhundert, Wien: Österreichischer Bundesverlag, 1987.

Tjulpanow, Sergei. Vom schweren Anfang, In: »Weimarer Beiträge«. Zeitschrift für Literaturwissenschaft, Ästhetik und Kulturtheorie, Berlin und Weimar: Aufbau-Verlag, 5/1967.

Ulbricht, Walter. Zur Geschichte der deutschen Arbeiterbewegung, Bd. 4, Berlin: Dietz Verlag, 1964.

Umbach, Klaus (Hrsg.). Richard Wagner: Ein deutsches Ärgernis, Reinbek bei Hamburg: Rowohlt, 1982.

Vogt-Schneider, Sabine. »Staatsoper unter den Linden« oder »Deutsche Staatsoper«. Auseinandersetzungen um Kulturpolitik und Spielbetrieb in den Jahren zwischen 1945 und 1955, Berlin: Verlag Ernst Kuhn, 1998.

Wagner, Richard. Sämtliche Briefe, hrsg. im Auftrag der Richard-Wagner-Familien-Stiftung von Gertrud Strobel und Werner Wolf, Leipzig: VEB Deutscher Verlag für Musik, 1967ff.

Weber, Carl Maria von. Kunstansichten. Ausgewählte Schriften, hrsg. von Karl Laux, Leipzig: Verlag Philipp Reclam jun., 1969.

Wilde, Erika. Der mystische Gral deutscher Kunst. »Lohengrin« von Richard Wagner in der Staatoper Berlin, In: Zs. »Theater der Zeit«, Heft 8, Berlin, 1958, S. 34–37.

Witzmann, P. Tönende Vorhalle des Faschismus, In: Zs. »Theater der Zeit«, Heft 11, Berlin, 1958, S. 26f.

Wolf, Werner/Kröplin, Eckart/Kaden, Christian/Rienäcker, Gerd. Richard Wagners Werke – Heute (»Material zum Theater« Heft 105, hrsg. vom Verband der Theaterschaffenden der DDR), Berlin, 1978.

Wolle, Stefan. Die heile Welt der Diktatur. Alltag und Herrschaft in der DDR 1971–1989, Berlin: Christoph Links Verlag, 1998, 2. Aufl.

Zelinsky, Hartmut. Richard Wagner – Ein deutsches Thema. Eine Dokumentation zur Wirkungsgeschichte Richard Wagners 1876–1976, Frankfurt a. M.: Verlag Zweitausendeins, 1976.

Zur Weihen, Daniel. Komponieren in der DDR. Institutionen, Organisationen und die erste Komponistengeneration bis 1961. Analysen, Köln/Weimar/Wien: Böhlau Verlag, 1999.

Sammelpublikationen, Varia

Aus der Arbeit unserer Kommission. Erste Tagung der Kommission »Oper«, In: Zs. »Musik und Gesellschaft« Heft 3, Berlin, 1953, S. 149ff.

Beständig ist nur der Wandel. Über-Regionale Ermunterungen aus der Semperoper. Intendanz Gerd Uecker 2003 bis 2010, hrsg. von der Stiftung zur Förderung der Semperoper, Dresden, 2010.

Das Musikleben der Deutschen Demokratischen Republik (1945–1959), hrsg. von Karl Laux, Leipzig: VEB Deutscher Verlag für Musik, 1963.

Der Countertenor Jochen Kowalski. Gespräche mit Susanne Stähr, Leipzig: Seemann Henschel/Bärenreiter Kassel, 2013.

Eine innige Leidenschaft – die Lauchstädter Mozart-Tradition, hrsg. von: Historische Kuranlagen und Goethe-Theater Bad Lauchstädt GmbH, 2014.

Frank Schneider im Gespräch mit Gisela Nauck, In: Kultur und Musik nach 1945. Ästhetik im Zeichen des Kalten Krieges. Kongressbericht Hambacher Schloss 11.–12. März 2013, hrsg. von Ulrich J. Blomann, Saarbrücken: PFAU-Verlag, 2015, S. 366f.

Geschichtsbild und Erbeaneignung – Beiträge vom III. Kongreß des Theaterverbandes der DDR (»Material zum Theater« Heft 80, hrsg. vom Verband der Theaterschaffenden der DDR, Berlin), 1976.

Hanns Eislers »Johann Faustus«. 50 Jahre nach Erscheinen des Operntextes 1951. Symposion, hrsg. von Peter Schweinhardt/Robert Wißmann, Wiesbaden/Leipzig: Verlag Breitkopf & Härtel, 2005.

Harry Kupfer. Musiktheater, hrsg. im Auftrag der Komischen Oper von Hans-Jochen Genzel und Eberhardt Schmidt, Berlin: Parthas Verlag, 1997.

Höhepunkte der Dresdner Operngeschichte im 20. Jahrhundert unter besonderer Berücksichtigung bedeutender Ur- und Erstaufführungen. Wissenschaftliche Konferenz im Rahmen der Dresdner Musikfestspiele 1989 (Sonderheft der Schriftenreihe der Hochschule für Musik, Heft 13), Dresden, 1989.

Internationales Kolloquium 1983 in Leipzig. Richard Wagner – Leben, Werk und Wirkung (Leipziger Beiträge zur Wagner-Forschung 2, hrsg. vom Richard Wagner-Verband Leipzig e. V.), Beucha/Markkleeberg: Sax-Verlag, 2010.

Jahrbuch der Komischen Oper, Bde. I–XII, hrsg. von Horst Seeger, Berlin: Henschelverlag Kunst und Gesellschaft, 1961–1973.

Jahrbuch der Staatsoper Dresden, 1 (1985/86) und 2 (1987/88), hrsg. von der Staatsoper Dresden, Redaktion: Eckart Kröplin, Dresden, 1987 und 1989.

Joachim Herz inszeniert Richard Wagners »Ring des Nibelungen« am Opernhaus Leipzig (Akademie der Künste der DDR. Arbeitshefte Nr. 21 und 29, I: Das Rheingold. Die Walküre, II: Siegfried. Götterdämmerung), Berlin, 1975 und 1980.

Komponieren zur Zeit. Gespräche mit Komponisten der DDR, hrsg. von Mathias Hansen, Leipzig: VEB Deutscher Verlag für Musik, 1988.

Komponisten der DDR über ihre Opern. Teile I und II, hrsg. von Stephan Stompor (»Material zum Theater« Hefte 117 und 118, hrsg. vom Verband der Theaterschaffenden der DDR), Berlin, 1979.

Komponisten und Musikwissenschaftler der Deutschen Demokratischen Republik, Berlin: Verlag Neue Musik, 1959.

V. Kongreß des Verbandes der Theaterschaffenden der DDR. Theater für Frieden und Sozialismus (I–VII) (»Material zum Theater« Hefte 192–198, hrsg. vom Verband der Theaterschaffenden der DDR), Berlin, 1985/1986.

Kultur und Musik nach 1945. Ästhetik im Zeichen des Kalten Krieges. Kongressbericht Hambacher Schloss 11.–12. März 2013, hrsg. von Ulrich J. Blomann, Saarbrücken: PFAU-Verlag, 2015.

Kunstdokumentation SBZ/DDR 1945–1990. Aufsätze, Berichte, Materialien, hrsg. von Günter Feist/Eckhart Gillen/Beatrice Viermeisel, Köln: Verlag Du Mont GmbH & Co. KG, 1996.

Mozart. Die Dokumente seines Lebens. Gesammelt und erläutert von Otto Erich Deutsch, 7 Bde., Kassel: Bärenreiter-Verlag und Leipzig: VEB Deutscher Verlag für Musik, 1962–1975.

Mozart auf den Bühnen der DDR – Zur Traditionspflege des volkstümlichen Musiktheaters (»Material zum Theater« Heft 82, hrsg. vom Verband der Theaterschaffenden der DDR), Berlin, 1976.

Musikbühne 74 – 77 (4 Bde.), hrsg. von Horst Seeger, Berlin: Henschelverlag Kunst und Gesellschaft, 1974–1977.

Musikgeschichte der Deutschen Demokratischen Republik (Sammelbände zur Musikgeschichte der Deutschen Demokratischen Republik Bd. V), hrsg. von Heinz Alfred Brockhaus und Konrad Niemann, Berlin: Verlag Neue Musik, 1979.

Nationale Musik im 20. Jahrhundert. Kompositorische und soziokulturelle Aspekte der Musikgeschichte zwischen Ost- und Westeuropa. Konferenzbericht Leipzig 2002, hrsg. von Helmut Loos und Stefan Keym, Leipzig: Gudrun Schröder Verlag, 2004.

Ohrenschmaus und Augenlust. 350 Jahre Oper in Dresden (Dresdner Hefte. Beiträge zur Kulturgeschichte, hrsg. vom Dresdner Geschichtsverein e. V., Heft 129, 1/2017), Dresden, 2017.

Oper heute. Ein Almanach der Musikbühne, Bde. 1–12, hrsg. von Horst Seeger, Berlin: Henschelverlag Kunst und Gesellschaft, 1978–1990.

Oper in Dresden. Festschrift zur Wiedereröffnung der Semperoper, hrsg. von Horst Seeger und Mathias Rank, Berlin: Henschelverlag Kunst und Gesellschaft, 1985.

Oper Leipzig. Schlaglichter auf fünf Jahrzehnte Musiktheater, hrsg. von Alexander von Maravić und Harald Müller, Berlin: Verlag Theater der Zeit, 2010.

Paul Dessau. Aus Gesprächen, Leipzig: Deutscher Verlag für Musik, 1974.

Paul Dessau. Dokumente zu Leben und Werk, hrsg. von Daniela Reinhold, Berlin: Henschel-Verlag, 1995.

Paul Dessau. Von Geschichte gezeichnet. Beiträge zum Symposium Paul Dessau. Hamburg 1994, Hofheim: Wolke Verlag, 1995.

Paul Dessau. Let's hope for the best. Briefe und Notizbücher aus den Jahren 1948 bis 1978, hrsg. von Daniela Reinhold, Hofheim: Wolke Verlag, 2000.

Richard Wagner. 1813–1883. Dokumentation, hrsg. vom Deutschen Kulturbund, Berlin, 1963.

SED und Intellektuelle in der DDR der fünfziger Jahre. Kulturbund-Protokolle, hrsg. von Magdalena Heider und Kerstin Thöns, Köln: Verlag Wissenschaft und Politik, 1990.

»Sinn und Form«. Beiträge zur Literatur, hrsg. von der Deutschen Akademie der Künste, Sonderheft Hanns Eisler, Berlin: Rütten & Loening, 1964.

Zu Fragen des sozialistischen Opernschaffens. Werkstattgespräch der Deutschen Staatsoper Berlin vom 11. Februar 1971, Berlin: Deutsche Staatsoper Berlin (26) BG 015/50/71.

Zum Repertoire und zur Theorie des Musiktheaters (»Material zum Theater« Heft 14, hrsg. vom Verband der Theaterschaffenden der DDR), Berlin, 1972.

Zwischen Macht und Freiheit. Neue Musik in der DDR, hrsg. von Michael Berg u a., Köln/Weimar/Wien: Böhlau Verlag, 2004.

Personenregister

Es sind alle Namen im laufenden Text erfasst, nicht aber Namen, die in Fußnoten, Auflistungen, Bildunterschriften und im Anhang vorkommen.

A

Abendroth, Hermann 76
Abusch, Alexander 52, 102, 178
Ackermann, Anton 45, 87
Adam, Theo 28, 114, 129ff., 185f., 211, 266, 281, 316
Adamov, Arthur 139
Adenauer, Konrad 109, 202
Aderhold, Bruno 142
Agde, Günter 120
Ahlersmeyer, Mathieu 64
Ailakowa, Nelly 212
Aischylos 68
Albert, Herbert 76
Aldenhoff, Bernd 72
Allmeroth, Heinrich 46, 48, 67, 72, 147
Anders, Lothar 142
Anders, Peter 37
Apelt, Ursula 130
Appen, Karl von 72, 74, 321
Apreck, Rolf 142, 299
Arnold, Heinz 72, 74, 144, 236f.
Arnold, Irmgard 64
Arpe, Johannes 76
Artaud, Antonin 139
Asmus, Rudolf 64, 115
Asmus, Ruth 126, 299
Asriel, Andre 310
Auber, Daniel François Esprit 38, 62f., 129

B

Bach, Johann Sebastian 18, 78, 97, 119, 168f., 188, 219, 309
Bach, Siegfried 302f.
Bahner, Gert 133, 203, 208, 298
Bahro, Rudolf 279
Bär, Heinz 311
Bär, Olaf 292
Bartók, Béla 38, 50, 212
Bauer, Hans-Joachim 316
Bauer, Vladimír 28, 64, 115
Baumann, Andreas 221
Bäumer, Margarete 77
Bazinger, Irene 253f.
Beaumarchais, Pierre-Augustin Caron de 266

Becher, Johannes R. 18, 50, 52f., 79, 82, 102, 116f., 168
Beckett, Samuel 139, 286
Beethoven, Ludwig van 18, 21, 24, 36f., 39, 47, 49, 68, 72ff., 76, 97, 143f., 152, 168f., 243, 295, 299, 309
Benda, Georg Anton 154
Bennert, Edgar 67
Berg, Alban 15, 36, 38f., 41, 50, 119, 126, 134, 168, 205f., 211, 290, 292, 299
Berg, Leo 154
Berger, Erna 37
Berghaus, Ruth 29, 50, 123ff., 137, 150, 165, 176, 179, 183, 185f., 188, 197, 220, 226f., 231, 236, 241, 244, 247–254, 260ff., 267, 281, 289, 294
Berlioz, Hector 249, 292, 319, 322f.
Berman, Karel 142, 208
Bermbach, Udo 15
Bersarin, Nikolai 37
Besson, Benno 180ff.
Beyer, Frank 120
Biermann, Wolf 33, 193f., 200f.
Bismarck, Otto von 82, 280
Bizet, Georges 21, 57, 68, 152, 203, 228, 299
Blacher, Boris 77, 178, 197
Blech, Leo 41
Bloch, Ernst 150
Blomstedt, Herbert 212, 291
Bobrowski, Johannes 214, 217
Bock, Jerry 203
Bodenstein, Willy 78, 307
Böhm, Hans 154
Böhm, Karl 49
Böhme, Kurt 72
Boieldieu, François-Adrien 62
Bolkestein, Els 208
Bonnet, Horst 62, 135, 281
Borodin, Alexander 38
Boulez, Pierre 200, 207, 275
Brahm, Otto 226
Brähmig, Peter 221, 266
Brahms, Johannes 168
Braun, Volker 279
Brecher, Gustav 300
Brecht, Bertolt 18, 30, 39, 43, 61, 72, 84–89, 91f., 94, 96–98, 102f., 105, 133, 140, 144, 150, 156–173, 176f., 180, 182, 184ff., 188f., 205, 228, 231, 234, 236, 241, 246ff.,

250, 253f., 262, 267, 271f., 274, 300, 310, 314, 321
Bredel, Willi 117
Bredemeyer, Reiner 31, 189, 304
Brentano, Bettina 285
Breschnew, Leonid 119, 278
Breul, Elisabeth 142
Britten, Benjamin 63, 74, 206, 220, 237, 262, 287
Brjussow, Waleri 126
Brod, Max 157
Brömme, Ursula 77, 142
Bruckner, Anton 154
Büchner, Eberhard 148, 188, 267, 281
Büchner, Georg 158, 188, 200
Bulgakow, Michail 210, 222f.
Bülter-Marell, Dieter 147, 211
Bundschuh, Eva-Maria 281
Burghardt, Max 42, 48, 50, 76, 121, 321
Bürgmann, Ferdinand 77f.
Burgwinkel, Josef 37, 64
Burmeister, Annelies 130, 148
Busch, Ernst 166, 321
Bush, Alan 70, 77, 108
Busoni, Ferruccio 38, 94, 167
Butting, Max 77
Butzeck, Klaus-Dieter 302
Buzko, Juri 225

C

Casapietra, Celestina 281
Chagall, Marc 46
Chéreau, Patrice 207, 314
Chrennikow, Tichon 70, 125
Chruschtschow, Nikita 52, 119, 278
Cornelius, Peter 44
Craig, Edward Gordon 226
Cremer, Fritz 117, 310
Croonen, Maria 142

D

d'Albert, Eugen 21, 36f.
Da Ponte, Lorenzo 265
Dargomyshski, Alexander 289
Debussy, Claude 38, 44, 167, 213
Deicke, Günther 130f., 133, 198
Dessau, Paul 24, 26, 30ff., 38ff., 44, 50, 69, 75, 77, 80, 84–89, 91f., 94, 109f., 116, 120, 123, 130, 132f., 150, 152, 156ff., 163, 165, 167, 169–189, 194, 197, 215, 220, 222f., 234,

236, 248f., 251, 258, 269, 273f., 298f., 310, 321
Dieckmann, Johannes 178
Dinescu, Violetta 297
Dittrich, Paul-Heinz 31, 189, 284ff.
Donath, Helen 151
Dostojewski, Fjodor 128, 225, 299
Dresen, Adolf 318
Drinda, Horst 180
Dsershinski, Iwan 70, 125
Dudow, Slatan 166
Durjan, Ogan 144
Dvořáková, Ludmila 28, 115
Dymschitz, Alexander 23, 46, 55

E

Egk, Werner 36, 38, 50, 74, 150, 152
Eichendorff, Joseph von 171
Einem, Gottfried von 38
Einstein, Albert 185ff.
Eisenstein, Sergei 15
Eisler, Hanns 24, 30f., 50, 75, 80, 94, 96–111, 116f., 119, 132f., 156ff., 163, 165–169, 171f., 175, 185, 188f., 197f., 223, 269, 321
Eisler, Louise (Lou 100, 105
Ekhof, Conrad 154
Elstermann, Eleonore 148
Enders, Werner 64
Engels, Friedrich 47
Erkrath, Karl Heinz 221, 302
Erpenbeck, Fritz 118
Esche, Eberhard 120, 180
Eyser, Eberhard 296

F

Fandrey, Birgit 291
Faust, Ulrich 302f.
Fehling, Jürgen 228
Felsenstein, Walter 22, 26, 29, 55–65, 76f., 92, 102f., 133, 135ff., 140, 151f., 165, 173f., 203, 205, 209, 226–233, 235, 237, 239f., 242, 244–247, 261ff., 265, 287, 321f.
Fichtmüller, Vilma 78
Finke, Fidelio F. 74
Fischer, Erhard 122, 126, 130, 196, 209, 281
Fischer, Ernst 100ff.
Fischer-Dieskau, Dietrich 290
Flohr, Rüdiger 221
Flotow, Friedrich von 21, 68
Forest, Jean Kurt 38, 50, 70, 83, 108f., 152, 243, 282
Frank-Reineke, Renate 148
Freier, Jürgen 212, 281
Freyer, Achim 253
Frick, Gottlob 72, 123
Fricke, Heinz 28, 114, 122, 126, 281
Friedland, Brünnhilde 72

Friedrich II., König von Preußen 42, 97, 280, 287
Friedrich, Götz 29, 59–63, 133, 135, 165, 196f., 203ff., 226f., 231–237, 239, 241, 247, 257ff., 262ff., 267, 270, 273, 318f.
Furtwängler, Wilhelm 49

G

Gay, John 135
Geißler, Fritz 31, 189, 198, 209ff., 215, 222ff., 304
George, Heinrich 228
Gerlach, Harald 299, 301, 303
Gershwin, George 133, 152
Gerster, Ottmar 38, 50, 83, 116, 150, 152
Geszty, Sylvia 130, 151
Gielen, Michael 253f.
Girnus, Wilhelm 91, 101ff., 116
Glinka, Michail 15, 38
Gluck, Christoph Willibald 15, 23, 36f., 39, 76, 151, 289, 295
Goebbels, Joseph 193
Goethe, Johann Wolfgang von 18, 96ff., 101, 104f., 107, 110f., 155, 309
Goetz, Hermann 39, 44
Gogol, Nikolai 126, 223
Goldberg, Reiner 211f., 281
Goldmann, Friedrich 31, 189, 199ff., 220, 284, 297f., 303
Goldschmidt, Harry 116
Goltz, Christel 72, 74, 150
Gonszar, Rudolf 78
Gorbatschow, Michai 33, 278, 280, 320, 323
Gorki, Maxim 168
Götz, Julius 154
Grabbe, Christian Dietrich 200, 303
Grassi, Ernesto 138ff.
Graun, Carl Heinrich 36
Gregor, Hans 55, 226
Gregor-Dellin, Martin 316
Greindl, Josef 37
Griesbach, Karl-Rudi 108, 152
Grillparzer, Franz 171
Grotewohl, Otto 30, 40, 45, 52, 86f.
Grotowski, Jerzy 139
Gruber, Ernst 28, 77f., 114
Gruber, Roman 309f., 313
Grümmer, Elisabeth 64
Gülke, Peter 223
Günderode, Karoline von 285

H

Haas, Joseph 63, 237, 247
Hacks, Peter 203ff., 214, 221, 248, 269, 271–274
Haedler, Manfred 154
Haenchen, Hartmut 315

Hager, Kurt 116f., 141, 192, 323
Hajóssyová, Magdaléna 267, 281
Händel, Georg Friedrich 18, 38, 77ff., 119, 129f., 135f., 144, 207, 262, 287f., 292, 304, 309
Hanell, Robert 108, 152, 221, 224, 282
Harnick, Sheldon 203
Härtel, Renate 142, 208
Hartmann, Gerhard 223
Hartmann, Karl Amadeus 74
Hartmann, Rudolf 150
Haseleu, Werner 211f.
Hasse, Johann Adolf 36
Haunstein, Rolf 212
Hauptmann, Gerhart 297
Hebbel, Friedrich 290
Heilein, Peter 281
Hein, Christoph 278f.
Heinemann, Michael 71
Heinicke, Michael 221
Heinrich, Rudolf 64, 77, 130, 208
Heinz, Wolfgang 117, 320f.
Heise, Wolfgang 251, 259
Hellberg, Martin 72
Hellmich, Wolfgang 212
Henneberg, Gerd Michael 147
Henze, Hans Werner 135, 150, 225
Herchet, Jörg 250, 297f., 303, 325
Herrmann, Josef 72
Hertel, Thomas 271, 304
Herz, Joachim 28f., 56, 59–63, 77, 117, 128, 135ff., 142–146, 150, 165, 196f., 204–209, 226f., 231, 233, 237–244, 247, 260f., 267, 287, 289, 291f., 294, 298, 308f., 313ff., 318, 322f.
Heyer, Hermann 154
Heym, Stefan 120, 279, 324
Heyn, Thomas 31, 297, 304
Hildesheimer, Wolfgang 270
Hillebrecht, Hildegard 151
Hindemith, Paul 36, 38, 43, 126, 134, 162f., 219
Hinkel, Erika 130
Hitler, Adolf 15
Hochheim, Wolf 79
Hochhuth, Rolf 225
Hoene, Barbara 212
Hofmannsthal, Hugo von 68
Hölderlin, Friedrich 168
Hollitscher, Walter 310
Hollreiser, Heinrich 150
Holm, Richard 64
Holtz, Corinne 253
Holtzhauer, Helmut 75, 115
Hölzke, Karl-Friedrich 148
Honecker, Erich 32, 119, 192, 278ff., 324
Hossfeld, Christiane 291
Hruba-Freiberger, Venčeslava 299

Hübner, Fritz 208
Huchel, Peter 119
Huebner, Manfred 72
Hülgert, Alfred 64, 84
Humperdinck, Engelbert 36f.
Hutten, Ulrich von 47

I

Iffland, August Wilhelm 154
Ihle, Andrea 212
Imbiel, Günther 302
Ionesco, Eugène 139
Irmer, Hans-Jochen 259

J

Jahns, Annette 291
Janáček, Leoš 38, 43, 63, 133, 150, 157, 205, 249, 299
Janowski, Marek 316
Jedlička, Rudolf 28, 115
Jonas, Hildegard 78
Joseph II., Kaiser von Österreich 265
Junge, Friedrich Wilhelm 271

K

Kafka, Franz 24, 119, 157, 286
Kahlau, Heinz 130
Kaiser, Gunter 298
Kamnitzer, Heinz 102
Kant, Hermann 279
Karajan, Herbert von 49, 65, 68, 228
Karén, Inger 72
Katzer, Georg 31, 130, 132, 189, 206, 284–287, 324
Kayser, Karl 67, 76, 144, 146, 300
Kegel, Herbert 150, 183, 211, 315
Kehl, Sigrid 77, 142, 208, 299
Keilberth, Joseph 41, 71f., 74
Keiser, Reinhard 15, 128
Kempe, Rudolf 64, 72
Kempen, Paul van 228
Kemter, Johannes 72
Kersten, Wolfgang 62, 135, 209
Ketelsen, Hans-Joachim 292
Kienzl, Wilhelm 36
Kirsch, Rainer 206
Kirst, Klaus Dieter 271
Kleiber, Erich 41ff., 45, 48, 50, 114
Kleist, Heinrich von 198, 210
Klemperer, Otto 41, 43, 64, 156
Klingberg, Lars 30
Klose, Margarete 64
Kluge, Alexander 274f.
Knappertsbusch, Hans 41
Knepler, Georg 29, 89, 116, 146, 270, 309–313
Knipper, Lew 225
Knobelsdorff, Wenzeslaus von 36
Koch, Helmut 129f.

Kochan, Günter 133, 197, 199, 214, 224, 256, 282
Kodály, Zoltán 38, 203
Köhler, Siegfried 116, 291
Kolland, Hubert 316
Kollo, René 211
König, Jürgen 221
König, Klaus 292, 299
Konwitschny, Franz 38, 41, 43, 72f., 76, 114, 121, 143
Konwitschny, Peter 199, 221, 298, 303f.
Korn, Ilse 199
Korn, Vilmos 199
Körner, Thomas 158, 188
Košler, Zdeněk 133
Kosma, Joseph 50, 70
Kovaříková, Jitka 299
Kowalski, Jochen 252, 289
Krämer, Hans 77
Kranz, Dieter 154
Krause, Ernst 154
Krauß, Clemens 228
Krenek, Ernst 36, 43, 167, 300
Kreyssig, Uwe 64
Kröplin, Eckart 259, 267ff.
Krug, Manfred 120
Krug, Wilfried 148
Kuchta, Gladys 151
Kuhse, Hanne-Lore 28, 77f., 114
Kunad, Rainer 31, 130f., 133, 148, 152, 189, 198f., 215–218, 223ff., 256, 282, 325
Kunert, Günter 140f.
Kupfer, Harry 29, 135, 195ff., 211–215, 217, 226f., 231, 239, 241, 243–247, 259, 262, 266f., 287ff., 315, 318
Kurka, Robert 63, 74, 262
Kurth, Günther 208, 299
Kurth, Jürgen 299
Kurz, Siegfried 148, 212, 220, 281, 283, 292
Kurzbach, Paul 70, 83, 108f., 224
Kusche, Benno 64

L

Lang, Otto 67
Lange, Ruth 72
Lange, Wolfgang 154
Langhoff, Wolfgang 321
Larondelle, Alfred 212, 291
Lauhöfer, Robert 78
Lauter, Hans 75, 87, 116
Laux, Karl 154
Lawrenjow, Boris 133
Legal, Ernst 37, 41, 43f., 46, 75, 89
Leibowitz, René 178
Leipold, Hans-Jörg 298
Lemnitz, Tiana 37

Lenz, Jakob Michael Reinhold 199, 201
Leoncavallo, Rugg(i)ero 247
Lesser, Wolfgang 116
Lewental, Valeri 203
Liebermann, Rolf 178, 250, 252
Liebold, Angela 291
Ligendza, Catarina 253
Ligeti, György 243, 262
Lima, Jorge de 184
Liszt, Franz 204
Lohse, Günter 209, 211, 298
Lorenz, Max 78
Lorenz, Siegfried 281
Lortzing, Albert 21, 36, 57, 68, 151
Löwlein, Hans 64
Lucchesi, Joachim 89
Lucke, Hans 130
Lüdeke, Rainer 77, 142, 208
Ludwig, Rolf 180
Lukács, Georg 51
Lunatscharski, Anatoli 309f.
Luther, Martin 99, 106

M

Mäde, Hans Dieter 147
Mahler, Gustav 26, 167
Mann, Heinrich 18, 117
Mann, Thomas 18, 94, 96–100, 314
Marivaux, Pierre de 224
Marschner, Heinrich 36
Marx, Karl 158, 199
Masanetz, Guido 224
Mascagni, Pietro 247
Massenet, Jules 38, 203
Masur, Kurt 27, 64, 133, 290, 298
Matačić, Lovro von 72
Matthus, Siegfried 31, 133ff., 189, 203f., 206, 215, 221, 237, 243, 269, 271, 283, 286, 290, 294, 297, 322, 325
Matusche, Alfred 218f.
Mayer, Eckehard 295
Mayer, Günter 256
Mayer, Hans 150, 232, 310–313
McCarthy, Joseph 103
Melchert, Helmut 91
Mendelssohn Bartholdy, Felix 36
Mentzel, Ilse 37
Meyer, Ernst Hermann 89, 102f., 116, 198f., 256, 282
Meyerbeer, Giacomo 36, 81, 207
Meyerhold, Wsewolod 127, 226
Michailow, Lew 128, 203
Mickel, Karl 158, 185
Mielitz, Christine 295f.
Minetti, Hans-Peter 117, 320f.
Mittag, Günter 119
Modrow, Hans 295f.
Mohaupt, Richard 63, 237, 247
Moltschanow, Kyrill 225

Moniuszko, Stanisław 38
Monteverdi, Claudio 15, 38, 133
Möser, Justus 268f.
Mozart, Wolfgang Amadeus 15, 18, 21, 24, 28, 36, 39, 44, 47, 54, 59, 62f., 68, 71, 74, 119, 122, 133, 135, 150, 152, 155, 168, 186, 188, 196, 203f., 207, 209f., 212f., 220f., 228, 239, 242f., 249, 257f., 263–270, 288, 295, 299
Mrawinski, Jewgeni 65
Mráz, Ladislav 142
Müller, Anneliese 37
Müller, Heiner 26, 120, 124, 130, 133, 158, 180f., 183f., 200, 216, 248, 258, 264, 270f., 273ff.
Müntzer, Thomas 47, 99, 106, 265
Münz, Rudolf 267
Mussorgski, Modest 38, 50, 62, 76, 288, 290
Muszely, Melitta 64

N

Nagel, Otto 117
Napoleon I., Kaiser von Frankreich 265
Naumann, Johann Gottlieb 36
Neef, Sigrid 177, 184, 253, 259
Neef, Wilhelm 108
Neher, Caspar 64, 84, 228
Neuhaus, Rudolf 148, 212
Neukirch, Harald 72, 114
Neumann, Václav 64, 114, 144
Neutsch, Erik 120, 130f., 133, 198
Nicolai, Otto 21, 36, 39, 68
Nietzsche, Friedrich 309
Nocker, Hanns 64
Nono, Luigi 178
Nossek, Carola 188
Notowicz, Nathan 116
Nowka, Dieter 108f.

O

O'Hara, Saul 203
Oertel, Gertrud 208, 299
Offenbach, Jacques 21, 38, 44, 57, 62f., 68, 72, 135, 204
Oistrach, David 143
Orff, Carl 57, 74f., 89f., 152, 167, 174, 220
Otto, Hans-Gerald 154, 259

P

Paisiello, Giovanni 63
Palitzsch, Peter 173
Palucca, Gret 247
Pape, René 281
Papp, Gustav 142
Penderecki, Krzysztof 196, 222
Pergolesi, Giovanni Battista 220

Perten, Hanns Anselm 67, 225
Petrow, Andrei 220, 225
Pfeiffenberger, Heinz 64
Pfitzner, Hans 36
Pflanzl, Heinrich 72
Pfützner, Klaus 117
Picasso, Pablo 46
Pieck, Wilhelm 20, 27, 40f., 45, 53, 86ff., 143, 179
Pischner, Hans 121f., 124f., 130, 196, 199, 281, 287
Platon 285
Pokrowski, Boris 128, 209, 220, 298
Ponto, Erich 72
Pöppelreiter, Christian 147, 211, 221, 266, 281, 318
Priew, Uta 221, 281
Prohaska, Jaro 64
Prokofjew, Sergei 38, 45, 50, 70, 74, 125, 128, 135, 144, 295, 299
Puccini, Giacomo 21, 38, 63, 68, 74, 133, 150, 152, 206f., 237, 288

R

Rackwitz, Werner 287
Rehm, Kurt 64, 176
Reichelt, Elisabeth 72
Reichhardt, Johann Friedrich 36
Reimann, Aribert 288, 290
Reinhardt, Max 226
Rennert, Günter 236
Reuscher, Dieter 221
Reuter, Rolf 28, 114, 287f.
Richter, Kurt Dietmar 152, 224
Riemer, Rudolf 142, 299
Rienäcker, Gerd 109, 175, 180, 259, 322f.
Rieu, André 298
Riha, Carl 62, 151, 220
Rihm, Wolfgang 274, 299, 304
Rilke, Rainer Maria 294
Rimkus, Günter 281
Rimski-Korsakow, Nikolai 38, 44, 62, 70, 213
Rodenberg, Hans 102, 321
Rogge, Detlef 221, 283, 303f.
Rögner, Heinz 114
Rohde, Gerhard 287
Rosenfeld, Gerhard 31, 189, 223f., 287, 299, 303, 322
Roshdestwenski, Gennadi 128, 220
Rösinger, Kurt 77
Rossini, Gioacchino 125, 196, 204, 210, 236, 248, 260
Rott, Helena 72
Röttger, Heinz 79, 307
Rücker, Günther 130
Rückert, Heinz 77, 126, 129
Rudolph, Johanna 129
Rupf, Konrad 299

S

Sachs, Nelly 297
Saint-Saëns, Camille 38
Sanderling, Kurt 65, 114, 147
Schaal, Hans Dieter 253
Schaefer, Hansjürgen 154
Schau, Reinhard 221
Schavernoch, Hans 287
Schdanow, Andrej 45, 89
Schedl, Gerhard 296
Scheibner, Andreas 292
Schellenberg, Arno 72
Schenker, Friedrich 31, 110, 189, 284ff.
Scherchen, Hermann 84, 91
Schikaneder, Emanuel 57f., 242
Schiller, Friedrich von 18, 97, 155, 250, 309
Schinkel, Karl Friedrich 279
Schlemm, Anny 64
Schmidt, Eberhard 259
Schmidt, Helmut 279
Schmidt, Karl 37
Schmidt, Peter-Jürgen 281
Schmidt, Walter 142
Schmidt-Rottluff, Karl 46
Schmitz, Paul 64, 76, 114
Schneider, Frank 16, 32, 194, 270
Schneider, Max 78
Schnitzler, Arthur 303
Schock, Rudolf 64
Schoeck, Othmar 126
Scholl, Hans 214
Scholl, Sophie 214
Schönberg, Arnold 15, 30, 43, 69, 94, 119, 175, 212f., 289
Schöner, Sonja 64
Schönewolf, Karl 58, 154
Schönfelder, Gerd 291
Schopenhauer, Arthur 311
Schostakowitsch, Dmitri 15, 45, 70, 74, 103, 126ff., 134, 141, 196, 203, 220, 253, 262, 295
Schreier, Peter 28, 114, 129f., 148, 185, 252, 267, 281
Schreker, Franz 36, 167
Schröter, Bernhard 298
Schröter, Gisela 148, 211, 281
Schtschedrin, Rodion 220, 225
Schube, Jochen 298
Schubert, Franz 18, 219
Schüler, Hans 76
Schüler, Johannes 37
Schumann, Robert 18
Schwaen, Kurt 50, 140, 224
Schwartner, Dieter 299
Schwarz, Jewgeni 180ff., 211, 223
Schwinger, Wolfram 154
Seefried, Irmgard 151

Seeger, Horst 29, 82, 136, 212, 242, 256ff., 263, 270, 291, 322
Seider, August 77
Seipt, Kurt 77
Selbig, Ute 291
Semjonow, Wladimir 46
Seydelmann, Helmut 76, 114, 121
Seyfarth, Lothar 221
Shakespeare, William 59, 174
Shaw, George Bernard 207, 314
Sibelius, Jean 167
Siegmund-Schultze, Walther 78
Silja, Anja 253
Sinclair, Upton 171
Slonimski, Sergei 299
Smetana, Bedřich 57, 151, 289
Spartacus 265
Speck, Guntfried 208
Spieler, Heinrich 154
Spies, Leo 64, 310
Spoliansky, Mischa 219
Stalin, Josef 15, 25, 40, 70, 107, 126f., 180, 210, 278
Stanislawski, Konstantin 226, 232f.
Stein, Horst 114
Stein, Joseph 203
Stockhausen, Karlheinz 30, 200, 202
Stolze, Gerhard 130
Stoph, Willi 143
Straube, Manfred 221, 303
Strauß, Franz Josef 278
Strauß, Johann (Vater) 204
Strauß, Johann 57, 62, 204, 228
Strauss, Richard 36, 40, 43f., 50, 63, 65, 68, 72f., 76, 123f., 133, 144, 147, 150, 152, 154, 167f., 195f., 207, 212, 236, 243, 247–254, 290, 292, 295, 299
Straussová, Eva-Maria 148
Strawinsky, Igor 43, 50, 94, 162, 167, 172, 231
Strehler, Giorgio 126
Strittmatter, Erwin 158, 224, 279
Strobel, Gertrud 313
Stryczek, Karl-Heinz 212
Suchoň, Eugen 38
Suitner, Otmar 114, 122, 147, 150, 176, 185, 188, 281
Süß, Reiner 126, 130, 176, 183, 185
Sutermeister, Heinrich 38
Švorc, Antonín 28, 115
Sykora, Peter 315

T
Tanu-Margraf, Horst 77
Telemann, Georg Philipp 38, 219f.
Termer, Helga 212
Terterjan, Awet 225
Thiede, Helga 291

Thilmann, Johannes Paul 200, 214
Tietjen, Heinz 37
Tittel, Gerhard 130
Tjulpanow, Sergei 23
Tomaszewski, Rolf 212
Tomowa-Sintow, Anna 28, 142
Treibmann, Karl Ottomar 31, 299, 301ff., 322, 325
Trekel-Burckhardt, Ute 267, 281
Treptow, Günther 78
Trieder, Jan 297
Trötschel, Elfride 64, 72
Tschaikowski, Peter 37f., 44, 70, 135, 144, 152, 213, 304
Tscholakowa, Ginka 180
Turnovský, Martin 148, 211

U
Ude, Armin 148
Uexkuell, Jakob 139
Uexkuell, Thure 139
Ulbricht, Lotte 126, 143, 179
Ulbricht, Walter 32, 40, 48, 80, 107, 119, 126, 142f., 179, 183, 192

V
Vallentin, Maxim 232
Varèse, Edgar 200
Varnay, Astrid 151
Verdi, Giuseppe 21, 37f., 57, 63, 68, 74, 76, 122, 133, 135, 144, 150, 152, 174, 196, 205, 212, 220, 228, 243, 247, 288, 295
Vogel, Siegfried 148, 183, 281, 288
Voigt, Heinrich 76
Völker, Wolf 37
Vonk, Hans 291f.
Vulpius, Jutta 64

W
Wagner, Richard 15, 18, 28f., 36, 39, 48, 50, 63, 68, 74, 76–79, 82, 93, 122f., 135, 137f., 143, 146, 149f., 152, 154f., 157, 167f., 196, 205, 207, 211ff., 228, 231, 243, 247, 249, 274f., 287, 290, 292, 295, 299, 304–319
Wagner, Wieland 123, 236, 246, 262, 307
Wagner, Wolfgang 316
Wagner-Régeny, Rudolf 36, 38, 68f., 132f., 152, 167, 223
Wählte, Edgar 142, 299
Walter, Bruno 41, 156
Walther, Ute 291
Wand, Uwe 209, 298, 316
Wandel, Paul 44, 87, 115
Wandtke, Harald 294
Wapnewski, Peter 316
Warneke, Erhard 221, 224

Weaving, Jon 208
Weber, Carl Maria von 21, 36, 39, 44, 57, 68, 74, 81, 150, 152, 196, 248, 292, 299
Webern, Anton (von) 119
Weigel, Helene 102, 166, 248, 321
Weill, Kurt 43, 50, 144, 156, 161, 163, 205, 219, 262, 300
Weiss, Peter 225
Weizsäcker, Richard von 247
Wekwerth, Manfred 117, 173
Wenke, Rainer 221
Wenkoff, Spas 213
Wenzel, Hans Jürgen 224
Werz, Wilfried 64, 122, 126, 130, 281, 287
Werzlau, Joachim 130, 133, 198f., 209, 256, 282
Wiegand, Sieglinde 221
Wieke, Johannes 147
Wiens, Paul 130
Wigman, Mary 76, 247
Wilde, Erika 311
Wilke, Elisabeth 292
Wilson, Robert 262
Windgassen, Wolfgang 122
Winkler, Johannes 283, 298
Wisten, Fritz 321
Witte, Erich 78
Witzmann, P. 311
Wlaschiha, Ekkehard 208, 281
Wohlgemuth, Gerhard 70, 83, 108
Wolf, Christa 120, 216, 279, 324
Wolf, Friedrich 77
Wolf, Gerhard 217
Wolf, Konrad 117
Wolf, Werner 154, 313
Wolf-Ferrari, Ermanno 21, 62
Wolkow, Kyrill 225
Wollrad, Rolf 212
Wowereit, Klaus 246

Z
Zagrosek, Lothar 298
Zallinger, Meinhard von 64
Zeller, Carl 57
Ziese, Christa-Maria 77, 142
Zimmer, Hans-E. 292
Zimmermann, Bernd Alois 30, 290
Zimmermann, Ingo 214, 222, 282
Zimmermann, Reinhart 64, 287
Zimmermann, Udo 31, 152, 188, 193, 214ff., 221f., 224, 269, 271, 286, 294, 297, 299f., 322, 325
Zobel, Ingeborg 212
Zschille, Dora 72
Zweig, Arnold 89f., 102, 105, 117
Zweig, Stefan 74

Bildnachweis

Cover: Archiv des Autors, ©Helga Wallmüller | **S. 12:** ©ullstein bild – ADN-Bildarchiv | **S. 21:** Akademie der Künste, Berlin, Walter-Felsenstein-Archiv, Sign. 1901, Fotograf: Jürgen Simon | **S. 34:** ©ullstein bild | **S. 37:** ©ullstein bild – dpa | **S. 38:** Franz Konwitschny, um 1960, ©akg-images/Horst Maack | **S. 39:** Archiv des Autors, Foto: Gerdt Marian Siewert | **S. 41:** ©akg-images | **S. 42:** ©ullstein bild – Abraham Pisarek | **S. 48 li.:** ©ullstein bild – Abraham Pisarek | **S. 48 re.:** Akademie der Künste, Berlin, Ihering-Archiv, Sign. 10263 | **S. 49:** Akademie der Künste, Berlin, Fotosammlung zum deutschsprachigen Theater, Sign. 1000, Bühnenbildentwurf: Hainer Hill/mit freundlicher Genehmigung von Antje Hill | **S. 58:** Akademie der Künste, Berlin, Walter-Felsenstein-Archiv, Sign. 1679, ©Deutsches Theatermuseum München, Foto: Willy Saeger | **S. 63:** Akademie der Künste, Berlin, Walter-Felsenstein-Archiv, Sign. 1680, ©Deutsches Theatermuseum München, Foto: Willy Saeger | **S. 64:** Akademie der Künste, Berlin, Walter-Felsenstein-Archiv, Sign. 1823, Foto: Jürgen Simon | **S. 69:** Staatstheater Schwerin 1959, ©akg-images/Sammlung Berliner Verlag/Archiv | **S. 77:** Archiv Oper Leipzig, ©Helga Wallmüller | **S. 79:** undat., ©akg-images/picture-alliance/dpa | **S. 85 li.:** Akademie der Künste, Berlin, Walter-Felsenstein-Archiv, Sign. 2809, ©Deutsches Theatermuseum München, Archiv Willy Saeger | **S. 85 re.:** Akademie der Künste, Berlin, Walter-Felsenstein-Archiv, Sign. 2994, ©Deutsches Theatermuseum München, Foto: Willy Saeger | **S. 86:** ©akg-images/Ruth Berlau | **S. 88:** Archiv der Staatsoper Berlin, Foto: Willy Saeger | **S. 93:** Archiv Oper Leipzig, ©Helga Wallmüller | **S. 97:** Nationaltheater Weimar 1955, ©akg-images/Sammlung Berliner Verlag/Archiv | **S. 107:** Hanns Eisler 1950, ©akg-images/WHA/World History Archive | **S. 112:** Archiv des Verlages, o.F. | **S. 122:** undat., ©ullstein bild – Abraham Pisarek | **S. 124:** Akademie der Künste, Berlin, Sigrid-Neef-Sammlung, Sign. 426, o.F. | **S. 126:** Archiv des Autors, Urh. unbek. | **S. 127:** ©ullstein bild – Schöne | **S. 129:** Archiv Oper Leipzig, ©Helga Wallmüller | **S. 134:** Fotosammlung zum deutschsprachigen Theater, Sign. 319, o.F. | **S. 136:** Archiv des Verlages, o.F. | **S. 138, 143, 144, 145, 146, 147, 151:** Archiv Oper Leipzig, ©Helga Wallmüller | **S. 152:** Opernhaus Karl-Marx-Stadt (Chemnitz) 1957, ©akg-images/ddrbildarchiv.de | **S. 178:** Akademie der Künste, Berlin, Sigrid-Neef-Sammlung, Sign. 437, Foto: Maria Steinfeldt | **S. 182:** Akademie der Künste, Berlin, Paul-Dessau-Archiv, Sign. 3705, ©Stadtmuseum Berlin/Archiv der Deutschen Staatsoper/Marion Schöne | **S. 186:** ©ullstein bild – Schöne | **S. 187:** Akademie der Künste, Berlin, Sigrid-Neef-Sammlung, Sign. 439, ©Stadtmuseum Berlin/Archiv der Deutschen Staatsoper/Marion Schöne | **S. 190:** Archiv Oper Leipzig, ©Helga Wallmüller | **S. 195:** Archiv des Verlages, ©Stadtmuseum Berlin/Archiv der Deutschen Staatsoper/Marion Schöne | **S. 197:** Akademie der Künste, Berlin, Ruth-Berghaus-Archiv, Sign. 969/2, Foto: Maria Steinfeldt | **S. 201:** undat., ©akg-images/Harald Fronzeck | **S. 202:** Akademie der Künste, Berlin, Sammlung Inszenierungsdokumentation, Sign. 327, Foto: Maria Steinfeldt | **S. 205:** Akademie der Künste, Berlin, Joachim-Herz-Archiv, Sign. 803, Foto: Arwid Lagenpusch | **S. 207, 208, 209, 210:** Archiv Oper Leipzig, ©Helga Wallmüller | **S. 212, 213, 215, 217, 218:** ©Erwin Döring | **S. 221:** ©Carla Arnold | **S. 229:** Walter Felsenstein 1957, ©akg-images/picture-alliance/dpa | **S. 234:** Götz Friedrich 1975, ©akg-images/Binder | **S. 239, 240:** ©Erwin Döring | Akademie der Künste, Berlin, Joachim-Herz-Archiv, Sign. 507, Foto: Arwid Lagenpusch | **S. 245:** ©Erwin Döring | **S. 248:** Ruth Berghaus 1986, ©akg-images/picture-alliance/dpa | **S. 251:** Archiv Oper Leipzig, Foto: Andreas Birkigt | **S. 261:** Akademie der Künste, Berlin, Sigrid-Neef-Sammlung, Sign. 433, ©Stadtmuseum Berlin/Archiv der Deutschen Staatsoper/Marion Schöne | **S. 268:** ©ullstein bild – Lagenpusch | **S. 273:** Peter Hacks 1976, ©ullstein bild – Andree | **S. 274:** undat., ©akg-images | **S. 276:** ©Erwin Döring | **S. 283:** Akademie der Künste, Berlin, Sammlung Inszenierungsdokumentation, Sign. 657a, ©Stadtmuseum Berlin/Archiv der Deutschen Staatsoper/Marion Schöne | **S. 284:** Akademie der Künste, Berlin, Sammlung Inszenierungsdokumentation, Sign. 646a, o.F. | **S. 285:** Akademie der Künste, Berlin, Sammlung Inszenierungsdokumentation, Sign. 631, o.F. | **S. 286:** undat., ©akg-images/picture-alliance/ZB/Ulrich Haessler | **S. 288:** Akademie der Künste, Berlin, Sammlung Komische Oper Musiktheater, Sign. 308/1, o.F. | **S. 289:** Akademie der Künste, Berlin, Sammlung Komische Oper Musiktheater, Sign. 305/2, o.F. | **S. 290:** Akademie der Künste, Berlin, Verb. Bild. Künstler, Sign. 7435, Entwurf: R. Zimmermann/mit freundlicher Genehmigung von Nadeshda Zimmermann | **S. 291:** ©akg-images/picture-alliance/ZB/Ulrich Haessler | **S. 293, 294, 295, 296:** ©Erwin Döring | **S. 300, 301, 303:** Archiv Oper Leipzig, ©Helga Wallmüller | **S. 307:** Archiv des Autors, Foto: Hans und Maria Lüdicke | **S. 308:** Archiv Oper Leipzig, ©Helga Wallmüller | **S. 317o.:** Archiv des Autors, Foto: Sigrid Meixner | **S. 317u.:** Archiv des Autors, Foto: Jürgen Banse | **S. 324:** ©ullstein bild – Zentralbild/Ulrich Hässler | **S. 326:** ©ullstein bild – Schöne

Dank
Autor und Verlag danken herzlich allen Bildgebern, insbesondere dem Archiv der Akademie der Künste in Berlin und seinen engagierten Mitarbeiterinnen und Mitarbeitern, Dr. Heidi Zippel und Andreas Birkigt für die tatkräftige Unterstützung im Archiv der Oper Leipzig, Cordula Reski-Henningfeldt von der Komischen Oper Berlin, Dr. Claudia Blank und Babette Angelaeas vom Deutschen Theatermuseum München, dem Stadtmuseum Berlin sowie Erwin Döring, Helga Wallmüller, Arwid Lagenpusch, Jürgen Banse, Carla Arnold und vielen mehr. In einigen Fällen konnten die Urheber nicht mehr ermittelt werden. Berechtigte Ansprüche sind dem Verlag zu melden.

Impressum

Bibliografische Information der Deutschen Nationalbibliothek:
Die Deutsche Nationalbibliothek verzeichnet diese Publikation in
der Deutschen Nationalbibliografie; detaillierte bibliografische
Daten sind im Internet über http://dnb.dnb.de abrufbar.

Die Verwertung der Texte und Bilder, auch auszugsweise, ist
ohne Zustimmung der Rechteinhaber urheberrechtswidrig und
strafbar. Dies gilt auch für Vervielfältigungen, Übersetzungen,
Mikroverfilmungen und für die Verarbeitung in elektronischen
Systemen.

ISBN 978-3-89487- 817-7
© 2020 by Henschel Verlag in der
E. A. Seemann Henschel GmbH & Co. KG, Leipzig
Umschlaggestaltung: Lena Haubner, Weimar
Umschlagfoto: Szene aus Richard Wagner,
»Götterdämmerung«, Inszenierung: Joachim Herz,
Oper Leipzig 1976, Foto: © Helga Wallmüller
Layout und Satz: Lena Haubner, Weimar
Lithographie: Medienprofis Leipzig
Lektorat: Sabine Melchert
Druck und Bindung: MultiPrint Ltd.
Printed in the EU

www.henschel-verlag.de